RÉPUBLIQUE FRANÇAISE

DOCUMENTS RELATIFS À LA GUERRE
1914-1918

RAPPORTS

ET

PROCÈS-VERBAUX D'ENQUÊTE

DE LA COMMISSION

INSTITUÉE

EN VUE DE CONSTATER LES ACTES COMMIS

PAR L'ENNEMI

EN VIOLATION DU DROIT DES GENS

(DÉCRET DU 23 SEPTEMBRE 1914)

X-XI-XII

PARIS
IMPRIMERIE NATIONALE

MDGCCCXIX

DOCUMENTS RELATIFS À LA GUERRE

1914-1918

COMMISSION

INSTITUÉE

EN VUE DE CONSTATER LES ACTES COMMIS

PAR L'ENNEMI

EN VIOLATION DU DROIT DES GENS

RAPPORTS

ET

PROCÈS-VERBAUX D'ENQUÊTE

X-XI-XII

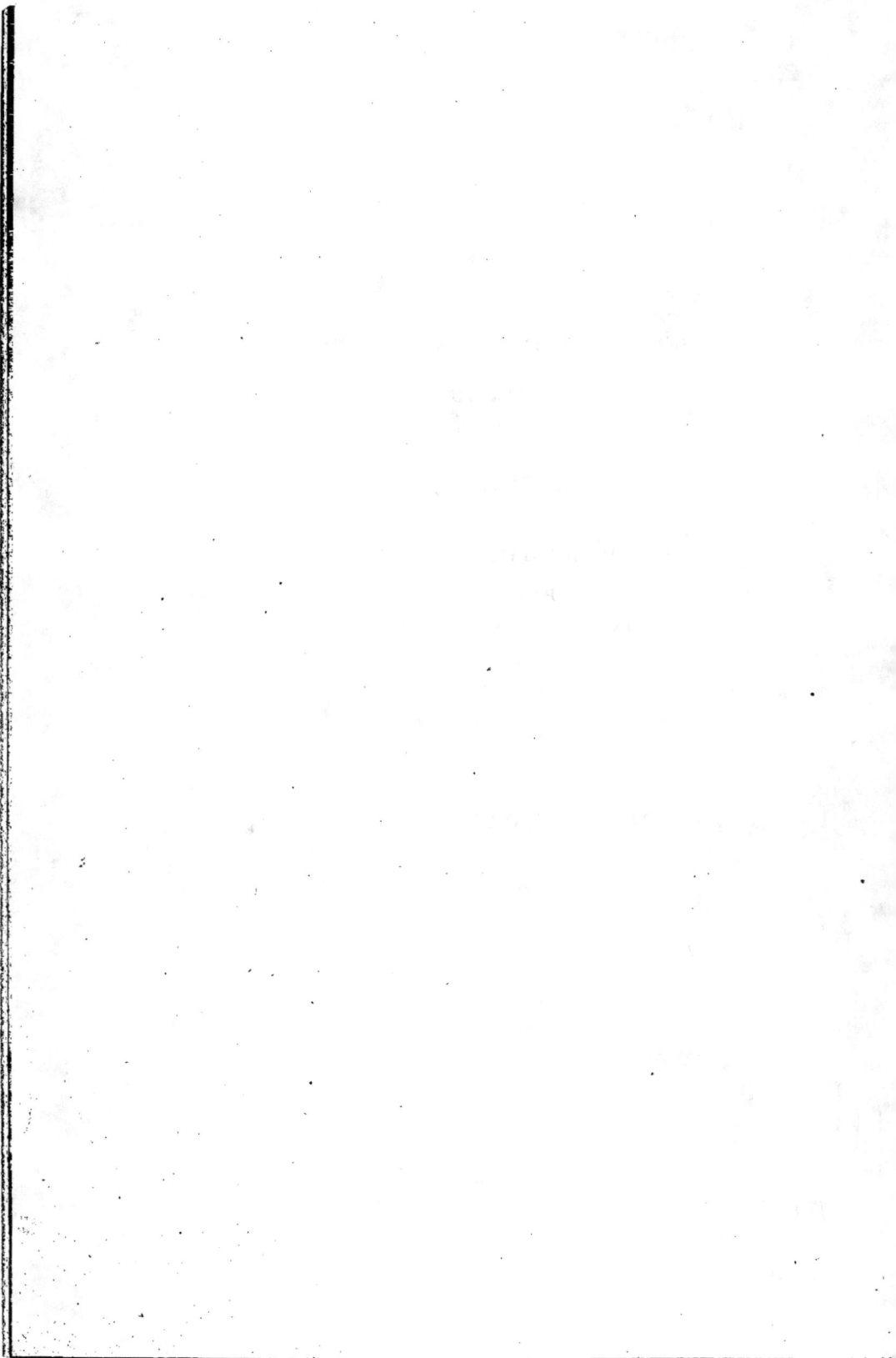

RÉPUBLIQUE FRANÇAISE

DOCUMENTS RELATIFS À LA GUERRE

1914-1918

RAPPORTS

ET

PROCÈS-VERBAUX D'ENQUÊTE

DE LA COMMISSION

INSTITUÉE

EN VUE DE CONSTATER LES ACTES COMMIS

PAR L'ENNEMI

EN VIOLATION DU DROIT DES GENS

(DÉCRET DU 23 SEPTEMBRE 1914)

X-XI-XII

PARIS

IMPRIMERIE NATIONALE

MDCCCCXIX

RAPPORTS

À M. LE PRÉSIDENT DU CONSEIL

RAPPORTS

PRÉSENTÉS

À M. LE PRÉSIDENT DU CONSEIL

PAR LA COMMISSION

INSTITUÉE

EN VUE DE CONSTATER LES ACTES COMMIS

PAR L'ENNEMI

EN VIOLATION DU DROIT DES GENS

(DÉCRET DU 23 SEPTEMBRE 1914)

DIXIÈME RAPPORT

MM. Georges PAYELLE, Premier Président de la Cour des Comptes; Armand MOLLARD, Ministre plénipotentiaire; Georges MARINGER, Conseiller d'État; Edmond PAILLOT, Conseiller à la Cour de Cassation, et Maxime PETIT, Conseiller maître à la Cour des Comptes, à M. LE PRÉSIDENT DU CONSEIL DES MINISTRES.

MONSIEUR LE PRÉSIDENT DU CONSEIL,

Le 26 octobre courant, notre Commission s'est transportée à Lille et à Douai.

L'ennemi, en se retirant de Lille, ne s'est pas livré à ses actes de dévastation coutumiers. Les seules destructions que nous ayons pu constater remontent à une époque plus éloignée. En 1914, les Allemands avaient incendié un certain nombre d'immeubles, et, au cours de l'occupation, ils avaient méthodiquement ravagé les usines de la ville et des faubourgs, brisant le matériel, emportant les métaux et arrêtant ainsi, pour de longues années, toute activité industrielle dans la région. S'il n'a pas été organisé, comme ailleurs, de grands pillages systématiques, les larcins n'en ont pas moins été continuels. Les chefs ne se gênaient pas pour s'approprier ce qui tentait leur convoitise et donner à des femmes de mauvaises mœurs des objets soustraits par eux dans les maisons où ils s'étaient installés. Lorsqu'une plainte ou une réclamation se produisait, l'autorité supérieure répondait que les officiers devaient être considérés comme propriétaires de ce qui garnissait leurs logements, et que, dès lors, les personnes en faveur desquelles ils en disposaient n'étaient pas coupables de recel (1).

La population a d'ailleurs été molestée et pressurée de toutes les manières (2). La

---

(1) V. *infra*, Procès-verbaux et Documents, n°ˢ 3, 4, 8, 15; — (2) V. notamment n° 2.

ville a dû payer, sous forme de contributions et d'amendes, une somme totale de 184.000.000 de francs, solder jusqu'à concurrence de 9.792.000 francs les travaux et les fournitures commandés par les Allemands, et verser 6.000.598 francs à titre de frais de logement et de chauffage des troupes (1).

Le musée n'a pas été épargné. Le 17 octobre 1914, deux officiers, après avoir brisé d'un coup de pommeau de sabre la vitrine d'une collection numismatique, se sont emparés de toutes les pièces qu'elle contenait, ainsi que de 19 miniatures. Le conservateur, à la suite d'énergiques protestations, finit par obtenir la restitution des objets dérobés; mais il y manquait plusieurs médailles et deux miniatures. Depuis mai 1917 jusqu'à octobre 1918, sur indications d'un fonctionnaire allemand de l'administration des beaux-arts, 481 tableaux, 1.550 dessins environ, 3 autographes et plus de 500 objets d'art ont été pris, contre reçu (2).

Mais il est surtout un crime qui a laissé dans la mémoire des habitants une impression d'horreur et d'indignation ineffaçable : c'est, plusieurs fois renouvelé, dans des conditions de cruauté inouïes, l'enlèvement d'une partie de la population, notamment de jeunes gens, de femmes et de jeunes filles qui, réduits en un véritable esclavage, furent astreints, souvent dans une promiscuité révoltante, au travail le plus pénible, sous la menace et sous les coups.

Contrairement au droit des gens, les jeunes hommes emmenés en servitude devaient, à proximité du front et en continuel danger de mort, creuser des tranchées ou disposer des fils de fer barbelés. Ceux qui osaient se refuser à travailler ainsi contre leur patrie étaient privés de nourriture et frappés avec la dernière violence. Il en est même qui furent exposés presque nus aux rayons d'un soleil brûlant, puis brusquement plongés dans l'humidité d'un lieu clos.

Les évacuations de civils ont été nombreuses. Les dernières auxquelles il a été procédé, quelques jours avant la retraite allemande, ont porté sur plusieurs milliers d'hommes et de jeunes gens, notamment sur des étudiants et des élèves des grandes écoles; mais les plus cruelles et les plus atroces ont été effectuées en avril 1916. Conçues et organisées par le quartier-maître général Zoellner, elles ont, suivant l'expression du recteur de l'Académie de Lille, déshonoré pour toujours la nation qui n'a pas reculé devant une pareille infamie.

Des travailleurs volontaires avaient été demandés par voie d'affiches. Cet appel n'ayant pas été entendu, l'autorité militaire décida d'agir par voie de réquisition forcée; et, dans la crainte que les hommes de Landsturm qui occupaient la ville manquassent de fermeté, elle fit venir un régiment plus sûr, le 64e d'infanterie poméranien.

La veille de l'opération, des placards enjoignent aux habitants de ne pas sortir de chez eux et de se disposer au départ. Le 23 avril, dès deux heures du matin, les rues sont barrées par des mitrailleuses; des officiers et des soldats pénètrent dans les maisons, consultent la feuille de recensement de chaque immeuble, et choisissent les victimes, auxquelles ils n'accordent que quelques instants pour préparer, sous la garde de sentinelles, les paquets qu'elles devront porter à la main. Pendant plusieurs jours, malgré les larmes et les supplications des familles, femmes et jeunes gens sont poussés vers des écoles ou des fabriques, d'où, après une attente plus ou

_____

(1) V. *infra*, Procès-verbaux et Documents, nos 3 et 4; — (2) V. n° 13.

moins longue, on les conduira dans les gares. Les parents qui essayent d'embrasser une dernière fois leur enfant ou tentent de fléchir les exécuteurs sont brutalement repoussés, sous la crosse des soudards ou sous la cravache des chefs. Il se passe alors des scènes indescriptibles ; « Dussé-je vivre cent ans, je ne les oublierai jamais », nous a dit M. Langlois, directeur du comité d'alimentation, qui, sur les quais de la gare des marchandises de Fives, s'efforçait de ravitailler les prisonniers.

C'est, en effet, dans ce quartier de Fives, où il a commencé, que l'enlèvement a eu le caractère le plus odieux. Tandis qu'une musique militaire se faisait entendre, des officiers buvaient le champagne dans un poste de police, près du lieu de rassemblement vers lequel étaient traînées les malheureuses désignées pour l'exil.

Après un pénible voyage en chemin de fer, dans des wagons à bestiaux, et un trajet plus ou moins long à pied sur les routes, les évacuées ont été réparties dans divers villages de l'Aisne ou des Ardennes, où beaucoup ont dû, pendant des semaines, coucher sur la paille, dans des maisons démunies de vitres, de portes ou même de toitures. Plus tard, quand elles furent logées moins misérablement, elles eurent encore à se défendre contre les sollicitations des soldats et des officiers qui s'introduisaient parfois auprès d'elles pendant la nuit ; quelques-unes durent se sauver en chemise et pieds nus, pour se mettre en quête d'une protection. Le travail des champs auquel on les astreignait était fort dur ; et pour qu'aucune honte ne leur fût épargnée, presque toutes, sans distinction de moralité ni d'éducation, eurent à subir, dans des conditions d'inconcevable brutalité, les visites médicales les plus humiliantes (1).

Ces abominables enlèvements n'avaient pas lieu seulement à Lille, où ils provoquaient les courageuses protestations du maire, M. Delesalle, et où l'évêque, Mgr Charost, écrivait au général von Graevenitz : « Disloquer la famille, en arrachant des adolescents, des jeunes filles à leur foyer, ce n'est plus la guerre ; c'est pour nous la torture, la pire des tortures, la torture morale indéfinie (2) ». A Tourcoing, le 31 mai 1917, six mois après le retour des prisonnières déportées en avril 1916, la Kommandantur invitait le maire, M. le sénateur Dron, à en désigner un certain nombre pour être interrogées. Sur le refus qu'on lui opposa, elle en requit elle-même soixante de comparaître le lendemain à l'hôtel de ville dans la salle du conseil municipal, à dix heures du matin. En présence du maire, du secrétaire de la mairie et de plusieurs notables, le commandant Freiherr von Tessin, assisté du capitaine Burgstummer, leur adressa, sur le traitement dont elles avaient été l'objet pendant leur captivité, des questions auxquelles il fut répondu avec beaucoup d'indépendance ; puis il les congédia en leur ordonnant de revenir à quatre heures de l'après-midi. A ce moment, le commandant leur présenta des feuilles de papier blanc, au bas desquelles il leur demanda d'apposer leur signature. Aucune d'elles n'y ayant consenti, il entra dans une violente colère, les menaça de la prison et fit appeler trente policiers, armés de revolvers et accompagnés de gros chiens. Terrorisées, reize femmes signèrent. Les quarante-sept autres, indignement brutalisées, furent aussitôt conduites dans le sous-sol d'une fabrique et y demeurèrent enfermées

---

(1) V. *infra*, Procès-verbaux et Documents, nᵒˢ 1, 2, 4 à 6, 8, 9, 12, 14 à 25, 31 à 37 ; — (2) V. nᵒˢ 2 et 5.

pendant quinze jours, privées d'air et de lumière et ne pouvant sortir sous aucun prétexte (1).

Dans des communiqués radiotélégraphiques, les Allemands ont prétendu n'avoir évacué que des « sans travail », dans l'intérêt même d'une population difficile à ravitailler. C'est absolument inexact. Il est hors de doute qu'ils ont déporté des personnes de toutes les conditions sociales. Nous avons reçu, sur ce point, le témoignage de jeunes femmes qui n'étaient certes pas des chômeuses. L'envahisseur s'est efforcé d'ailleurs, par tous les moyens, d'échapper à la responsabilité de ses crimes. Le 16 de ce mois, veille du départ des troupes d'occupation, un officier amenait au commissariat central de police de Lille une femme qu'il venait d'arrêter et demandait au commissaire un certificat constatant qu'elle avait commis un acte de pillage. D'après ses déclarations, ce certificat devait contribuer à établir aux yeux du Président Wilson que les vols imputés aux Allemands étaient, en réalité, commis par des Français. Après une enquête sommaire, l'accusation fut reconnue de tous points mensongère (2).

Si les Allemands traitaient avec tant de cruauté des gens paisibles et inoffensifs, comment s'étonner de la rigueur impitoyable avec laquelle ils frappaient ceux à qui ils croyaient avoir à reprocher quelque infraction à leurs ordres ou quelque initiative inspirée par un patriotisme qu'ils ne pouvaient tolérer? Quatre excellents citoyens, trois Français et un Belge, MM. Jacquet, Deconinck, Verhulst et Maertens, secouraient des soldats restés à Lille au début de l'occupation et leur fournissaient les moyens de partir pour la Hollande. Dénoncés par un traître, ils furent traduits, le 17 septembre 1915, devant un conseil de guerre qui les condamna à la peine de mort, bien que, l'accusation d'espionnage ayant été abandonnée, le seul fait de complicité d'évasion eût été retenu, et bien qu'aucune preuve sérieuse n'eût été relevée par l'instruction à la charge de Maertens.

Le gouverneur von Heinrich, ne voulant pas permettre qu'un recours en grâce pût parvenir en temps utile jusqu'à l'empereur, fit exécuter la sentence le 22 septembre, à six heures du matin. Avant de marcher au supplice, Jacquet écrivit, pour son ami M. Dumont, une lettre ainsi conçue, qu'il signa avec ses trois compagnons.

« 22 septembre 1918, 6 heures du matin.

« Mes chers amis, camarades,

« Nous voilà au but. Dans quelques instants nous serons fusillés. Nous allons mourir bravement, en bons Français, en brave Belge, debout, les yeux non bandés, les mains libres.

« Adieu à tous et courage!

« Vive la République! Vive la France! »

M. Maertens ayant réclamé l'assistance d'un prêtre, M. l'abbé Delcambre, vicaire de la paroisse Saint-Michel, se présenta à la citadelle, où devait se faire l'exécution. Comme il demandait son chemin pour se rendre auprès du condamné, les soldats, dont l'attitude fut ignoble, l'accueillirent en ricanant et en criant : « kapout! » Il put néanmoins parvenir, au bout d'un quart d'heure, au lieu du supplice, alors que les

---

(1) V. infra, Procès-verbaux et Documents, n°ˢ 53 à 57; — (2) V. n° 15.

hommes du peloton avaient déjà le genou en terre. Sur l'insistance de Maertens, qui l'avait aperçu, un officier lui permit de s'approcher et de remplir son ministère. Le prêtre, après avoir reçu la suprême confession de celui qui l'avait appelé et lui avoir donné la communion, adressa un mot d'adieu aux trois autres. Tous le remercièrent avec un calme qui le frappa d'admiration et, au moment de tomber, poussèrent le cri de : « Vive la France! » (1)

A Douai, où un certain nombre de maisons ont été détruites, notamment sur la grand'place, les dévastations paraissent avoir été le résultat d'explosions. Le 2 septembre dernier, la population recevait l'ordre de se préparer en vue d'une évacuation imminente, et dès le surlendemain, sous la garde et la surveillance des soldats, les habitants partaient à pied, à l'exception des pensionnaires et du personnel de l'hôpital, qui étaient conduits en bateau jusqu'à Saint-Amand-les-Eaux, où se trouvaient déjà réunis de nombreux malades, vieillards ou infirmes des localités voisines. Les Allemands avaient affirmé qu'on trouverait dans cette ville, dont ils avaient fait un lieu important de concentration, une sécurité absolue, et qu'il n'y serait pas tiré un seul coup de fusil; mais, le 22 octobre, aussitôt après l'avoir quittée, ils la soumettaient à un bombardement intense, qui devait se continuer les jours suivants et faire de nombreuses victimes.

Après l'expulsion des Douaisiens, un pillage effréné se déchaîna de toutes parts. Les meubles de valeur, les objets d'art, l'argenterie, les livres, les pianos furent chargés sur des bateaux qu'on voyait passer chaque jour à Saint-Amand. Le surplus fut abandonné à la rapacité de la troupe, qui put alors donner libre cours à ses instincts de vol et de destruction. Douai, en effet, offre le spectacle caractéristique d'une ville saccagée par la soldatesque. Ce qui n'a pas été pris est brisé. Les grandes glaces des magasins ont été fracturées par un coup en plein milieu. Les quelques armoires qui subsistent encore sont entièrement vides; les objets en porcelaine ou en cristal, pulvérisés; les coffres-forts, défoncés; les canapés, les fauteuils, les sommiers, éventrés; les tableaux, enlevés de leurs cadres. Dans les maisons des commerçants, c'est un chaos indescriptible, le pied ne s'y pose que sur des débris; les livres de comptabilité sont à terre, lacérés; dans les bijouteries, les écrins, au milieu d'autres épaves, gisent ouverts sur le plancher; les cours sont encombrées de mille objets mutilés, parmi lesquels on trouve jusqu'à des jouets d'enfants.

Dans l'église Saint-Pierre, où les tuyaux des orgues ont été arrachés, les ornements sacerdotaux, souillés, sont épars sur les dalles.

L'absence de toute la population a rendu nécessaires nos investigations difficiles. Nous nous efforcerons de les compléter (2).

Paris, le 31 octobre 1918.

Signé : G. PAYELLE, *président;*
Armand MOLLARD ;
G. MARINGER ;
Maxime PETIT ;
PAILLOT, *rapporteur.*

---

(1) V. *infra*, Procès-verbaux et Documents, n°⁸ 9, 10 et 10 *bis;* — (2) V. n°⁸ 61, 64 à 67.

ONZIÈME RAPPORT

MM. *Georges* PAYELLE, *Premier Président de la Cour des Comptes; Armand* MOLLARD, *Ministre plénipotentiaire; Georges* MARINGER, *Conseiller d'État; Edmond* PAILLOT, *Conseiller à la Cour de Cassation, et Maxime* PETIT, *Conseiller maître à la Cour des Comptes, à M. le* PRÉSIDENT DU CONSEIL DES MINISTRES.

MONSIEUR LE PRÉSIDENT DU CONSEIL,

Les nouvelles constatations auxquelles nous venons de procéder nous permettent de vous apporter des détails plus précis et plus complets sur l'œuvre de dévastation accomplie par l'ennemi dans la malheureuse région du Nord. Elles ont achevé de nous démontrer l'existence d'un plan soigneusement établi et méthodiquement exécuté pour exploiter sans ménagement une population terrorisée, pour empêcher le relèvement d'un pays privé de ses moyens de travail, pour mettre enfin l'industrie allemande, ainsi débarrassée de toute concurrence, en possession de nos matières premières, de nos machines et de nos métaux.

Dans les départements envahis, les Allemands se targuaient volontiers de faire ce qu'ils appelaient une guerre économique. L'expression n'est pas assez forte. Ce dont, en effet, nous avons vu les résultats lamentables, ce n'est pas le règlement par les armes d'un différend entre deux nations : c'est une véritable entreprise de brigandage, à laquelle toute l'Allemagne a participé d'un même cœur, depuis les chefs suprêmes jusqu'aux simples soldats; c'est, avec autant de brutalité, mais avec, en plus, l'organisation et la discipline, la ruée antique vers la proie. Par la réduction des habitants en servitude, par les menaces incessantes, les violences et les exécutions qui tenaient sans répit les gens sous la terreur, par les réquisitions accablantes, les perquisitions continuelles, le pillage des maisons et la destruction des usines, l'autorité militaire ennemie a poursuivi son but implacablement, sans aucune considération de justice ou d'humanité.

A ce point de vue, la mise hors d'usage des établissements industriels est particulièrement caractéristique. Les métiers, les appareils d'électricité, les machines, les matières premières et la totalité des métaux ont été enlevés. Ce qui ne pouvait être emporté était broyé sur place. A Lille, les Allemands n'avaient épargné pendant leur occupation que l'usine de Wasquehal, qui assurait l'éclairage public et la circulation des tramways. Avant leur départ, ils en ont démoli une partie. Ils n'ont pas eu le temps de la faire sauter tout entière (1). A Tourcoing, ils ont mis la

_____

(1) V. *infra*, Procès-verbaux et Documents, n°ˢ 3, 4, 8, 15.

main sur un stock énorme de laines, saccagé les trois cinquièmes du matériel d'industrie et rendu le reste inutilisable par l'enlèvement des courroies et la suppression de la force motrice. La filature Motte a été ravagée en présence de l'un des associés de la maison (1). A Cambrai, des prisonniers de guerre et des prisonniers civils ont dû briser les machines sous la surveillance des soldats. Les établissements Messian, Durigneux, Fauville, Delabre, ont été détruits; tout le matériel de l'usine à gaz et de l'éclairage public a été emporté (2).

A Denain, dans les importants ateliers de la Société française de constructions mécaniques, qui ont été pillés et détruits, les Allemands ont voulu donner à une partie de leurs déprédations un semblant de régularité, en remettant aux représentants de l'établissement des bons de réquisition. Ces pièces, au nombre de 2.195 et afférentes à 50.000 tonnes au moins de matières et de matériel, sont de deux sortes :

Si les prélèvements avaient pour cause ou pour prétexte les besoins de l'armée, les bons, de petit format, contenaient des indications succinctes et portaient la signature du délégué de la formation militaire requérante, ainsi que le visa de la Kommandantur. S'il s'agissait, au contraire, de matériel destiné à des firmes allemandes ou de matières devant être cédées à des revendeurs, ils étaient de grand format et délivrés sous la signature d'un délégué du Ministère de la Guerre (*Beauftrager des Kriegsministeriums*). Sur la plupart, au début, étaient inscrites des mentions inexactes. C'est ainsi que des machines entières, des pièces terminées ou en cours de fabrication, qui avaient été découpées ou brisées, y figuraient sous la dénomination de *Stahlschrot* (mitraille d'acier).

Le directeur de l'usine, M. Auguste Thomas, a protesté formellement contre de tels procédés par une lettre adressée, le 10 juillet 1917, à l'autorité allemande, et il est parvenu à faire admettre qu'il ne signerait les pièces comptables que sous réserve, après y avoir inscrit la nomenclature exacte des bâtiments détruits et des machines anéanties ou enlevées.

La société est restée en possession des bons de réquisition qui lui ont été délivrés. Ces documents sont du plus haut intérêt, car ils constituent une preuve indéniable de la dévastation organisée dont l'industrie française a été victime (3).

A Seclin, la filature Duriez, la sucrerie Desmazières ont été saccagées au moment du départ des troupes allemandes. Les distilleries Collette et Delaune l'avaient été antérieurement. Nous les avons visitées, et nous avons pu nous rendre compte qu'il n'en reste guère que les murs. Chez M. Collette, les habitants ont été contraints de participer à la destruction de ce qui était leur gagne-pain; chez M. Delaune, tous les bacs ont été chargés sur des wagons; les appareils à rectifier, qui étaient en cuivre, ont été également emportés. Les pillards ont pris en outre tous les filtres-presses, trois appareils sécheurs, une machine à vapeur et la tuyauterie des chaudières. L'usine est à remonter complètement (4).

En se retirant, les Allemands ont dynamité ou incendié la plupart des habitations

---

(1) V. *infra*, Procès-verbaux et Documents, n° 57; — (2) V. n° 75 et 76; — (3) V. n° 68 à 70; — (4) V. n° 58 et 59.

importantes et fait sauter, sans utilité militaire, la tour de l'ancienne église collégiale, bâtie sur le tombeau de saint Piat, apôtre des Gaules. Cette tour s'est écroulée en entraînant la presque totalité de la façade, ruinant les orgues, deux travées de la nef, ainsi que la toiture de la partie antérieure de l'édifice. L'église, dont l'ensemble remontait au XIIIe siècle, était, dit M. Théodore, conservateur général des musées de Lille, un des monuments les plus remarquables de l'arrondissement, non seulement par les multiples souvenirs historiques qui s'y rattachaient, mais encore par sa valeur archéologique et architecturale (1).

Immenses sont d'ailleurs les pertes que l'invasion a causées aux richesses artistiques du pays. Le musée de Lille, l'un des plus importants de France, a été indignement dévalisé, malgré les protestations du conservateur et du maire (2).

Après l'effraction d'une vitrine et le vol de médailles et de miniatures dont nous vous avons rendu compte dans notre dernier rapport, le capitaine baron Stotzingen et le chef de la police militaire, capitaine Kleeberg, vinrent au palais des beaux-arts déclarer que l'État allemand réclamait l'*Assomption de la Vierge*, de Piazetta, comme provenant de la chapelle de l'ordre teutonique de Francfort-sur-le-Mein. M. Théodore leur demanda si l'enlèvement de cette toile serait constaté par un document ou s'il aurait lieu dans les mêmes conditions que celui des monnaies et des miniatures qui avait été opéré un mois auparavant. A la suite de cet entretien et d'une enquête de la Kommandantur, une partie des objets volés avec effraction, le 17 octobre, fut restituée ; il manque encore actuellement deux miniatures, plusieurs bijoux antiques et une grande quantité de monnaies d'or, parmi lesquelles deux pièces pesant chacune quatre ou cinq cents francs de métal précieux.

C'est à partir du 19 mai 1917 qu'ont eu lieu les enlèvements systématiques d'œuvres d'art, après expertise du docteur Demmler, conservateur du Kaiser-Friedrich-Museum de Berlin. A cette date ont été pris 18 tableaux et 385 cadres contenant environ 1,550 dessins. Il a été ensuite emporté, le 5 juin, 90 tableaux ; le 18 du même mois, 58 ; le 25 juin, 56 ; le 2 juillet, 75 ; le 9 juillet, 68 ; le 10 août, 10 tableaux et 9 objets d'art ; le 3 septembre, 70 tableaux et 27 objets d'art ; le 28 septembre, 14 tableaux et 20 objets d'art ; le 20 novembre, 3 tableaux ; le 22 décembre, 19 tableaux, 3 autographes, 2 objets d'art ; le 8 janvier 1918, 2 tableaux, et le 4 octobre dernier, 460 objets d'art. Le conservateur qui, suivant sa propre expression, assistait ainsi à l'agonie de son musée, a dressé, du tout, des états détaillés signés par les spoliateurs.

Ceux-ci prétendaient n'avoir en vue que la nécessité de mettre tant de trésors à l'abri des bombardements anglais. Il leur a été justement répondu, au nom de la municipalité dont ils avaient osé réclamer le concours, que leur sollicitude n'avait aucune raison d'être, le conservateur ayant pris toutes les mesures de précaution nécessaires. Un jour, ils requirent le maire, M. Delesalle, de leur envoyer deux ouvriers charpentiers, sans dire à quelle besogne ils voulaient les employer. Il fut accédé à leur demande ; mais le maire, informé que les deux hommes fabriquaient des caisses au musée, fit donner par son adjoint, M. Remy, l'ordre de les rappeler.

---

(1) V. *infra*, Procès-verbaux et Documents, n°s 59 et 60 ; — (2) V. n°s 2 et 13.

M. Remy, à raison de son intervention, eut à subir en Allemagne quatre mois de captivité, dont deux en cellule au pain et à l'eau, avec travail forcé, bien que le chef de la municipalité eût revendiqué hautement la responsabilité de ses instructions.

Le musée de Douai, dont le peintre Henri Duhem est secrétaire général, a été plus maltraité encore que celui de Lille. Au commencement de 1917, le commandant Frœlich, ayant su que les caves avaient été murées et que des objets précieux y avaient été déposés, les fit démurer, sous le prétexte de rechercher les cuivres, et ordonna le transport en tombereau des tableaux, des porcelaines et des faïences dans un bâtiment dont la toiture était crevée. M. et Mme Duhem essayèrent d'intervenir auprès du commandant : ils furent impoliment éconduits. Quelque temps après, l'autorité militaire réclama par lettre la remise de soixante tableaux, soi-disant pour les mettre à Valenciennes à l'abri des bombardements britanniques. La commission du musée s'y opposa, faisant observer que les œuvres d'art étaient suffisamment protégées dans des caves d'une solidité parfaite; mais une nouvelle injonction fut formulée, et les tableaux furent emportés contre récépissés. Ultérieurement et à deux reprises, les Allemands enlevèrent encore nombre de pièces intéressantes, ainsi que des collections particulières et une partie des œuvres de M. Duhem et de Mme Duhem, elle-même artiste de grand talent. Pendant la seconde opération, les officiers et les soldats ramassaient pour eux-mêmes les objets peu volumineux qui étaient à leur convenance. Enfin, après l'évacuation totale de la population, qui eut lieu dans les premiers jours du mois de septembre, les caves du musée, qu'on avait bondées de meubles, ont été complètement pillées (1).

La rapacité des Kommandantur s'acharnait d'ailleurs avec la même impudence, non seulement sur les collections d'art, mais encore sur les établissements scientifiques. C'est ainsi que les laboratoires de l'Institut Pasteur, de Lille, ont été dépouillés d'une partie importante de leur matériel, au cours de plusieurs perquisitions, et que les trois derniers chevaux qui restaient pour la préparation du sérum antidiphtérique ont été réquisitionnés par l'artillerie (2).

Comme nous l'indiquions dans notre rapport du 31 octobre dernier, les habitants des régions envahies ont été, pendant l'occupation, victimes d'une oppression persistante. Le détachement qui entra le premier dans Lille se composait d'une quarantaine de uhlans. Il fit irruption à l'hôtel de ville et son chef notifia au maire qu'il avait pour mission de le conduire à la citadelle avec dix de ses collègues du conseil municipal. Plusieurs de ceux-ci, MM. Brackers d'Hugo, Remy, Lesseinne, Ducastel, Duburcq, s'étant joints au maire, M. Delesalle, se mirent aussitôt en route avec lui. L'officier, à qui pourtant ils avaient fait remarquer qu'une collision avec les troupes françaises était probable, les tenait sous le canon de son revolver pour les contraindre à marcher devant lui et à le protéger, ainsi que ses hommes, contre le tir de nos soldats. En arrivant sur le pont de la citadelle, les Lillois aperçurent le 8e régiment territorial, qui les couchait en joue. Le maire fit alors des signes pour pouvoir parlementer avec le commandant français; au même mo-

---

(1) V. *infra*, Procès-verbaux et Documents, n° 63; — (2) V. n°s 7 et 8.

ment, à la vue d'un peloton du 20ᵉ chasseurs à cheval, les uhlans prirent la fuite en toute hâte.

Ce n'était malheureusement qu'un court répit, car bientôt devait commencer pour la ville une intolérable domination de quatre années. De 1914 à 1918, nous a dit M. Delesalle, qui, au péril de sa liberté et même de sa vie, n'a cessé d'opposer à des exigences exorbitantes la plus courageuse fermeté, la citadelle a été constamment pleine de prisonniers civils, jetés là sous les prétextes les plus invraisemblables. « S'exprimer en termes sévères sur l'autorité allemande ou sur les personnes à son service, donner une cigarette à un prisonnier qui passait, récolter dans les champs quelques pommes de terre, voilà quelques-unes des raisons pour lesquelles mes concitoyens furent privés de la liberté, astreints au régime le plus dur, mis au pain et à l'eau ». En novembre 1916, une jeune fille de quinze ans, Mˡˡᵉ de Veirman, a été tuée d'un coup de revolver par un gendarme parce qu'elle avait donné un morceau de pain à son frère, qui venait d'être arrêté. Ce meurtre provoqua des cris d'indignation, en punition desquels les habitants du faubourg furent privés, pendant plusieurs mois, du droit de sortir de chez eux après quatre heures du soir, et la ville frappée d'une amende de 100.000 marks (1).

De tous côtés, nous avons recueilli de nouveaux témoignages sur les scandaleuses évacuations qui n'épargnèrent ni les jeunes filles, ni les vieillards, ni les femmes malades ou enceintes; Mgr Charost, évêque de Lille, dont l'attitude, comme celle du maire, a été des plus énergiques, nous en a fait un récit saisissant. Quand, en 1916, il fut informé que l'autorité allemande avait décidé de procéder à l'enlèvement de la population, il adressa au gouverneur von Graevenitz une lettre de protestation lui représentant tout l'odieux d'une pareille mesure, les dangers qu'elle ferait courir à la moralité de la jeunesse, la perturbation et le désespoir qu'elle jetterait dans les familles. Il ne reçut aucune réponse; mais, dans la journée du jeudi saint, 20 avril, avec le maire et M. Anjubault, qui remplissait à cette époque les fonctions de préfet, il fut appelé chez le gouverneur. Celui-ci leur demanda de s'employer à ramener le calme et à recommander la soumission. Le prélat n'hésita pas à déclarer qu'il se refusait absolument à une pareille intervention et que sa conscience lui interdisait de s'incliner devant une violation aussi flagrante du droit des gens; puis, comme le général von Graevenitz lui reprochait ses sentiments antiallemands, il ajouta qu'il ne s'agissait pas là de sentiments patriotiques, mais que sa conduite lui était commandée par les intérêts sacrés de la famille et le respect de la liberté humaine. Le gouverneur n'en persista pas moins dans sa décision, et l'opération fut exécutée avec la rigueur que nous avons déjà signalée. Mgr Charost nous a affirmé que, contrairement à l'allégation des radiotélégrammes allemands, beaucoup des jeunes filles arrachées à leurs foyers y avaient reçu une éducation excellente et avaient été l'objet, dans la maison familiale, des soins les plus attentifs. Pourtant les reîtres qui, brutalement, les jetaient aux hasards de toutes les promiscuités et de tous les dangers, osaient dire, dans les villages où ils les conduisaient, que c'étaient des filles sans moralité dont ils avaient purgé la ville de Lille. Ainsi prévenus contre elles, les

---

(1) V. *infra*, Procès-verbaux et Documents, n° 2.

paysans français les reçurent avec une défiance dont elles triomphèrent cependant, à la longue, par leur conduite irréprochable.

Tous les détails de ces monstrueux enlèvements soulèvent le cœur d'indignation. Dans une famille dont nous a parlé Mgr Charost, une grand'mère agonisante est morte pendant qu'on emmenait sa petite-fille.

L'évêque a dû protester plusieurs fois également contre les évacuations de la population mâle qui ont eu lieu pendant tout le temps de l'occupation, et contre l'emploi qui a été fait de nos compatriotes à des travaux forcés présentant une utilité militaire pour l'ennemi. Son intervention n'a eu d'ailleurs aucun résultat, et un mandement dans lequel il prescrivait aux prêtres d'interdire à leurs paroissiens d'exécuter des travaux préjudiciables à la patrie lui a valu 2.500 marks d'amende, avec menace d'internement (1). Son attitude n'était pourtant que trop justifiée, car l'envahisseur ne se faisait aucun scrupule d'astreindre la population à des services contraires au droit des gens. Nous avons reçu à cet égard des témoignages nombreux, tous concordants.

En 1915, en effet, les Allemands enjoignirent au maire de Lille d'intervenir auprès des habitants pour qu'ils consentissent à confectionner des sacs à sable. Sur son refus, ils lui déclarèrent que ce travail, évalué à 375.000 francs, serait effectué en Allemagne aux frais de la ville, et comme il n'entendait pas payer, ils firent ouvrir au chalumeau le coffre-fort municipal, afin d'y prélever la somme fixée (2).

Pour contraindre au travail les hommes qu'ils avaient enlevés dans leurs rafles successives, ils usaient de moyens plus efficaces et plus décisifs. Placés sous la ligne de feu, exposés au tir de nos canons, ces infortunés étaient obligés, par des cruautés sans nom, à déterrer les obus, à creuser des abris ou des tranchées, à porter des rails et à réparer les chemins de fer. Ceux qui refusaient de se soumettre à cet esclavage étaient incorporés dans le 26e bataillon d'ouvriers civils, un bagne commandé par le capitaine von Beckeroth et dont la 1re compagnie, sous les ordres du lieutenant Zindrowski, était un véritable enfer. Là, pour venir à bout de leur obstination, on privait de nourriture les récalcitrants, on les plaçait debout en plein soleil pendant des journées entières, avec interdiction de faire le moindre mouvement sous peine d'être accablés de coups de crosse ou de bâton; ou bien on les enfermait jour et nuit dans des caves sur le sol desquelles on avait répandu une nappe d'eau avec des pompes. Il en est qui, après plusieurs mois, portaient encore les marques des sévices qu'ils avaient subis. En octobre dernier, se trouvaient à l'hôpital militaire un certain nombre de jeunes gens blessés en captivité par les projectiles des armées alliées ou par l'éclatement d'obus qu'on leur avait fait décharger (3).

Les résistances étaient fréquentes et les prisonniers risquaient souvent les pires traitements pour rester fidèles à la patrie. C'est ainsi que deux gardiens des établissements pénitentiaires de Loos, MM. Ferron, de la maison centrale, et Thirion, de

---

(1) V. *infra*, Procès-verbaux et Documents, n° 5; — (2) V. n°s 2 et 4; — (3) V. n°s 1, 2, 4 à 6, 8, 14 à 25, 31 à 36. Dans le même ordre d'idées, v. les dépositions n°s 37 à 50 et les documents n°s 51 et 52.

la colonie de Saint-Bernard, résolus à ne pas travailler contre leur pays, s'évadèrent du camp de Wavrin, le 11 février dernier. Surpris dans la nuit du lendemain et blessés aux jambes par des grenades, ils tombèrent aux mains des sentinelles. Le 19 du même mois, on les transporta à Loos et ils furent traduits devant une cour martiale. Ils comparurent étendus chacun sur une civière et s'entendirent condamner à mort pour l'unique fait de tentative d'évasion. Après le prononcé de la sentence, M. l'abbé Pladys, aumônier d'un pensionnat, fut appelé à leur donner les derniers sacrements, dans la maison où ils avaient été déposés et où le tribunal militaire avait tenu son audience. Après avoir rempli son office, le prêtre courut chercher le directeur de la maison centrale et l'économe de la colonie pour aller avec eux implorer la grâce des blessés; mais le général fut inflexible et coupa court à toute insistance en déclarant que l'exécution devait être déjà terminée. Ce n'était malheureusement que trop vrai. Transférées au lieu du supplice sur leurs civières, qu'on avait placées dans une voiture d'ambulance, puis attachées sur des chaises par les bourreaux, les deux victimes avaient été fusillées, après avoir refusé de se laisser bander les yeux. Les Allemands ont été forcés de reconnaître que Thirion et Ferron « étaient morts en braves Français (1) ».

D'après les renseignements qui nous ont été fournis, le nombre des hommes enlevés de Lille s'élevait à 6.500 avant l'exode final qui a précédé la retraite allemande; 1.200 ont été placés dans les bataillons de discipline; 400 ont été tués ou sont morts au travail. En avril 1916, près de 20.000 femmes et jeunes filles de la région, dont 4.236 de la ville, sont parties pour l'exil. Parmi les otages emmenés soi-disant à titre de représailles, le 12 janvier 1918, se trouvait la femme du savant directeur de l'Institut Pasteur, M. Calmette. Les Allemands l'ont internée à Holzminden', après un voyage de trois jours effectué par un temps rigoureux. A la descente de wagon, vers deux heures du matin, on lui a fait faire à pied, dans la neige, le trajet de la gare au camp et, à l'arrivée, on l'a complètement déshabillée pour la fouiller. Pendant trois mois, elle a été privée de toute correspondance avec son mari, et elle n'a pu rentrer à Lille que le 24 juillet 1918 (2).

Beaucoup de prêtres ont été chassés de leurs églises, internés ou emprisonnés pour les raisons les plus futiles, souvent pour avoir, autour d'eux, exalté le patriotisme. Deux ont été fusillés en octobre 1914; l'un, M. Bogaert, curé de Pradelles, sous le prétexte qu'il avait refusé de remettre les clefs du clocher; l'autre, M. Delbecq, curé de Maing, parce qu'il avait rapporté de Dunkerque des ordres d'appel. Enfin, à la même époque, l'abbé Queste, curé de Provin, et l'abbé Vandersmerch, curé du quartier sud de Lille, ont été placés, avec une partie de leurs paroissiens, en avant des troupes allemandes sous le feu des armées alliées (3).

L'autorité militaire ennemie, dans son ensemble, est responsable de toutes ces horreurs; mais, parmi les oppresseurs de Lille, le gouverneur von Graevenitz et son homme de confiance, le capitaine Himmel, exécuteur de ses commandements, ont laissé un souvenir particulièrement exécré. Le second, un officier aux allures

---

(1) V. infra, Procès-verbaux et Documents, n° 1, 26 à 30; — (2) V, n° 1, 2, 4 à 7, 8, 9, 12, 14 à 21; — (3) V. n° 5.

gouailleuses et provocantes, avait toujours la cravache à la main et la menace à la bouche.

La vie des habitants de Douai, sous la domination allemande, a été à peu près semblable à celle de la population lilloise. La ville a eu énormément à souffrir des réquisitions, des perquisitions, des amendes, des vexations de toute nature. « L'administration ennemie, nous disait M. Duhem, s'acharnait, avec un esprit de suite incroyable, à nous infliger une tension de nerfs continuelle, dans le but évident de nous pousser à réclamer la paix. Le système consistait à semer la terreur par des affiches menaçantes, à pratiquer continuellement des visites domiciliaires et à nous tenir sans cesse dans la crainte de représailles à propos des actes de l'autorité française, de telle sorte que, nous attendant à partir en captivité d'un jour à l'autre, nous vivions positivement la valise au pied ». Il n'y a, dans ces paroles, aucune exagération. A Douai comme à Lille, de nombreux jeunes gens ont été arrachés à leurs foyers, et ceux qui ont refusé de travailler contre leur pays ont été l'objet des pires violences. Au début, les réquisitions ont porté presque exclusivement sur le cuivre; mais, sous l'autorité du commandant von Hellingrath, elles ont été étendues, en 1918, aux objets de toute espèce. Ce fut alors une suite ininterrompue de perquisitions brutales. Les fauteuils furent éventrés, les boiseries forées, les jardins fouillés et bouleversés. A la fin de 1917, les coffres-forts du Crédit du Nord et de la banque Dupont avaient été transférés hors la ville. Le 3 septembre 1918, les particuliers furent convoqués pour ouvrir eux-mêmes les compartiments qu'ils avaient loués dans les établissements de crédit. L'ouverture eut lieu en présence d'un officier du contrôle des banques et de deux soldats, munis de lourdes masses en fer. Les déposants durent verser ce qui leur appartenait dans des sacs en mauvais état; quant aux coffres des absents, ils furent fracturés par les soldats.

Nous avons précédemment relaté comment la ville fut pillée et saccagée après l'évacuation des habitants, et comment le butin fut entassé dans des bateaux dont l'un, au dire d'un soldat allemand, ne contenait pas moins de trois cents pianos. Les infirmes et les malades, transportés en péniche à Saint-Amand-les-Eaux, mirent trois jours à effectuer un trajet de trente kilomètres, à raison de l'encombrement causé par les trains de bateaux, dans lesquels ils voyaient emporter leur mobilier. Trois mois avant le pillage et pour le faciliter, le commandant von Hellingrath avait fait afficher que, désormais, la découverte de tout objet caché, quel qu'il fût, entraînerait amende et prison (1).

La ville de Cambrai, que nous avons visitée sous la conduite du colonel Gudin de Vallerin, de la mission française près l'armée britannique, commandant d'armes de la place, présente, comme Douai, le spectacle de la dévastation systématique et porte les traces d'un pillage général. Un grand nombre d'édifices et de maisons ont été plus ou moins endommagés par les bombardements; beaucoup ont été totalement détruits par les explosifs ou par le feu. Il est à remarquer que ces destructions

---

(1) V. *infra*, Procès-verbaux et Documents, n° 61 à 67.

totales comprennent des groupes importants d'immeubles et forment des zones définies, évidemment choisies à dessein. L'aspect de la place d'armes est à cet égard très significatif; mais aucun doute ne saurait subsister après la lecture de la note rédigée, dans les termes suivants, par le commandant du génie de la 73e division britannique :

COMMANDANT D'ARMES (BRITANNIQUE) CAMBRAI
COMMANDANT DU GÉNIE DE LA 73e DIVISION
N° c. 9/956.

Comme suite à l'ordre I. G. 37/243 du 17e corps (britannique).

Je suis d'avis que, sauf de rares exceptions, tous les incendies de Cambrai et la majeure partie des dégâts causés aux bâtiments et leur destruction sont des actes imputables aux ennemis et accomplis par eux de propos délibéré et par pure malveillance.

Les incendies furent presque entièrement limités au centre de la ville, et il est impossible que les maisons aient été démolies pour une raison d'ordre tactique. Plusieurs incendies indépendants avaient pu être observés longtemps avant que la ville fût occupée par nos troupes. Dans de nombreux cas, il était absolument évident que le bâtiment avait été démoli au moyen d'une charge d'explosif placée dans les caves. Des charges non explosées de perdite ont aussi été enlevées de certaines maisons.

Signé : W. WHITEWELL, lieutenant-colonel, commandant le génie
de la 73e division (britannique).
16/10/1918.

Le musée a été entièrement dépouillé. Il en a été de même de la bibliothèque communale, qui renfermait des ouvrages et des manuscrits précieux. D'après les quelques habitants qu'on a revus depuis que la ville est reprise, un haut fonctionnaire allemand serait venu, vers la fin de l'occupation, pour diriger l'évacuation des objets et documents de valeur.

L'église Saint-Géry a été indignement profanée; le tabernacle du maître-autel est vide, et, sur sa porte, qui a été forcée, on relève la trace de trois coups de pic. Le tabernacle a été également défoncé dans une chapelle à gauche du transept; la porte gît, tordue, sur l'autel. Les panneaux de bois qui entourent la chapelle ont été brisés et, sous l'un d'eux, un coffre-fort dissimulé par la boiserie a été fracturé. Dans la sacristie, toutes les armoires ont été ouvertes et vidées. Les tiroirs sont à terre. Un grand coffre-fort a été éventré. Les panneaux sculptés qui garnissaient la pièce ont disparu.

L'état dans lequel sont restées toutes les maisons de la ville est indescriptible. Dans les appartements, ce ne sont que meubles bouleversés, chaises et fauteuils crevés et disloqués, coffres-forts défoncés. Des tiroirs brisés, des écrins, des débris de glaces, de porcelaines, de faïences, de papiers jonchent les planchers. Les tentures ont été arrachées; les garnitures de cheminées, emportées; des tableaux, enlevés de leurs cadres ou découpés près des bordures.

Dans un hangar municipal long de 50 mètres et large de 20, situé entre le boulevard Faidherbe et le chemin de fer, près du pont, nous avons vu un immense amas d'objets de toute espèce, parmi lesquels se trouvaient pêle-mêle des tapis roulés, des pièces d'étoffe, des buffets, des pianos, des lits, des sommiers, des baignoires, des chaises, des fauteuils, des armoires sculptées des livres reliés et jusqu'à des ornements sacerdotaux. Aux deux extrémités étaient superposées, en quantité considérable, des balles de fibre de bois destinées à l'emballage. Au milieu, près de l'entrée, s'élevait un énorme tas de sciure.

Comme partout, les Allemands avaient évacué la population pour pouvoir se livrer plus aisément au pillage et au vol. Les personnes qui sont parties les dernières ont assisté au commencement de la curée. Les soldats mettaient dans leurs sacs le produit de leurs rapines, et les officiers faisaient transporter par leurs ordonnances, en voiture ou à pied, les objets qu'ils leur désignaient. Ce qui n'était pas enlevé était brisé. Les dommages sont incalculables (1).

Paris, le 14 novembre 1918.

Signé : G. PAYELLE, *président;*
Armand MOLLARD;
G. MARINGER;
MAXIME PETIT;
PAILLOT, *rapporteur.*

---

(1) V. *infra*, Procès-verbaux et Documents, n°ˢ 71 à 76.

DOUZIÈME RAPPORT

MM. Georges PAYELLE, *Premier Président de la Cour des Comptes; Armand* MOLLARD, *Ministre plénipotentiaire; Edmond* PAILLOT, *Conseiller à la Cour de Cassation, et Maxime* PETIT, *Conseiller maître à la Cour des Comptes, à M. le* PRÉSIDENT DU CONSEIL DES MINISTRES.

MONSIEUR LE PRÉSIDENT DU CONSEIL,

Les nouvelles enquêtes auxquelles nous venons de procéder, d'une part dans l'arrondissement de Briey et, d'autre part, sur les territoires libérés en dernier lieu du département de l'Aisne, nous ont laissé une impression plus douloureuse encore, s'il est possible, que nos enquêtes précédentes. Partout, la campagne bouleversée n'est plus qu'un désert crevé de trous d'obus, hérissé de fils de fer barbelés, sillonné de tranchées profondes. Les fermes sont détruites, les villes et les villages ravagés, les arbres brisés ou abattus. De régions jadis prospères, il ne reste plus que des décombres, l'envahisseur s'étant acharné à achever l'œuvre du canon par l'incendie ou par la mine et à transformer des lieux habités en une morne solitude.

Dans ces bassins de Briey et de Longwy, qui furent si âprement convoités par nos ennemis et où des régiments d'assassins ont pour jamais déshonoré leurs drapeaux, nous avons été témoins de douleurs que le temps n'a point apaisées, et nous avons entendu, entrecoupées de sanglots, les plaintes émouvantes des veuves et des mères. Aussi, quelque habitués que nous puissions être aux spectacles de désolation, après quatre ans et demi de pénibles enquêtes dans des régions affreusement ensanglantées et dévastées, sommes-nous revenus le cœur plein d'amertume et débordant d'indignation.

Fidèles néanmoins à la règle que nous avons adoptée, nous nous efforcerons de traduire dans une forme sobre et objective les témoignages recueillis, nous bornant à consigner les faits, sans y mêler les lamentations qui en accompagnèrent le récit, ni les malédictions proférées contre les bourreaux.

A mesure que nous avançons dans l'accomplissement de notre mission, nous sommes de plus en plus persuadés que, pour se faire une idée exacte de la criminalité allemande en France, il faut la considérer dans des phases successives, correspondant à trois périodes bien tranchées : celle qui s'est écoulée avant la bataille de la Marne ; celle qui l'a suivie jusqu'à l'époque des dernières offensives ; celle, enfin, qui a précédé immédiatement la retraite de l'ennemi.

Pendant la première, c'est le déchaînement brutal de toutes les violences : la fusillade, l'égorgement, le viol, l'incendie, le pillage effréné ; c'est la fureur de la ruée, telle que l'a voulue l'autorité suprême pour terroriser l'adversaire et le contraindre à implorer la paix. Après la grande victoire de 1914, alors qu'est apparue l'inutilité d'une telle sauvagerie ou que la possibilité de représailles commence à être envisagée, la rage meurtrière fait place à un système d'oppression moins sanglant, mais plus méthodique et plus sournois. Les exécutions par les armes sont encore nombreuses, mais elles ont lieu généralement après un simulacre de jugement destiné à leur donner une apparence de légalité. C'est alors que le commandement organise, avec une inlassable persévérance, l'exploitation des pays occupés. Il accable de contributions, de réquisitions et d'amendes les municipalités et les particuliers, pratique partout des perquisitions incessantes, saisit les valeurs dans les banques, fait fracturer les coffres-forts et violer les sépultures. Il enlève des milliers d'habitants, qu'il emploie contre leur patrie aux travaux les plus durs et les plus dangereux, et, par la destruction des usines, essaie de tuer notre industrie. Enfin, lorsque, pliant sous l'effort des armées alliées, les Allemands prévoient l'évacuation prochaine d'une ville par leurs troupes, ils expulsent la population pour pouvoir piller à leur aise, mettent à sac les habitations, dévastent les musées, brisent ce qu'ils ne peuvent emporter et, avant de se retirer, détruisent les maisons et les édifices publics en les faisant sauter au moyen d'explosifs ou en y allumant l'incendie.

MEURTHE-ET-MOSELLE.

L'arrondissement de Briey a été envahi, en août 1914, par des troupes dont une partie s'était livrée en Belgique aux plus abominables excès. Leur arrivée au chef-lieu a été marquée par l'exécution du pharmacien Winsback, fusillé en présence de sa femme et de ses filles, pour avoir, quelques jours auparavant, conduit en automobile le sous-préfet à Étain (1). Mais c'est surtout dans les cantons de Conflans, d'Audun-le-Roman, de Longuyon et de Longwy qu'ont été commis les pires forfaits. Dans de précédents rapports, nous avons déjà rendu compte des massacres d'Audun et de Jarny ; nous avons à signaler aujourd'hui des atrocités plus effroyables encore.

Le 7 août, en arrivant à Joppécourt, les Allemands se présentèrent à la maison commune, et, en l'absence de M. Renauld, maire, qui habitait en dehors de l'agglomération principale, ils demandèrent à l'institutrice, Mme Baijot, de leur remettre les papiers de la mairie et de leur faire visiter les locaux. Au cours de leur perquisition, comme ils apercevaient les fusils que la municipalité, par mesure de prudence, avait fait rassembler, ils prirent prétexte de cette découverte pour accuser Mme Baijot, en la menaçant de mort, d'avoir organisé une compagnie de francs-tireurs. Ils firent ensuite chercher le maire, exigèrent qu'il se tînt en permanence à leur disposition, et le 9, l'ayant conduit dans un jardin, ils le fusillèrent, après lui avoir lié les mains (2).

La commune de Baslieux fut envahie le même jour que celle de Joppécourt. Tandis que la troupe mettait le feu à trois maisons, un commandant du 24e régiment de dragons notifia au maire, M. Rémy, qu'il eût à lui fournir à manger pour 500 hommes et 500 chevaux, « dans dix minutes et non pas un quart d'heure ». — « D'ailleurs, ajouta-t-il, je vous prends comme otage, parce qu'on a tiré sur nous. » Il ordonna alors qu'on le conduisît avec dix autres habitants au pied d'un mur, leur annonça à tous

---

(1) V. *infra*, Procès-verbaux et Documents, n° 163 ; — (2) V. n°s 77 à 79.

2...

qu'ils allaient être fusillés et fit avancer un peloton d'exécution. Ce n'était heureusement qu'une mesure d'intimidation ; le commandement ne fut pas donné, et les onze captifs, les mains attachées derrière le dos, furent transférés dans un poste. Vers minuit, un officier vint y chercher M. Rémy pour l'obliger à faire avec lui une perquisition dans deux maisons, d'où, prétendait-il, des civils avaient tiré, et l'informa qu'il serait exécuté si une seule arme était découverte. Mais il fut reconnu que l'accusation était fausse et que les coups de fusil imputés à la population étaient le fait de militaires allemands.

A deux heures du matin, un brave homme nommé Hennequin, assis auprès de son feu, disait à sa femme : « S'ils viennent, tu leur donneras tout ce qu'ils voudront pour qu'ils nous laissent tranquilles ». Juste à ce moment, des soldats, faisant irruption chez lui, l'entraînèrent dehors et le tuèrent à coups de revolver.

Le lendemain, les cavaliers s'en allèrent.

Le 22, à la fin d'une bataille qui avait eu lieu aux environs, les 21e et 38e régiments d'infanterie de réserve de Silésie, passant en débandade dans le village, obligèrent la plupart des habitants à sortir de leurs demeures et les conduisirent au lavoir communal. Ils y fusillèrent, en présence de la population, deux jeunes gens parfaitement innocents, les frères Petit. L'un de ceux-ci, pourtant, survécut par miracle à ses blessures. Au même moment, des soldats poursuivaient Mlle Armusiaux et la tuaient dans son corridor, tandis que MM. Choisel et Michel étaient massacrés chez eux.

Le même jour, l'ennemi brûla sept ou huit maisons situées au coin des rues (1).

Le 10, après le combat de Murville, qui fut un échec pour les Allemands, le 23e régiment de dragons entra dans Bazailles, où il avait déjà précédemment cantonné. Il y incendia quarante-cinq maisons, tant ce jour-là que le lendemain, et tua tous les hommes qu'il rencontra. Parmi les dix-neuf habitants qui périrent sous les balles, onze avaient été conduits dans un clos pour y être passés par les armes. Le feu fit en outre cinq victimes : M. Robert, sa femme, sa fille et deux jeunes enfants. Le petit Vigneron, âgé de deux ans, arraché des bras de sa mère, qui le portait près de son berceau, fut étranglé par un soldat, puis carbonisé dans l'incendie.

Les Allemands ont essayé de justifier tous ces crimes en prétendant qu'un des habitants fusillés, M. Firmin Rollin, avait tiré sur eux quelques jours auparavant. Or, cet homme avait été réquisitionné par eux-mêmes comme convoyeur et n'était pas encore rentré à Bazailles, au moment où, soi-disant, aurait eu lieu l'agression dont il était accusé (2).

A deux reprises différentes, le 7 août, les 22 et 23 du même mois, la commune de Fillières fut le théâtre d'effroyables excès. Le 7 au soir, dès leur arrivée, des troupes ennemies arrêtèrent le curé, M. Robert, ainsi que le maire, M. Noirjean, et, sous la garde de factionnaires, les consignèrent dans la maison de ce dernier. Au bout d'une heure, une patrouille vint dire aux prisonniers qu'on avait tiré sur un chef, et que, s'ils ne trouvaient pas le coupable, ils seraient l'un et l'autre fusillés. Elle les conduisit ensuite au lieu où l'on prétendait que l'attentat avait été commis, et la propriétaire d'une maison voisine fut invitée à faire connaître si quelqu'un était entré chez

---

(1) V. infra, Procès-verbaux et Documents, nos 80 et 81 ; — (2) V. nos 82 à 84.

elle dans la soirée. Elle déclara n'avoir vu que son beau-frère, M. Drouet, garde-champêtre et appariteur, qui lui avait ramené un de ses enfants.

Les Allemands allèrent aussitôt chercher Drouet à son domicile et l'emmenèrent dans la maison de M. Noirjean avec celui-ci et M. l'abbé Robert. Dans le courant de la nuit, les trois hommes, appelés à plusieurs reprises devant le général prince de Ratibor, qu'entouraient quelques officiers, furent pressés de questions auxquelles ils répondirent avec beaucoup de courage et de dignité. Il leur fut enfin notifié qu'ils étaient condamnés à mort.

Le coup de fusil que le général accusait un civil d'avoir tiré avait en réalité éclaté par suite de l'imprudence d'un soldat allemand, qui l'avait fait partir en déposant brusquement son arme sur un plancher. Néanmoins, à cinq heures du matin, le garde-champêtre, vieillard de soixante-sept ans, était exécuté à une extrémité du village, et, peu après, le maire et le curé étaient contraints à monter dans une automobile et dirigés vers Serrouville. Le départ eut lieu en présence de la famille Noirjean, dont le désespoir se manifesta par des scènes déchirantes. Mais, pour une raison qu'ils ignorent, MM. Robert et Noirjean, qui s'attendaient à être fusillés sur la route, furent ramenés à Fillières. A leur retour, l'état-major était parti pour Pillon, où un combat venait de s'engager. C'est sans doute cette circonstance qui les a sauvés.

A partir de ce moment, il n'y eut, pendant quinze jours, que des passages de troupes intermittents dans la commune; mais, le 22 août, elle fut envahie par des effectifs considérables. L'ennemi, qui venait de se battre non loin du village et dont la rage était extrême, incendia immédiatement trente-trois maisons. MM. Louis Norroy, Lucien Bourgeois et la petite Lefondeur, âgée de douze ans, furent tués dans la rue. M. Ferrand venait d'être empoigné et allait être fusillé, quand sa femme, affolée, se cramponna à lui en l'entourant de ses bras. Ils furent massacrés l'un et l'autre.

Tandis que ces faits se passaient, une partie de la population était transférée à Thionville et à Aumetz, en Lorraine. Le voyage fut un martyre. Roués de coups, laissés pendant trois journées entières sans nourriture, bien que les soldats leur eussent extorqué de l'argent en leur promettant des aliments, les prisonniers étaient couverts de contusions. L'un d'eux, M. Thirion, eut la barbe arrachée, et le maire reçut un terrible coup de poing qui faillit lui crever un œil.

En arrivant à Aumetz, trente-cinq hommes furent invités à sortir des rangs et à dénoncer ceux qui auraient commis dans leur village des actes d'agression contre l'envahisseur. Tous ayant protesté que nulle agression ne s'était produite, MM. Le-febvre et Félix Humbert furent passés par les armes, séance tenante. Pendant ce temps, à Fillières, les Allemands fusillaient M. Vigneron sur son fumier, M. et Mme Lay devant leur porte, et un capitaine faisait promener ensuite les cadavres des époux Lay le long des rues, en criant : « Vous avez voulu la guerre ! La voilà ! »(1).

Le 21 août, les 121ᵉ et 122ᵉ régiments d'infanterie ennemie, accompagnés d'un détachement de pionniers, se heurtèrent, près de Mont-Saint-Martin, à une demi-section de fantassins français qui leur infligea des pertes. Furieux de cette résistance, ils se vengèrent cruellement dès qu'ils purent entrer dans la commune. Tandis que le

(1) V. infra, Procès-verbaux et Documents, nᵒˢ 85 et 86.

feu était mis à soixante-seize maisons, les soldats tiraient sur les habitants qu'ils rencontraient et faisaient sortir les autres de leurs caves pour les fusiller. Sur une liste, certainement très incomplète, qui nous a été remise, figurent les noms de quinze victimes.

M. et Mme Kribs venaient d'être tués chez eux quand leur fils, âgé de quinze ans, fut poursuivi dans la rue; atteint d'une balle à la jambe, il roula sur le sol et fut achevé à coups de crosse. Un garçon de dix-huit ans, le jeune Lhotel, arrêté dans sa chambre, fut traîné jusqu'à une propriété voisine et férocement mis à mort. Les Allemands massacrèrent également la petite Marguerite Schneider, enfant de dix ans, MM. Vignot, Surback, Reser, Lemmers et deux ouvriers espagnols. M. Belin, blessé au pied droit et incapable de se mouvoir, fut criblé de coups de baïonnette. Un domestique, Jean Kirsch, qui ne voulait pas livrer une vache qu'il menait à la longe, eut un bras tranché d'un coup de sabre et l'autre bras traversé par une balle. Dans la maison Kribs, on retrouva carbonisés le corps de la propriétaire et celui de la petite Fizaine, âgée de quatre ans et demi. Mme Prégnon fut également brûlée au cours des incendies (1).

Dans l'affreuse journée du 22 août, pendant laquelle ont été commis, à Baslieux et à Fillières, plusieurs des crimes que nous avons relatés, les communes de Chénières, de Cutry, de Landres, de Gorcy, de Saint-Pancré et de Mercy-le-Haut furent, elles aussi, cruellement éprouvées. Le 22e régiment d'infanterie allemand détruisit le village de Chénières en y mettant le feu. Il n'y laissa debout que deux maisons; encore l'une d'elles devait-elle être incendiée au moment de la retraite.

Dans cette petite commune, vingt-deux personnes furent exterminées, parmi lesquelles M. Morsat, sa femme et ses deux enfants, Jeanne et Gaston, âgés, la première de sept ans et le second de neuf; Maurice Arquin, garçon de onze ans, et une fillette de six ans et demi, la petite Simonne Frantz. La famille Damgé s'était réfugiée dans une haie. M. Damgé en sortit à un certain moment; on retrouva, le jour suivant, son cadavre dans les champs. Sa femme et ses enfants étaient restés dans leur cachette; des soldats, les ayant découverts, se mirent à tirer sur eux; l'aîné des fils fut tué roide, le second et la mère blessés grièvement. M. Vonner, vieillard de soixante-dix ans, et son petit-fils, René Leclerc, élève à l'école normale de Commercy, arrêtés chez une parente, furent conduits auprès d'un officier, qui les fit aussitôt fusiller.

Au cours de la soirée, les habitants restés vivants furent transférés à Villers-la-Montagne, et cinq jours après, on les ramena à Chénières pour leur faire inhumer les cadavres, que des porcs errant parmi les ruines commençaient à dévorer. Les Allemands voulaient les contraindre à jeter pêle-mêle leurs morts dans des fosses avec des bêtes tuées pendant le carnage, et ce fut à grand'peine que les familles obtinrent l'autorisation de déposer au cimetière les restes des êtres chers que l'assassinat leur avait ravis (2).

A Cutry, l'ennemi brûla vingt-six maisons. L'instituteur, M. Basse, qui s'était abrité dans sa cave avec M. Auguste Dillon, conseiller municipal, et un domestique nommé Pierre Perlot, en sortit vers dix heures du matin, pour recevoir les Alle-

---

(1) V. *infra*, Procès-verbaux et Documents, n°s 87 à 91 ; — (2) V. n°s 92 à 97.

mands qui pénétraient dans l'école : immédiatement appréhendé, il fut emmené, ainsi que ses deux compagnons et quatre autres habitants, MM. Emile André ; Flèche, Navel et Grund, au fond du jardin, où on les fusilla tous après leur avoir lié les mains derrière le dos, tandis que le curé, M. l'abbé Robert, était conduit à Villers-la-Montagne pour y être exécuté.

Le reste de la population fut transféré à Chénières et enfermé dans l'une des deux seules maisons que la flamme eût épargnées. Des soldats vinrent à plusieurs reprises y choisir des femmes et des jeunes filles, et les contraindre, en les menaçant de leurs baïonnettes et de leurs revolvers, à se rendre dans une chambre voisine pour y subir d'ignobles attentats. Sept ou huit de ces malheureuses furent ainsi victimes de la lubricité de leurs gardiens et, parmi elles, Mlle X . . ., qui fut violée trois fois. Deux jeunes mères portaient leurs enfants sur leurs bras : les Allemands les leur arrachèrent, remirent les petits aux maris et entraînèrent les femmes sous les yeux de ces derniers.

Deux mois après, quand Mme Basse revint à Cutry, elle fit procéder à l'exhumation de son mari, que les bourreaux avaient enterré à l'endroit même où il avait été exécuté. Elle constata alors, en examinant le cadavre, que le doigt qui portait une alliance avait été coupé (1).

A Landres, soixante-sept maisons furent brûlées et un jeune domestique fut carbonisé ; quatre habitants inoffensifs, MM. Brenner, Tintinger, Guenzi et Stramboli, étaient en même temps abattus à coups de fusil sur la voie publique, et plusieurs sous-officiers violaient Mlle Z . . ., âgée de seize ans.

Le lendemain, les Allemands fusillèrent cinq hommes étrangers à la commune, entre autres un cultivateur du village de Piennes, nommé Henry. Celui-ci, arrêté dans les champs, alors qu'il revenait de son travail en portant sa faulx sur l'épaule, fut exécuté sur l'ordre d'un général. Le pauvre homme pleurait et suppliait qu'on lui laissât la vie, protestant qu'il n'avait rien fait de mal et répétant qu'il était père de six enfants ; mais les soldats le poussèrent à coups de crosse jusque dans une carrière, où il fut passé par les armes en compagnie d'un inconnu (2).

A Saint-Pancré, l'ennemi a mis le feu à vingt-trois maisons et massacré dans le village MM. Achille Remer et Gobert, ainsi qu'un manchot, nommé Grégoire. Ces deux derniers ont eu l'un et l'autre le ventre ouvert d'un coup de baïonnette. Quant à Remer, il a été atteint d'une balle au côté, au moment où il ouvrait la porte à sa femme, qui revenait de panser sa vieille mère, qu'un officier avait grièvement blessée d'un coup de revolver à l'estomac, après l'avoir froidement visée à travers sa fenêtre. Enfin, au hameau de Buré-la-Ville, dépendance de la commune, des soldats, qui tiraient au hasard dans les rues, ont blessé M. Gavroy et tué son fils, âgé de neuf ans.

Tandis que ces crimes étaient commis, des personnes qui revenaient de Tellancourt à Saint-Pancré tombèrent entre les mains d'un détachement dont le chef les accusa d'avoir tiré et leur déclara qu'elles allaient être fusillées. « Les hommes à droite et les femmes à gauche ! », commanda l'officier. Les femmes s'enfuirent en toute hâte ; mais à peine avaient-elles fait quelques pas qu'elles entendaient la fusillade

---

(1) V. *infra*, Procès-verbaux et Documents, n°s 98 à 100 ; -- (2) V. n°s 101 à 103.

et que MM. Gillet, Weber, Gérard, Roussel et Achille Remer tombaient mortellement frappés. M. Perazzi, qui avait pu s'échapper, fut découvert dans un champ
d'avoine où il s'était couché pour se dissimuler. Il reçut deux balles, l'une à la bouche
et l'autre au bras. Des soldats l'arrosèrent ensuite de pétrole; mais un de leurs camarades les empêcha de le brûler.

Dans l'incendie du village, M. Lepage, vieillard de quatre-vingt-deux ans, a été
carbonisé, et on est encore sans nouvelles de M. Allard, qui, après avoir été blessé, a
été emmené en Allemagne (1).

A huit heures du soir, d'importants contingents Allemands étant entrés à Mercy-
le-Haut, un officier pénétra dans l'école, demanda à l'instituteur s'il logeait des militaires français, et se fit conduire dans une salle où étaient hospitalisés des blessés. Il
y trouva, couchés auprès de ceux-ci sur la paille et désarmés, six soldats valides qui
n'avaient pu rejoindre leur corps. Il leur ordonna de se lever, puis les abattit l'un après
l'autre à coups de revolver. Cinq furent tués; le sixième, ayant fait le mort après être
tombé, dut à sa présence d'esprit de ne point être achevé.

A peu près au même moment, des Allemands frappaient à la porte de M. L'Huillier. Il s'empressa d'aller ouvrir, mais tomba mortellement atteint d'une balle. Neuf
personnes avaient reçu asile dans sa maison; les soldats, les ayant découvertes, tirèrent
immédiatement sur elles. Mmes L'Huillier, Pana, Guidon, Kuebler, Ruer et la petite
Renée Guidon, âgée de quatre ans, furent tuées.

Vers neuf heures, le jeune Léon Mandy fut surpris chez M. Collignon, où il se
chauffait tranquillement près d'un poêle. Des Allemands lui ordonnèrent de lever les
bras, et l'un d'eux lui fracassa la tête d'un coup de revolver. Un médecin-major français, qui soignait des blessés dans la maison, ne put s'empêcher d'exprimer son indignation d'un pareil acte : « Répétez », lui dit le meurtrier. Le docteur, ayant alors
renouvelé sa protestation, reçut un coup de revolver à la mâchoire. Un peu plus tard
dans la soirée, Mlle Collignon, nièce du propriétaire chez lequel s'était passée cette
scène, essuya, en ouvrant sa porte, un coup de fusil qui ne l'atteignit pas; mais son père,
qui sortait de son lit et commençait à s'habiller, fut mortellement atteint d'une balle.

Le lendemain matin, le jeune Maurice Guerville, âgé de dix-sept ans, rapportait
chez lui un bidon de lait qu'il était allé chercher dans le voisinage, quand il aperçut
des soldats qui tiraient sur des poules. Il eut l'imprudence de rire de leur maladresse.
Ce fut alors lui-même qu'ils prirent pour cible. Blessé grièvement au dos, il mourut
en arrivant chez ses parents (2).

Tandis que nos troupes battaient en retraite et que le 121e régiment d'infanterie
allemande pénétrait dans Gorcy, des soldats français, disséminés dans les environs de
cette commune, tiraient encore quelques coups de fusil et de mitrailleuse. Pour se
venger, l'ennemi incendia plusieurs maisons et massacra six habitants. MM. Massonnet, âgé de soixante-sept ans; Protin, vieillard de soixante-seize ans, et M. Mercier
furent passés par les armes au pied d'un mur.

M. Lefèvre fut arrêté alors qu'il tenait par la bride son cheval attelé à un tombereau; les Allemands, après avoir tué le cheval, emmenèrent le conducteur à une

---

(1) V. *infra*, Procès-verbaux et Document,s n°s 104 à 111 *bis*; — (2) V. n°s 112 et 113.

centaine de mètres et le fusillèrent. M. Mamdy était en train de manger dans sa cuisine, tenant un petit enfant entre ses jambes : il fut abattu d'un coup de revolver. M. Tonnelier, blessé chez lui par des grenades, fut poursuivi jusque dans ses cabinets, où il fut achevé d'un coup de sabre qui lui fendit le crâne.

Le même jour, les deux sœurs Ledoyen furent atteintes dans leur maison par des grenades incendiaires, que leur lancèrent des soldats ; l'une d'elles dut subir l'amputation d'un bras. Leur jeune frère, qui avait essayé de se sauver, fut assailli dans la rue et frappé de sept coups de baïonnette et de nombreux coups de crosse ; comme il ne bougeait plus, ses agresseurs le crurent mort, et le laissèrent sur place dans un état pitoyable (1).

Le dimanche 23 août, des troupes allemandes appartenant aux 22e, 122e, 125e et 156e régiments d'infanterie, firent leur entrée à Longuyon et prirent aussitôt comme otages dix-huit notables, qui devaient répondre de la sécurité publique, que personne, sauf l'envahisseur, ne songeait d'ailleurs à troubler. Dès le lendemain commençait le pillage. Les coffres-forts étaient défoncés, les magasins saccagés, les caves dévalisées. A 5 heures, comme on entendait le canon, le commandement faisait mettre le feu à la ville. Alors vont se dérouler des scènes affreuses. Mme X... est violée en présence de ses cinq enfants ; Mme Z... subit les derniers outrages, pendant qu'on assassine son mari. L'incendie qui se propage va dévorer deux cent treize maisons. Les habitants, terrifiés, se précipitent dans les caves, d'où il leur faudra bientôt sortir pour échapper à l'asphyxie. Des gens affolés, qui cherchent à gagner la campagne, sont abattus au passage par des soldats en furie et des officiers ivres de sang. M. Collignon est tué chez lui. M. Leroy, vieillard de quatre-vingt-quatre ans, qui marchait à l'aide de deux bâtons, est massacré près de sa porte, et les meurtriers piétinent rageusement son cadavre. Mme Marie, dont le fils, conseiller général et maire, a été mobilisé dès le début de la guerre, est mise au mur pour être fusillée ; sa fille se jette à son cou, lui fait un rempart de son corps et parvient à la sauver ; mais sa maison est dévastée, et, à proximité, un homme est mortellement atteint d'un coup de fusil. A l'hôtel Siméon, une domestique a la tête trouée d'une balle. M. Pierre, coiffeur, reçoit la mort devant sa boutique.

A 7 heures, c'est une vision d'enfer. Une grande partie de la ville est en flammes ; la fusillade crépite de toutes parts. Les rues sont encombrées de morts et de mourants. M. Briclot, qui se dévoue pour soigner les blessés, est frappé d'une balle dans l'aine et succombe après de cruelles souffrances. Mme Pellerin, M. Valentin, les deux frères Martinet, le jeune Rheinalter, âgé de seize ans, et, auprès de lui, un enfant de quatorze ans, sont tués. Mme Jullion voit sa fille tomber morte à ses côtés, une épaule brisée et la tempe fracassée. D'autres personnes périssent asphyxiées ou carbonisées. Mme Carquin, qui traverse la voie ferrée sur une passerelle, avec ses trois fils, est arrêtée par un officier et un soldat. Les deux aînés de ses enfants, Marcel, âgé de dix-huit ans, et Paul, garçon de quinze ans, sont empoignés, conduits à vingt mètres de là et assassinés, en même temps qu'un retraité des chemins de fer, M. Bossler. Paul s'évanouit en se voyant mettre en joue, et c'est étendu sur le sol qu'il est

---

(1) V. infra, Procès-verbaux et Documents, n°s 114 à 120.

exécuté ; son frère tombe en criant : « Vive la France ! ». Quant à Bossler, plus dur à tuer, il ne faut pas moins de quatre balles et d'un coup de sabre pour en finir avec sa vie.

Mme Chrétien vient de partir avec sa belle-sœur et ses deux fils, l'un de douze ans et l'autre de cinq, pour se rendre à Ville-au-Montois, où elle espère trouver un refuge, quand deux soldats lui barrent le chemin. Elle les implore d'un geste ; mais, avant qu'elle ait pu dire un mot, ses deux petits sont massacrés. Elle-même est blessée de cinq coups de feu, et sa belle-sœur reçoit une balle dans la cuisse.

Au hameau de Noërs, dépendance de Longuyon, qui est entièrement brûlé, Mme Siméon, accouchée de la veille, est obligée de s'enfuir de sa maison en flammes, tandis qu'on fusille son mari. M. Dieudonné et M. Toussaint, conseiller municipal, sont abattus en se sauvant. En un seul endroit s'entassent treize cadavres. Le bâtiment des Frères, où logeaient quarante ménages, est incendié, et les Allemands y fusillent deux hommes. M. Burtin est tué dans les casernes, où il a cherché un abri avec de nombreuses personnes ; celles-ci sont brutalement expulsées et, pour se soustraire à la mort, passent de longues heures couchées dans les champs.

Toutes ces horreurs devaient être surpassées par un crime plus monstrueux encore et plus traîtreusement accompli : vingt et un jeunes gens de seize à dix-huit ans avaient été requis d'enterrer leurs concitoyens assassinés. Leur lugubre besogne terminée, ils furent attachés les uns aux autres, alignés contre le mur d'un bâtiment des casernes, et impitoyablement passés par les armes.

Les assassinats se poursuivirent pendant plusieurs journées. Le 24 août, le curé de Viviers, réfugié à Longuyon, y était massacré, ses vêtements fouillés et sa sacoche jetée vide à quelques mètres du corps. Le 27, M. Braux, curé de la ville, et son vicaire, M. l'abbé Persyn, arrêtés à l'hôpital des Sœurs, étaient conduits sous un pont du chemin de fer, au croisement de la voie de raccordement de la ligne de Longwy, et fusillés à cet endroit, la main dans la main.

Le 25, vers 6 heures du matin, plusieurs Allemands mirent le feu à la ferme de Moncel, située sur le territoire de Longuyon.. Cinq soldats français grièvement blessés avaient reçu asile dans un bâtiment voisin. L'un d'eux fut brûlé vif ; trois autres, qui essayaient de se sauver, furent férocement achevés à coups de crosse et à coups de baïonnette ; les sauvages traînèrent le cinquième, encore vivant, dans un champ d'avoine, et le recouvrirent de paille qu'ils allumèrent.

A raison du départ d'un grand nombre de familles, toutes les victimes de Longuyon n'ont pu être identifiées. Beaucoup ont dû être ensevelies sous les décombres ; d'autres ont été enterrées sans avoir été reconnues ; et pourtant la liste des morts qui a été dressée jusqu'à présent à la mairie ne comporte pas moins de soixante noms (1).

Occupée, elle aussi, le 23 août, par les 121e, 122e, 124e et 125e régiments d'infanterie, la commune de Fresnois-la-Montagne fut le théâtre d'actes non moins atroces. Dès leur arrivée, les Allemands, prétendant que le curé avait tiré sur eux, alors qu'en réalité il était mobilisé et absent depuis vingt-six jours, incendièrent le village et

---

(1) V. infra, Procès-verbaux et Documents, n°s 121 à 144. Voir aussi les dépositions n°s 145 et 146 concernant Cons-la-Grandville, canton de Longuyon.

décimèrent la population. Quatre-vingt-dix-neuf maisons devinrent la proie des flammes. Dix-sept personnes périrent asphyxiées ; trente-cinq autres furent massacrées avec d'inimaginables raffinements de cruauté.

Au moment où le feu faisait rage, l'instituteur, M. Werlé, était parti pour Tellancourt avec un certain nombre d'habitants, parmi lesquels se trouvaient des enfants et des femmes. Ayant obtenu dans cette localité qu'un officier lui donnât un sauf-conduit, il tenta de revenir chez lui avec ses compagnons ; mais, à deux cents mètres environ de Fresnois, la petite troupe fit la rencontre de cavaliers, qui l'accueillirent à coups de fusil et l'obligèrent à rebrousser chemin. Au lieudit la Carrière, une nouvelle fusillade éclata : Mmes Meunier, Thomas et Lafond, femme du maire, furent tuées ; Mme Gérard, Mme Adam et le jeune Mathy, blessés plus ou moins grièvement. Les autres poursuivaient leur route, quand survint un officier à cheval qui, s'approchant de M. Werlé, lui déchargea un coup de son revolver dans le dos. En tombant, l'instituteur s'écria : « Ah ! les lâches, les gueux ! », et l'officier l'acheva d'une balle dans l'oreille. Aussitôt après, M. Gérard, qui soutenait sa mère, blessée au côté, était abattu à coups de revolver.

Pendant ce temps, dans le village, l'ennemi s'acharnait à tuer. Le jeune Schweitzer, âgé de dix-sept ans, a le corps traversé d'un coup de baïonnette-scie ; sa mère, en se sauvant, tombe dans une patrouille de uhlans, qui la fouille et lui vole, avec son porte-monnaie, la montre de son mari. MM. Narcisse Meunier, Bragard et Differding sont exécutés devant la fontaine ; M. Auguste Meunier, contre le mur de sa maison, et M. Rongveau, auprès d'un talus. M. Anatole Lecoq est terrassé, puis tué d'une balle de revolver ; son fils, Théodule, qui a la poitrine traversée par une baïonnette-scie, se traîne jusqu'à un jardin et meurt après une atroce agonie de quarante-huit heures. Paul Meunier, caché sous un buisson, se lève en entendant siffler des projectiles ; des soldats l'aperçoivent et l'attachent à la queue d'un cheval, que son cavalier lance au galop ; on l'a retrouvé mort au milieu des champs. La veuve Ledoyen, ses trois fils, un jeune homme nommé Bombled et d'autres personnes, qui viennent de sortir d'une cave, essuient plusieurs coups de fusil. M. Jean-Baptiste Boudet, vieillard de soixante-dix-sept ans, a un bras cassé. L'un des fils Ledoyen, Bombled et Charles Charpentier, garçon de dix-sept ans, sont enlevés, jetés dans une automobile et emmenés à la Kommandantur de Tellancourt, qui les fait tous trois fusiller.

A 4 heures de l'après-midi, un fort groupe d'habitants est conduit près du cimetière. Là, un officier demande où est le maire : « Me voici ». dit M. Lafond. — « Vous avez tiré sur nous », crie l'Allemand. Le maire a beau protester et affirmer que personne dans la commune n'a tenté le moindre acte d'agression, l'officier commande « en avant ». On fait alors avancer de quelques pas les captifs, on les oblige à se mettre à genoux et on leur ordonne de lever les bras. Tous s'attendaient à mourir ; mais, au dernier moment, grâce est faite aux enfants et aux femmes, tandis que MM. Lafond, Lariette, Perrin, Émile Bray, Jacquet, Dinant, Othelet, Bourguignon et Henri sont exécutés. M. Perrin, vieillard infirme et qui pouvait à peine se traîner, s'était évanoui sous les coups. Ses bourreaux lui versèrent dans la bouche un cordial pour qu'il arrivât, ranimé et en pleine connaissance, au lieu du supplice (1).

---

(1) V. *infra*, Procès-verbaux et Documents, n°s 147 à 160.

Le 23 août également, les Allemands incendièrent Doncourt-les-Beuveille, dont il ne resta que l'église ; encore fut-elle détruite le 10 novembre dernier. Plusieurs blessés français qui se trouvaient dans les maisons ou dans les granges y furent surpris par le feu et ne purent se sauver. Huit habitants : MM. Pépin, Morigny, Lhôte, Laurent, Eugène Derrière, Alfred Derrière, et Mlle Wiest, institutrice, furent tués dans leurs habitations, dans les jardins ou dans les rues (1).

Tout le monde connaît la richesse des bassins de Briey et de Longwy, leur production énorme en minerai de fer et l'importance de leurs établissements métallurgiques. A partir de 1916, les Allemands se sont efforcés de les ruiner par leur procédé coutumier, qui consiste à dévaster les usines. Un service spécial, la *Rohstoffundmaschinenvertheilungstelle*, qu'on appelait dans le pays la ROHMA et qui se composait d'un nombre considérable d'officiers et de soldats, était chargé d'organiser la destruction. Il s'employait à cette œuvre avec une rigueur et une méthode implacables, enlevant et brisant la machinerie, rasant les hauts-fourneaux et les fours Martin, mettant en pièces les laminoirs, enlevant le matériel roulant, les moteurs électriques et les approvisionnements.

Dans l'usine de Saintignon, à Longwy, un turbo-alternateur de 1.000 kw., un hangar de 1.000 mètres carrés et deux groupes de chaudières ont été soigneusement démontés pour être envoyés en Allemagne (2).

Aux aciéries de Mont-Saint-Martin, les dégâts causés par l'ennemi sont évalués à la somme de 200 millions. Des prisonniers civils, forcés de travailler aux crassiers, étaient traités avec une inexcusable barbarie ; sur quatre cents, qu'on avait parqués dans un camp, près des usines de la Chiers, quatre-vingt-trois succombèrent dans l'espace de dix-huit mois.

Le 6 janvier 1918, sous prétexte de représailles contre des actes de l'autorité française, les personnes les plus notables de la région furent emmenées en captivité. On conduisit les femmes à Holzminden. Quant aux hommes, ils furent internés avec les otages du Nord, au camp de Milijgany (Lithuanie), pays dont la température est en hiver extrêmement rigoureuse. Ils y restèrent pendant plus de deux mois, dans des conditions intolérables, couchant sur des rondins que recouvrait une mince paillasse, privés de tout, même d'eau pour les ablutions, manquant de soins et de médicaments, alors qu'il y avait parmi eux des vieillards et des malades. Le 15 mars, peu de jours avant l'arrivée d'une délégation espagnole dont la visite était annoncée, ils furent transférés au camp de Block-Roon, où ils trouvèrent une installation moins défectueuse ; mais en ce dernier endroit, de même qu'à Milijgany, toute correspondance leur fut interdite avec les régions envahies, où ils avaient laissé leurs familles angoissées. Plusieurs moururent en exil ; les autres ne furent libérés que le 8 juillet (3).

MEUSE.

En passant par l'arrondissement de Verdun, pour revenir à Paris, nous nous sommes arrêtés dans les ruines de l'infortuné village de Rouvres, dont le martyre nous

---

(1) V. *infra*, Procès-verbaux et Documents, n°s 161 et 162 ; — (2) V. n° 164 ; — (3) V. n°s 165 et 166.

avait été précédemment révélé par de nombreux témoignages recueillis en divers endroits.

Ce monceau de décombres où nul être vivant ne se rencontre plus, ces pans de mur rougis par le feu, ce squelette d'église mutilé, ces arbres tordus et desséchés, évoquent une vision terrifiante, celle d'une population innocente, traquée de tous côtés comme un gibier, guettée aux extrémités de chaque rue par des assassins à l'affût et arrêtée dans sa fuite éperdue par les coups de sabre et par les balles.

C'est le 24 août 1914 que, dans la petite commune où vivaient de paisibles cultivateurs, se ruèrent des troupes ennemies parmi lesquelles se trouvaient ces ignobles bataillons bavarois qui, quelques jours auparavant, avaient mis Nomeny à feu et à sang. Obligées d'abord à se replier sous le tir de contingents français occupant le bois de Tilly, elles bombardèrent le village, puis s'y précipitèrent à nouveau pour y déchaîner l'incendie et le meurtre. Le feu, allumé avec des cartouches, de la paille et du pétrole, éclate de toutes parts. Chassés de leurs caves par le danger d'asphyxie ou traînés dehors par les soldats, ceux des habitants qui n'ont pu se cacher dans les jardins sont exterminés. Le crépitement de la fusillade, les vociférations de la soldatesque, les cris des gens qu'on massacre, les hurlements des bêtes brûlant dans les étables glacent d'effroi les témoins de l'horrible drame, qui, blottis dans des buissons, attendent à chaque instant la mort.

M. et Mme Lerouge essaient de se sauver en se tenant par le bras; des Allemands les séparent et tuent le mari. D'un coup de revolver, M. Bausch est abattu devant sa porte par un officier. « Viens vite, grand'mère, crie sa petite-fille, grand-père est mort ! » La pauvre femme accourt à cet appel; mais à peine est-elle arrivée près du corps de la victime qu'elle tombe à son tour, mortellement atteinte d'une balle au côté.

Les époux Périn et leur fille, âgée de douze ans, sont surpris dans leur bergerie par quatre Allemands, tandis que le feu est mis chez eux. La petite demande grâce pour son père qu'on brutalise; elle est frappée à la tête d'un coup de crosse de revolver qui fait jaillir le sang. Périn est jeté dehors, et les bandits tirent sur lui. Quoique grièvement blessé, il a la force de se sauver, mais il est achevé un peu plus loin par d'autres soldats.

M. et Mme Bertin, portant chacun un enfant dans les bras, sortent de leur jardin, pour gagner les champs, avec les époux Caufmant. Des uhlans les arrêtent et déchargent leurs revolvers sur les deux hommes. Caufmant est tué raide; mais comme Bertin respire encore et cherche à embrasser son petit garçon, l'un des cavaliers descend de cheval pour lui donner le coup de grâce.

A la fin de la journée, Rouvres présentait un aspect épouvantable. Il n'y restait que des ruines. Dans les rues, encombrées de débris, étaient entassés des corps humains et des cadavres d'animaux en partie carbonisés.

La dispersion des survivants n'a pas permis de relever exactement jusqu'à ce jour le nombre des habitants massacrés. On a pu identifier pourtant une quarantaine de victimes; mais ce chiffre est très certainement bien au-dessous de la vérité [1].

---

(1) V. *infra*, Procès-verbaux et Documents, n{os} 167 à 195.

AISNE.

Les arrondissements de Laon et de Saint-Quentin ont été fort durement éprouvés au cours de la longue occupation qu'ils ont eu à subir.

A Laon, les maisons non habitées furent indignement pillées. Tout le mobilier et les dossiers de la préfecture, ainsi que la plus grande partie des archives départementales, furent enlevés. Les Allemands ont emporté dans des voitures commandées à cet effet les archives de l'administration des ponts et chaussées; quant à celles du palais de justice, ils les ont jetées aux décombres. La statue du maréchal Sérurier et le monument élevé à la mémoire des trois instituteurs de l'Aisne fusillés en 1870 sont détruits. A la cathédrale, les chéneaux, les tuyaux de descente, les faîtages en cuivre, les cloches et les tuyaux des grandes orgues ont été arrachés. Dans les maisons particulières, l'enlèvement des parties métalliques a causé d'importants dégâts : tantôt il s'opérait systématiquement et par ordre, tantôt il était provoqué par la promesse d'allocation de primes aux soldats qui rapportaient des métaux au « bureau des prises de guerre ».

La ville, dont le budget de recettes est d'environ 450.000 francs, a payé pour 7 millions de contributions et pour plus de 300.000 francs d'amendes, imposées sous les prétextes les plus ridicules.

Le 11 octobre dernier, M. Ermant, sénateur et maire, a été emmené à Vervins avec Mme Ermant et avec son secrétaire, M. Dessery, malgré ses protestations écrites et verbales. Ils ont été tous trois délivrés par les troupes françaises (1).

Le 19 septembre 1914, deux habitants de Mons-en-Laonnois, qui s'étaient rendus à Laon, revenaient dans la commune, quand ils firent la rencontre d'un sous-officier allemand à cheval. Celui-ci les interpella et, comme ils ne comprenaient pas ses paroles, les menaça de son revolver. Pris de peur, les deux hommes se sauvèrent, mais le cavalier se mit à la poursuite de l'un d'eux, M. Henri Thillois, et, l'ayant rejoint, le fit marcher devant lui en le frappant à coup redoublés. Au bout de quelques instants, le malheureux tomba : le sous-officier le fit alors piétiner à plusieurs reprises par son cheval, puis l'acheva à coups de revolver (2).

A Sissonne, l'ennemi s'est signalé par une oppression particulièrement despotique. Sous le prétexte que la population avait déposé des bouteilles sur les routes, alors qu'en réalité, elles y avaient été jetées par des soldats allemands qui les avaient vidées après avoir dévalisé les caves, la Kommandantur infligea d'abord à cette bourgade, qui comptait alors un millier d'habitants, une amende de 500.000 francs; elle menaçait, en cas de non-exécution, de détruire le village et le château de Marchais. En même temps, elle donnait à la municipalité le conseil d'écrire au propriétaire du château, S. A. le prince de Monaco, lequel, disait le commandant, avait les moyens de payer.

Le régime fut néanmoins à peu près tolérable jusqu'au moment où le comman-

_____

(1) V. infra, Procès-verbaux et Documents, nos 196 à 199; — (2) V. nos 200 et 201.

dement fut confié à un officier du nom de Rennen, propriétaire d'un usine importante à Oberhombourg (Lorraine), mais Prussien d'origine. Cet individu déclara, dès son arrivée, qu'il ne laisserait aux gens de Sissonne que la terre et l'eau. Il s'appliqua à terroriser la commune, la frappant continuellement d'impositions exorbitantes, incarcérant les habitants dans des locaux infects et les privant de nourriture pour les contraindre à payer.

Au bout de quelques mois, ce Rennen fut remplacé par le commandant Hülsmann, qu'un honorable témoin qualifie de fou sadique. Le travail forcé, déjà organisé par Rennen, fut rendu plus pénible encore. Toute la population se vit astreinte aux tâches fixées par l'autorité ennemie. Les travailleurs, frappés avec sauvagerie par leurs gardiens, jetés en prison sans feu, sans couvertures, sans autres aliments qu'un peu de pain et d'eau, subirent un véritable esclavage. Les femmes elles-mêmes n'en furent pas affranchies; on les obligea à abattre des arbres, à décharger des rails, à transporter des pierres dans une carrière. Officiers et soldats les brutalisaient sans pitié. Par un temps de neige et sous le feu de l'artillerie française, elles ont été conduites à Saint-Erme, où elles ont dû faire une route en enlevant les pierres des murs en ruines.

Pendant ce temps, les vols et le pillage étaient continuels, et toutes les récoltes des jardins étaient enlevées.

Au début de l'occupation, le docteur Froehlicher, qui exerça les fonctions de maire, avait fondé une ambulance dont il assurait le service presque exclusivement par ses propres moyens, aidé de sa femme et de sa fille. Dans l'été de 1916, il fut déporté à La Capelle. Quant il revint au bout de quatre mois, il constata que tout son matériel, lits, lingerie, couvertures, avait été dérobé.

Durant les quinze derniers mois, plusieurs milliers de prisonniers militaires français ont été internés dans le village. Ces malheureux étaient dans le plus affreux dénuement. Il était interdit, sous peine de mort, de leur parler. Le docteur, qui les voyait manger de l'herbe, leur jetait par-dessus le mur des légumes de son jardin ; ils les dévoraient crus. Un jeune homme nommé Carlier, originaire d'Hirson, a été tué par une sentinelle d'un coup de feu à bout portant, alors qu'ayant tenté vainement de s'évader, il était en train de revenir.

Après leur dernière offensive de 1918, les Allemands amenèrent au camp de Sissonne de nombreux blessés français. Ils les laissèrent de longues journées sans renouveler leurs pansements, et en firent périr beaucoup par manque de soins et de nourriture.

A La Capelle, où, comme nous l'avons dit, le docteur Froehlicher a été déporté, et au fort d'Hirson, où son fils a été interné, l'un et l'autre ont constaté que le régime était en ces endroits aussi pénible qu'à Sissonne. Le docteur Silbermann, directeur de l'hôpital de La Capelle, abusait de son pouvoir pour pressurer la population. « La Brosserie », fabrique transformée en lazaret de femmes, fut le théâtre d'orgies scandaleuses, auxquelles il n'eut pas honte de prendre part (1).

Des scènes non moins douloureuses se sont déroulées au lazaret de la VIIᵉ armée

_____

(1) V. *infra*, Procès-verbaux et Documents, nᵒˢ 202 à 204.

allemande, où furent traités des prisonniers, tant militaires que civils, et des civils libres, de la zone envahie.

Installé d'abord à Effry, dans l'Aisne, transféré ultérieurement à Trélon, dans le département du Nord, cet établissement avait à sa tête le docteur Michelsohn, de Charlottenbourg, assisté d'un sous-officier d'administration nommé Martin, qui portait le titre d'inspecteur.

Ces deux individus, étroitement associés, exercèrent contre les malades une action malfaisante et vindicative, sur laquelle nous avons le témoignage du docteur français Jules Pichard, affecté au service du lazaret.

C'étaient d'abord des séances interminables, et parfois mortelles, avant qu'il fût procédé à la visite d'admission des malades, souvent exposés nus ou demi-nus aux morsures du froid. C'était ensuite l'entassement de la plupart des hospitalisés dans des locaux trop exigus, mal aérés et mal éclairés, ou bien l'isolement des contagieux dans un atelier de fenderie insuffisamment couvert et où l'on soulevait, en marchant, des flots de poussière noire, ou enfin la réunion des vieillards bronchitiques dans un obscur et froid réduit, dont les fenêtres sans vitres donnaient sur l'Aisne et que Michelsohn appelait « l'étable aux cochons ».

Étendus sur des plans inclinés en bois, sans paillasse ni couverture, dévorés par la vermine, ces malheureux n'étaient même pas nourris, et l'on vit des affamés dissimuler la mort de leurs voisins de salle pour bénéficier de la ration des défunts.

Cependant, Michelsohn et son complice prélevaient sur les denrées sortant des magasins d'approvisionnement de la viande crue ou cuite pour leurs chiens de chasse ; ils prenaient les féculents et les grains pour l'entretien de leur basse-cour ; ils distribuaient, pour un millier de malades, environ deux douzaines d'œufs et, pour deux cent soixante et onze personnes, un unique litre de lait.

Les malades n'étaient pas mieux soignés que nourris. Le médecin-chef de l'hôpital n'auscultait jamais un prisonnier de guerre, ne pratiquait que des opérations chirurgicales insignifiantes, laissait plusieurs jours sans pansement des plaies suppurantes, mettait en danger de mort les dysentériques et les néphrétiques en leur refusant les conditions d'hygiène et de régime appropriées à leur état. Pendant que les malades grelottaient, les chiens de Michelsohn se couchaient au soleil sur de confortables couvertures.

A Trélon, où les locaux se fussent prêtés à une installation moins précaire, Michelsohn fit choix de la salle la moins aérée et la plus sombre.

Le docteur Pichard évalue à près d'un millier le nombre des hospitalisés qui décédèrent faute de soins au lazaret de la VIIᵉ armée allemande, connu dans la région sous le nom d'« abattoir d'Effry ». « Oui, oui, disait Michelsohn, ces gens doivent mourir, c'est la guerre », et le sous-officier Martin s'écriait : « Bon, bon travail ! », quand, le matin, les restes des décédés étaient transportés, nus et sans cercueil, à la fosse commune.

Après cela, on a le droit d'affirmer que ces misérables exterminaient, de propos délibéré, les prisonniers comme la population civile, et que le médecin-chef est coupable non seulement de négligence, mais de pratiques véritablement criminelles à l'égard des malades confiés à ses soins.

Les habitants d'Effry nous ont d'ailleurs adressé une protestation qui confirme les déclarations du docteur Pichard ; ils font connaître que, du 5 mars au 31 octobre 1917, donc en moins de huit mois, ils ont enregistré six cent quatre-vingt neuf décès d'hospitalisés, et ils demandent qu'un châtiment exemplaire soit infligé à Michelsohn, méprisé, disent-ils, de ses compatriotes eux-mêmes (1).

L'occupation de Saint-Quentin a commencé le 28 août 1914. Les Allemands entrèrent dans la ville en tirant indistinctement sur les soldats et sur les habitants, et en faisant ainsi de nombreuses victimes parmi la population.

Depuis lors, les contributions et les amendes se sont succédé sans répit. Elles ont atteint 2 millions de francs par an pendant les deux premières années, et 8 millions pendant la troisième. Toutes les protestations de la municipalité contre des exigences aussi exorbitantes furent brutalement repoussées. Le commandement ennemi n'admettait aucune discussion, aucun retard. Dès 1914, comme un groupe de notables ayant à sa tête M. Gibert, premier adjoint faisant fonctions de maire, essayait de faire entendre raison à plusieurs officiers, l'un de ceux-ci, un nommé Kremer, attaché au service des étapes et dans la vie civile substitut du procureur impérial à Metz, se contenta de répondre : « Si vous ne trouvez pas d'argent, nous saurons bien en prendre dans les coffres-forts des particuliers (2). »

Des attentats contre la vie humaine ont été commis et le commandement a fait procéder avec une implacable rigueur à des exécutions capitales, dont quelques-unes n'avaient même pas été précédées d'un semblant de jugement. Un ouvrier a été tué d'un coup de fusil dans le quartier Bellevue par une sentinelle en état d'ivresse ; un vieillard qui se trouvait devant sa porte, dans le quartier des Islots, à une heure où il était interdit de sortir, a été frappé si brutalement, à coups de crosse et à coups de botte, qu'il en est mort le lendemain.

En novembre 1914, les Allemands ont fusillé le concierge de la banque Journel, parce qu'il avait conservé chez lui un fusil de chasse et des cartouches. Le 1er janvier suivant, ont été également passés par les armes : M. Caudry, pour détention de quelques cartouches de dynamite ; M. Joly, pour le seul motif qu'au cours d'une perquisition, on avait trouvé des armes et des équipements dans une citerne située à proximité de son domicile ; M. Ancelet, chez qui avait été découvert un fusil abandonné par un soldat allemand.

Un armurier, nommé Popelard, fournissait aux officiers allemands des munitions pour la chasse, et l'un d'eux lui avait remis un bon constatant la réquisition d'un revolver et d'un certain nombre de cartouches. En mai 1915, une affiche apposée sur les murs prescrivit à la population d'apporter les armes qu'elle pouvait encore posséder. Se croyant couvert par le bon de réquisition qu'il avait reçu, Popelard négligea de déférer à cet ordre. Il fut arrêté le 24 septembre et mis à mort trois jours après.

A la fin de décembre 1916, neuf hommes, dont un habitant de la ville, ont été fusillés sous prétexte d'espionnage. Précédemment avait eu lieu l'exécution de deux soldats anglais, John Hughes et Thomas Hands, qui avaient été recueillis par des

---

(1) V. *infra*. Procès-verbaux et Documents, n°s 205 et 206 ; — (2) V. n°s 208 et 210.

3..

braves gens. Ils sont morts avec une impassibilité admirable ; tous deux ont été enterrés au cimetière civil, le lieutenant Haus, de la Kommandantur, ayant déclaré « qu'il ne voulait pas admettre les corps de ces crapules dans le cimetière militaire ». Pour avoir donné l'hospitalité à l'un d'eux, M. Preux a été condamné à douze années de forteresse (1).

Il va sans dire qu'à Saint-Quentin comme partout, l'envahisseur a fait preuve de la plus odieuse brutalité envers nombre de gens sans défense. Au mois de novembre 1916, douze cents ouvriers furent convoqués à la caserne ; on en garda six cents et on leur proposa de travailler moyennant un salaire. Tous refusèrent. Ils furent alors emmenés à Mouzon et à Carignan, où on les soumit à un tel régime que beaucoup d'entre eux y succombèrent et que, suivant l'expression du maire, ceux qui furent renvoyés revinrent à l'état de véritables moribonds. A un certain moment, les prisonniers civils de la région ont été enfermés dans les bâtiments de l'usine Testard ; les gendarmes s'amusaient à les faire courir dans la cour, en les frappant à coups de plat de sabre. Les cris de ces malheureux, entendus au loin, avaient causé une grande émotion dans le quartier ; aussi M. Gibert crut-il devoir intervenir auprès de l'autorité supérieure. « C'est une grâce qu'on leur fait, lui fut-il répondu ; s'il n'en était pas ainsi, on serait obligé de les fusiller (2). »

La destruction de l'industrie saint-quentinoise est complète. Elle a été organisée dès la fin de l'année 1914 et poursuivie depuis lors progressivement. Un organe spécial, dit Service économique (*Wirthschaftsausschuss*), dépendant du général von Nieber, avait été institué à cet effet sous la direction du rittmeister Goertz, industriel à Bonn, et du major Deichmann, banquier à Cologne. Il comprenait surtout des instituteurs, des voyageurs de commerce, des spécialistes en matière commerciale ou industrielle. L'un des fils du Kaiser, le prince August-Wilhelm, y fut affecté pendant quelque temps.

Ce service fonctionnait avec une précision et une méthode où se reconnaissait la manière allemande. Tous les chefs d'industrie étaient interrogés sur la valeur de leur établissement, l'importance de leur force motrice, leur genre d'affaires, le chiffre de leurs bénéfices et le nom de leurs clients. Le rittmeister Goertz, personnage plein de morgue et dont la dureté était légendaire, passait ensuite dans les usines pour se rendre compte de ce qu'on pouvait y prendre ; deux jours après, il envoyait un sous-officier ou un soldat avec les papiers nécessaires pour opérer la réquisition. Enfin l'expédition des matières enlevées se faisait par wagons complets, dont chacun portait un numéro avec le nom d'une ville allemande.

Un industriel ayant fait remarquer à un sous-officier, instituteur à Hambourg, que certains objets ne pouvaient être d'aucune utilité pour ceux qui s'en emparaient, celui-ci lui répondit : « Monsieur Briatte, vous ne comprenez pas. On vous a tout pris, et vous ne vous rendez compte de rien. Nos officiers nous le répètent : c'est l'âme des maisons qu'il faut prendre » (3).

Les habitants de Saint-Quentin ont été évacués de force du 1er au 18 mars 1917,

---

(1) V. *infra*, Procès-verbaux et Documents, nos 209, 210, 213 et 215 ; — (2) V. nos 208 et 210 ; — (3) V. nos 208, 210, 212 et 214.

et, pendant dix-huit mois à partir de cette époque, les Allemands sont demeurés maîtres absolus de la ville. Ils n'ont d'ailleurs pas attendu la fin de l'exode pour donner libre cours à leur rapacité. Dès le 1er mars, en effet, ils se sont mis à saccager et à piller. A peine une famille avait-elle quitté sa maison qu'officiers et soldats s'y précipitaient pour dérober ou briser tout ce qui s'y trouvait. Alors que M. Gibert, qui est parti l'un des derniers et qui a été le témoin d'ignobles scènes de pillage, stationnait à la gare, un oberstleutnant lui dit : « Monsieur le Maire, je vous plains. Vous voyez votre ville ; vous ne la reverrez plus ; elle sera complètement détruite. »

Ce n'était pas là parole vaine. L'importante cité industrielle a été laissée, en effet, dans un état lamentable. Des quartiers entiers ont été minés ; aucune des maisons qui bordent la place du Huit-Octobre n'est intacte. Le monument de la Défense de 1870, par Barrias, a été détruit. Les statues, les bas-reliefs et les médaillons qui ornaient le socle ont été enlevés. Dans la rue d'Isle, les immeubles ne présentent que des façades disloquées et branlantes ; il en est de même rue de la Sellerie. Là, plusieurs édifices ne forment plus que des tas de pierres et de briques. Autour de la Grand'-Place, beaucoup de maisons sont anéanties ; toutes celles dont les murs tiennent encore sont affreusement dégradées. Du monument commémoratif du siège de 1557, il ne reste que le socle. Dans la rue Saint-André, les façades des maisons sont crevées, les portes et les fenêtres n'existent plus. L'œil plonge dans l'intérieur et n'y découvre que des débris informes d'objets mobiliers déchiquetés. Le spectacle est, du reste, identique partout. Il est visible que la ville a été vidée de tout ce qu'elle contenait (1).

La collégiale est irrémédiablement mutilée ; la toiture en est démolie. Les tuyaux des grandes orgues ont été arrachés. Sur chacun des piliers et de place en place dans les murs ont été pratiquées, à environ 1 m. 50 du sol, des cavités mesurant approximativement 65 centimètres de profondeur sur 70 de hauteur et 40 de largeur, destinées à recevoir des explosifs. Il est sûr que des charges y ont été, à un certain moment, déposées ; car les excavations, d'abord obturées par un scellement, ont été ensuite rouvertes ; des restes de ciment garnissent encore les bords de chaque ouverture (2).

Sur le conseil de la Kommandantur, le maire avait fait réunir dans une cave de l'Hôtel-Dieu les dossiers, titres et valeurs de cet établissement, les comptes du bureau de bienfaisance, les papiers de la caisse d'épargne, les originaux des bons de réquisition, représentant une valeur de 50 millions, et enfin les bijoux engagés au mont-de-piété. Après examen par le « service des caves » et par le service judiciaire allemand, il fut procédé à l'apposition des scellés : malgré ce luxe de garanties fournies par l'ennemi lui-même, rien de ce que contenait le dépôt ne fut retrouvé après le départ des troupes d'occupation.

Les archives anciennes de la ville, celles de l'état civil, les livres rares et les manuscrits de la bibliothèque, ainsi que la comptabilité du receveur municipal, avaient été placés, toujours à la suggestion de la Kommandantur et sous son contrôle, au musée Lécuyer, dans des locaux qu'on avait murés aussitôt après et sur les parois desquels avaient été apposées des pancartes de protection fournies par l'armée allemande. Il

---

(1) et (2) V. *infra*, Procès-verbaux et Documents, n°s 207, 208 et 211.

avait été procédé de la même façon dans différents immeubles, pour les archives des officiers publics et ministériels et pour les papiers historiques ou précieux appartenant à des particuliers. Tous ces locaux ont été ouverts peu de temps après le départ des habitants, et tout ce qui s'y trouvait a disparu (1).

C'est à la même époque qu'a été définitivement consommée la destruction des usines. L'ennemi a alors cassé au marteau les machines à vapeur et l'outillage. Dans les villages environnants, où les ouvriers avaient des métiers à broder leur appartenant et valant chacun de 3.000 à 4.000 francs, ces métiers ont été fracassés. A Maubeuge, on a vu passer des trains chargés de matériel intact ou brisé.

Dans de précédents rapports, nous avons déjà relaté de nombreuses violations de sépultures, commises par l'armée ennemie. A Saint-Quentin, la profanation du cimetière a été plus odieuse encore, parce qu'elle a été générale et parce qu'à n'en pas douter, l'autorité supérieure l'a ordonnée. De très nombreuses tombes, en effet, ont été fracturées ; les dalles de fermeture ont été soulevées ou brisées. Les caveaux sont béants. Dans certains, on aperçoit des débris de cercueils et des ossements. Il est significatif que les plus riches sépultures sont les plus maltraitées. Les portes de presque toutes les chapelles ont été forcées par un procédé uniforme. A chacune, sur l'un des chambranles, la pierre est creusée, hachée à hauteur de la serrure, qui est martelée de coups, et souvent le pêne est tordu par l'arrachement de la porte (2).

Nous avons visité les souterrains de l'Hôtel-Dieu, où sont inhumés depuis une époque lointaine les restes des religieuses de la maison. Dans une crypte, une des plaques qui ferment les sépultures a été fracturée, et le cercueil en bois de chêne laisse voir une ouverture longue et étroite. Dans un caveau voisin, qui comprend dix-neuf cases, six alvéoles du côté gauche ont été ouverts. A droite, une case a été vidée ; le cercueil en plomb, tiré sur le sol et brisé, laisse apparaître un corps de femme momifié. En constatant de telles ignominies, il est impossible de ne pas les rapprocher de cette circonstance que les bijoux du mont-de-piété avaient été déposés dans les caves de l'Hôtel-Dieu et que les Allemands les ont volés (3).

D'après les renseignements qui nous ont été fournis par l'autorité militaire française, le secteur de Saint-Quentin a été occupé jusqu'au 28 septembre dernier par la 221e division, placée sous le commandement du général von La Chevallerie, et par des éléments de la 82e division de réserve, dont le général von Saint-Ange était le chef. Elles ont été remplacées par la 34e division (4).

Paris, le 24 mars 1919.

Signé : G. PAYELLE, président ;
Armand MOLLARD ;
Maxime PETIT ;
PAILLOT, rapporteur.

(1) V. infra, Procès-verbaux et Documents, nᵒˢ 208, 211 et 213 ; — (2) V. nᵒ 207 ; — (3) V. nᵒˢ 207 et 211 ; — (4) V. nᵒ 216.

PROCÈS-VERBAUX D'ENQUÊTE

ET DOCUMENTS DIVERS

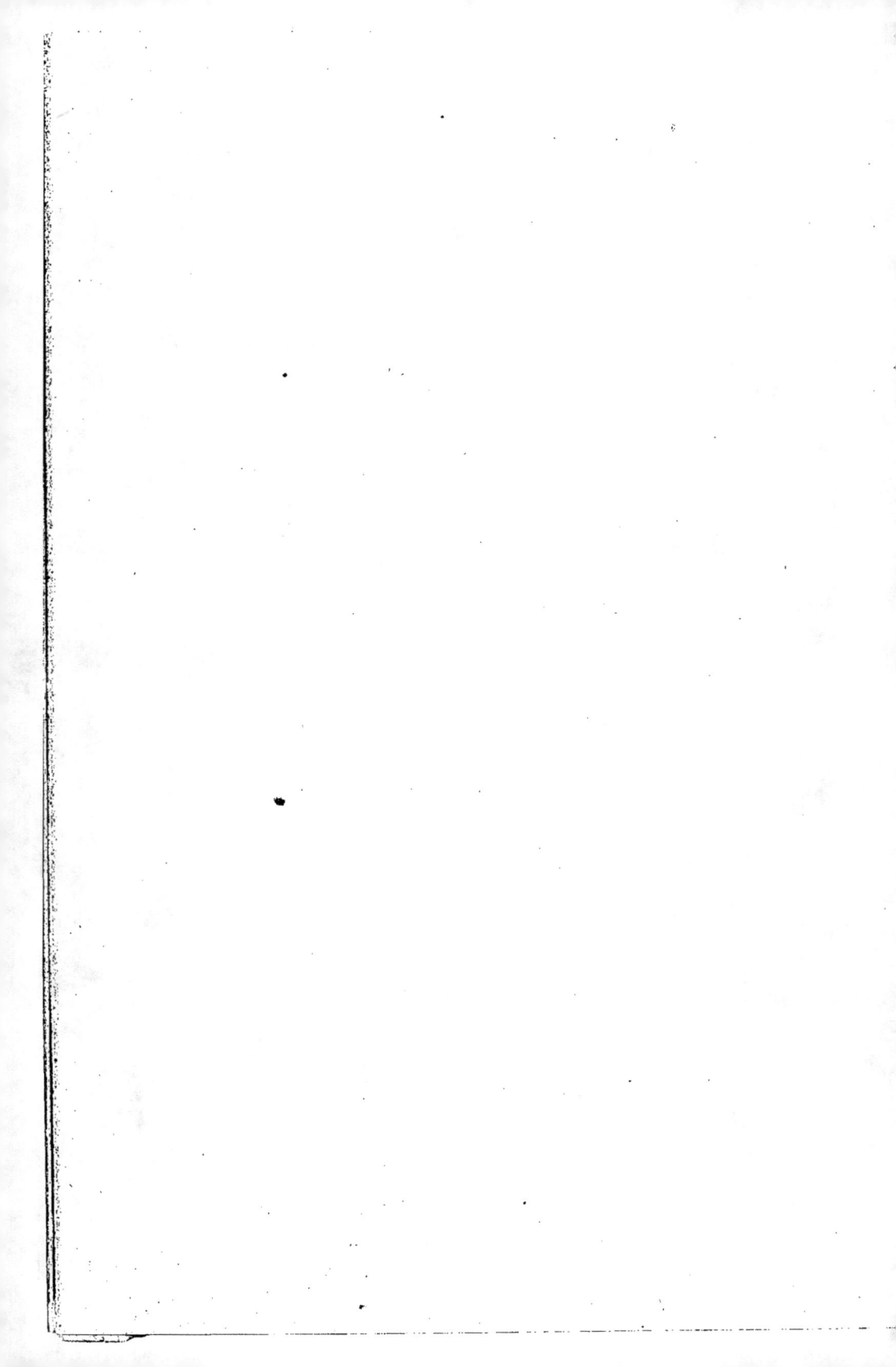

PROCÈS-VERBAUX D'ENQUÊTE

ET DOCUMENTS DIVERS.

NORD.

N° 1.

DÉPOSITION reçue, le 6 novembre 1918, à LILLE, par la Commission d'enquête.

RÉGNIER (Émile), âgé de 45 ans, conseiller de préfecture à Lille.

Je jure de dire la vérité.

Depuis le mois de janvier 1918, époque à laquelle mon collègue Anjubault a été emmené par les Allemands, j'ai exercé les fonctions de préfet du Nord, bien que ceux-ci affectassent de méconnaître ma qualité. Je vous communique copie des pièces d'un dossier concernant l'exécution de deux gardiens de l'administration pénitentiaire de Loos, qui ont été condamnés et fusillés dans des conditions particulièrement dramatiques. Ces deux agents, MM. Ferron et Thirion, avaient été enlevés en 1918 et contraints par la menace et les violences à accomplir des travaux prohibés par les conventions de La Haye. Ayant tenté de s'évader du camp de Wavrin, dans la nuit du 12 au 13 février, et ayant été blessés assez grièvement par des grenades au moment où ils venaient de franchir les fils de fer barbelés, ils furent arrêtés et traduits devant une cour martiale, qui les condamna à mort. Le 19 février, jour de la sentence, on les transporta sur une civière au lieu de l'exécution, puis on les installa chacun sur une chaise pour les fusiller. Ils ont fait preuve, l'un et l'autre, d'une grande fermeté d'âme devant la mort.

Je vous remets également la traduction des ordres secrets qui ont été donnés par l'autorité allemande lors des évacuations d'avril 1916, et une série de documents relatifs aux traitements odieux infligés à des personnes qui ont été soumises par l'ennemi à des travaux forcés, et parmi lesquelles se trouvaient des fonctionnaires.

Le nombre des hommes qui ont été enlevés à Lille pendant la durée de l'occupation, mais avant l'exode final, s'élève, d'après les renseignements fournis par le Comité de ravitaillement, à 6.500 pour la ville de Lille, 1.200 ont été placés dans les Z.A.B., c'est-à-dire dans les bataillons de discipline ; 400 seraient morts au travail ou auraient été tués au front. Je n'ai pas de précisions sur le chiffre des évacuations de la dernière heure. En avril 1916, dans la région de Lille, environ 20.000 personnes, principalement des femmes et des jeunes filles, ont été arrachées à leurs familles.

Après lecture, le témoin a signé avec nous.

N° 2.

DÉPOSITION reçue, le 7 novembre 1918, à LILLE, par la Commission d'enquête.

DELESALLE (Charles), âgé de 69 ans, maire de Lille.

Je jure de dire la vérité.

C'est le samedi 10 octobre 1914 qu'un détachement d'une quarantaine de uhlans fit irruption à l'hôtel de ville; leur chef me notifia qu'il avait l'ordre de me conduire à la citadelle, avec dix de mes collègues, et, plusieurs de ces derniers, MM. Brackers d'Hugo, Remy, Lesseinne, Ducastel, Duburcq, s'étant joints à moi, nous nous mîmes aussitôt en route. Nous précédions le détachement, et l'officier nous tenait sous le canon de son revolver. Je lui avais fait remarquer qu'une collision avec les troupes françaises était probable, mais il avait passé outre à mon observation, et nous étions donc, mes collègues et moi, destinés à protéger l'ennemi contre nos soldats. En arrivant sur le pont de la citadelle, nous aperçûmes le 8ᵉ territorial qui nous couchait en joue; je dus faire des signes pour pouvoir parlementer avec le commandant français. Au même moment, les uhlans, à la vue d'un peloton du 20ᵉ chasseurs à cheval, détalèrent à toute bride.

Nous étions libres, mais pour peu de temps, et la ville de Lille devait pendant quatre ans subir la domination d'ennemis sans scrupules. Je m'attendais pour ainsi dire chaque jour à être déporté, ayant résolu de garder mon entière indépendance dans mes rapports avec l'autorité allemande et de ne pas lui dissimuler les sentiments de désapprobation que m'inspiraient ses procédés d'administration arbitraires et inhumains.

De 1914 à 1918, la citadelle a été constamment pleine de prisonniers civils, jetés là sous les prétextes les plus invraisemblables ou pour les motifs les moins fondés. S'exprimer en termes sévères sur l'autorité allemande ou sur les personnes à son service, donner une cigarette à un prisonnier qui passait, récolter dans les champs quelques pommes de terre, voilà quelques-unes des raisons pour lesquelles mes concitoyens furent privés de liberté, astreints à un régime des plus durs, mis au pain et à l'eau; mon propre frère fut emprisonné parce qu'il n'avait pas voulu préparer chez lui la réquisition des cuivres lui appartenant; il sortit de prison profondément anémié.

Je ne mentionnerai que pour mémoire les réquisitions de métal, opérées sans aucune garantie contre remise de bons dont la valeur était notoirement insuffisante; l'enlèvement ou le bris des machines ou des métiers dans les usines; l'épuisement de nos réserves de vivres et leur accaparement par l'ennemi. La taxe des denrées étant plus basse pour l'armée occupante que pour la population, celle-ci n'eut bientôt pour se nourrir que les distributions des comités américain et néerlandais.

Je tiens à insister spécialement sur les déportations, qui commencèrent en 1915 et se continuèrent sans interruption.

Je refusai, en mars 1915, de donner au général von Heinrich une liste de douze ou quinze cents indigents, qu'il se proposait d'envoyer en France. Aux renseignements qu'il ne put obtenir de moi, il suppléa par les listes du bureau de bienfaisance, qu'il fit prendre de force et sur lesquelles il désigna au hasard les malheureux qu'il entendait éloigner. Je protestai sans être écouté; et l'on eut le spectacle lamentable d'une longue suite de vieillards, d'enfants, de femmes malades ou même enceintes, défilant dans les rues de Lille après avoir été brutalement enlevés de leurs foyers.

Plus douloureux encore fut le spectacle des enlèvements auxquels les Allemands procédèrent en 1916. Au jour et à l'heure indiqués, les habitants devaient se tenir sur le pas de leur porte, d'où ils apercevaient les mitrailleuses braquées au coin des rues. Des sous-officiers choisissaient les victimes, fermés à toute pitié, insensibles à ces souffrances qu'ils provoquaient et poussant devant eux, comme un troupeau, ceux qu'ils arrachaient à leurs familles. Tous les quartiers furent l'un après l'autre soumis à cette odieuse contribution, et des jeunes filles des plus recommandables durent subir la visite médicale. Peu importaient les protestations de l'évêque et les miennes. Les déportations continuèrent jusqu'à la fin de l'occupation, et beaucoup de mes concitoyens rapatriés m'ont affirmé que l'ennemi employait à des travaux d'ordre militaire ceux dont il n'avait pas respecté la liberté. Rappelée par moi à l'observation de l'arrangement de Berne, l'autorité allemande tint constamment mes réclamations pour non avenues, de même qu'elle ne prit jamais en considération les arguments que je puisais dans la convention de la Haye, et même dans les commentaires du grand État-Major, en matière de contributions de guerre. Je ne pus rien obtenir d'un ennemi bien déterminé, nous croyant vaincus, à ne connaître que la loi du plus fort. Je vous remettrai, sur cette question des contributions et sur quelques autres points de nature à intéresser la Commission, copie de diverses lettres que j'ai échangées avec la Kommandantur.

En 1915, les Allemands me demandèrent d'intervenir auprès de la population pour qu'elle consentît à confectionner des sacs à sable ; sur mon refus, ils me déclarèrent que ce travail, évalué à 375.000 francs, serait effectué en Allemagne aux frais de la ville. Je refusai de payer. Ils firent alors ouvrir au chalumeau le coffre-fort municipal et y prélevèrent la somme fixée par eux.

Je crois devoir vous signaler aussi un procédé employé par le séquestre des banques : celui-ci encaissait d'office les coupons des titres neutres qui étaient en dépôt et payait les déposants en bons communaux. Quand les bons communaux étaient épuisés, la ville était frappée d'une nouvelle contribution.

Pour les enlèvements des tableaux et des objets d'art du musée, la Kommandantur avait demandé à la municipalité des travailleurs et des moyens de transport ; je refusai nettement. Quelque temps après, les Allemands me demandèrent de leur envoyer deux ouvriers charpentiers, sans me dire d'ailleurs pour quelle besogne. Ayant appris que ces hommes étaient employés à fabriquer des caisses au musée, je donnai l'ordre, par mon adjoint M. Remy, de retirer ces deux ouvriers. M. Remy paya son intervention de quatre mois de captivité en Allemagne, dont deux de cellule au pain et à l'eau, avec travail forcé, bien que j'eusse revendiqué toute la responsabilité des instructions données.

La population a été molestée de toutes les manières. Des crimes même ont été commis. C'est ainsi que, dans le faubourg des Postes, en novembre 1916, une jeune fille de quinze ans, Mlle Pauline de Veirman, fut tuée d'un coup de revolver par un gendarme, parce qu'elle avait donné un morceau de pain à son frère, qui venait d'être arrêté. Ce meurtre provoqua des protestations et des cris d'indignation, en punition desquels la ville fut frappée d'une amende de 100.000 marks, et les habitants du faubourg privés, pendant plusieurs mois, du droit de sortir de chez eux après quatre heures de l'après-midi.

Après lecture, le témoin a signé avec nous.

N° 3.

DÉPOSITION reçue, le 5 novembre 1918, à LILLE, par M. le sous-lieutenant Dehesdin, substitut du Commissaire rapporteur près le Conseil de guerre de la Mission militaire française près l'Armée britannique.

CRÉPY-SAINT-LÉGER (Lucien), âgé de 49 ans, filateur de coton, adjoint au maire de Lille. Serment prêté.

Au début de l'occupation, les Allemands exigeaient que les frais d'entretien de l'armée d'occupation leur fussent payés en monnaie d'État française, ainsi que la contribution de 10 millions qu'ils avaient imposée à la ville. C'est également en monnaie d'État que nous devions leur payer la farine, d'ailleurs exécrable, qu'ils fournissaient pour le ravitaillement. Nous dûmes à plusieurs reprises faire appel à la population pour nous procurer cette monnaie d'État. A partir du 1er mai 1915, ce fut le Comité hispano-américain qui ravitailla toute la population. A partir de cette époque, nous déclarâmes que nous n'avions plus de monnaie d'État, que nous avions déjà donné 18 millions de cette monnaie, et tous les payements postérieurs se firent en bons, à l'exception toutefois des frais de transport et du charbon, dont les Allemands exigeaient le payement en marks. Dans les derniers mois de 1917, les Allemands, ne mettant plus de marks en circulation, nous autorisèrent à tout payer en bons communaux. Je vous remets un tableau des contributions de guerre et amendes payées par la ville de Lille, duquel il résulte que les contributions payées par la ville de Lille, pour son propre compte, s'élèvent à 199 millions. Au total de 272 millions environ porté à ce tableau, il y a lieu d'ajouter un prêt de 16 millions que nous a fait la Société Générale de Belgique, ainsi qu'aux villes de Roubaix, Tourcoing, Douai, Cambrai et Valenciennes, pour le payement des contributions de guerre non payées par les communes occupées par la 6e armée allemande. Il y a lieu d'ajouter également le montant des contributions et amendes payées en monnaie d'État en 1914 et 1915 par d'autres communes et pouvant s'élever à 20 millions environ.

Au moment de la libération, Lille devait payer une nouvelle contribution d'environ 65 millions, dont le cinquième devait être versé pour le 1er novembre.

La ville de Lille a émis pour 384.392.000 francs de papier monnaie. En outre, elle a demandé aux banques, ainsi qu'aux particuliers, de lui verser tous les bons communaux qui étaient disponibles entre leurs mains, afin de restreindre les émissions. De ce chef, elle doit aux banquiers environ 52 millions et aux particuliers 86 millions. Elle doit également au Comité de Ravitaillement environ 200 millions.

En octobre 1914, les Allemands ont mis la main sur tous les stocks de farine, avoine et fourrages qui se trouvaient dans la ville, ce qui a eu pour résultat de mettre la municipalité dans une situation extrêmement embarrassante au point de vue du ravitaillement, et de l'obliger ensuite à leur acheter de la farine de très mauvaise qualité. Ils nous ont déclaré, dès le début, qu'ils ne pouvaient pas nous nourrir, en raison du blocus anglais. C'est alors que nous nous sommes adressés au Comité de Ravitaillement américain qui était venu au secours de la Belgique occupée, lequel ajouta aux neuf provinces belges une dixième qui fut le Nord et l'Est de la France occupés. Au cours de l'occupation, les Allemands nous ont fourni une moyenne de 100 à 150 grammes par jour et par tête de cette farine dite K. K., quelques rares wagons de pommes de terre et de rutabagas.

Il y avait trois organes différents qui s'occupaient des réquisitions : le premier, qui s'appelait le *Platzmajor*, s'occupait des réquisitions pour l'armée d'occupation, qui étaient les seules conformes aux accords de la Haye. Généralement, cette administration remettait des bons de réquisition réguliers.

En second lieu, existait le *Wirthschaftsausschuss*. Celui-ci s'empara de toutes les matières textiles existant dans la ville chez les négociants, fabricants et marchands : matières premières, fils, toile, laine, tissus, papier, jusqu'au drap qui se trouvait chez les tailleurs.

Sur toutes les usines et tous les magasins furent apposées des affiches qui consignaient toutes les marchandises, lesquelles furent ensuite enlevées. Aux protestations de la municipalité, des chambres de commerce et des syndicats, le gouverneur répondait en prétextant que le blocus anglais privait l'Allemagne de matières premières et que ces réquisitions étaient ainsi justifiées. Là encore, les bons de réquisition étaient, généralement, régulièrement faits. Les Allemands ont émis la prétention de se mettre d'accord avec nous sur les prix auxquels ils prétendaient acheter ces marchandises, mais personne n'a voulu accepter cette manière de voir, en disant que l'affaire se traiterait lors des négociations de paix entre les deux Gouvernements.

Un troisième organe était le B. D. K., qui prétendait agir directement au nom du Kriegsministerium. Celui-ci se livra au pillage en grand de toutes les usines, s'emparant non seulement de tout ce qui était outils, métiers, métaux, mais encore des fermes. A ce moment, les Allemands croyaient devenir maîtres de pays producteurs de lin en Pologne et en Russie et, espérant devenir les grands producteurs de l'Europe, ils s'emparaient systématiquement de tous les métiers, afin de ruiner l'industrie française au profit de la leur. Quand des métiers leur semblaient d'un trop vieux modèle, ils les démolissaient, et les matériaux étaient enlevés comme mitraille. Le bon donné au propriétaire ne portait que cette indication. Dans les filatures de coton, ils ne prenaient généralement d'abord que les métiers les plus neufs. Ils n'ont pas eu le temps d'enlever les autres. Ils ont pris également tout ce qui concerne l'électricité, moteurs, dynamos, transformateurs, fils, lampes, etc. Ils n'avaient conservé que l'usine de Wasquehal, grâce à laquelle les tramways et l'éclairage de la ville fonctionnaient. Avant leur départ, ils en ont démoli une partie. Ils n'ont pas eu le temps de la faire sauter tout entière.

Deux services spéciaux se sont également emparés de tous les stocks d'huile, des automobiles, bicyclettes, machines à écrire, téléphones, de tout le caoutchouc, des chevaux, des voitures appartenant aux particuliers. Ils avaient laissé pour les services de la ville environ 3oo chevaux, qui ont été également emmenés au moment de leur départ.

En dehors de ces réquisitions, il y eut aussi, chez les particuliers, une foule de réquisitions arbitraires qui méritent plutôt le nom de pillage. C'est ainsi que tout le vin se trouvant chez les particuliers a été enlevé contre des bons de réquisition portant des prix dérisoires, ainsi que tous les cuivres, objets d'art en métal et la laine des matelas. Il y eut aussi des actes de pillage bien caractérisés portant sur le mobilier. Je puis vous citer à titre d'exemple ma propriété de Verlinghem, située entre Lille et Armentières, dont le mobilier fut enlevé et changé quatre fois : chaque état-major qui s'y établissait reconstituait un mobilier par des prélèvements dans le voisinage et l'emportait lorsqu'il s'en allait. Le jour de leur départ forcé, les Allemands ont fait sauter l'habitation, avec le mobilier d'emprunt qu'elle contenait.

Je puis vous donner, en ce qui concerne les enlèvements de travailleurs, les précisions suivantes : je sais pertinemment qu'un grand nombre de jeunes gens ont subi des traitements barbares, parce qu'ils se refusaient à signer des contrats de travail volontaire. D'autres en ont signé en allemand, sans savoir ce que c'était, alors qu'on les leur présentait au moment de la paye, par exemple, comme si c'étaient des reçus.

Lecture faite, persiste et signe avec nous.

N° 4.

DÉPOSITION reçue, le 23 octobre 1918, à Lille, par le lieutenant Hervé, substitut du Rapporteur près le Conseil de guerre de la Mission française près l'Armée britannique.

Assoignon (Paul), âgé de 56 ans, secrétaire général de la mairie, à Lille.

Les Allemands sont entrés définitivement à Lille dans la nuit du 12 au 13 octobre 1914. Ils ne devaient en repartir que le 16 octobre 1918. Déjà, le 10 octobre 1914, un officier allemand avait pu pénétrer jusqu'à la mairie avec une patrouille, revolver au poing. Prétendant qu'on avait tiré sur lui sur la Grand'Place, cet officier somma M. le maire de se rendre avec dix otages à la citadelle; mais arrivé à cet endroit, des soldats français se montrèrent, et comme, à ce moment, un obus allemand tombait, officier et soldats allemands s'enfuirent, abandonnant leurs otages.

Dès le 13 octobre, des incendies furent allumés par l'armée allemande dans différents quartiers de la ville, notamment le quartier de l'hôpital militaire. Les eaux avaient été arrêtées; c'était bien évidemment pour que les incendies se propageassent que l'autorité allemande avait pris cette précaution. Pendant toute l'occupation, toutes les usines de Lille et des faubourgs ont été détruites; métiers, machines, modèles ont été enlevés. Les maisons qui n'étaient pas habitées ont été complètement pillées. Les Allemands ont, d'une façon toute spéciale, saccagé les maisons qui étaient autrefois celles d'officiers français. Les mobiliers étaient enlevés par des voitures ou charrettes et conduits dans la direction de la gare.

Au milieu de 1916, un premier ordre avait été donné à la population d'avoir à déclarer le cuivre qu'elle possédait; personne n'obtempéra à cet ordre. Quelques mois après, des perquisitions eurent lieu, et tout le cuivre fut enlevé des maisons, sans tenir compte de la valeur industrielle ou artistique des objets. Au même moment, des équipes de sondeurs cherchaient dans les jardins, caves, murs, si du métal était caché.

D'autre part, tout le vin de la population a été enlevé par ordre, le 13 avril 1916; cinquante bouteilles seulement ont été laissées par maison. Des bons de réquisition étaient bien délivrés, mais ils ne correspondaient pas à la valeur des marchandises enlevées.

D'ailleurs, successivement, tout ce qui avait une valeur quelconque fut réquisitionné. En 1918, la laine des matelas, même des matelas des vieillards et malades, fut enlevée.

Les commerçants se sont vu réquisitionner leurs marchandises; un cinquième seulement leur fut laissé, ce qui arrêta le commerce.

La population, pendant l'occupation, a été l'objet de vexations de toutes sortes. Des amendes et des peines de prison étaient infligées pour des motifs des plus futiles. Le fait de donner une cigarette à un prisonnier qui passait était puni, au minimum, de cinq jours de citadelle. D'ailleurs, la première fois que des prisonniers français passèrent dans la ville, un mouvement de sympathie s'étant produit dans la population et s'étant traduit par le cri : « Vive la France ! », la ville fut condamnée à une amende de 500.000 francs, six otages furent envoyés à la citadelle, et il fut défendu aux habitants de se trouver dans les rues après cinq heures du soir.

Les contributions de guerre que la ville de Lille a eu à payer se sont élevées à plus de 182 millions; les communes environnantes eurent à verser 60 millions (c'est la ville de Lille qui les a payés).

En ce qui concerne les travaux que la ville a dû faire exécuter par les entrepreneurs, les réquisitions s'élèvent à environ 50.000 francs.

De plus, des industriels ont été réquisitionnés, notamment en juin 1915, pour confectionner des sacs à terre destinés aux tranchées; ces industriels ayant refusé de se soumettre à pareille exigence, la ville fut avertie que les sacs seraient confectionnés en Allemagne et que ce serait elle qui aurait à les payer. Devant la protestation du maire, l'autorité allemande fit ouvrir le coffre municipal à l'aide d'un chalumeau et prit 375.000 francs.

J'ajoute que, fréquemment, des Lillois ont été réquisitionnés pour démonter des usines dont le matériel était envoyé en Allemagne.

En avril 1916, la population a eu à subir la plus terrible épreuve. Un matin, des soldats se sont présentés dans les maisons, alors que les rues étaient gardées par des mitrailleuses, et ont sommé tous les habitants de se réunir. Puis un sous-officier choisit dans chaque immeuble un certain nombre de personnes, hommes, femmes et jeunes filles, qui furent emmenées loin de leur famille. Cette évacuation dura une huitaine de jours, et plusieurs milliers d'habitants ou d'habitantes furent ainsi enlevés. Ces malheureux furent soumis aux plus pénibles humiliations; les jeunes filles elles-mêmes durent subir la visite sanitaire. Le régime auquel ils étaient astreints était des plus durs. La plupart, sans distinction de situation sociale, étaient occupés à des travaux agricoles; pendant longtemps, la correspondance avec les familles fut interdite.

Ce n'est que six ou huit mois plus tard que les évacués purent rentrer chez eux. J'ajoute que cette terrible mesure avait été prise malgré les protestations du maire, de l'évêque, du sous-préfet, des parlementaires et du Comité américain.

Plus tard, de nouvelles évacuations d'hommes et de jeunes gens eurent lieu constamment. Ils étaient occupés à des travaux militaires immédiatement derrière le front (confection de tranchées, transport de munitions). Plusieurs centaines de ces travailleurs furent tués ou blessés par des obus et des bombes; pour tous, le régime était très sévère, sauf pour ceux qui avaient consenti à signer un engagement de travail.

Ces pratiques se sont continuées postérieurement à l'accord de Berne, puisqu'elles étaient encore exercées il y a quinze jours. Il y a environ un mois, nous avons reçu une liste de dix ou onze tués à Dourges, région de Lens.

Au moment du déménagement du musée de Lille, qui avait lieu malgré la protestation du Conseil municipal, un adjoint, M. Remy, ayant refusé de donner des ordres pour la confection de caisses, fut emmené en Allemagne et condamné à deux mois de cellule et deux mois de camp.

(Suivent les signatures.)

N° 5.

DÉPOSITION reçue, le 5 novembre 1918, à LILLE, par la Commission d'enquête.

Mgr CHAROST (Alexis-Armand), évêque de Lille.

Je jure de dire la vérité.

En avril 1916, dès que je fus informé que l'autorité allemande avait décidé de procéder à l'enlèvement d'une partie de la population, j'adressai au gouverneur von Graevenitz une lettre de protestation lui représentant toute la gravité d'une pareille mesure, le désespoir qu'elle allait causer et le désarroi qu'elle jetterait dans les familles. Je ne reçus pas de réponse; mais, le jeudi saint, avec le maire et M. Anjubault, qui remplissait à ce moment les fonctions de préfet du Nord, je fus appelé chez le gouverneur. Celui-ci nous demanda de nous employer à rétablir le calme et à recommander la soumission. Je n'hésitai pas à déclarer que je me refusais absolument à une pareille intervention et que ma conscience m'interdisait de m'incliner devant une violation aussi flagrante du droit des gens. « Nous connaissons depuis longtemps vos sentiments antiallemands, Monsieur l'Évêque », me répondit le général. Je répliquai qu'il ne s'agissait pas d'une question de sentiment nationaliste, mais que mon attitude m'était commandée par les intérêts sacrés de la famille et par le respect de la liberté humaine.

Le gouverneur n'en persista pas moins dans sa décision, et l'opération commença le samedi saint, vers trois heures du matin. Des mitrailleuses avaient été amenées dans le quartier de Fives, où les soldats pénétraient dans les maisons et désignaient au hasard les personnes qui devaient partir, particulièrement des jeunes filles, qu'on enlevait sans égard pour leur condition, leur éducation et leur moralité. Beaucoup d'entre elles, élevées avec distinction, entourées par leurs parents des soins les plus attentifs et les plus dévoués, et animées d'une grande piété, ont été ainsi exposées à une promiscuité révoltante. Je connais une maison où la grand'mère agonisante est morte pendant qu'on enlevait sa petite fille.

Presque toutes ces enfants ont été contraintes de subir une visite médicale humiliante.

Quand elles sont arrivées dans les départements de l'Aisne et des Ardennes, elles y ont été mal accueillies parce que les Allemands avaient osé déclarer que c'étaient des filles peu honorables dont ils avaient débarrassé la ville de Lille ; mais on put bientôt se convaincre de la fausseté de cette allégation, et, par leur conduite irréprochable, celles qui en avaient été l'objet ne tardèrent pas à se faire estimer de tous.

Un grand nombre de ces jeunes filles ont été en butte aux entreprises inconvenantes des soldats, qui essayaient de pénétrer dans leurs dortoirs, et, pour y échapper, elles ont dû se barricader. J'ai reçu sur tous ces faits des confidences navrantes ; elles m'ont été faites par les victimes elles-mêmes, et la sincérité n'en est pas douteuse.

J'ai eu également à protester plusieurs fois contre les évacuations de la population mâle, qui ont eu lieu à partir de la seconde année de l'occupation, et contre l'emploi qui en a été fait à des travaux forcés présentant une utilité militaire pour l'ennemi. De nombreux jeunes gens, en effet, ont été contraints à disposer des fils de fer barbelés, à construire des voies ferrées et stratégiques, à décharger des obus, à creuser des abris ou des tranchées, à proximité de la ligne de feu, à travailler en un mot contre leur pays. Ceux qui s'y refusaient étaient traités avec la dernière cruauté ; on les privait de nourriture, on les frappait brutalement, on les attachait dans des postures douloureuses, ou on les plongeait dans des caves humides. J'en ai vu moi-même qui, après plusieurs mois, portaient encore les traces des sévices dont ils avaient été l'objet. J'en ai vu aussi, au commencement du mois d'octobre dernier, à l'hôpital militaire, un certain nombre qui avaient été blessés par les projectiles des armées alliées ou par les obus qu'on les avait contraints à décharger.

Mes protestations n'ont eu d'ailleurs aucun résultat, et un mandement dans lequel je prescrivais aux prêtres de mon diocèse d'interdire à leurs jeunes paroissiens de participer à des travaux préjudiciables à la patrie m'a valu 2.500 marks d'amende et une menace d'internement.

Beaucoup de curés ont été chassés de leurs paroisses, internés ou emprisonnés pour les raisons les plus futiles, souvent pour avoir donné autour d'eux des conseils de patriotisme et d'espérance. Deux d'entre eux ont été fusillés au mois d'octobre 1914 : l'un, M. Bogaert, curé de Pradelles, arrondissement d'Hazebrouck, sous le prétexte, paraît-il, qu'il aurait refusé les clefs du clocher aux Allemands, qui auraient voulu y pénétrer pour examiner si des signaux n'y avaient pas été disposés ; le sacristain qui possédait les clefs était absent ; le curé a déclaré ne pas les avoir, mais on ne l'aurait pas cru ; l'autre, M. Delbecq, curé de Maing, près de Valenciennes, parce qu'il avait rapporté de Dunkerque des ordres d'appel. Maing ne fait pas partie de mon diocèse, mais j'en connaissais bien le curé, qui avait été vicaire à Lille, puis professeur à Dunkerque. Le premier a été exécuté dans le cimetière d'une commune voisine de sa paroisse, et le second au bord d'une route. Les Allemands, après avoir tué M. l'abbé Bogaert, ont jeté sur son corps une mince couche de terre. Il a été déterré deux jours après par le clergé des environs et porté au cimetière paroissial.

Enfin, j'ai à vous signaler qu'en octobre également, M. l'abbé Queste, curé de Provin, ainsi que M. l'abbé Vandersmerch, curé du quartier sud de Lille, ont été placés avec une partie de la population, en avant des troupes allemandes, sous le feu des alliés, et d'autre part, que tous les prêtres du décanat de Marcq-en-Barœul ont été ensemble emprisonnés à Roubaix, pour avoir dissuadé la population féminine de confectionner des sacs à sable destinés aux besoins de l'armée combattante, comme le spécifiaient les affiches allemandes, lesquelles qualifiaient de « meneurs sans conscience » ceux qui déconseillaient ces travaux. Des centaines de femmes et de jeunes filles ont été incarcérées et soumises à un régime inhumain, parce qu'elles s'étaient refusées à faire des sacs.

J'ajoute qu'en 1917, tous les curés de Tourcoing, sauf deux, ont été mis en prison avec les détenus de droit commun, à la fin du temps pascal, pour n'avoir pas voulu, conformément à mes ordres, faire connaître le nombre, le poids et la dimension de leurs cloches, destinées à être fondues et converties en projectiles.

Après lecture, le témoin a signé avec nous.

N° 6.

DÉPOSITION reçue, le 27 octobre 1918, à LILLE, par la Commission d'enquête.

LYON (Georges), âgé de 65 ans, recteur de l'Académie de Lille et président du conseil de l'Université, officier de la Légion d'honneur.

Je jure de dire la vérité.

Trois faits, parmi ceux qui ont marqué l'occupation allemande à Lille, sont particulièrement révoltants et de nature à déshonorer pour toujours la nation qui s'en est rendue coupable. Je veux parler de l'enlèvement des femmes et des jeunes filles qui a eu lieu en avril 1916, de l'obligation imposée par contrainte physique à de nombreux jeunes gens et enfants de travailler contre leur pays, et de la déportation des otages dans des camps de concentration, au mois de janvier de cette année.

En 1916, les femmes et les jeunes filles qui ont été enlevées ont été arrachées à leurs familles dans les conditions les plus douloureuses, et astreintes aux plus regrettables promiscuités. Presque toutes ont été soumises à une visite médicale injustifiable.

C'est également en 1916 qu'a commencé à se généraliser la mesure qui consistait à contraindre, sous le bâton, de nombreux jeunes gens à travailler pour l'ennemi contre leur patrie. Ils étaient emmenés dans des directions inconnues et on les obligeait à creuser des tranchées ou à préparer des fils de fer barbelés. S'ils refusaient, on les frappait brutalement, on les exposait presque nus au soleil, après quoi et brusquement on les plongeait dans l'humidité d'un lieu clos. Plusieurs sont morts atteints par des éclats d'obus dans les tranchées où on les faisait travailler.

J'ai reçu, relativement à ces faits, les déclarations de divers jeunes gens rapatriés. Elles étaient navrantes.

Le troisième ordre de faits que j'ai à vous signaler se réfère à l'enlèvement des otages qui a eu lieu au commencement de cette année. Pour la région du Nord, environ huit cents hommes ont été déportés en Lithuanie, et deux cents femmes au camp d'Holzminden. Tous ces otages appartenaient à l'élite de la population.

Après lecture, le témoin a signé avec nous.

N° 7.

DÉPOSITION reçue, le 26 octobre 1918, à LILLE, par le lieutenant HERVÉ, substitut du Rapporteur près le Conseil de guerre de la Mission française près l'Armée britannique.

CALMETTE (Léon-Charles-Albert), âgé de 55 ans, directeur de l'Institut Pasteur, commandeur de la Légion d'honneur, domicilié à Lille, 20, boulevard Louis XIV.

L'Institut Pasteur a été perquisitionné à trois reprises différentes par la police allemande, sans avertissement préalable et sans motif indiqué. Au cours de l'une des perquisitions qui a eu lieu le 30 octobre 1914, le personnel dirigeant de l'Institut Pasteur a été particulièrement maltraité. J'ai été moi-même immobilisé pendant deux heures dans le vestibule de l'Institut, surveillé par un soldat en armes, avec interdiction de bouger. Ma femme et mon jeune fils furent immobilisés de même séparément, pour empêcher toute communication entre nous. Pendant ce temps, on fouilla mes tiroirs et on m'enleva quelques papiers, principalement des notes sur le bombardement et sur les événements qui suivirent. La perquisition terminée, il ne me fut fait aucune excuse; l'opération avait été dirigée par un lieutenant de police nommé Roese, de Potsdam, et un interprète sous-officier nommé Rumonosky.

Contrairement à l'article 56 de la Convention de la Haye, les laboratoires de l'Institut Pasteur ont été dépouillés à diverses reprises d'une partie importante de leur matériel scientifique, instruments, étuves de culture, objets de verrerie, etc., ainsi que des ustensiles en cuivre, nickel ou aluminium, des lampes électriques, d'une enclume et des matelas. Il en résultait l'impossibilité du travail normal de l'établissement.

Enfin, deux jours avant l'évacuation de Lille par l'armée allemande, celle-ci a fait enlever, pour le service du 15ᵉ régiment d'artillerie à pied, les trois derniers chevaux qui restaient à l'Institut Pasteur pour la préparation du sérum antidiphtérique destiné au service des hôpitaux.

Mᵐᵉ Calmette a été enlevée comme otage avec onze dames de Lille, le 12 janvier 1918, à 6 heures du matin, et transportée en wagon de 3ᵉ classe, pendant trois jours et trois nuits, par un froid rigoureux, à Holzminden, dans le Brunswick, au camp d'internement des prisonniers civils. Elle y a été fort maltraitée, surtout au début de son séjour. Elle a dû faire à pied, à 2 heures du matin, dans la neige, le trajet de la gare au camp, fut déshabillée complètement à son arrivée et dut rester pendant deux jours dans une baraque de triage, avec cent autres femmes de toutes conditions sociales et de toutes nationalités, jusqu'à ce que la répartition du groupe d'otages pût être faite dans d'autres baraques. Les dames otages eurent à subir le régime des prisonnières de droit commun : appel, inspection de détail, etc. Mᵐᵉ Calmette est finalement rentrée à Lille le 24 juillet 1918. Elle a été privée de toute correspondance avec son mari pendant les trois premiers mois.

(Suivent les signatures.)

N° 8.

EXTRAIT D'UNE COMMUNICATION des Membres et Correspondants de l'Institut de France, de l'Académie de Médecine et de l'Académie d'Agriculture retenus à Lille pendant l'occupation allemande. (Procès-verbaux de l'Académie des Sciences, séance du 28 octobre 1918.)

... C'est au tribunal de l'histoire qu'il appartiendra d'apprécier l'utilité militaire de la destruction méthodique de toutes nos usines et de leur matériel, de l'enlèvement de nos machines, du pillage de nos propriétés privées, de la réquisition forcée de nos meubles, de nos matelas, de nos vêtements, de nos objets d'art, de nos ustensiles de ménage, de l'emprisonnement ou de la déportation d'une multitude de nos concitoyens pour simple refus de travailler pour l'armée allemande.

Mais il ne nous apparaît pas qu'on puisse excuser ou justifier des tortures cruellement et froidement infligées à toute une population sans défense, et nous estimons que ceux qui les ont ordonnées doivent en être rendus moralement et civilement responsables.

Parmi ces tortures, dont la simple énumération remplirait un volume, nous voulons surtout retenir ici quelques-unes de celles qui ont le plus violemment soulevé l'indignation publique et la nôtre.

La plus odieuse a été, pendant toute la semaine de Pâques 1916, l'enlèvement en masse d'environ 10.000 jeunes filles et jeunes femmes par le 64° régiment d'infanterie poméranien.

Successivement ou simultanément, tous les quartiers, toutes les rues de la ville de Lille furent barrés dès deux heures du matin par des soldats en armes, avec mitrailleuses dans les carrefours. Dans chaque maison, un jeune officier ou sous-officier, accompagné de quelques hommes, pénétrait, examinait tous les habitants, qu'il faisait réunir dans une des chambres ou dans un vestibule, et désignait ceux qui devaient partir. Les victimes avaient une heure pour préparer un paquet de vêtements. Un soldat, baïonnette au canon, venait alors les prendre. Il les conduisait à un lieu de rassemblement et, de là, à la gare. Elles furent ensuite réparties par groupes dans quelques localités des départements de l'Aisne, des Ardennes ou de la Meuse et, sous la garde constante de soldats en armes, traitées comme du bétail ; soumises, sans aucun ménagement, à d'impudiques et ignominieuses visites sanitaires ; contraintes à des travaux agricoles profitant surtout à l'armée allemande, qui s'appropriait la presque totalité des récoltes. Ni les prières des familles, ni les supplications et les larmes des mères, ni les réclamations adressées par la suite à l'autorité allemande, ne purent empêcher ou atténuer l'exécution des ordres donnés par le quartier-maître général Zöllner. Ce général, dont le nom doit être voué à l'exécration des peuples, fut l'inspirateur ou l'ordonnateur de presque toutes les persécutions cruelles subies par les malheureux habitants des territoires français occupés. Il fut d'ailleurs très activement secondé dans son œuvre odieuse par un officier spécialement chargé des services de police et d'espionnage à Lille, le capitaine Himmel (*alias* libraire à Berlin) qui, pendant les quatre années de son séjour au milieu de nous, ne semble pas avoir poursuivi d'autre tâche que celle qui consistait à nous infliger les plus douloureuses tortures et les plus révoltantes humiliations.

C'est ainsi que, sans le moindre égard pour nos personnes, ni pour nos institutions scientifiques, ni pour nos familles, nous avons été, à plusieurs reprises, l'objet de perquisitions domiciliaires aussi complètes et outrageantes qu'on peut les imaginer. Au cours de l'une de ces perquisitions, l'un de nous fut immobilisé pendant deux heures dans un coin de vestibule, gardé par un factionnaire en armes qui avait ordre de ne lui laisser faire aucun mouvement. Nos appareils scientifiques, nos machines, nos instruments ne furent même pas respectés, et nos collègues de la Faculté de Médecine ont été brutalement expulsés en quelques heures de leurs laboratoires, avec leurs collections, pour faire place à des bureaux.

Un autre d'entre nous, sous prétexte qu'il n'avait pas spontanément livré à la police militaire quelques appareils appartenant au service des Manufactures de l'État français, appareils dont l'intendance allemande lui avait d'ailleurs antérieurement laissé la garde, a dû subir pendant une semaine entière des violences analogues et, après avoir été dépouillé de ses objets personnels les plus précieux, s'est vu frapper d'une amende de 100 marks ou de 180 jours d'emprisonnement !

Et que dire des abominables traitements infligés sous nos yeux à tant de malheureux, simplement suspects de ne pas avoir obéi avec assez d'empressement aux ordres de l'autorité allemande ? Que dire surtout de l'atroce cruauté avec laquelle presque tous nos enfants de 14 à 18 ans ont été arrachés à leurs familles et éloignés des écoles pour aller, en même temps qu'un grand nombre de vieillards de 60 à 65 ans, former, sur la ligne de feu, des bataillons de travailleurs ? Roués de coups, affamés quand ils se refusaient à obéir, on les obligeait à creuser des abris souterrains, à faire des routes, à transporter des munitions. Le nombre est immense de ces pauvres enfants et de ces pauvres vieux, que nous n'avons plus revus, ou dont la santé est irrémédiablement compromise !

Enfin, sous prétexte de représailles à exercer contre le Gouvernement français parce que 72 fonctionnaires allemands d'Alsace-Lorraine étaient soi-disant indûment retenus en France, nous eûmes la douleur de voir emmener en captivité comme otages 1.000 de nos concitoyens, dont 600 hommes et 400 femmes, choisis parmi les personnalités les plus marquantes ou les plus utiles de la région du Nord occupée : grands industriels, prêtres, doyens ou professeurs de nos Facultés, femmes de plusieurs d'entre nous, sans considération pour leur âge ni pour leur état de santé.

Les 6 et 12 janvier 1918, par un froid rigoureux de plein hiver, les hommes furent transportés en Pologne, les dames au camp d'internement d'Holzminden, dans le Brunswick.

Après un voyage extrêmement pénible, qui dura 8 jours et 8 nuits en chemin de fer, nos malheureux concitoyens, épuisés de fatigue, furent répartis dans deux localités voisines de Vilna et soumis d'abord, pendant quarante jours, à un régime dit de « représailles ». Ils eurent à supporter les plus atroces souffrances. Entassés dans une sorte de grange, couchant tout habillés sur des paillasses de fibre de bois superposées en trois étages, si étroites et si rapprochées qu'il leur était impossible de se retourner ou de s'asseoir, astreints pendant le jour aux travaux les plus pénibles et les plus dégradants, dévorés de vermine, privés d'eau potable, n'ayant pour toute nourriture qu'une soupe de choux-raves ou d'orge, privés de tout envoi de France et de toute correspondance avec leur famille, sans médecin, sans médicaments, ils n'avaient aucune possibilité de se plaindre, car l'officier qui les surveillait avait une âme de bourreau. Vingt-cinq d'entre eux moururent dès les premières semaines, entre autres le professeur Buisine, directeur de l'Institut de chimie de la Faculté des sciences de Lille. Cet infortuné collègue, âgé de soixante-deux ans, souffrait depuis longtemps d'intermittences cardiaques et d'un rétrécissement de l'œsophage; sa femme crut devoir attirer sur son état l'attention du médecin-major allemand qui examinait les partants. Ce médecin-major (Dr Krug) répondit : « Madame, ça n'est pas contagieux pour l'armée allemande ».

Nos malheureuses compagnes, transportées à Holzminden, n'eurent pas beaucoup moins à souffrir de l'atroce cruauté allemande. Elles durent faire d'abord en pleine nuit, dans la neige, à pied, le trajet de 3 kilomètres qui sépare la gare du camp d'internement. Ensuite on les enferma pendant deux jours, sans feu, sans couvertures, dans une baraque commune où elles durent coucher tout habillées sur des paillasses de fibre de bois. On leur fit subir une fouille complète après les avoir déshabillées et on les répartit finalement par groupes dans des chambrées étroites garnies de lits de camp superposés en étagères, sans autres meubles que des petits bancs de bois. Elles durent vivre ainsi dans les conditions hygiéniques, matérielles et morales les plus pénibles, pendant plus de six mois, astreintes, comme des condamnées de droit commun, à des appels quotidiens et à des revues de détail, privées de toute possibilité de correspondre avec leurs maris ou leurs enfants restés en France occupée....

Les Membres et Correspondants de l'Institut, de l'Académie de Médecine et de l'Académie d'Agriculture retenus à Lille pendant l'occupation allemande :

Signé : H. PARENTY, correspondant de l'Institut, Académie des sciences ; LAGUEYSSE, correspondant de l'Académie de Médecine ; Docteur DRENER, membre associé de l'Académie de Médecine ; Aimé WITZ, correspondant de l'Institut, Académie des sciences ; Docteur A. CALMETTE, correspondant de l'Académie des sciences, membre associé de l'Académie de Médecine.

N° 9.

DÉPOSITION reçue, le 28 février 1916, à PARIS, par la Commission d'enquête.

JACQUET (Geneviève), âgée de 21 ans, domiciliée à Lille, chez ses parents, rue Denis-Godefroy, n° 1, en ce moment à Paris, 42, rue du Faubourg-Montmartre.

Je jure de dire la vérité.

Mon père, Eugène Jacquet, pendant l'occupation de Lille par les Allemands, s'est employé à ravitailler les militaires français et alliés qui se trouvaient dans la ville ou dans les environs et à leur faciliter leur départ. Il était aidé dans cette tâche par le sergent-major Deceunainck, dit Deconinck, par M. Georges Maertens, commerçant, et par M. Sylvère Verhulst. Dénoncé par un traître, le nommé Louis Richard, originaire de Vannes, qui se disait maréchal-des-logis au 10° d'artillerie et prétendait s'être évadé de Laon, il a été arrêté le 10 juillet 1915, avec ses amis, et tous trois ont été traduits devant un conseil de guerre, le 17 septembre. J'ai été appelée comme témoin et j'ai assisté à une partie des débats.

Mon père a été acquitté de l'accusation d'espionnage et condamné, comme ses coaccusés, uniquement pour des faits de complicité d'évasion.

Mon père m'a écrit qu'il avait rédigé un recours en grâce, mais qu'il l'avait fait seulement pour établir qu'il n'était pas traité normalement, parce qu'il savait que le gouverneur, von Heinrich, se refuserait à transmettre sa requête à l'Empereur. Effectivement, il a été fusillé, avec Deconinck, Maertens et Verhulst, le 22 septembre, à 6 h. 23 du matin, après avoir été prévenu comme eux, le 21, à 3 heures du soir, que l'exécution aurait lieu le lendemain.

La mort de mon père et de ses compagnons a été admirable. Pas un moment leur courage n'a faibli. Ils ont marché au supplice en chantant « Mourir pour la patrie » et mon père est tombé en criant : « Vive la France ! vive la République ! ».

Dès la veille, à 10 heures du soir, j'ai vu moi-même, et ma mère a vu aussi, sur les murs, une affiche annonçant l'exécution. D'ailleurs l'avocat allemand, oberleutnant Meyer,

4...

qui a défendu mon père devant le conseil de guerre, ne lui avait pas caché que sa mort était résolue d'avance. Le 22 septembre, il a adressé à ma mère une lettre dans laquelle il manifestait le regret « qu'il n'eût pas été possible d'implorer la grâce de l'Empereur, parce « que le Gouverneur avait décidé que l'exécution ne devait pas être différée ».

Le 21 septembre, mes trois sœurs, ma mère et moi avons pu avoir une entrevue, à la citadelle, vers sept heures du soir, avec mon père, qui était déjà fixé sur son sort. Il s'est efforcé de nous réconforter et de nous consoler, acceptant le sacrifice avec un patriotisme et une fierté héroïques. Après l'avoir vu, ma mère est allée, avec mes sœurs, tenter une suprême démarche auprès du Gouverneur. Elles ont été reçues par un interprète qui les a éconduites en paraissant se moquer d'elles.

Après lecture, le témoin a signé avec nous et avec Mme Jeanne Pauzié, veuve Jacquet, sa mère, qui, après avoir prêté serment de dire la vérité, a déclaré confirmer entièrement la déposition ci-dessus.

N° 10.

DÉPOSITION reçue, le 27 octobre 1918, à Lille, par la Commission d'enquête.

Dumont (René), âgé de 45 ans, administrateur des Nouvelles Épiceries du Nord, à La Madeleine.

Je jure de dire la vérité.

J'étais l'ami intime de M. Jacquet ; je l'aidais à distribuer des secours à quelques soldats français qui étaient restés ici. Les Allemands m'ont arrêté huit jours après lui et m'ont envoyé à la prison d'Anvers, où il était détenu. Aucun fait d'espionnage n'a été relevé, et les quatre victimes n'ont été condamnées que pour complicité d'évasion. M. Maertens a été fusillé sans que la moindre preuve eût été recueillie à sa charge par l'information et pour le seul motif qu'il s'était trouvé dans le tramway qui emmenait à Tourcoing l'aviateur anglais Mapplebek.

Jacquet est mort en héros. Il a laissé pour moi, avant de marcher au supplice, la lettre d'adieu dont je dépose entre vos mains une photographie. Elle est signée de lui et de ses trois compagnons. Ce document m'a été remis contre décharge par les autorités allemandes (1).

Après lecture, le témoin a signé avec nous.

N° 10 bis.

DÉPOSITION reçue, le 27 octobre 1918, à Lille, par la Commission d'enquête.

Abbé Delcambre (Joseph), âgé de 36 ans, vicaire de la paroisse Saint-Michel, à Lille.

Je jure de dire la vérité.

J'ai assisté à l'exécution de MM. Jacquet, Deconinck, Maertens et Verhulst. Quand je suis arrivé à la Citadelle, demandant mon chemin, des soldats se sont mis à ricaner et m'ont répondu : « Kapout ». Leur attitude était ignoble. Au bout d'un quart d'heure, j'ai pu par-

---

(1) On en trouvera le texte dans le rapport n° X (Voir ci-dessus page 10.)

venir au lieu du supplice. Les ordres étaient déjà donnés et les hommes du peloton avaient le genou en terre. Néanmoins, sur l'insistance de M. Maertens, qui m'avait aperçu, un officier que je crois être un général m'a permis de m'approcher. J'ai reçu la dernière confession de M. Maertens et je lui ai donné la sainte communion.

Je n'ai eu que le temps de dire un mot d'adieu aux trois autres. Tous m'ont répondu : « Merci », avec un calme qui m'a frappé d'admiration. L'exécution a eu lieu immédiatement et j'ai entendu très nettement le cri de : Vive la France !

Après lecture, le témoin a signé avec nous.

N° 11.

DÉPOSITION reçue, le 7 novembre 1918, à LILLE, par la Commission d'enquête.

GODART (André), âgé de 58 ans, vice-président du tribunal civil de Lille.

Je jure de dire la vérité.

Le Président du tribunal, qui, avant l'occupation de Lille, était allé voir son fils blessé, s'est vu bloqué et dans l'impossibilité de rejoindre son poste. Je me suis alors trouvé à la tête du service judiciaire.

Je ne puis que vous confirmer les renseignements généraux que vous avez dû déjà recueillir sur les enlèvements de civils par les Allemands. Les plus odieux ont été ceux d'avril 1916, parce qu'ils ont plus spécialement porté sur la population féminine. A cette époque, 4.236 femmes et jeunes filles ont été emmenées de la ville de Lille, dans des conditions véritablement monstrueuses. Ce chiffre est extrait du rapport de la Commission d'appel des allocations militaires dont je suis président.

Vis-à-vis de l'administration de la justice, les procédés de l'autorité allemande dans sa correspondance ont été d'une incorrection absolue. Un jour que nous venions de procéder au jugement d'une affaire d'outrages aux agents de la police française, le capitaine Himmel, qui avait très souvent un espion dans la salle d'audience, a adressé au Parquet un billet indiquant que le magistrat qui avait présidé avait l'ordre de se rendre le lendemain à la Kommandantur avec le dossier, dont aucune pièce ne devrait être modifiée. M. Monier, substitut remplissant les fonctions de procureur de la République, répondit qu'il refusait de se faire une semblable communication.

Le capitaine Himmel, dans la vie civile libraire à Berlin, paraît-il, était le bras droit du gouverneur von Graevenitz. C'était un officier d'une attitude provocante et gouailleuse, ayant toujours la cravache à la main.

Après lecture, le témoin a signé avec nous.

N° 12.

DÉPOSITION reçue, le 7 novembre 1916, à LILLE, par la Commission d'enquête.

PRUDHOMME (Henri), âgé de 67 ans, juge au tribunal civil de Lille, chevalier de la Légion d'honneur, demeurant à Lille, rue Solférino, 234.

Je jure de dire la vérité.

Lors de l'enlèvement des femmes, en avril 1916, Madame Prudhomme était gravement atteinte d'une maladie de foie, si gravement qu'elle avait été extrémisée dans le courant du mois de janvier.

Malgré son état, elle a dû descendre au rez-de-chaussée de la maison et s'aligner dans le corridor avec sa garde-malade, Madame Leneuf, et sa cuisinière, Henriette Robin, âgée de plus de 60 ans. J'ai cru que la garde-malade allait être enlevée, et j'ai dû insister énergiquement auprès d'un officier pour qu'elle nous fût laissée.

La scène avait fort émotionné ma femme, que j'ai eu le malheur de perdre, à la suite d'une opération qu'elle a subie le 16 septembre suivant.

J'ai connaissance que les Allemands ont fusillé, sous le prétexte qu'il s'était refusé à faire des fascines, un jeune colon de Saint-Bernard. Le fait s'est passé, autant que mes souvenirs me permettent de le préciser, au cours de la même année 1916.

Lecture faite, le témoin a signé avec nous.

―――――――

N° 13.

DÉPOSITION reçue, le 7 novembre 1918, à LILLE, par la Commission d'enquête.

THÉODORE (Émile-Joseph), âgé de 42 ans, Conservateur général des musées du palais des Beaux-Arts de Lille.

Je jure de dire la vérité.

Ainsi que vous venez de le constater au cours de votre visite, la maçonnerie, les charpentes et la toiture du palais des Beaux-Arts de Lille, qui était connu comme le plus riche musée de France après le Louvre, ont beaucoup souffert du bombardement de 1914; mais toutes les collections, mises à l'abri par mes soins, avaient pu être sauvées, sauf quelques rares exceptions afférentes d'ailleurs à des pièces qui n'étaient pas les plus précieuses. Je tiens à dire que c'est en grande partie à M. Trépont, alors préfet du Nord, que je dois d'avoir, à deux reprises, aux moments les plus critiques, pu prendre des mesures de préservation. Néanmoins, si nous avons évité pour nos collections la destruction matérielle, nous avons eu à déplorer des déprédations représentant une perte inappréciable à tous les points de vue.

L'agonie du musée a été marquée par trois ordres de faits : le vol à main armée, avec menaces de mort au conservateur ; l'enlèvement par voie administrative du tableau de Piazetta, « l'Assomption de la Vierge » ; enfin, un déménagement méthodique et successif, préparé à l'avance par les autorités allemandes.

Le 17 octobre 1914, deux officiers, accompagnés de deux gendarmes, se présentèrent au palais à midi et demi (heure française) et me déclarèrent qu'ils venaient réquisitionner des objets au nom de l'État allemand. Je fis remarquer que le musée échappait aux réquisitions, d'après les conventions de La Haye ; mais il fut passé outre ; les officiers me demandèrent à visiter nos salles, et l'un des gendarmes, chemin faisant, m'enjoignit de « tout montrer, sous condition de vie » (sic).

En passant dans une galerie du rez-de-chaussée où se faisait la rédaction des inventaires en cours, les Allemands ouvrirent une vitrine et enlevèrent des monnaies d'or ; puis, arrivés à l'étage supérieur, ils me requirent d'ouvrir moi-même les vitrines qui s'y trouvaient. Je déclarai que les clefs étaient restées entre les mains d'un spécialiste en matière de numismatique ; on me mit alors en demeure de faire chercher cette personne ; mais comme elle n'arrivait pas assez vite au gré des visiteurs, les gendarmes, en exerçant des pesées avec les fourreaux de leurs sabres, se livrèrent à une tentative d'effraction, puis, devant l'insuccès de cette opération, brisèrent les glaces à coups de pommeau. Sur ces entrefaites arriva le secrétaire général, qui dut livrer les clefs. Aussitôt, les Allemands, négligeant des pièces de bronze ou d'argent d'une valeur plus considérable, firent main basse sur toutes les monnaies d'or, qu'ils entassèrent dans un grand sac en papier épais. Pendant ce temps, l'un des officiers, ayant ouvert une autre vitrine, examinait une à une les miniatures qu'elle contenait et en enlevait dix-neuf. Des objets d'art, des livres et documents, notamment mon catalogue annoté, étaient également dérobés. Dès le soir du vol, je me rendis à la Kommandantur pour protester ; mais je n'obtins que cette réponse : « Fermez le musée ; le musée est allemand. »

Le 3 novembre suivant, dans l'après-midi, le capitaine baron Stotzingen et le capitaine Kleeberg, chef de la police militaire, vinrent au palais des Beaux-Arts me faire connaître que l'État allemand réclamait le tableau de Piazetta comme provenant de la chapelle de l'ordre teutonique de Francfort-sur-le-Mein. Je leur demandai si l'enlèvement de cette toile serait constaté par un document, ou s'il aurait lieu dans les mêmes conditions que celui des miniatures et des médailles opéré un mois auparavant. Les deux officiers manifestèrent de l'étonnement et s'inquiétèrent de savoir si le vol avait eu des témoins. Je leur répondis qu'il avait été commis en présence du secrétaire général des musées. A la suite de ma déclaration, je fus invité à venir à la Kommandantur avec mon secrétaire général ; nous y fûmes reçus, en compagnie du baron von Stotzingen, par le capitaine Bruckner, adjudant du gouverneur, qui prit note de nos témoignages, en laissant entendre qu'une enquête serait ouverte. Enfin, le 19 novembre, il nous fut restitué par l'administration des armées allemandes 17 miniatures, et, le 3 décembre, trois volumes du travail de M. le professeur Benoît sur la peinture au musée de Lille, et un sachet contenant 158 monnaies et médailles. Il nous manque encore actuellement deux miniatures, des bijoux antiques en or, le catalogue annoté précédé d'une notice historique par J. Lenglart, et une assez grande quantité de monnaies d'or dont je ne puis indiquer le nombre d'une façon précise, mais parmi lesquelles s'en trouvent deux pesant chacune quatre ou cinq cents francs de métal précieux.

Le 17 juin 1915, je recevais du gouverneur l'ordre de rouvrir le musée tous les jours, de dix heures du matin à une heure de l'après-midi, et de trois heures et demie à six heures du soir.

C'est à partir du 19 mai 1917 qu'ont eu lieu les enlèvements systématiques d'œuvres d'art, après expertises du docteur Demmler, conservateur du Kaiser Friedrich Museum de Berlin, lequel me fit plusieurs visites. A cette date ont été pris 18 tableaux et 385 cadres contenant environ 1.550 dessins. Il nous a été ravi également, le 5 juin, 90 tableaux ; le 18 du même mois, 58 tableaux ; le 25 juin, 56 tableaux ; le 2 juillet, 75 tableaux ; le 9 juillet, 68 tableaux ; le 10 août, 10 tableaux et 9 objets d'art ; le 3 septembre, 70 tableaux et 27 objets d'art ; le 28 septembre, 14 tableaux et 20 objets d'art ; le 20 novembre, 3 tableaux ; le 22 décembre, 19 tableaux, 3 autographes, 2 objets d'art ; le 8 janvier 1918, 2 tableaux, et, le 4 octobre dernier, 460 objets d'art. Du tout, il a été tenu par moi des états détaillés, signés par les Allemands.

Ceux-ci ont prétendu qu'en agissant comme ils l'ont fait, ils avaient voulu mettre nos richesses artistiques à l'abri des bombardements anglais. Ils avaient même demandé à la municipalité de leur faciliter cette besogne ; mais le maire a énergiquement protesté, faisant remarquer très justement que j'avais pris toutes les précautions nécessaires pour tenir nos collections en sécurité. D'ailleurs, l'armée britannique n'a pas bombardé la ville. A ce propos, je me rappelle qu'un jour un officier allemand d'un rang élevé, en visitant le palais, m'a manifesté son regret de constater que l'édifice avait été considérablement endommagé par les obus. « Le peuple qui a commis de tels dégâts, m'a-t-il dit, doit être mis au ban de l'humanité. C'est une honte ! » Voyant ma stupéfaction, il ajouta : « Ce sont bien les Anglais ? » Quand je lui eus répondu : « Ce sont les Allemands », il déclara tranquillement : « C'est réparable ! »

Après lecture, le témoin a signé avec nous.

N° 14.

DÉPOSITION reçue, le 7 novembre 1918, à LILLE, par la Commission d'enquête.

PEPIOT (René), avocat, employé à la mairie de Lille, 22 ans.

Je jure de dire la vérité.

J'ai été employé, pendant l'occupation allemande, au service du chômage et détaché, à ce titre, au *Meldeamt* (service allemand du contrôle), sous les ordres du capitaine Himmel, qui m'a abreuvé d'humiliations.

Je remets à la Commission la statistique des enlèvements de jeunes gens que j'ai pu établir. Je tiens à ajouter que cette violation du droit des gens s'est accomplie sous mes yeux dans des conditions déshonorantes pour le capitaine Himmel et ses collaborateurs immédiats, je devrais dire ses complices.

En octobre 1918, au contrôle du départ, j'ai été témoin des faits suivants :

Des hommes de tout âge, quelques-uns presque aveugles ou boiteux, des jeunes gens de quinze ans environ, d'une complexion délicate et manifestement incapables de faire un trajet à pied, furent impitoyablement désignés. « Pourvu qu'ils puissent aller jusqu'au delà de Tournai, dit un sous-officier, qu'ils crèvent après, ça n'a pas d'importance ».

Le lendemain, au départ d'un second groupe, comme les jeunes gens entonnaient la *Marseillaise*, le capitaine Himmel, entrant, selon son habitude, dans une violente colère, s'écria en allemand, et plusieurs de mes compatriotes l'entendirent comme moi : « Cavaliers, chargez donc, piétinez-les, que le sang coule ! » J'ai encore dans l'oreille ces derniers mots, dont l'authenticité est incontestable, puisque des sous-officiers allemands l'ont confirmée.

En ma qualité d'employé à la mairie, chargé spécialement de porter sur les registres allemands du contrôle les décès survenus chaque mois, j'ai été à même de constater que la plupart des personnes décédées — parmi celles qui étaient renvoyées à Lille après une période plus ou moins longue d'évacuation — y étaient revenues dans un état de santé qui avait motivé leur réforme. Or, l'autorité allemande ne réformait les jeunes gens, aussi malades fussent-ils, que lorsque leur mort lui paraissait imminente : la statistique des décès se trouvait ainsi hypocritement déchargée.

Après lecture, le témoin a signé avec nous.

N° 15.

DÉPOSITION reçue, le 27 octobre 1918, à LILLE, par la Commission d'enquête.

POLET (Chéry), âgé de 52 ans, commissaire central intérimaire à Lille.

Je jure de dire la vérité.

Quand, au mois d'avril 1916, a eu lieu l'enlèvement d'une partie de la population, et particulièrement des jeunes filles, le régiment qui a opéré à Lille y avait été envoyé cinq ou six jours auparavant. Il se promena dans les rues avec des mitrailleuses pour préparer sa besogne et semer l'épouvante. Une affiche avisa les habitants d'avoir à ne pas découcher et de préparer leurs paquets. Elle fut apposée vers 5 heures du soir, et, dès le lendemain, samedi de Pâques, à l'aube, on commençait l'évacuation par le quartier de Fives. C'est là, d'ailleurs, que l'opération a eu le caractère le plus odieux; car auprès du lieu de rassemblement, les officiers buvaient le champagne dans le poste de police, et une musique militaire se faisait entendre, tandis que les soldats traînaient les malheureuses désignées pour le départ.

Il est à ma connaissance que la plupart des femmes et des jeunes filles enlevées, sinon toutes, ont été soumises à des visites médicales humiliantes.

Pendant toute la durée de l'occupation, s'il n'y a pas eu de grands pillages organisés, il y a eu, du moins, des vols continuels et systématiques, commis notamment par des officiers qui laissaient des filles publiques emporter de leur logement des objets à leur convenance. Si une plainte se produisait, ou si la police municipale intervenait, l'autorité allemande objectait que les officiers devaient être considérés comme propriétaires de tout ce qui garnissait la maison où ils habitaient, et que, dès lors, les personnes auxquelles ils faisaient des cadeaux n'étaient coupables ni de vol, ni de recel.

Le 16 octobre courant, veille du départ des troupes ennemies, un officier m'amena une femme qu'il avait arrêtée et me demanda un certificat constatant qu'elle avait commis un acte de pillage. Je répondis que je m'y refusais avant d'avoir procédé à une enquête. Malgré l'attitude comminatoire de l'Allemand, je persistai dans ma résolution, et je me livrai immédiatement à des recherches, d'où il résulta la preuve de l'inanité de l'accusation. Comme je manifestais mon étonnement, l'officier me fit la déclaration suivante : « Si je vous ai demandé un certificat, c'est parce que nous désirons établir aux yeux du Président Wilson que les pillages sont commis non par nous, mais par les Français. »

Au cours de l'occupation, tous les établissements industriels de Lille et de ses faubourgs ont été détruits par l'ennemi; le matériel a été brisé et le métal emporté. C'est pour longtemps l'arrêt de toute activité dans les usines de la région.

Au moment où a eu lieu la réquisition des métaux, les Allemands ont enlevé les cloches dans les églises et des statues sur les places publiques, notamment la statue équestre de Jeanne d'Arc.

Après lecture, le témoin a signé avec nous.

N° 16.

DÉPOSITION reçue, le 27 octobre 1918, à Lille, par la Commission d'enquête.

Delonque (Oscar), âgé de 48 ans, chef du service municipal du chômage, demeurant à Lille, 31, rue Nationale.

Je jure de dire la vérité.

Ayant eu à pourvoir, pendant l'occupation, à la subsistance de quatre-vingt-dix mille déshérités, j'ai dû souvent rester à mon bureau jusqu'à des heures tardives de la nuit.

Le 22 avril 1916, vers deux heures du matin, j'appris que les Allemands faisaient des râfles et commençaient l'opération par le quartier de Fives, qui est celui de mes parents. Inquiet du sort de ma famille, et particulièrement de mes sœurs, je voulus immédiatement courir chez moi, mais je trouvai tous les accès barrés par des sentinelles et par des mitrailleuses.

Je rencontrai heureusement mon frère, qui venait me chercher et qui put retourner auprès de ma famille. Pour moi, je dus rentrer à mon bureau.

Les enlèvements ont eu lieu dans les conditions les plus odieuses. Les membres d'une même famille ont été séparés et les jeunes filles obligées à une promiscuité des plus inquiétantes.

J'ajoute que, quelques heures avant leur départ définitif de Lille, les Allemands ont conduit en Belgique un très grand nombre d'hommes et de jeunes gens. Plusieurs milliers de nos concitoyens ont été enlevés. Quelques-uns ont pu s'évader et revenir. Nous avons su par eux que les déportés sont soumis à des travaux forcés, de 6 heures du matin à 3 heures de l'après-midi et de 6 heures du soir à minuit. Il y a parmi eux des hommes de toutes conditions, des élèves des grandes écoles et des facultés, peu faits pour supporter de telles fatigues.

Je vous communique la proclamation du général allemand commandant la Place, lors des enlèvements d'avril 1916, le texte de la convocation individuelle pour les départs ultérieurs et une lettre de protestation du maire de Lille, au sujet des évacuations qui ont eu lieu en mai 1918. Il s'agissait alors, surtout, de la déportation des étudiants et de jeunes gens de moins de 18 ans arrachés à leurs études.

Après lecture, le témoin a signé avec nous.

ANNEXES À LA PIÈCE N° 16.

A.

PROCLAMATION relative à l'évacuation des personnes désignées pour le travail forcé.

PROCLAMATION.

L'attitude de l'Angleterre rend de plus en plus difficile le ravitaillement de la population.

Pour atténuer la misère, l'autorité allemande a demandé récemment des volontaires pour aller travailler à la campagne.

Cette offre n'a pas eu le succès attendu.

En conséquence, des habitants seront évacués par ordre et transportés à la campagne. Les évacués seront envoyés à l'intérieur du territoire occupé de la France, loin derrière le front, où ils seront occupés dans l'agriculture et nullement à des travaux militaires.

Par cette mesure, l'occasion leur sera donnée de mieux pourvoir à leur subsistance.

En cas de nécessité, le ravitaillement pourra se faire par les dépôts allemands.

Chaque évacué peut emporter avec lui 30 kilogrammes de bagages (ustensiles de ménage, vêtements, etc...), qu'on fera bien de préparer dès maintenant.

J'ordonne donc : Personne ne peut, jusqu'à nouvel ordre, changer de domicile. Personne ne peut non plus s'absenter de son domicile légal déclaré, de 9 heures du soir à 6 heures du matin (h. a.), pour autant qu'il ne soit pas en possession d'un permis en règle.

Comme il s'agit d'une mesure irrévocable, il est de l'intérêt de la population même de rester calme et obéissante.

Lille, avril 1916.

Le Général commandant.

B.

CONVOCATION individuelle envoyée par l'autorité allemande aux personnes désignées pour le travail forcé.

En vertu de l'ordonnance du *Generalquartiermeister* du 3 octobre 1916,
M. . . . . devra se trouver le . . . . à 8 heures du matin (heure allemande) devant l'entrée principale du *Palais Rameau*, boulevard Vauban.

Celui qui n'obéira pas à cet ordre sera amené par la police militaire ; en outre, il sera passible d'une peine d'emprisonnement allant jusqu'à 3 ans et d'une amende jusqu'à concurrence de 10.000 marks ou d'une de ces deux peines, à moins que les lois en vigueur ne prévoient l'application d'une peine plus sévère.

Chacun devra emporter, autant que possible, deux chemises, deux caleçons, deux paires de chaussettes, un manteau, une cravate, une paire de gants, une serviette, deux couvertures, un bol et des ustensiles pour manger.

Lille, en octobre 1916.

Le Gouverneur de la Place.

C.

LETTRE adressée par M. Charles Delesalle, maire de Lille, au général von Graevenitz, gouverneur de la place, au sujet des évacuations de mai 1918.

Lille, le 17 mai 1918.

Le Maire de Lille à Son Excellence le Général von Graevenitz.

Excellence,

C'est avec une profonde surprise que j'ai appris qu'au moment même où vient d'être signée à Berne une convention, ratifiée par nos deux Gouvernements, concernant entr'autres le traitement des populations dans les pays occupés, un nouvel et important contingent de travailleurs forcés venait d'être désigné.

Cette convention est entrée en vigueur le 15 mai écoulé, et, si nous n'en connaissons pas le texte intégral, vos journaux nous ont appris qu'elle précise à l'avenir, pour l'enlèvement de travailleurs forcés, des modalités plus humaines et plus conformes au droit des gens.

Or, j'apprends que, dans la dernière série désignée, figure un nombre important de jeunes gens de moins de 18 ans qu'on arrache à leur famille et à leurs travaux scolaires, ou d'hommes vivant de leurs ressources et échappant par leur âge à la mobilisation.

Le droit des gens ne me paraît donc nullement respecté en la circonstance et je dois élever une énergique protestation, que je vous prie de transmettre au Commandement supérieur.

Le Maire de Lille,
Signé : Charles DELESALLE.

N° 17.

DÉPOSITION reçue, le 27 octobre 1918, à LILLE, par la Commission d'enquête.

LANGLOIS (Jules-Victor), Ingénieur, Directeur du Comité local d'alimentation du Nord de la France pendant l'occupation, demeurant à Lille, 59, rue de la Bassée.

Je jure de dire la vérité.

J'ai ravitaillé dans les gares de Lille la partie de la population que les Allemands ont enlevée en avril 1916 ; à cause de ce service, je n'ai pas vu ce qui se passait alors dans les maisons et dans les rues ; mais, sur les quais du chemin de fer, j'ai assisté à des scènes tellement navrantes que, vivrais-je cent ans, je ne les oublierais jamais.

Après lecture, le témoin a signé avec nous.

N° 18.

DÉPOSITION reçue, le 27 octobre 1918, à LILLE, par la Commission d'enquête.

DESPRINGRES (Madeleine), âgée de 20 ans, demeurant à Lille, rue de Flandre, 27, cour Blanquart, 6.

Je jure de dire la vérité.

Environ quinze jours après avoir apposé des affiches demandant des volontaires pour travailler, les Allemands ont procédé en avril 1916 à l'enlèvement d'une partie de la population de Lille. L'opération a commencé par Fives. Un chef et deux soldats sont entrés chez nous et ont regardé les feuilles de recensement. Ils ont d'abord emmené mon frère, bien qu'il ne fût âgé que de 15 ans, puis ils ont déclaré que je devais partir. Je n'étais pas forte, j'avais de l'anémie et je possédais un certificat du docteur Delmasure, attestant que je ne pouvais pas travailler. Un des Allemands dit que le bon air du village me ferait du bien et que ma mère m'accompagnerait. Il était alors 4 heures du matin. On nous a donné vingt minutes pour préparer notre bagage, tandis que deux soldats restaient auprès de la porte. Après nous avoir conduits tous trois dans une école, rue du Marché, on nous a consignés à la gare Saint-Sauveur, d'où nous ne sommes partis dans un wagon à bestiaux qu'à 5 heures et demie du soir. Nous sommes arrivés le lendemain à Bucy-les-Pierrepont, à 7 heures et demie du matin, puis à Ebouleau, à 9 heures. Dans cette dernière localité, on nous a laissés sur la voie publique jusqu'à 3 heures du soir. Nous n'avons pas eu de nourriture pendant deux jours. On ne nous a même pas donné une goutte d'eau.

A Ebouleau, on a séparé de nous mon jeune frère et on nous a logées, ma mère et moi, avec des malades, dans une maison dont les vitres étaient brisées et où pendant trois semaines nous avons couché sur la paille.

Quinze jours après mon arrivée, j'ai été contrainte de subir la visite médicale, comme d'ailleurs toutes nos compagnes. Cette visite-là se passait dans une maison où se trouvaient deux ou trois docteurs. Elle avait lieu sur deux tables disposées à cet effet. Une jeune fille ayant tenté de s'y soustraire par la fuite a été poursuivie et brutalement frappée.

Après lecture, le témoin a signé avec nous et en présence de sa mère, Despringres (Salomé), âgée de 42 ans, qui, après avoir prêté serment de dire la vérité, a déclaré confirmer entièrement la déposition ci-dessus et a dit ne savoir signer.

N° 19.

DÉPOSITION reçue, le 27 octobre 1918, à LILLE, par la Commission d'enquête.

AUCKAERT (Marguerite), âgée de 20 ans, lingère à Lille, rue de Flandre, 27, cour Blanquart, 9.

Je jure de dire la vérité.

Je confirme entièrement la déposition de Mlle Despringres, dont vous venez de me donner lecture. J'ai été emmenée par les Allemands en même temps que cette jeune fille, et comme elle, j'ai dû subir la visite médicale.

Après lecture, le témoin a signé avec nous.

N° 20.

DÉPOSITION reçue, le 27 octobre 1918, à LILLE, par la Commission d'enquête.

CARLIER (Joseph), 57 ans, opticien, conseiller d'arrondissement de Lille (canton est) demeurant 7, rue Dubrunfaut, à Lille.

Je jure de dire la vérité.

Le samedi 22 avril, vers 3 heures 1/2 du matin, sept Allemands sont brusquement entrés chez moi : un officier, un homme portant une chandelle et cinq soldats en armes. Après avoir examiné la « feuille de couloir », ils ont déclaré que ma fille Jeanne, qui est infirmière de la Croix-Rouge, avait dix minutes pour partir.

Il nous a fallu, à sa mère et à moi, préparer les quelques objets que notre enfant allait emporter. Toutes nos observations ont été repoussées grossièrement.

J'ai donc conduit ma fille au lieu de concentration, à l'usine Meunier, rue des Processions. Il pleuvait à verse.

Quatre mitrailleuses étaient placées à 50 mètres de chez nous, rue Bourgeonbois.

De l'usine Meunier, des tramways ont transporté les personnes arrêtées vers la gare des marchandises de Fives ; j'accompagnai ma fille et pus pénétrer dans la gare. Mais là, le capitaine Himmel, que j'implorais en lui disant ce qu'était ma fille, m'a brutalement éconduit, allant jusqu'à lever sur moi sa cravache.

J'ai dû me séparer de mon enfant.

Elle a été conduite à La Capelle, dans l'Aisne, avec 800 personnes de toutes conditions, et internée dans une usine où, pendant huit nuits, elle a couché sur la paille, sans nourriture, réduite à s'alimenter avec de l'herbe cuite.

Pendant ce temps, je me livrais à mille démarches; mais c'est seulement au bout de six semaines que ma fille m'a été enfin rendue, complètement épuisée. Elle a contracté, pendant sa captivité, une entérite dont elle n'est pas guérie, dont peut-être elle ne se remettra jamais.

J'ai vécu là les jours les plus affreux de mon existence.

Comme elle appartenait à la Croix-Rouge, elle n'a pas été mise au travail des champs, mais affectée à l'infirmerie du camp; c'est ainsi qu'elle a été contrainte de conduire à la visite dite sanitaire les jeunes filles et jeunes femmes à qui l'on faisait subir cet odieux traitement. Il y avait là des personnes des plus honorables; les Allemands ne voulaient faire aucune différence entre leurs prisonnières.

Après lecture, le témoin a signé avec nous.

N° 21.

DÉPOSITION reçue, le 27 octobre 1918, à LILLE, par la Commission d'enquête.

CEUGNART (Gaston), âgé de 21 ans, garçon de café à l'hôtel du « Chapon de Bruges », place Jeanne-d'Arc, à Lille.

Je jure de dire la vérité.

Je suis de ceux que les Allemands ont enlevés de Lille pour le travail de culture. C'est le 29 avril 1916 que deux soldats, baïonnette au canon, sont venus me chercher à l'hôtel pour me conduire à la gare Saint-Sauveur. Nous étions plus d'un millier de prisonniers. Après une journée d'attente, on nous a embarqués dans des wagons à bestiaux et transportés, les uns à Faucouzy-Monceau, les autres à Cuirieux, dans l'Aisne. J'étais de ces derniers. J'y ai passé huit jours, puis j'ai été transféré successivement à Braye-en-Thiérache, à Saint-Pierre-mont, à Prisces. Les évacués étaient soumis aux visites sanitaires les plus pénibles. Pendant la première semaine, il y a eu deux visites; les mères étaient examinées devant leurs filles, les pères devant leurs enfants. On ne s'occupait aucunement de la qualité des personnes.

On nous a fait travailler dix heures par jour. Ceux qui, malades ou épuisés par l'insuffisance de la nourriture, refusaient les corvées, étaient enfermés dans des étables et privés d'aliments pendant trois jours.

Beaucoup sont revenus la santé détruite.

Je suis rentré à Lille le 22 décembre 1916 et j'ai été tranquille pendant six mois; mais, le 11 juin 1917, j'ai été convoqué à nouveau à la gare de Fives et conduit, avec environ 500 hommes, à Dourges, où nous avons été employés à construire des abris souterrains dans les tranchées. Nous avons tous protesté, ne voulant pas travailler contre notre pays. On a eu, pour nous contraindre, des inventions diaboliques : nous avons été frappés, jetés dans des trous. Certains d'entre nous ont été enfermés dans des caisses qui formaient comme des compartiments de bois superposés contre les parois des abris, et qui mesuraient environ 1 m. 20 de long sur o m. 60 de large et o m. 70 de haut. On restait là pendant deux jours sans nourriture. Il y en a eu qui y sont restés plus longtemps.

J'ai eu la chance d'être employé soit à la cuisine, soit au Pionnier-Parc, à des besognes qui n'étaient pas directement militaires.

Nous avons été conduits ensuite à Aubers, près de Laventie, puis à Rainbeaucourt, où nous avons travaillé aux routes, et enfin à Bois-Grenier et Pérenchies; là, il nous a fallu, malgré nos protestations, poser des fils barbelés.

A plusieurs reprises, nous avons travaillé sous les obus. A Dourges, 7 de mes camarades ont été tués; 2 ont été blessés. Nous avons encore eu un homme tué à Aubers.

J'ai réussi à m'évader le 16 octobre dernier.

Après lecture, le témoin a signé avec nous.

N° 22.

DÉPOSITION reçue, le 7 novembre 1918, à LILLE, par la Commission d'enquête.

VANASTEN (Maurice), mouleur en fonderie de cuivre, à Lille, 18 ans.

Je jure de dire la vérité.

J'ai été pris par les Allemands le 11 juin 1916. Conduit à Dourges, j'ai refusé de travailler aux tranchées; pour me punir, on m'exposa au soleil pendant quinze heures, nu jusqu'à la ceinture, privé de tout aliment, empêché même de satisfaire mes besoins naturels. On me fit ensuite décharger du gravier. Mal nourri, je me tus pour ne pas exposer mes parents à des représailles; mais aucune considération ne m'arrêta lorsqu'on prétendit m'obliger à construire des abris, à 4 kilomètres du front, et je tentai de m'évader. Repris à Phalempin, je fus battu à coups de cravache, enfermé une nuit dans une cave, les pieds dans l'eau, et condamné à 3o marks d'amende.

J'essayai une seconde fois de m'évader; je fus repris, reconduit à mon camp, battu à coups de trique, enfermé dans une caisse d'abri, trop exiguë, et ne recevant d'autre nourriture que celle dont se privaient pour moi mes camarades; cette caisse était sous terre, et l'on ne put m'y laisser que huit jours au lieu de quatorze, tant le médecin me trouva affaibli. On m'infligea une amende de 5o marks; on me mit un brassard à deux croix pour bien me reconnaître, et, désormais classé parmi les mauvaises têtes, je fus une seconde fois changé de camp. D'Aubers, où l'on me déporta, je réussis à m'enfuir. Je me cachai pendant trois mois et demi; mais, ayant lu une affiche prescrivant à tous les hommes de 15 à 60 ans de se rendre à leur commissariat de police, je me soumis, de crainte d'être fusillé. De la citadelle de Lille, je dus partir à pied pour Pecq, en Belgique. Ne voulant pas travailler aux tâches qu'on imposait aux évacués, je me sauvai, et j'arrivai à Lille la veille du jour où les Anglais y firent leur entrée.

Il est impossible d'avoir été plus durement traité, et je regrette que les Allemands n'aient pas encore été punis de leurs cruautés.

Après lecture, le témoin a signé avec nous.

N° 23.

DÉPOSITION reçue, le 7 novembre 1918, à LILLE, par la Commission d'enquête.

JARDEZ (Pierre), employé de commerce, âgé de 19 ans, demeurant 5o, rue des Trois-Molettes, à Lille.

Je jure de dire la vérité.

Je n'ai jamais pu me faire à l'idée de travailler contre mon pays; aussi ai-je subi, pendant toute la durée de ma captivité, des violences et des misères sans nombre. C'est au mois d'octobre 1916 que j'ai été pris par les Allemands, avec environ 500 jeunes gens, âgés de 19 ans au plus. Conduits à la citadelle de Lille, nous avons été nourris pendant huit jours exclusivement par le ravitaillement allemand (3oo grammes de pain et une soupe aux orties avec choux-raves). Ayant refusé de travailler pour l'ennemi, nous avons été emmenés à Tourcoing et de là, au bout d'une quinzaine, notre résolution ne s'étant pas modifiée, au Chemin des Dames. Malgré les rigueurs de l'hiver, nous avons été obligés d'exécuter les plus durs travaux (portant des rails longs de 12 mètres sur un trajet de 15o mètres). J'avais été incorporé dans le bataillon 26, bataillon de discipline, soumis au régime le plus dur; nous n'avions aucune correspondance avec nos familles et je n'ai jamais, pour ma part, reçu aucun colis de la mienne.

Trois jeunes gens furent fusillés pour s'être refusés au travail; d'autres moururent après avoir séjourné quinze jours dans une cave où ils avaient de l'eau jusqu'aux chevilles; d'autres enfin, résistant encore, furent mis dans des espèces de caisses superposées le long des parois des abris souterrains et que nous appelions couramment des cercueils; on les y laissait quinze jours ou même un mois. Le docteur Woelze avait coutume de dire, quand on lui proposait des malades pour la réforme : « Il n'y a que la mort qui compte ».

5.

Un officier supérieur, étant venu pour s'assurer de l'état des travaux et ne les trouvant pas suffisamment avancés, nous menaça d'un régime plus rigoureux encore, de la mort même, et envoya les plus récalcitrants d'entre nous (j'en étais) dans la région de La Fère. Là on nous obligeait à faire des tranchées, à construire des quais d'embarquement, à couper des arbres et à les débiter dans les forêts de Saint-Gobain et de Vendeuil. Nous faisions chaque jour, pour nous rendre à notre travail, un trajet de 15 kilomètres à pied, tant à l'aller qu'au retour. Bien souvent, pendant la retraite de l'Oise, nous connûmes des jours sans pain, et l'on voulut nous contraindre à aider les pionniers ennemis dans leur œuvre de destruction et d'incendie des maisons. Hospitalisé dans une caserne d'artillerie de La Fère, je vis un officier général qui était venu visiter le lazaret ; passant près de mon lit, il dit en français, montrant par la fenêtre les incendies allumés par les troupes allemandes : « Voilà ce que les Français auront gagné à ne pas vouloir faire la paix. »

Un jeune homme, Auguste Lesage, de Lille, qui avait voulu s'évader, fut fusillé séance tenante ; sa dépouille resta trois jours dans les chambrées. Le jeune Tournemine fut blessé par la chute d'un énorme chêne ; depuis ce jour, il disparut, et sa famille ne reçut jamais de nouvelles.

Une fois guéri, ou du moins considéré comme tel, j'ai été renvoyé à mon camp, à Vendeuil, et le lendemain, quoique fatigué d'une longue route faite à pied dans la neige, je dus reprendre le travail à raison de dix heures par jour. Mon salaire était de 15 pfennigs. Mais je ne restai à Vendeuil que quatre jours, parce que je refusai de travailler. Odieusement brutalisé, et même blessé d'un coup de crosse au ventre, je fus transféré successivement à Assis, à Erlon où je passai quatre jours dans une étable, enfin à Hirson où je terminai ma peine : trente jours de cellule noire au pain et à l'eau. Enfin, voyant mon état d'extrême faiblesse, les Allemands décidèrent de me rapatrier avec d'autres jeunes gens de la région de Lille, Roubaix, Tourcoing. Nous n'arrivâmes à Lille qu'après un voyage de trois jours dans des wagons infects, sans recevoir la moindre nourriture ; trois d'entre nous succombèrent en cours de route.

Sur les 500 jeunes gens partis en même temps que moi, il n'en reste plus que quatre-vingts au bataillon ; les autres sont morts ou ont été réformés.

Après lecture, le témoin a signé avec nous.

Nᵒˢ 24, 25.

DÉPOSITIONS reçues, le 7 novembre 1918, à LILLE, par la Commission d'enquête.

EYNARD (Achille), 33 ans, sous-inspecteur de l'Assistance publique à Lille.

Je jure de dire la vérité.

En 1917, deux de nos anciens pupilles, Henri Baert, 21 ans, et Jules Claës, 24 ans, furent enlevés de la commune de Mérignies où ils résidaient. Réformés quelque temps après, ils revinrent à Mérignies dans un état extraordinaire de débilité physique. Malgré leur âge, ils furent recueillis par nous et examinés par notre médecin : Claës pesait 38 kil. 200, Baert 51 kilos. A peine rétablis, autant qu'ils pouvaient l'être, ils furent de nouveau pris par les Allemands, et ils n'ont pas encore recouvré la liberté.

La même année, le pupille Maurice Castelain, 20 ans environ, fut emmené de Sainghin, où il était placé. Renvoyé à Lille, à l'hospice de la Charité, il déclara que, conduit à Ancoisne pour y exécuter des travaux militaires en compagnie de cinquante-trois autres captifs, tous furent, sur leur refus, exposés pendant cinq jours dans une prairie et si durement maltraités que Castelain contracta un commencement de tuberculose, dont il mourut l'année suivante, malgré les soins affectueux de ses nourriciers, chez qui il avait été replacé.

Le pupille Henri Lebon, enlevé le 1er octobre 1918 de la commune de Lesquin, fut exposé en plein air pendant vingt-quatre heures et brutalisé. Il revint mourir à Lesquin des suites d'une broncho-pneumonie.

D'une manière générale, nos pupilles ont été employés, à proximité du front, à des travaux militaires, malgré leur volonté. Plusieurs tentèrent de s'enfuir. Quelques-uns périrent de mort violente, atteints par des projectiles. Tel fut le cas de Charles Broutin, tué le 14 juillet 1918, à Bac-Saint-Maur.

A ma connaissance, plusieurs de nos pupilles sont morts des suites des violences qu'ils ont subies ou des maladies qu'ils ont contractées pendant leur captivité, notamment les nommés Jean Vandemeulebroucke, Dominique Hanssens, Noël Verbecke.

A diverses reprises, nos enfants furent enlevés, malgré nos protestations, dans des conditions particulièrement révoltantes : la police gardait les issues de l'établissement, et nos pupilles étaient emmenés de force, sans considération de leur état de santé ou de leur aptitude physique, ou même de leurs infirmités. Le 22 mai 1918, pour avoir défendu aux enfants de se rendre à la convocation de travail qu'ils avaient reçue et avoir élevé une fois de plus ma protestation, je fus moi-même incarcéré pendant quatre semaines. Déjà l'inspecteur Hamel avait été enlevé pour des motifs analogues et conduit en Belgique (6 mars 1918); nous ignorons ce qu'il est devenu.

En résumé, j'atteste que nos pupilles ont été soumis par les Allemands à un régime contraire à la fois aux conventions internationales et aux sentiments d'humanité les plus élémentaires.

Après lecture, le témoin a signé avec nous.

_____

CUCHET-CHÉRUZEL (Victor), sous-inspecteur de l'Assistance publique, âgé de 33 ans.

Je jure de dire la vérité.

Je confirme entièrement la déposition de mon collègue Eynard, et j'ajoute que j'ai été interné pendant quatre semaines pour les mêmes motifs que lui, ayant défendu à un pupille de continuer un travail qu'il avait commencé sur convocation de l'autorité allemande.

Après lecture, le témoin a signé avec nous.

_____

N° 26.

DÉPOSITION reçue, le 7 novembre 1918, à LILLE, par la Commission d'enquête.

PLADYS (Eugène), âgé de 48 ans, aumônier du pensionnat de Loos.

Je jure de dire la vérité.

Le 19 février dernier, vers une heure et demie du soir, un soldat allemand vint me faire savoir qu'on me demandait à la Kommandantur de Loos. M'y étant rendu, je fus invité à me rendre dans la maison de M. Julien Thiriez, pour confesser deux gardiens de prison. J'obéis aussitôt, et un officier me présenta à deux malheureux, étendus chacun sur une civière. C'étaient MM. Thirion, gardien de la colonie pénitentiaire de Loos, et Ferron, gardien de la Maison centrale. Ils me racontèrent que, quelques jours auparavant, pour ne pas être obligés de travailler pour les Allemands, ils avaient tenté de s'évader du camp dans lequel ils avaient été emmenés, mais que, blessés par une grenade jetée dans leurs jambes et mis dans l'impossibilité de se mouvoir, ils étaient tombés entre les mains des sentinelles, puis transportés à Loos, où ils venaient, le matin même, d'être condamnés à mort par un conseil de guerre.

Après les avoir confessés et leur avoir donné la communion, je suis allé chercher M. Gay, directeur intérimaire de la Maison centrale, et je me suis transporté, avec lui et l'économe, chez le général bavarois, pour implorer la grâce des deux blessés; mais je ne pus rien obtenir, et le général me déclara même que la sentence avait déjà dû être exécutée. Il était alors six heures et demie.

J'ai su de façon certaine que les exécuteurs avaient emporté de chez M. Thiriez deux chaises, pour y installer les victimes, et deux essuie-mains destinés sans doute à bander les yeux de Ferron et de Thirion. Les chaises ont été rapportées pleines de sang et criblées de balles. Sur l'une d'elles était écrasé un morceau de cervelle.

Les Allemands ont reconnu que les suppliciés étaient morts « en braves Français ».

Après lecture, le témoin a signé avec nous.

N° 27.

DÉPOSITION reçue, le 11 novembre 1918, à LILLE, par M. COUHÉ, président du Tribunal civil, agissant en exécution d'une commission rogatoire, en date du 7 novembre 1918, de la Commission d'enquête instituée par décret du 23 septembre 1914.

GAY (François), âgé de 58 ans, contrôleur de la Maison centrale de Loos, y demeurant.

Serment prêté.

Dans le courant du mois de février de cette année, à une date que ma mémoire ne me permet plus de préciser d'une manière exacte, mais qui se trouve indiquée dans le rapport que j'ai déposé à la Préfecture, je fus prévenu, par un prêtre de Loos dont j'ignore le nom, vers cinq heures du soir, que deux agents de l'Administration pénitentiaire, MM. Ferron, gardien à la Maison centrale, et Thirion, surveillant à la Colonie de Saint-Bernard, allaient être fusillés. Ces deux gardiens travaillaient depuis quelque temps, par obligation, pour les Allemands, et nous avions entendu dire qu'ils avaient été arrêtés à la suite d'une tentative d'évasion.

Je me rendis immédiatement auprès du général commandant la division, habitant chez M. Thiriez, 61, rue du Faubourg-de-Béthune, à Loos; j'étais accompagné de M. Barral, économe de la Colonie de Saint-Bernard, et du prêtre qui m'avait prévenu. Nous fûmes reçus presque aussitôt par le général de division.

Je lui demandai de vouloir bien faire surseoir à l'exécution des deux agents, afin de nous permettre de présenter un recours en grâce. Il me répondit textuellement : « Ce n'est pas nécessaire; d'ailleurs, il n'est plus temps, car ça doit être fini. » En même temps, il regardait sa montre, et, consultant la mienne, je vis qu'il était 5 heures et demie.

Nous nous sommes alors retirés.

J'ajouterai que les corps des deux malheureux furent placés chacun dans un cercueil séparé et inhumés au cimetière de Loos, le même jour, à huit heures du soir.

D'après ce que me dirent ensuite M. Thiriez et ses deux domestiques, ces deux gardiens travaillaient dans les environs de Wavrin depuis au moins six mois et avaient tenté de franchir les lignes pour joindre les Anglais; mais, au moment de réussir, ils avaient été poursuivis par les Allemands et blessés par des éclats de grenade, dont un grièvement, sinon mortellement.

Il s'écoula alors un délai d'environ dix jours pendant lequel on n'entendit plus parler d'eux, et c'est le 19 février 1918 qu'ils furent amenés sur civières chez M. Thiriez, 61, rue du Faubourg-de-Béthune, à Loos, et jugés par une cour martiale formée de cinq officiers venus de Lille.

L'arrêt fut rendu dans l'après-midi et exécuté séance tenante, à Loos même, dans la propriété de M. Crespel. Sans doute cette exécution venait-elle d'avoir lieu au moment où nous pénétrâmes chez M. Thiriez, car les soldats venaient de demander aux domestiques une chaise et des serviettes.

Lecture faite, persiste et signe avec nous.

N° 28.

DÉPOSITION reçue, le 28 novembre 1918, à LILLE, par M. COUHÉ, président du Tribunal civil, agissant en exécution d'une commission rogatoire, en date du 7 novembre 1918, de la Commission d'enquête instituée par décret du 23 septembre 1914.

THIRIEZ (Georges), âgé de 21 ans, filateur à Loos, demeurant à Lille, 61, rue du Faubourg-de-Béthune.

Serment prêté.

Le 19 février 1918, le conseil de guerre allemand s'est réuni chez moi pour juger deux gardiens de la prison de Loos, qui avaient été surpris au moment où ils essayaient de franchir les lignes allemandes pour se soustraire à un travail forcé. Ces deux hommes, blessés dans leur fuite par des soldats allemands, avaient été amenés chacun sur une civière et déposés devant les juges.

Vers 2 heures de l'après-midi, le juge rapporteur me demanda de vouloir bien lui faire connaître l'adresse d'un prêtre, sans ajouter quoi que ce soit; je lui indiquai le presbytère de Loos.

M. l'abbé Pladys étant arrivé quelque temps après, je l'accompagnai auprès de ces deux malheureux, qui étaient installés dans ma véranda, sous la garde de deux infirmiers allemands armés et en présence des trois servantes de la maison. Ils me racontèrent que, travaillant contre leur gré à Wavrin, ils avaient essayé de rejoindre les lignes anglaises, mais qu'ayant heurté une sonnerie, des grenades s'abattirent sur eux et les blessèrent grièvement; ils avaient alors été immédiatement arrêtés et ramenés à Loos.

J'essayai de leur donner quelques consolations, et ils me chargèrent de leurs dernières recommandations pour leurs familles.

Le juge rapporteur, ayant connu ma présence auprès d'eux, m'en adressa des reproches. Peu après, il me demanda si je ne pourrais lui indiquer un lieu d'exécution soit dans la fabrique, soit dans le jardin. Je lui répondis que la fabrique, pas plus que le jardin, n'étaient des lieux d'exécution, et je le quittai pour me rendre à Lille, où m'appelait d'urgence une affaire au bureau allemand des réquisitions. Quand je revins, je sus que les deux gardiens avaient été exécutés dans la propriété Crespel.

Les Allemands avaient demandé chez moi deux chaises et deux serviettes à cet effet; mais je sus que les deux condamnés avaient refusé qu'on leur bandât les yeux. L'un des docteurs qui les avaient assistés jusqu'au dernier moment m'avait dit d'ailleurs : « Ils sont morts en braves ».

5...

Comme j'avais essayé de reprocher au juge la sévérité d'une sentence rendue contre deux hommes que je considérais comme des soldats, il s'était contenté de me répondre : « Que voulez-vous, Monsieur, c'est la guerre! »

Lecture faite, le comparant a persisté, mais a demandé à venir compléter sa déposition le lendemain, 29 novembre, par la désignation du quantième du mois de février susdit, que sa mémoire ne lui permet pas de préciser aujourd'hui, et à la signer ledit jour.

Ce que nous l'avons autorisé à faire.

N° 29.

DÉPOSITION complémentaire reçue, le 28 décembre 1918, à Cannes (Alpes-Maritimes), par M. Maubert, juge de paix, agissant en exécution d'une commission rogatoire, en date du 20 décembre 1918, de M. le président du Tribunal civil de Grasse, délivrée par subrogation à celle de M. le président du Tribunal civil de Lille en date du 9 décembre 1819.

Thiriez (Georges), âgé de 21 ans, filateur à Loos, demeurant à Lille, 61, rue du Faubourg-de-Béthune, actuellement en villégiature au Cannet, près Cannes, chez M. Flipo, villa « Val d'Azur ».

Serment prêté.

Je confirme ma déposition du 28 novembre dernier et je déclare la compléter de la manière suivante :

C'est bien le 19 février 1918 que les nommés Ferron et Thirion ont été amenés chez moi, jugés et exécutés à Loos.

Je déclare n'avoir pas autre chose à ajouter.

Après lecture, persiste et signe avec nous.

MINISTÈRE
DE LA JUSTICE.

ADMINISTRATION
PÉNITENTIAIRE.

N° 30.

LETTRE de M. Barral, économe de la Colonie de Saint-Bernard, à M. le Préfet du département du Nord.

Lille, le 25 février 1918.

Les familles du malheureux surveillant Thirion et du malheureux gardien Ferron, fusillés le 19 février, demanderont à connaître plus tard, avec le plus de détails possible, les circonstances qui accompagnèrent la mort de leurs chers disparus. Douloureux récit, qui leur procurera pourtant une triste consolation. Vous-même, Monsieur le Préfet, êtes certainement désireux de recueillir les mêmes échos sur la mort de deux agents relevant de votre autorité. Dans ce double but, et afin qu'il vous soit permis de satisfaire dans la plus large mesure possible au pieux désir de deux familles éplorées, il m'a paru utile de fixer dès maintenant et de porter à votre connaissance les renseignements qui me sont parvenus, si incomplets soient-ils.

MM. Thirion et Ferron faisaient partie des agents envoyés au camp de Wavrin et astreints à des travaux de défense. Ils auraient disparu de ce camp, d'après les dires de leurs camarades, le lundi 11 février. Leur intention paraît bien établie : quitter le territoire occupé, en traversant les lignes allemandes, pour échapper aux misérables conditions de leur existence, j'entends surtout à leurs dures souffrances morales. Ils furent arrêtés dans la nuit du mardi 12 au mercredi 13, après avoir été blessés grièvement par des grenades, M. Thirion au pied, M. Ferron à la cuisse. Le 19 février, ils comparaissaient devant la cour martiale, qui les condamnait à la peine de mort, devant être subie le soir même. J'appris cette triste nouvelle, vers 4 heures et demie, par M. l'abbé Pladys, de Loos, appelé auprès de nos malheureux agents, qui l'avaient prié d'exprimer aux deux directeurs leur désir de les voir avant de mourir.

En l'absence de M. Bousquier, instituteur comptable faisant fonctions de directeur de la Colonie Saint-Bernard, j'allai sans retard, accompagné de M. Gay, contrôleur faisant fonctions de directeur de la Maison centrale, tenter une suprême démarche auprès de M. le général de division, qui voulut bien nous recevoir aussitôt. Malheureusement le sursis d'exécution que nous venions solliciter, pour pouvoir former un recours en grâce en vue d'une commutation de peine, ne nous fut pas accordé. Le général nous exprima ses regrets et nous déclara : « L'arrêt de la cour martiale est irrévocable; toute personne ayant franchi les lignes et allant vers l'ennemi doit être fusillée, d'après les lois de la guerre. » D'ailleurs, il était déjà trop tard. A notre demande de pouvoir tout au moins voir ces deux malheureux pour les réconforter, les assurer de toute la sollicitude de l'administration envers leurs familles et recevoir leur dernier adieu, le général répondit qu'en ce même instant tout était peut-être fini. C'est en effet vers 5 heures que MM. Thirion et Ferron, portés sur leurs civières, étaient mis dans les deux voitures d'ambulance qui allaient les conduire de la maison Thiriez au lieu d'exécution.

Ce sera une grande consolation pour leurs familles d'apprendre plus tard de quel courage ont fait preuve leurs chers disparus. Courage qu'un officier ennemi lui-même a tenu à reconnaître, en me déclarant que ces deux hommes étaient tombés comme deux braves soldats, après avoir reçu les honneurs militaires. Thirion et Ferron ont su regarder la mort en face; ils l'ont attendue la tête haute, refusant de se laisser bander les yeux. Devant ce trépas obscur, ils se sont comportés en héros.

L'autorité militaire allemande a fait inhumer MM. Thirion et Ferron dans la partie du cimetière de Loos qu'elle s'est réservée. Les corps ont été mis dans deux cercueils. A notre demande, autorisation nous a été accordée de déposer des couronnes au nom du personnel des services pénitentiaires. Une délégation, limitée à quatre personnes : MM. Gay, contrôleur, et Arlot, gardien ordinaire, pour la Maison centrale; moi-même, remplaçant M. Bousquier, souffrant, et M. Magnan, surveillant ordinaire, pour la Colonie de Saint-Bernard, avons accompli ce pieux devoir. Suivant le désir qu'ils avaient exprimé, Thirion et Ferron dorment là côte à côte. Ils attendent. Veuve et orphelins, parents, chefs et amis se réuniront un jour autour de leur tombe.

Voilà, Monsieur le Préfet, tout ce que je puis dire, quant à présent, sur ce drame douloureux. Plus tard, d'autres pourront peut-être apporter aussi leur contribution de souvenir.

L'Économe,

Signé : BARRAL.

N° 31.

DÉPOSITION reçue, le 5 novembre 1918, à LILLE, par M. le sous-lieutenant Dehesdin, substitut du Rapporteur près le Conseil de guerre de la Mission militaire française près l'Armée britannique.

VERKAMER (Henri-Charles), âgé de 53 ans, charcutier, demeurant à Lille, 143, rue d'Arras.

Serment prêté.

Le 13 juin 1917, je fus déporté sur convocation individuelle et je fus dirigé snr Waziers, près Douai. Nous étions logés dans le château, qui est une propriété des mines d'Aniche. Nous étions 350 environ, qui composions le groupe de travailleurs de Waziers.

Les uns étaient logés dans des baraquements dans le jardin, les autres dans le château même. Nous étions couchés sur des fils de fer, sans paille, et la nourriture était insuffisante : nous avions environ une livre de pain, une soupe aux légumes secs ou à l'orge, dans laquelle il y avait la valeur de trois boîtes de conserves pour les 350 hommes. Nous fûmes conduits du côté de Sin-le-Noble pour travailler. On fit prendre à une première section des pelles et des pioches, et elle partit. Quand le tour de ma section fut arrivé, comme je me doutais, malgré les assurances qu'on nous avait données, qu'il s'agissait de creuser des tranchées, je refusai de prendre les outils, ce que voyant, tous les camarades de ma section en firent autant. Le lieutenant nous dit alors d'avancer et le capitaine qui nous commandait, dit « capitaine de travail », dont je ne sais pas le nom, arriva, nous traita d'apaches et ordonna qu'on nous conduisît dans une prairie. Nous y restâmes, le premier jour de 8 heures à 15 heures 30, exposés au soleil ; mais nous étions libres de nos mouvements, sans pouvoir nous asseoir. Nous fûmes ensuite reconduits au cantonnement, où nous touchâmes nos rations habituelles.

Le deuxième jour, nous fûmes reconduits pour poser des fils de fer barbelés le long de la Scarpe. Sur notre nouveau refus, nous fûmes reconduits dans une prairie et, cette fois, nous devions rester en rangs, au garde à vous, et au moindre geste, les soldats nous donnaient des coups de bâton. Nous y restâmes de 7 heures à 15 heures 30. Plusieurs jeunes gens tombèrent sous mes yeux d'insolation ou de fatigue ; on les portait dans un fossé, mais on empêchait les femmes du pays qui essayaient de leur donner des soins ou à boire. A 15 heures 30, nous fûmes reconduits comme la veille au cantonnement. Ce deuxième jour, je tombai en rentrant et perdis connaissance.

Le troisième jour se passa de la même façon ; mais cette fois on nous retira nos vestons et nos coiffures avant de nous exposer au soleil. On avait visité nos poches pour voir si nous n'avions pas emporté à boire ou à manger. A 11 heures et demie, ce jour-là, arriva un autre capitaine qui, après avoir causé avec le caporal, ordonna qu'on nous fît charger des pierres sur une route. Nous consentîmes à effectuer ce travail et l'on nous fit rentrer à 15 heures.

Le lendemain, nous fûmes conduits à l'Escarpelle, où désormais on nous fit travailler à des routes ou à des voies de chemin de fer. J'ai su plus tard que mes camarades avaient dû ensuite y faire des abris, mais à ce moment-là je n'y étais plus.

Je considère comme responsable du traitement barbare que j'ai subi, le capitaine de travail, commandant le groupe de Waziers au milieu de juin 1917, ainsi que son lieutenant, dont j'ignore les noms.

J'ajoute qu'on nous avait imposé de porter le brassard blanc que je vous remets et qui est le brassard des travailleurs volontaires, afin de tromper les populations. Sur notre refus de le porter, on finit par nous distribuer le brassard rouge des travailleurs forcés.

J'avais des points au cœur, à la suite du traitement subi, et je me suis fait porter malade.
J'ai fini par être reconnu, et rapatrié après cinq semaines d'absence.

Lecture faite, persiste et signe avec nous.

N° 32.

DÉPOSITION reçue, le 2 novembre 1918, à LILLE, par M. le sous-lieutenant Dehesdin,
substitut du rapporteur près le Conseil de guerre de la Mission militaire française près
l'Armée britannique.

BOMBEKE (Émile), âgé de 20 ans, décorateur, demeurant à Lille, 51, rue de Bourignon.
Serment prêté.

J'ai été déporté le 26 avril 1916. Au mois de juillet, comme je me croyais en droit de
refuser de travailler, je fus mis en prison et laissé trois jours et trois nuits sans manger, ne
recevant que de l'eau. J'ai accepté de travailler et on m'a fait effectuer des travaux agricoles.
(Je rectifie et déclare que, le troisième jour, on a laissé mes camarades m'apporter quelques
tranches de pain.) Cette punition m'a été infligée par le capitaine qui se trouvait à la
Kommandantur de Bugnicourt en juillet 1916 ; j'ignore son nom.

Je restai alors cinq mois sans pouvoir revoir ma famille. J'ai eu ma première permission
au mois de novembre, alors que j'étais à Tourcoing dans un dépôt de travailleurs.

Au début de décembre, je fus envoyé à Barisis-aux-Bois. Je faisais partie de la 1ᵉʳᵉ compagnie du 26ᵉ bataillon d'ouvriers civils, commandée par le lieutenant Zindrowski. Nous
étions cinq cents. On voulait nous faire travailler à des voies ferrées reliant des blockhaus.
Une dizaine refusèrent le travail ; mais, frappés à coups de bâton, ils durent se soumettre.
Lorsque j'arrivai sur le chantier, je refusai de travailler. Je le dis à l'interprète, un Français,
qui rapporta ma résolution au sous-officier Horn. Celui-ci me bouscula, me fit mettre en
joue par un soldat et fit mine lui-même de sortir son revolver.

Comme je tenais bon, déclarant que je ne voulais pas me livrer à des travaux militaires
contre ma patrie, on me ramena au camp. Le lieutenant Zindrowski me fit mettre en prison
dans une cave. Le lendemain, Georges Callaert, Debuyser et Pendule (Augustin) refusèrent
également et furent mis avec moi dans la cave. Le 6 décembre, toute la compagnie refusa
de nouveau le travail ; elle y fut contrainte à coups de crosse ; mais les frères Thieffry (Jean
et Gaston), Muliez (Alfred) et Deleporte (Jules) ayant persisté, vinrent nous rejoindre. Le 7, ce
fut Vanceunebroucke qui fut mis à son tour à la cave. Nous avions touché jusqu'alors environ
350 grammes de pain par homme et par jour ; mais, ce jour-là, nous fûmes complètement
privés de nourriture. Le 8 décembre, Cirelly (Georges) fut mis à son tour avec nous. Le soir
de ce jour, on nous fit sortir pendant un quart d'heure. Pendant ce temps, le lieutenant fit
pomper de l'eau dans la cave, de sorte que nous en avions jusqu'à la cheville. Nous nous
réfugiâmes sur l'escalier ; mais le lieutenant fit donner l'ordre à la sentinelle de nous chasser.
Tous les jours, le lieutenant nous demandait si nous persistions dans notre résolution. Je
n'avais eu jusqu'ici aucune couverture ; je couchais sur la terre de la cave. Le capitaine
commandant le bataillon von Beckerath vint nous visiter au bout de cinq ou six jours et
approuva le lieutenant. Le 14 décembre, le lieutenant me fit sortir de la cave et enfermer
dans une cabane à porcs, où je ne pouvais me tenir debout ni étendu. J'y restai trois jours et
deux nuits. Un soldat avait voulu faire nettoyer par des civils le fumier qui se trouvait dans
cette cabane, mais le sous-officier Sliwka le fit remettre en place. Le matin du troisième
jour, j'avais eu un étourdissement en répondant au lieutenant. Je suppose que c'est pour

cela qu'il me fit sortir le soir. J'ai su plus tard par des camarades que le lieutenant avait dit que, si je persistais dans mon refus, il me ferait mettre dans une cave où il y aurait des courants d'air en m'enlevant la moitié de mes vêtements. Je fus replacé dans une cave plus grande, et un autre des susnommés me remplaça dans la cabane à porcs. Il y resta un jour, puis accepta de travailler, ainsi que Callaert, Jean Thieffry, Muliez et Deleporte. Avant de les remettre au travail, on leur faisait subir de la prison dans la cave, punition infligée par le commandant. A partir du 18, on me donna tous les trois jours un litre de soupe; je crois que c'est sur l'ordre du capitaine commandant.

Le 20 décembre, je fus remis dans la cabane à porcs. Au bout de 24 heures, complètement épuisé par le manque de nourriture et le froid, j'ai dû consentir à travailler. Je fus alors remis dans la première cave, de façon à compléter deux punitions, l'une de dix jours infligée par le lieutenant, l'autre de quatorze jours par le capitaine. J'en sortis donc le 29 pour travailler. J'étais extrêmement affaibli; j'avais les pieds enflés et, comme je demandais à voir le médecin, ainsi que mon camarade Debuyser, les sous-officiers qui étaient là m'ont répondu que c'était inutile, qu'on ne me l'accorderait pas. Pendant les vingt-cinq jours de ma détention, je n'avais pu ni me laver ni changer de linge.

Lecture faite, persiste et signe avec nous.

Nos 33.

DÉPOSITION reçue, le 2 novembre 1918, à LILLE, par M. le sous-lieutenant Dehesdin, substitut du rapporteur près le Conseil de guerre de la Mission militaire française près l'Armée britannique.

CALLAERT (Georges), âgé de 20 ans, corroyeur, demeurant à Fives-Lille, 46, rue Mirabeau.

Serment prêté.

Je confirme entièrement la déposition de Bombeke (Émile). J'ajoute seulement que, pour mon compte, je n'ai pas été placé dans la cabane à porcs; mais on m'a fait descendre dans une cave où il était impossible de se tenir debout ni de se coucher; car elle était pleine de boue. Je me couchais sur la marche de l'escalier. J'y suis resté trois jours et trois nuits sans sortir, sauf le dernier jour, obligé d'y faire mes nécessités, n'ayant pour toute nourriture qu'un morceau de pain et un peu d'eau.

Lecture faite, persiste et signe avec nous.

N° 34.

DÉPOSITION reçue, le 30 octobre 1918, à LILLE, par M. le sous-lieutenant Dehesdin, substitut du rapporteur près le Conseil de guerre de la Mission militaire française près l'Armée britannique.

DEHEDT (Moïse), âgé de 16 ans et demi, ajusteur, demeurant à Lille, rue Manuel, cour Morel, 3.

Serment prêté.

Le 22 mai 1918, j'ai été dirigé avec environ 600 hommes sur Haubourdin. Je travaillais sur les routes de 4 heures du matin à 16 heures, avec une demi-heure de repos à midi. Notre nourriture se composait de 450 grammes de pain, une louche de choucroute ou de légumes secs, et assez rarement, un petit morceau de viande. Nous étions logés dans des écuries et couchions sur du bois sans paille. Tous les quinze jours ou trois semaines, nous avions une permission de 24 heures; en dehors de cela, nous ne pouvions pas correspondre avec nos familles. Au bout d'un mois passé à Haubourdin, nous fûmes menés à Fromelles, de là à Raimbeaucourt, puis nous fûmes dirigés sur Bois-Grenier.

Là, nous sûmes qu'on voulait nous faire poser des fils barbelés; nous déclarâmes que nous refusions de le faire. Nous étions alors environ 400 jeunes gens. Il y avait aussi 200 Belges, mais ils consentirent à faire le travail. Le lendemain matin, on nous fit partir au travail; nous refusâmes encore. Deux des soldats qui nous gardaient prirent leur fusil et menacèrent de tirer. Huit autres environ, qui n'étaient armés que de bâtons, nous frappèrent; nous nous défendîmes et nous les jetâmes dans le fossé. Trois autres allèrent rechercher leurs fusils et nous partîmes pour le travail. Arrivés là, nous refusâmes encore. On nous ramena au cantonnement et on nous fit placer debout, avec défense de bouger pendant toute la journée sans boire ni manger. Vers le soir, nous dûmes déclarer que nous consentirions à travailler et on nous donna de la soupe. Vingt-cinq d'entre nous tinrent encore bon jusqu'au lendemain; ils reçurent seulement une soupe le lendemain à midi. On les avait encore placés dans la même position toute la journée du lendemain. Au moindre geste de fatigue, nous recevions dès coups de crosse ou de bâton. J'en ai reçu pour mon compte.

Dès lors, nous avons été obligés de travailler à la pose de fils de fer, sous le bombardement allié. De Bois-Grenier on nous mena travailler à Pérenchies et à Armentières. Lorsque le bombardement était trop intense, nous essayions de nous sauver; mais on nous ramenait au travail à coups de bâton.

Après un séjour à Raimbeaucourt, où nous travaillions sur les routes, on nous fit de nouveau travailler aux fils de fer, à 2 kilomètres de Tournai. C'est de là que j'ai réussi à me sauver. Je suis rentré à Lille le 10 octobre, au moyen d'un faux passeport que je m'étais procuré. Je me suis ensuite caché, et j'ai pu ainsi ne pas être évacué.

Lecture faite, persiste et signe avec nous.

N° 35.

DÉPOSITION reçue, le 30 octobre 1918, à Lille, par M. le sous-lieutenant Dehesdin, substitut du rapporteur près le Conseil de guerre de la Mission française près l'Armée britannique.

Huyghe (Gentil), âgé de 42 ans, boucher-charcutier, demeurant à Lille, rue de Flandre, 31.

Serment prêté.

J'ai été enlevé une première fois le 26 avril 1916. Ma femme était alors malade et resta sans soutien. Après un voyage de douze heures dans des wagons à bestiaux, où nous étions mélangés, hommes, femmes et jeunes filles, on nous débarqua dans la région de Vervins. J'ai séjourné à Marly-sur-Oise et à Ligny, et je travaillais aux champs. Je fus rapatrié au bout de huit mois; pendant les sept premiers mois, je n'avais pu échanger aucune correspondance avec ma femme.

Je dus partir de nouveau le 14 juin 1917. Comme j'arrivais en retard à la gare, le capitaine Himmel marqua d'une croix ma convocation; je sus que c'était pour me diriger, avec

200 autres, sur un des plus mauvais camps, journellement bombardé. Je fus dirigé sur le camp de Palluel, dans la région de Douai.

A mon arrivée, comme je suis Flamand et que je comprends l'allemand, l'officier me proposa d'être caporal de baraque, c'est-à-dire de veiller au bon ordre et à la propreté de la cabane. J'acceptai d'abord; mais le lendemain, au moment de partir au travail, je lui demandai à quoi nous allions être employés. Il me répondit que c'était à faire des tranchées. « Dans ces conditions, lui dis-je, je ne veux pas être caporal », et je lui tendis le papier qu'il m'avait donné. « Au contraire, me dit-il, si vous êtes caporal, vous n'aurez pas à travailler, puisque vous commanderez aux autres ». — « Je trouve cela encore plus lâche » répondis-je, et je jetai le papier à terre. Alors il fit mine de me faire fusiller, tous les autres partirent et je restai seul. Vers 1 heure, 200 hommes qui avaient refusé de travailler aux tranchées, rentrèrent. On nous laissa au bout du camp, sans nourriture, sous la pluie, pendant deux jours et deux nuits. Alors 140 consentirent à travailler. Les 60 autres, dont j'étais, furent enfermés dans une baraque, au pain et à l'eau, pendant treize jours. Pendant ce temps, l'officier, dégoûté du métier qu'on lui faisait faire, avait été changé deux fois et certains soldats nous approuvaient. Ensuite vint un lieutenant nommé de Brandt. Les autres avaient été réduits successivement; on leur faisait décharger des bateaux. Je restai seul refusant de travailler pour les Allemands. De Brandt me fit déshabiller pour me faire passer une visite, et, comme je n'étais pas malade, ainsi que je le déclarais d'ailleurs, il me frappa à tour de bras sur la figure par six fois. On me fit passer un mois dans un hôpital de Russes, à Denain, puis on voulut me forcer de nouveau à travailler. Je résistais toujours : on me mit en cellule, pendant 21 jours, à un régime tellement dur que je ne pus résister plus longtemps. C'était à la prison de Douai, et l'officier qui commandait cette prison en octobre 1917 me fit, au bout de 10 jours, changer de cellule; je n'avais plus de couchette, pas de couvertures, on m'avait pris mon pardessus, je mourais de froid et de faim. J'ai consenti donc à travailler à une ligne de chemin de fer. Ensuite, au mois d'avril 1918, je fus envoyé à Vélu-Bertincourt, où je servis de cuisinier pour les prisonniers. Je me suis sauvé le 2 septembre 1918 et suis rentré à Lille le 6. Les prisonniers civils travaillaient au chargement et au déchargement des munitions.

Lecture faite, persiste et signe avec nous.

N° 36.

DÉCLARATION faite à la Commission d'enquête, le 9 février 1919, par Mlle DAPILLY (Claire), professeur au lycée de jeunes filles de Lille, actuellement en résidence à Paris, quai d'Orléans, n° 18.

A Monsieur le Président de la Commission instituée pour constater les actes commis par l'ennemi en violation du droit des gens.

9 février 1919.

Sous la foi du serment, je fais la déclaration suivante :

J'ai vécu à Lille, comme professeur au lycée de jeunes filles, les quatre années de l'occupation allemande, jusqu'à la date du 18 août 1918. Parmi les crimes allemands auxquels j'ai assisté, il en est de si universellement connus que mon témoignage n'a guère à y ajouter. Pour ce qui concerne les enlèvements de jeunes filles dans la semaine de Pâques, en avril 1916, je tiens seulement à rappeler que ce crime a été commis non seulement de sang-froid, mais à la grande satisfaction des exécuteurs. Ceux-ci se sont surtout appliqués à enlever des jeunes filles pourvues d'occupations à Lille : dactylographes, couturières, modistes, employées de commerce, etc. Même état d'esprit chez les médecins allemands qui, dans les villages où elles ont été déportées, ont soumis ces jeunes filles aux traitements les plus infâmes. Pendant huit ou neuf mois, elles ont dû exécuter, dans les conditions les plus malsaines, les travaux agricoles les plus rudes, sous la surveillance de soldats qui les frappaient brutalement. C'est seulement à la fin de juillet 1916 que les journaux allemands ont fait allusion à ce crime, sous forme d'articles intitulés : « Nouvelles calomnies françaises », articles contenant des dénégations indignées se terminant par ces mots : « Et tout ce bruit, parce que nous avons débarrassé Lille de quelques maritornes et de quelques prostituées ! »

J'ajoute les détails suivants : à des Français du Nord qui, en présence de ces crimes, manifestaient leur indignation, les Allemands répondaient par des formules variées, toutes dictées par l'autorité militaire : « C'est la guerre », ou bien : « Prenez-vous en aux Anglais » ; très souvent aussi, ils disaient : « Nous avons reçu ordre d'humilier la population française ».

Dans un village voisin de Roubaix, à Hempempont, deux soldats allemands, baïonnette au canon, se présentent un matin de l'été de 1916, à 6 heures, chez le plus grand industriel du pays et réclament, au nom de la Kommandantur, sa fille unique, âgée de vingt ans, pour l'emmener « travailler aux champs ». Les parents protestent, résistent. Mais toute lutte est inutile. La jeune fille doit partir, escortée des soldats. Elle est emmenée à 3 kilomètres dans la campagne, et là, réunie à d'autres jeunes filles, sous la surveillance de soldats armés de bâtons, elle est contrainte d'arracher des chardons jusqu'au soir. On lui accorde une heure de repos à midi pour déjeuner en plein champ avec ses compagnes. Ce traitement dure huit jours. Chaque matin, à 6 heures, les deux soldats viennent la prendre chez elle ; le soir, à 7 heures, ils l'y ramènent. Le huitième jour, ils l'informent que la Kommandantur lui rend sa liberté. Ce cas indique l'une des innombrables façons dont les Allemands se sont ingéniés à « humilier la population ». Souvent, le travail imposé n'était que le prétexte. Ce que l'autorité allemande voulait avant tout réaliser, c'était la mise en esclavage de toute une population. Dans de nombreux villages, ils ont pris les filles des notables, médecins, notaires, pharmaciens, pour exécuter, pendant de longs mois, les travaux les plus rudes et les plus grossiers. A Hem, entre Lille et Roubaix, un officier allemand est logé dans une famille bourgeoise, où il y a une jeune fille, jusque-là épargnée. L'officier s'empresse de dénoncer ce cas à la Kommandantur, et il réussit à faire envoyer la jeune fille travailler aux champs pendant quatre mois ; les cas de ce genre ont été innombrables.

Une autre série de faits prouve que les Allemands se sont proposé, pour mener à bonne fin leur « guerre économique », d'affaiblir et de détruire la race dans les territoires occupés. C'est à ce but qu'ont servi (outre les mesures savantes prises pour affamer les populations) les enlèvements périodiques de jeunes gens à partir de 14 ans et d'hommes jusqu'à 60 ans et au delà. Là encore, le travail infligé, et d'ailleurs épuisant, a été le prétexte. Il s'agissait avant tout de faire disparaître, par un ensemble de méthodes impitoyables, une grande partie de la population masculine du Nord. Je me contente de rappeler le dernier de ces enlèvements. Le 16 mai 1918, les journaux allemands qui parvenaient à Lille publiaient le texte de la convention de Berne, par laquelle l'Allemagne s'engageait à épargner la population civile dans les territoires occupés et à s'abstenir désormais de soumettre les jeunes gens aux travaux forcés. Deux jours plus tard, au grand désespoir de la ville de Lille, l'autorité allemande décrétait un crime nouveau. Plusieurs milliers de jeunes gens, écoliers surtout, étaient enlevés à leurs familles et expédiés pour travailler à quelques kilomètres du front. Les écoles étaient dépeuplées. Un grand nombre de ces jeunes gens ont péri, par la faim, par les mauvais traitements ; beaucoup ont été tués à quelques kilomètres du front.

La veille de mon départ de Lille, le 17 août dernier, j'ai eu entre les mains une lettre de faire-part envoyée par la municipalité d'Hellemmes et annonçant la mort accidentelle, à Wavrin, de neuf jeunes gens de seize à dix-huit ans, tués le même jour dans un bombardement. Ils avaient été enlevés à leurs familles quelques mois plus tôt.

J'ajoute que les journaux allemands, que j'ai lus régulièrement à Lille pendant quatre ans, ont non seulement nié ces crimes, sur lesquels ils étaient parfaitement renseignés — ils avaient tous des représentants et des correspondants attitrés dans les territoires occupés — mais de plus, ils ont constamment reproché aux populations martyres de la France du Nord l'ingratitude dont elles faisaient preuve vis-à-vis de l'Allemagne, qui leur apportait les bienfaits de la Kultur, que ces populations avait ignorés jusque-là. Des reproches de ce genre ont été répétés même par les journaux allemands les plus libéraux, tels que le *Berliner Tageblatt*.

Signé : C. DAPILLY.

Nos 37, 38, 39, 40, 41, 42, 43, 44, 45, 46, 47, 48, 49, 50.

DÉPOSITIONS reçues, le 3 mars 1919, à LILLE, par M. COUDÉ, président du Tribunal civil, agissant en exécution d'une commission rogatoire, en date du 4 décembre 1918, de la Commission instituée par décret du 23 septembre 1914.

LESTIENNE (Marie), servante de M. Désiré Leclercq, demeurant à Faches-Thumesnil (Nord), âgée de 46 ans.

Serment prêté.

Au commencement de mai de l'année dernière, mon patron, M. Leclercq, s'étant opposé à ce que des civils prennent de la paille chez lui, Hans Koserat, chef de culture de notre commune, nommé à ces fonctions par la Kommandantur, intervint et, sans autres explications, le terrassa, le frappant à coups de bâton sur le corps et principalement sur la tête, avec une brutalité telle qu'il le laissa bientôt pour mort. Dix jours après environ, M. Leclercq expirait, sans avoir pris aucune nourriture. M. le docteur Desnous, de Ronchin, lui donna ses soins, attribuant la mort aux violences causées par Koserat. Ce dernier terrorisait les habitants et était une véritable brute. Il habita notre commune pendant près d'un an.

Lecture faite, persiste et signe.

DELRUE (Jean Baptiste), cultivateur, demeurant à Faches-Thumesnil, âgé de 46 ans.

Serment prêté.

Au début de mai 1918, je fus chargé d'aller chercher de la paille chez Leclercq. Ce dernier, obsédé par les vexations allemandes, ne voulait la livrer qu'avec la permission du chef de culture nommé par la Kommandantur, Hans Koserat. J'allai donc le chercher. Koserat, à peine arrivé, se précipita, sans la moindre explication, sur Leclercq et lui brisa sa canne sur la tête, continuant de le frapper du tronçon à tour de bras, puis lui assénant coups de pied et coups de poing. Comme j'essayais de porter secours à Leclercq, Koserat se saisit d'une fourche et se lança contre moi, mais mon attitude énergique finit par lui imposer. Leclercq mourut quelques jours après.

Koserat était un voleur : il s'emparait des denrées et les revendait à des prix exorbitants. Il se livrait ensuite à des orgies avec la gendarmerie allemande, frappait à coups de bâton les femmes et les enfants. Il a ainsi terrorisé la population pendant son séjour d'une année à Faches.

Lecture faite, persiste et signe.

DELRUE (Albert), âgé de 16 ans et demi, ouvrier agricole, demeurant à Faches-Thumesnil.

Serment prêté.

Au début de mai 1918, j'allai avec mon père chez le cultivateur Leclercq, pour prendre de la paille, sur l'injonction de l'autorité allemande. Leclercq ayant exigé un bon de réquisition, Hans Koserat, chef de culture ennemi, qu'on était allé chercher, se précipita sur lui et le frappa à coups redoublés de son bâton; puis il lui donna des coups de poing et des coups de pied, alors qu'il était tombé évanoui. Mon père ayant voulu porter secours à Leclercq et la servante étant aussi intervenue, Koserat continua de frapper, pour toute réponse. Leclercq est mort de ses blessures quelques jours après.

Koserat poursuivait les femmes et les enfants de ses violences; pour le moindre grappillage, il les frappait à coups de bâton. Il était voleur et ivrogne.

Lecture faite, persiste et signe.

MONTAIGNE (Richard), âgé de 22 ans, journalier, demeurant à Faches-Thumesnil, rue Esquenvoise.

Serment prêté.

Le caporal allemand Hans Koserat nous envoya, au début de mai 1918, chercher de la paille chez le cultivateur Leclercq. Celui-ci ayant réclamé un bon de réquisition, nous dûmes faire intervenir Koserat qui, à peine arrivé, se mit à frapper Leclercq à coups de canne, notamment sur la tête; il le quitta pour poursuivre la servante qui demandait grâce, puis s'acharna sur Leclercq au point d'en casser sa canne en plusieurs morceaux et alors que Leclercq était déjà évanoui. J'ai su que celui-ci était mort quelques jours après.

Lecture faite, persiste et signe.

LEFEBVRE (Edmond), âgé de 53 ans, cultivateur, demeurant à Faches-Thumesnil, rue Kléber.

Serment prêté.

Je suis allé, en compagnie d'autres personnes, au début de mai 1918, pour prendre de la paille chez le cultivateur Leclercq. Hans Koserat, caporal allemand, qu'on était allé quérir pour faire exécuter cet ordre, se jeta, sans la moindre observation, sur ce vieillard déjà malade, le jeta par terre et le frappa à coups redoublés de son bâton. La servante et Delrue, ayant tenté d'intervenir, furent poursuivis avec fureur par Koserat, qui revint s'acharner sur sa victime; celle-ci mourut quelques jours après. Hans Koserat volait constamment les approvisionnements agricoles pour les revendre aux habitants à prix exagéré; il était vis-à-vis de tous d'une brutalité révoltante, frappait les ouvriers qui ne travaillaient pas assez vite à son gré. Il avait imaginé à cet effet de les piquer d'un aiguillon, comme on touche les bœufs.

Lecture faite, persiste et signe.

PLANCQ (Paul), âgé de 16 ans, journalier, demeurant à Faches-Thumesnil, rue de Templemars.

Serment prêté.

Je faisais partie de la bande agricole chargée par la Kommandantur d'aller prendre de la paille chez Leclercq. Comme celui-ci refusait de la livrer, à raison de l'absence de bon de réquisition, le caporal Koserat intervint, se jeta sur Leclercq et le frappa de son bâton jusqu'à le laisser pour mort. Celui-ci se remit à peine pendant quelques jours et décéda des suites de ses blessures.

Koserat était brutal, ivrogne et voleur; il a terrorisé la commune pendant un an, durée de son séjour à Faches.

Lecture faite, persiste et signé.

MERIAUX (Louis), âgé de 21 ans, ouvrier agricole, demeurant à Faches-Thumesnil, rue Carnot.

Serment prêté.

Je faisais partie du personnel qui avait reçu ordre de prendre de la paille chez Leclercq, cultivateur; ce pauvre homme, dont la raison défaillait et qui était resté très doux, voulut discuter un peu. Le caporal allemand Koserat, à qui on avait dû en référer, se précipita comme un furieux sur Leclercq et le frappa à coups de bâton jusqu'à le laisser évanoui; il l'acheva alors à coups de poing et à coups de pied, et je sais que Leclercq est mort quelques jours après. Koserat était d'ailleurs d'une brutalité révoltante avec tous, frappant sans raison femmes et enfants.

Lecture faite, persiste et signe.

DESTOMBES (Jeanne), femme VERRIEST, âgée de 32 ans, ménagère, demeurant à Faches-Thumesnil, rue Carnot, n° 155.

Serment prêté.

Au début de mai 1918, je passais devant la maison Leclercq, lorsque je vis le caporal Koserat battre ce malheureux. Il le frappait de son bâton à coups redoublés, s'acharnant sur lui chaque fois qu'il voulait se relever; une fois à terre et évanoui, il le frappa à coups de pied et à coups de poing. Leclercq était cependant inoffensif et sa raison était altérée. Koserat le savait, puisqu'il l'appelait le maboul. Cet Allemand était, du reste, un véritable sauvage. La veille du jour où je le vis ainsi s'acharner sur Leclercq, il avait, sous mes yeux, frappé à coups de bâton le jeune Delecroix, sous prétexte qu'il avait joué autour d'une voiture de paille; son bâton s'étant cassé, il avait recommencé avec un autre.

Leclercq est mort dix jours environ après la scène; j'ai aidé à son ensevelissement, et j'ai constaté qu'il portait au côté gauche du visage un énorme dépôt de sang coagulé. Le médecin nous affirma que ces brutalités avaient causé sa mort.

Lecture faite, persiste et signe.

MAHIEU (Florine), femme NONNON, âgée de 70 ans, sans profession, demeurant à Faches-Thumesnil, rue Carnot, n° 175.

Serment prêté.

Au début de mai de l'année dernière, j'ai été le témoin de la scène au cours de laquelle le caporal Koserat frappa, avec une brutalité révoltante et sans raison, mon voisin, le cultivateur Leclercq, qui était un homme doux et inoffensif. J'ai aidé à l'ensevelissement de Leclercq, qui mourut quelque dix jours après, ainsi que le médecin nous l'affirma, des suites de ses blessures; du reste, il portait au côté gauche du visage un énorme dépôt de sang coagulé et n'avait pris aucune nourriture depuis qu'il avait été l'objet de ces violences. Hans Koserat était un véritable bandit; il était la frayeur de tout le village, battant femmes et enfants sous le moindre prétexte.

Lecture faite, persiste et signe.

NAESSENS (Sophie), femme GRATEPANCHE, âgée de 33 ans, ménagère, demeurant à Faches-Thumesnil, rue Carnot.

Serment prêté.

J'étais la voisine du cultivateur Leclercq. Vers la fin d'avril ou le début de mai de l'année dernière, comme je sortais de la maison pour m'enquérir d'un bruit que j'avais entendu, je vis le caporal allemand Koserat s'acharner sur Leclercq, le frappant de son bâton jusqu'à ce que celui-ci se brisât. La bonne de Leclercq s'était mise à genoux pour demander grâce et les autres personnes présentes se joignaient à elle; mais ces interventions redoublaient la fureur de Koserat. Je vis, quelques jours après, Leclercq sur son lit de mort, et il n'est pas douteux pour moi qu'il soit décédé des suites de ses blessures.

Ce caporal était une véritable brute; je l'ai vu frapper violemment de sa canne mon jeune neveu, Henri Naessens, âgé de 12 ans, uniquement parce qu'il le suivait; mon neveu a longtemps ressenti ces coups.

Lecture faite, persiste et signe.

HARDEMAN (Lucie), âgée de 60 ans, ménagère, demeurant à Faches-Thumesnil, rue Carnot.

Serment prêté.

Vers la fin d'avril ou le début de mai 1918, j'ai été le témoin des violences commises par le caporal allemand Koserat sur Leclercq. Koserat l'avait jeté sur le fumier et le battait des débris de son bâton qu'il lui avait cassé sur la tête; on dut transporter Leclercq évanoui sur son lit; il ne prit plus aucune nourriture et mourut quelques jours après. Il était inoffensif et n'a pu, en aucune manière, provoquer Koserat, qui, d'ailleurs, était la terreur du village.

Lecture faite, persiste et déclare ne savoir signer.

CHOQUET (Marie), veuve NONNON, âgé de 51 ans, cultivatrice, demeurant à Faches-Thumesnil, rue Carnot.

Serment prêté.

Vers le début de mai 1918, j'ai été, comme beaucoup d'autres, témoin des violences exercées par Koserat sur Leclercq. Je suis arrivée au moment où Koserat tenait sous lui ce pauvre vieillard, en le frappant à coups redoublés de son bâton. Aucune intervention ne put venir à bout de ce forcené; on dut porter Leclercq sur son lit, et il ne prit plus aucune nourriture; il est mort manifestement de ses blessures.

Lecture faite, persiste et signe.

6.

DÉCONINCK (Lisa), femme DELECROIX, âgée de 26 ans, demeurant à Faches-Thumesnil, rue Carnot, n° 208, cultivatrice.

Serment prêté.

Je passais vis-à-vis de la maison de Leclercq, au début de mai 1918, lorsque Koserat le frappait ; je l'ai vu casser à trois reprises son bâton sur la tête de Leclercq, qui était un homme très doux et n'avait pu le provoquer ; il est de notoriété publique que ce dernier est mort de ses blessures.

Koserat était d'ailleurs brutal avec tous ; je l'ai vu, sous prétexte que mon frère, Louis Delecroix, âgé de 6 ans, avait grappillé un peu de blé, se saisir de lui, le faire entrer dans une salle et le frapper de son bâton à tour de bras ; cet enfant en a été malade pendant plusieurs jours.

Lecture faite, persiste et déclare ne savoir signer.

———

DELECROIX (Héloïse), âgée de 46 ans, ménagère, demeurant à Faches-Thumesnil, rue d'Haubourdin.

Serment prêté.

Je passais vis-à-vis de la maison de Leclercq au moment où, au début de mai 1918, il était l'objet des brutalités de Koserat. Malgré les supplications de ce vieillard, Koserat s'acharnait sur lui ; chaque fois que Leclercq tentait de se relever, l'Allemand l'abattait de sa trique ; il ne put prendre aucune nourriture pendant dix jours, et il est certain que ses blessures ont causé sa mort.

Mon fils, âgé de 6 ans, ayant grappillé un peu de seigle, Koserat l'enferma et lui asséna de violents coups de bâton ; ce jeune enfant s'en ressentit pendant plusieurs semaines.

Lecture faite, persiste et déclare ne savoir signer.

———

N⁰ˢ 51, 52.

LETTRE de M. THELLIER DE PONCHEVILLE, brasseur à Lens, demeurant à La Madeleine (Nord), 188, rue de Lille, à M. le Président de la Commission d'enquête.

La Madeleine-lez-Lille, le 24 février 1919.

MONSIEUR LE PRÉSIDENT,

J'ai l'honneur de vous adresser ci-joint mon rapport sur les faits que j'ai constatés en pays occupé, à la suite d'une condamnation dont j'ai été arbitrairement l'objet de la part des autorités allemandes : je crois qu'ils sont de nature à intéresser la Commission d'enquête.

Je vous transmets officiellement les déclarations qui sont contenues dans ce rapport et j'en affirme sous serment la sincérité et l'exactitude.

Veuillez agréer, Monsieur le Président, l'expression de ma respectueuse considération.

Signé : Maurice THELLIER DE PONCHEVILLE.

DÉCLARATION écrite de M. THELLIER DE PONCHEVILLE.

LES BAGNES ALLEMANDS DANS LE NORD DE LA FRANCE.

Le 16 octobre 1917, je fus condamné à six mois de prison par le Conseil de guerre de Lille.

Le motif invoqué pour ma condamnation (corruption de chauffeur) fut inventé parce qu'une inculpation d'espionnage, qui motiva une première fois mon arrestation, le 15 août, ne put être prouvée.

Il me fut impossible de me défendre : on me refusa un avocat; les témoins furent interrogés avant mon entrée dans la salle du Conseil; je ne connus pas leurs dépositions; le Conseil refusa de me confronter avec le chauffeur que j'étais accusé d'avoir corrompu.

Le président du Conseil de guerre défendit à l'interprète de me traduire la déposition d'un détective de la police de sûreté, qui vint longuement déposer ; je sus plus tard qu'il avait affirmé que j'étais à la tête d'une « bande noire », et que j'avais préparé mon évasion pour la France.

Je fus arrêté avant le prononcé du jugement, envoyé à la prison de Loos, où, par deux fois, le pasteur Cock vint me demander de dénoncer un de mes compatriotes, me promettant en échange la liberté. Devant mon refus formel, on jugea que la prison de Loos était trop douce pour moi, et je fus envoyé, le 3 novembre, au bagne de Condé et ensuite à celui de Maulde.

C'est vraiment le bagne que je connus; je veux en montrer les principaux aspects, en apportant seulement les faits que je peux prouver.

Les prisonniers se levaient à trois heures et demie du matin, en plein hiver, et travaillaient jusqu'à huit heures du soir, sans avoir le droit de se reposer un seul instant sur leur paillasse, même le dimanche, sans pouvoir adresser la parole à leurs voisins, sous peine d'aller au « cabanon ».

La plupart des prisonniers travaillaient debout; quand l'un d'eux tombait en syncope, d'épuisement ou de faiblesse, on poussait son corps dans un coin, on attendait ou qu'il mourût pour l'emporter, ou qu'il revînt à lui pour l'obliger à reprendre le travail, toujours debout. S'il ne pouvait faire la quantité d'ouvrage imposée, il était privé de toute nourriture, ou bien on l'enfermait trois jours dans le cabanon, cellule obscure et froide, avec un peu de pain sec et d'eau pour toute nourriture.

Le régime normal des prisonniers était de 225 grammes environ de pain par jour, un peu d'eau chaude à midi et le soir (dans cette eau chaude nageait quelquefois un morceau de chou), et enfin les six biscuits de soldat que le gouvernement français nous envoyait, ce qui constituait notre principale alimentation.

Mais, huit jours après mon arrivée à Condé, ces biscuits furent supprimés; nos gardiens s'en emparèrent pour les expédier chez eux, et lorsque le général inspecteur (allemand) venait à la prison, nos voleurs lui soumettaient l'affiche, étalée cyniquement sous nos yeux, indiquant notre ration journalière et sur laquelle étaient ostensiblement inscrits les six biscuits qu'ils nous volaient.

Après trois semaines de ce régime, nous ressemblions à de véritables cadavres. A la promenade obligatoire dans la cour, à cinq mètres l'un derrière l'autre, nos jambes enflées avaient peine à nous porter, et nous étions si affamés qu'en passant près d'un tas de fumier, nous nous efforcions de dérober un trognon de chou ou des pelures de pomme de terre, au risque de nous faire punir par nos gardiens; car ils nous punissaient pour tout et pour rien.

Quand il commença à faire bien froid, ils nous retirèrent nos pardessus, et lorsque, le soir, nous sortions d'une salle surchauffée (nos surveillants aimaient la chaleur), ils se plaisaient à nous faire stationner un temps très long dans la cour, sous la pluie, sous la neige, et grelottant de froid, défaillant de faim, nous avions à peine la force de rentrer dans nos cellules glacées, où l'humidité suintant le long des murs mouillait littéralement notre maigre paillasse de copeaux. Et si, ayant trop froid pendant cette station dans la cour ou à la promenade, l'un d'entre nous mettait les mains dans les poches, il recevait des coups de cravache et, en cas de récidive, était puni.

Presque tous les prisonniers devinrent bientôt malades : la dysenterie, la fièvre, les jambes enflées étaient notre lot commun ; il n'y avait que dix places à l'infirmerie, et il fallait souvent attendre qu'un malade mourût pour y entrer. Du reste, on n'y recevait aucun soin, aucun médicament autre que, de temps en temps, une pastille d'aspirine, et un moribond n'attirait pas davantage l'attention du médecin qui venait parfois nous voir, mais qui n'osait jamais nous approcher, de crainte d'attraper la vermine dont nous étions couverts. On refusait de faire passer à la désinfection les réformés qui arrivaient de Sedan remplis de poux ; j'eus souvent près de moi de ces malheureux, et mes protestations et leurs plaintes faisaient ricaner le caporal de garde.

La nourriture était la même que celle des prisonniers. Si nous n'étions plus en état de la supporter, nous en étions réduits à mourir de faim. A moi-même, le docteur dut interdire le régime de la prison, qui me fut supprimé. Il m'accorda l'autorisation de prendre dans mon « bagage » une boîte de lait et un peu de riz qui s'y trouvaient ; mais, malgré cette autorisation, le capitaine commandant la prison refusa de modifier le règlement, qui défendait aux prisonniers de toucher la moindre victuaille en dehors du régime, et je ne pus entrer en possession de mes vivres. Je serais donc littéralement mort de faim sans M. Célestin Cordonnier, alors directeur du ravitaillement à Condé, qui, avec un dévouement sans bornes, et malgré tous les risques qu'il courait, sut à plusieurs reprises me faire parvenir en cachette quelques provisions qui me sauvèrent la vie et améliorèrent le sort, pendant un moment, de mes malheureux compagnons d'infirmerie.

Aucun soin d'hygiène n'était possible. A Maulde, un seul seau d'eau servait chaque jour de lavabo dans la cellule où nous étions près de quarante, et pendant la gelée, les prisonniers n'avaient pour se laver qu'un peu de neige ramassée le matin dans la cour, en se rendant au travail. Ce même et unique seau nous servait aussi de water-closet, et, par respect pour le lecteur, je n'ose dépeindre l'intérieur de nos cellules ; les plus malpropres animaux n'auraient pu y vivre.

Un grand nombre d'entre nous y sont morts ; cela n'émouvait pas nos bourreaux, à qui pourtant la mort enlevait des travailleurs. Je tiens à préciser un fait personnel, qui eut tous mes compagnons pour témoins :

C'était le 15 décembre 1917 ; je venais d'arriver de l'infirmerie de Condé dans le fort de Maulde, où je me trouvais avec près de 41° de fièvre, sans soins, à peine vêtu (on avait refusé de me rendre mon pardessus et ma couverture), grelottant de froid sur une paillasse mouillée. Je réclamai au caporal un médecin. Il se mit à ricaner comme d'habitude, en me disant : « A Maulde, il n'y a pas de médecin ». Et ces barbares, qui invoquent Dieu constamment, me refusèrent aussi un prêtre (car un prêtre, même allemand, n'entrait jamais dans ces bagnes), en me disant, d'un air qui voulait être spirituel : « Vous n'êtes pas ici pour votre plaisir ! » Mais j'avais pu, dans le trajet de Condé à Maulde, prendre dans mon bagage une boîte de cachets de quinine, apportée de Lille ; sentant le délire me gagner, j'en absorbai trois ou quatre avec l'aide d'un dévoué compagnon, et cela me sauva cette nuit-là ; dans la soirée, l'infirmier vint prendre ma température et, constatant qu'elle était baissée, de rage il brisa les cachets qui restaient et en jeta le contenu.

Et voici un exemple entre tous de la façon raffinée dont ils s'ingéniaient à faire souffrir les prisonniers. Un certain nombre d'entre eux, affaiblis et malades, avaient obtenu du docteur un billet les autorisant à quitter un instant le travail, quand ils devaient se rendre à la cour; mais les caporaux, quand il leur en prenait la fantaisie, n'en tenaient aucun compte et opposaient un refus formel aux demandes de ces malheureux; ceux-ci en étaient réduits à se servir, en cachette, de leurs sabots, qu'ils vidaient par la fenêtre lorsque le caporal avait le dos tourné. Mais un jour, l'un d'entre eux fut surpris, envoyé au cabanon, et la surveillance redoubla. Les brutes qui nous gardaient se réjouissaient en voyant les souffrances de ceux qu'ils martyrisaient à leur manière. L'un d'entre nous, Malbranque, âgé de 65 ans, se tordant dans une crise de souffrances terribles, se mit un matin à genoux devant le caporal, le suppliant en sanglotant de le laisser sortir, et, devant l'impassibilité de ce barbare que rien n'émouvait, il s'écria en découvrant sa poitrine : « Prenez votre revolver et tuez-moi; je souffre trop, j'aime mieux mourir ». Et pour toute réponse, cette brute, décorée de la croix de guerre, le fit enfermer au cabanon où, jour et nuit, il hurla de douleur, ne cessant, en vain, d'appeler le médecin. Quelque temps après, ce malheureux vint à l'hôpital militaire de Tournai, où je venais d'arriver moi-même : le chirurgien dut l'opérer d'urgence; quand j'ai quitté l'hôpital, il était bien près de mourir, et, en tous cas, il devait rester estropié pour toujours. D'autres sont venus m'y rejoindre aussi : Destrebeck, devenu fou à la suite des privations et des mauvais traitements; Quierchon, que j'avais connu solide et fort deux mois avant et qui, le lendemain de son arrivée à l'hôpital, s'éteignit dans mes bras comme une lampe sans huile; son corps effrayant de maigreur, sa peau collée et rentrant entre les côtes, sa face osseuse, le faisaient ressembler à une momie. Et combien d'autres encore que je n'ai pas la place de citer !

Étant à l'hôpital de Tournai, j'ai raconté tous ces faits à Mlle Derely, femme du capitaine aux zouaves pontificaux, et à Mme Dumont-Mesdac, présidente de la Croix-Rouge. Ce récit, que j'avais promis à mes malheureux compagnons de faire dès que je le pourrais, eut lieu dans le bureau et en présence du directeur de l'hôpital, le professeur Schloesser, docteur bavarois de la 6e armée, et, après enquête, il fut obligé d'en reconnaître l'exactitude.

La liste serait longue à dresser des malheureux qui ont laissé leur vie ou leur santé dans ces bagnes ! Mais l'acte d'accusation sera terrible le jour où les bourreaux seront jugés, et j'espère ardemment que le Président Wilson, ce grand apôtre de la vérité et de la justice, comprendra que la pitié ne peut excuser de tels crimes, et qu'il se joindra aux Alliés pour demander la punition des coupables.

Signé : Maurice THELLIER DE PONCHEVILLE.

N° 53.

DÉPOSITION reçue, le 27 octobre 1918, à Lille, par la Commission d'enquête.

VILLERVAL (Pierre), âgé de 32 ans, secrétaire général de la mairie de Tourcoing.

Je jure de dire la vérité.

En avril 1916, le samedi de Pâques, de nombreuses femmes et jeunes filles de Tourcoing, appartenant à toutes les classes sociales, ont été ravies à leurs familles de la façon la plus révoltante. Les rues étaient gardées par des soldats, baïonnette au canon, et, vers deux heures du matin, l'opération a commencé. Je sais par des déclarations dignes de foi que la plupart des personnes enlevées ont été soumises à la visite médicale.

6...

Le 31 mai 1917, c'est-à-dire environ six mois après leur retour, à la suite du refus opposé par le maire, M. le sénateur Dron, à la demande qui lui avait été faite par l'autorité allemande d'en désigner un certain nombre pour être interrogées, la Kommandantur a fait la désignation elle-même, et soixante d'entre elles ont été invitées à comparaître le lendemain, à dix heures du matin, à l'hôtel de ville, salle du Conseil municipal. Le maire, plusieurs notables et moi-même avons reçu l'ordre d'assister aux interrogatoires auxquels a procédé le commandant Freiherr von Tessin, assisté du capitaine de gendarmerie Burkstummer. Ceux-ci ont posé quatre questions principales, auxquelles il a été répondu avec beaucoup de fermeté; puis ils ont invité les femmes à se retirer et à revenir à quatre heures. Ils nous ont alors requis, le maire et moi, de signer le procès-verbal de la réunion, ce que nous avons formellement refusé de faire.

Quand les personnes interrogées sont revenues, on leur a également demandé leurs signatures, et sur leur refus, quarante-sept d'entre elles ont été maltraitées en ma présence par les policiers allemands, qu'on avait appelés, au nombre de trente, avec des chiens, pour conduire ces femmes en prison.

Après lecture, le témoin a signé avec nous.

N° 54.

DÉPOSITION reçue, le 27 octobre 1918, à Lille, par la Commission d'enquête.

Angèle HOLVOET, femme VANDENBOGAERDE, âgée de 37 ans, sans profession, à Tourcoing, rue des Broudains, 137.

Je jure de dire la vérité.

Dans la nuit du 22 au 23 avril 1916, j'ai été prévenue à deux heures du matin qu'un officier passerait chez moi à cinq heures et que j'aurais à partir avec mon mari et ma sœur. Effectivement, à l'heure fixée, un officier s'est présenté et a dit : « Il me faut trois personnes ». Immédiatement nous avons été conduits dans une fabrique dont le sol était couvert de fumier, et nous y sommes restés jusqu'au lendemain à six heures du soir, avec un millier d'autres personnes. On nous a ensuite emmenés, mon mari et moi, dans un train de bestiaux, tandis que ma sœur, reconnue malade, était renvoyée à la maison. Après dix-huit heures de chemin de fer, dans un wagon non garni de bancs, nous avons dû faire 8 kilomètres à pied, et nous avons été consignés à Saint-Lambert (Ardennes), dans une maison détériorée par les bombardements et démunie de portes, de fenêtres et de toiture. Pendant six semaines, nous y avons demeuré, couchant sur la paille, puis nous avons trouvé un asile un peu plus confortable. Pendant mon séjour à Saint-Lambert, à différentes reprises j'ai eu à me défendre contre les entreprises des soldats qui, me croyant seule, pénétraient nuitamment dans notre chambre.

Le 1er juin 1917, avec 59 femmes et jeunes filles revenues après une captivité dans les Ardennes, j'ai été appelée à la mairie de Tourcoing, pour répondre devant des officiers allemands à quatre questions posées dans les termes suivants :

1° Quelques-unes d'entre vous sont-elles revenues folles dans leur pays?

2° Avez-vous été astreintes à des travaux contraires à votre conscience?

3° Avez-vous subi de mauvais traitements?

4° Y a t-il des jeunes filles qui, parties bien portantes, soient revenues malades?

Plusieurs d'entre nous ont répondu affirmativement aux trois dernières questions; puis le commandant nous a dit de nous retirer et de revenir à quatre heures.

A notre retour, on nous a présenté une feuille blanche et on nous a invitées à la signer. Sur notre refus, le commandant est entré dans une violente colère et nous a menacées de la prison. Quelques instants après arrivaient des policiers armés de revolvers et accompagnés de gros chiens. Treize femmes terrorisées ont alors consenti à donner leur signature. Les autres, au nombre desquelles j'étais, ont été maltraitées et conduites dans le sous-sol d'une fabrique pour y rester pendant quinze jours privées d'air et de lumière et dans l'impossibilité de sortir sous aucun prétexte, même pour satisfaire un besoin naturel.

On nous avait pourtant assuré que nous pouvions parler en toute indépendance et que nous ne serions pas inquiétées à raison des déclarations que nous jugerions à propos de faire.

Après lecture, le témoin a signé avec nous.

N°s 55, 56.

DÉPOSITIONS reçues, le 27 octobre 1918, à LILLE, par la Commission d'enquête.

CHRISTICANCE (Alphonsine), âgée de 28 ans, demeurant à Tourcoing, rue de Latte, 132.
Je jure de dire la vérité.

Enlevée par les Allemands dans la nuit du 22 au 23 avril 1916, et transférée à Voncq (Ardennes), j'ai dû, comme toutes mes compagnes, au nombre d'une centaine environ, subir une visite médicale en passant à Thilay. Plusieurs jeunes filles qui, affolées, avaient essayé de se sauver pour échapper à cette mesure humiliante, ont été brutalement maltraitées.

Plusieurs fois j'ai eu à résister aux entreprises malhonnêtes des officiers et des soldats. Une fois même, avec quatre amies, nous avons dû nous sauver en chemise et pieds nus pour chercher du secours à la Kommandantur.

Après lecture, le témoin a signé avec nous.

DUVILLIER (Célina), âgée de 23 ans, demeurant à Tourcoing, 40, rue Saint-Joseph.
Je jure de dire la vérité.

A Clavy (Ardennes), où j'ai été conduite après la rafle du mois d'avril 1916, plusieurs fois des militaires allemands m'ont fait, ainsi qu'à mes compagnes, des propositions malhonnêtes. Une fois, notamment, deux officiers ont pénétré dans la chambre que j'occupais avec quatre jeunes filles, et après nous avoir proposé de l'argent, ont essayé d'arracher nos couvertures. Nous avons dû demander du secours. Une de mes amies est allée appeler des soldats d'un certain âge qui se trouvaient à l'étage inférieur, et, en voyant monter leurs hommes qui, les reconnaissant, prirent aussitôt une attitude respectueuse, les deux chefs se retirèrent.

Après lecture, le témoin a signé avec nous.

N° 57.

DÉPOSITION reçue, le 14 novembre 1918, à Paris, par la Commission d'enquête.

Dewisme (Paul), âgé de 36 ans, notaire à Tourcoing (Nord).

Je jure de dire la vérité.

Ayant été mobilisé au début de la guerre, je ne me suis pas trouvé à Tourcoing pendant l'occupation allemande ; mais je m'y suis rendu depuis, pour procéder à une enquête, en ma qualité de secrétaire général de l'Association centrale pour la reprise de l'activité industrielle dans les régions envahies.

A Tourcoing, la totalité des usines a été pillée. Tout y a été rendu inutilisable, soit par la suppression de la force motrice, soit par l'enlèvement des courroies. Les Allemands ont brisé ou emporté les trois cinquièmes du matériel et volé toutes les matières premières, notamment un stock énorme de laines. Chez MM. Motte frères, ils ont complètement détérioré la filature de coton, en présence de M. Paul Motte, l'un des associés en nom collectif.

Ils répétaient d'ailleurs souvent qu'ils faisaient une guerre économique.

Près de 6.000 jeunes gens, parmi lesquels se trouvaient jusqu'à des enfants de 15 ans, ont été enlevés au début du mois d'octobre dernier.

En 1917, l'autorité militaire a requis tous les matelas. Elle a exigé notamment la remise de l'unique matelas qui restait à Mme Lorthiois, demeurant rue de Lille, une femme de 74 ans, malade et infirme.

Une de mes cousines a été arrêtée parce qu'on avait trouvé sur un individu qui forçait les lignes, pour faire passer le courrier ou chercher des denrées, une lettre d'elle. Malgré les supplications de son père, qui offrait de payer les amendes les plus élevées, on l'a laissée en prison pendant dix jours, en compagnie des filles publiques. Le père, qui était souffrant, a vu son état s'aggraver à la suite des émotions que lui avait causées l'arrestation de son enfant, et il est mort dans l'année. La jeune fille est entrée au couvent.

La ville a été indignement pillée et saccagée au moment où les troupes allemandes allaient la quitter. J'ai trouvé ma maison dans un état indescriptible. Tout y était brisé et volé. Heureusement, les minutes de mon étude, qui étaient déposées dans un bâtiment séparé, sont intactes.

Après lecture, le témoin a signé avec nous.

N° 58.

DÉPOSITION reçue, le 8 novembre 1918, à Seclin (Nord), par la Commission d'enquête.

Morez (Damas), âgé de 34 ans, employé à la distillerie de la Société anonyme des alcools Delaune.

Je jure de dire la vérité.

Vous venez de constater les dégâts importants qui ont été causés à notre usine par l'ennemi. En 1915 et 1916, les matières premières ont été réquisitionnées, et, en 1917, l'établissement a été saccagé. Dans les magasins à alcools, tous les bacs ont été enlevés et chargés sur wagons, au cours de l'été dernier ; dans la distillerie, les appareils à rectifier, qui étaient en cuivre, ont été emportés. Les Allemands ont pris également tous les filtres-presses, trois appareils sécheurs et une machine à vapeur. De la raffinerie de sels, il ne subsiste que les murs ; les chaudières sont restées intactes, mais la tuyauterie en a été enlevée. En résumé, l'usine a été à peu près vidée. Elle est à remonter complètement.

La filature Duriez, la sucrerie Desmazières ont été détruites par les Allemands au moment de leur retraite. L'usine Collette a été traitée comme la nôtre.

Le clocher de l'église a été dynamité après l'évacuation de la population, qui a eu lieu à partir du 1ᵉʳ octobre. Il en a été de même pour les villas de la rue d'Arras et pour celles de la rue de l'Hospice. Le château de Mᵐᵉ Delaune mère a été détruit par explosion. La maison et l'étude du notaire, où s'était installée la Kommandantur, ont subi le même sort. La mairie a été incendiée ; on a trouvé dans les ruines des bouts de torches et de longs tubes ayant contenu des matières inflammables.

L'exécution de l'ordre d'évacuation des habitants a été suivie du pillage général. Tous les coffres-forts ont été défoncés.

Le 3 octobre, date à laquelle j'ai été évacué, toutes les maisons actuellement détruites, ainsi que l'église, étaient encore debout.

J'ajoute que la maison de M. Leclercq, voisine de celle du notaire, a pris feu le 21 octobre, surlendemain de mon retour. On a entendu d'abord une détonation, puis comme un bruissement de fusée, et les flammes se sont élevées aussitôt. Il y avait sûrement là un engin à action retardée.

Après lecture, le témoin a signé avec nous.

N° 59.

DÉPOSITION reçue, le 8 novembre 1918, à Seclin (Nord), par la Commission d'enquête.

Facomprez (Rosalie), femme Demay, âgée de 47 ans, concierge de la distillerie Collette, à Seclin.

Je jure de dire la vérité.

Comme vous venez de le voir, l'usine a été ravagée par les Allemands. Les dégâts ont été faits en deux fois, sous le commandement d'officiers, par des soldats que des habitants ont été contraints à aider dans leur œuvre de destruction.

En 1916, ils sont venus enlever tout le cuivre ; puis dans l'hiver de 1917, ils ont brisé tout le matériel et les machines, et en ont emporté les débris.

Avant de quitter le pays, l'ennemi a fait sauter le clocher de l'église et tous les châteaux, sauf un seul.

Après lecture, le témoin a signé avec nous et avec M. Desoutter (Émile), âgé de 54 ans, ouvrier de l'usine, lequel, serment prêté, a confirmé de tous points la déposition ci-dessus.

N° 60.

NOTE remise, le 7 novembre 1918, à la Commission d'enquête, par M. Théodore, conservateur des Musées du Palais des Beaux-Arts de la ville de LILLE.

Lille, le 7 novembre 1918.

PALAIS DES BEAUX-ARTS.

———

ADMINISTRATION
DES MUSÉES.

L'ancienne église collégiale de Seclin (Nord), construite sur le tombeau de saint Piat, apôtre des Gaules, dont l'élévation des reliques fut faite par saint Éloi, est un des monuments les plus remarquables de tout l'arrondissement de Lille, non seulement par les multiples souvenirs historiques qui s'y rattachent, mais encore par sa valeur archéologique et architecturale.

L'ensemble de l'édifice remonte au XIIIᵉ siècle ; la crypte située sous le chœur, appartenant à une époque très reculée, renferme le tombeau de saint Piat, classé au nombre des monuments historiques par arrêté ministériel du 29 décembre 1906. La dalle gravée recouvrant ce tombeau constitue un superbe spécimen de l'art des tombiers de l'école tournaisienne du début du XIIIᵉ siècle.

Dans la nuit du 16 au 17 octobre 1918, les Allemands ont fait sauter à la dynamite, sans utilité militaire, la tour de cette église, datant de 1531, et qui s'est écroulée en un monceau de ruines, entraînant avec elle la presque totalité de la façade, ruinant les orgues, deux travées de la nef côté sud, ainsi que la toiture de la partie antérieure de l'église.

Toutes les cloches, parmi lesquelles s'en trouvaient quatre datées de 1596 et 1597, précieuses pour les études campanographiques de ce pays, avaient été enlevées par les Allemands.

Il convient de signaler cet acte de pur vandalisme, car l'église de Seclin était bien connue des artistes et érudits de France et de l'étranger.

Mgr Dehaisnes a consacré à ce monument une notice archéologique parue en 1878 ; le même auteur en fait remarquer tout l'intérêt dans ses ouvrages très réputés qui ont pour titre : *Histoire de l'Art dans la Flandre, l'Artois et le Hainaut* (Lille, Danel, 1886); — *Le Nord monumental et artistique* (Lille, Danel, 1897).

Les Allemands ont voulu faire sauter également l'hôpital de Seclin, charmante construction de la Renaissance flamande. Ce n'est que grâce à l'énergique attitude de l'économe de l'établissement, M. François Lesaffre, qui a formellement refusé d'évacuer les malades et les vieillards que contenait l'hôpital, comme il en était sommé par l'ennemi, que le dynamitage de cet édifice a pu être évité.

Cette note est fournie par le soussigné, qui s'est rendu à Seclin le 29 octobre 1918, a constaté les dégâts, a recueilli les renseignements sur le dynamitage de l'église et la menace de destruction de l'hôpital de la bouche même de M. Guillemaud, maire de Seclin, de M. l'abbé Prouvost, aumônier de l'hôpital, et de M. Lesaffre, économe du même établissement.

Signé : Em. THÉODORE,
Conservateur des Musées du Palais des Beaux-Arts de Lille,
Membre et ancien secrétaire
de la Commission historique du département du Nord.

N° 61.

DÉPOSITION reçue, le 26 octobre 1918, à Douai, par la Commission d'enquête.

Boittelle (Victor-Napoléon), âgé de 33 ans, lieutenant à la Mission militaire française, 1re armée britannique.

Je jure de dire la vérité.

Les Allemands ont quitté Douai le 18 courant, vers 3 heures du soir. J'y suis entré un des premiers le lendemain, à 10 heures du matin, avec la gendarmerie française, la prévôté anglaise et le commandant d'armes anglais.

J'ai trouvé la ville abominablement pillée, dans l'état où vous la voyez aujourd'hui. Plusieurs incendies avaient été allumés par l'ennemi. J'en ai vu qui fumaient encore. C'étaient des incendies volontaires, car les Anglais n'ont tiré que sur la gare, et le feu a pris dans des quartiers éloignés du chemin de fer, notamment rue de Paris. Depuis l'évacuation des civils, les aviateurs ont constaté de nombreux feux de maisons. Il n'y a aucun doute que les pillages et les incendies aient été l'œuvre des Allemands, car la ville de Douai a été consignée aux troupes britanniques. Elles n'y sont pas entrées. Il n'y a ici que des ouvriers, des pompiers, des policiers, qui d'ailleurs y sont arrivés après moi. Dans une des communes que j'ai visitées, à Denain si je ne me trompe, il m'a été affirmé que des pionniers étaient revenus après la déclaration de M. Clemenceau et du Président Wilson, pour enlever les mines qui avaient été placées dans les maisons au moment du départ des Allemands, et qu'ils avaient dit agir par ordre.

A Douai, pendant la première semaine de la libération, on a constaté chaque nuit des incendies, invariablement allumés sous le toit et par le derrière des maisons. Des brûlots à retardement y avaient été évidemment disposés.

La maison de mon oncle, M. Charles Bertin, maire de Douai, a été pillée comme toutes les autres. Je l'ai fermée dès mon arrivée. Elle est donc actuellement encore dans l'état où les Allemands l'ont laissée. Les pillards avaient agi avec discernement. Des gravures anciennes étaient dans des cadres anciens, et des tableaux anciens dans des cadres modernes. Les Allemands ont pris les gravures et les cadres anciens, et laissé les objets modernes.

Après lecture, le témoin a signé avec nous.

N° 62.

DÉPOSITION reçue, le 8 novembre 1918, à Douai. par la Commission d'enquête.

De Warenghien (Amaury), âgé de 67 ans, ancien bâtonnier de l'Ordre des Avocats près la Cour de Douai, membre du Conseil de l'Ordre et présentement de la Commission provisoire municipale.

Je jure de dire la vérité.

Je suis resté à Douai pendant toute la durée de l'occupation et je n'en suis parti que le 4 septembre dernier, sur l'ordre exprès de l'autorité allemande. J'ai été transféré en bateau à Saint-Amand-les-Eaux, avec Mme de Warenghien, qui est présidente de la Croix-Rouge de Douai. Le voyage dura trois jours et fut particulièrement pénible. Aussitôt que les Allemands durent battre en retraite, ils bombardèrent Saint-Amand avec violence et tuèrent un certain nombre de personnes, parmi lesquelles des infirmes et des malades.

Cependant, ils se livraient au pillage systématique de notre ville. Déjà, pendant les trois journées de notre voyage, nous avions dû stationner à plusieurs reprises pour laisser passer les trains de bateaux chargés de nos mobiliers. Dans l'organisation du pillage, deux méthodes furent employées : tantôt les meubles, objets d'art, peintures, portraits de famille, porcelaines rares, livres, étaient enlevés en bloc; tantôt il était procédé par voie de sélection savante, et seuls les objets précieux étaient emportés. Tout ce qui n'était pas volé était brisé sauvagement, et les tentures, les tapisseries furent enlevées, ainsi que la garniture des sièges préalablement découpée.

A la fin de l'année 1917, les coffres-forts du Crédit du Nord et de la Banque Dupont furent transférés hors de Douai. Ultérieurement, le 3 septembre 1918, les particuliers furent convoqués pour ouvrir eux-mêmes les compartiments qu'ils avaient loués dans les établissements de crédit; ceux-ci agissaient sur la réquisition de l'autorité allemande. En présence d'un officier du Contrôle des banques et de deux soldats armés de lourdes masses de fer, les déposants, pour éviter le bris des coffres et la dégradation de leur contenu, durent verser dans des sacs très usagés les valeurs et objets leur appartenant. Quant aux déposants absents, leurs coffres furent ouverts avec effraction.

Ce qu'il y eut de plus abominable, ce furent les violences exercées contre les jeunes gens qu'on arrachait de leurs foyers pour les contraindre à exécuter des travaux se rattachant à la guerre. Beaucoup se refusèrent à travailler contre leur pays : il m'a été dit et souvent répété qu'on leur infligea des punitions véritablement inhumaines pour venir à bout de leur résistance.

Après lecture, le témoin a signé avec nous.

N° 63.

DÉPOSITION reçue, le 8 novembre 1918, à Douai, par la Commission d'enquête.

Dubem (Henri), âgé de 58 ans, artiste peintre, correspondant du Comité de la Société nationale des Beaux-Arts, chevalier de la Légion d'honneur.

Je jure de dire la vérité.

Je suis resté à Douai pendant toute la durée de l'occupation allemande. La ville a eu beaucoup à souffrir des réquisitions, des perquisitions, des amendes et des vexations de tout genre. L'administration ennemie s'acharnait avec un esprit de suite incroyable à nous infliger une tension de nerfs continuelle, dans le but évident de nous obliger à manifester un désir de la paix de nature à impressionner le Gouvernement français. Le système consistait à semer la terreur par des affiches menaçantes, à pratiquer continuellement des visites domiciliaires et à nous tenir sans cesse sous la crainte de représailles à propos des actes de l'autorité française, de telle sorte que, nous attendant à partir en captivité d'un jour à l'autre, nous vivions positivement la valise au pied. Les Kommandantur s'entendaient particulièrement à cette besogne; c'étaient elles qui organisaient les réquisitions, nous accablaient d'amendes sous tous les prétextes et nous rendaient la vie véritablement intolérable.

Pendant un certain temps, les réquisitions portèrent d'abord sur le cuivre; mais, avec le commandant von Hellingrath, elles furent étendues en 1918 aux comestibles et aux meubles de toute espèce, avec accompagnement de perquisitions, de menaces d'amendes formidables ou d'emprisonnement. Les fauteuils étaient alors éventrés, les boiseries forées; on a même creusé dans mon jardin, pour rechercher les cachettes, jusqu'à une profondeur de 60 centimètres. Chez moi, les Allemands, en montant sur des tables Louis XVI, ont décroché un lustre à trente-six branches du temps de la Régence. J'ai fait observer que les objets d'art étaient exceptés de la réquisition des cuivres, conformément aux mentions d'une affiche. On ne m'a pas même répondu, et mon lustre, enlevé de ma maison, a été brisé.

Le 3 septembre a été commencée l'évacuation de la ville. Les habitants n'avaient été prévenus que la veille, et sept mille d'entre eux ont été emmenés ; le surlendemain, le reste de la population valide dut également partir à pied. Quant aux malades et aux infirmes, on les envoya à Saint-Amand-les-Eaux, dans des bateaux où ils restèrent, pendant plusieurs jours, au milieu d'une saleté repoussante. Le lieutenant Rader, qui procédait aux évacuations des malades, s'acquittait de cette besogne avec une dureté implacable, laissant attendre à la porte de son bureau, pendant des heures, des malheureux atteints d'affections de la poitrine.

J'ai pu m'arranger pour accompagner à Saint-Amand ma vieille domestique. Cette ville, où les Allemands avaient eux-mêmes entassé tant de monde, a été, aussitôt après leur départ, bombardée par eux, bien que les troupes alliées n'y fussent pas encore entrées.

Trois mois avant ces événements, le commandant von Hellingrath avait fait afficher à Douai que, désormais, la découverte de tout objet caché, quel qu'il fût, entraînerait amende et prison. C'était une facilité donnée au pillage qui devait se déchaîner après notre départ. La ville, en effet, a été mise à sac.

Je suis secrétaire général du musée. Au commencement de 1917, le commandant Froelich, ayant su que les caves en avaient été murées et que nous y avions déposé des objets précieux, les fit démurer sous le prétexte de rechercher les cuivres, et ordonna le transport en tombereau des faïences et des tableaux dans un bâtiment démuni de toiture appelé la Vinaigrerie. J'intervins, avec ma femme, auprès du commandant, pour réclamer ce qui avait été pris dans de telles conditions ; mais il nous éconduisit impoliment.

Le musée a été exploité de deux manières. Il a eu d'abord des conservateurs allemands momentanés, a été visité par des Professors qui y cherchaient des documents et faisaient aux officiers des conférences sur l'art flamand, qu'ils croyaient avoir découvert. Plus tard, le déménagement en a été opéré. Un jour, l'autorité militaire réclama par lettre la remise de soixante tableaux, sous le prétexte de les mettre à Valenciennes à l'abri des bombardements britanniques. La Commission s'y étant opposée, en faisant observer que les œuvres d'art se trouvaient suffisamment protégées dans des caves solides, une nouvelle injonction se produisit, et les tableaux furent emportés contre récépissés.

A un certain moment, nous avions descendu dans les caves du musée ce qu'il restait de plus intéressant, ainsi que des collections particulières, une partie de mes œuvres et de celles de Mᵐᵉ Duhem. Toujours sous le même prétexte, les Allemands, après notre évacuation, ont prélevé le principal et l'ont dirigé sur Valenciennes. Quelque temps après a eu lieu un nouvel écrémage, au cours duquel les soldats et les officiers ont ramassé pour eux-mêmes les petits objets qui leur paraissaient bons à emporter. Je tiens ces derniers renseignements d'Allemands que j'ai rencontrés à Saint-Amand.

Je suis rentré à Douai le 1ᵉʳ octobre dernier. Il ne restait rien de bien au musée. Dans les caves, que j'avais laissées bondées au point qu'on n'y pouvait plus circuler que par un mince couloir, il n'y avait plus que quelques meubles brisés, et aussi des papiers importants et des archives notariales que les pillards avaient extraits des caisses qui les renfermaient, sans doute pour se rendre compte s'ils ne recouvraient pas quelque objet de valeur.

Après lecture, le témoin a signé avec nous.

N°s 64, 65.

DÉPOSITION reçue, le 26 octobre 1918, à Douai, par la Commission d'enquête.

PATTEYN (Louise), en religion Sœur Joseph de la Congrégation des Filles de la Charité de Saint-Vincent-de-Paul, attachée au service du bureau de bienfaisance de Douai.

Je jure de dire la vérité.

Pendant toute la durée de l'occupation allemande, la population de Douai a été soumise à des réquisitions et des vexations continuelles. Le 2 septembre dernier, dans l'après-midi, on a « bassiné » dans les rues pour prévenir les habitants qu'ils avaient à se préparer en vue de l'évacuation. L'exode a eu lieu le 3 et le 4 septembre, sous la garde et la surveillance de la troupe. Le personnel de l'hôpital et du bureau de bienfaisance a été évacué en bateau ; le reste de la population a été emmené à pied et réparti dans diverses localités pour être ensuite envoyé en Belgique. On nous a fait débarquer à Saint-Amand-les-Eaux. Les Allemands nous disaient que cet endroit, lieu de concentration, était de toute sécurité, qu'on n'y risquait même pas un coup de fusil. Mais à peine les Anglais y étaient-ils entrés que l'ennemi bombardait la ville où il avait entassé des malades et des infirmes. Depuis ce moment le bombardement a été presque continuel. Hier, quand je suis partie pour revenir ici, on comptait vingt-cinq victimes ; dans une seule famille, sept personnes sur neuf avaient été tuées.

A chaque instant, on voyait passer sur le canal des bateaux chargés de meubles volés à Douai. D'après les dires mêmes des Allemands, l'un de ces bateaux contenait trois cents pianos.

Après lecture, le témoin a signé avec nous.

M. DUMONT (Émile), administrateur des hospices de Douai, âgé de 72 ans, a déclaré sous serment confirmer entièrement la déposition ci-dessus de la Sœur Joseph, et il a signé avec nous, après lecture de ladite déposition.

N° 66.

DÉPOSITION reçue, le 26 octobre 1918, à Douai, par la Commission d'enquête.

PERIN (Louis), âgé de 52 ans, président de la Commission cantonale, demeurant à Saint-Amand.

Je jure de dire la vérité.

Les Allemands ont amené à Saint-Amand, en septembre, les malades des hôpitaux de Douai avec le personnel hospitalier ; et, en octobre, une grande quantité d'infirmes, de malades et de vieillards des localités de la région. J'ai recueilli moi-même soixante-quatre de ces malheureux pour éviter qu'ils ne fussent contraints de continuer leur route à pied, sous les coups que je leur voyais donner. La ville contenait plus de mille personnes incapables de marcher. Elle a été évacuée par l'ennemi le 22 de ce mois et, le même jour, les Anglais y sont entrés : le bombardement a aussitôt commencé et il se poursuit encore. Je suis parti hier soir sous les obus. Huit projectiles sont tombés tout près de l'hospice. Les victimes ont été assez nombreuses. Je n'en ai pas encore pu faire le relevé exact. A chaque instant passaient sur le canal des bateaux chargés de meubles, de tableaux et d'argenterie, venant des environs et notamment de Douai. Les Allemands évacuaient ainsi leur butin. J'ajoute qu'à Saint-Amand, ils nous ont complètement dévalisés.

Après lecture, le témoin a signé avec nous.

N° 67.

EXTRAIT DU RAPPORT établi par M. l'Adjoint à l'Intendance de Jouvencel sur le bombardement de Saint-Amand-les-Eaux, et transmis à la Commission d'enquête, le 4 novembre 1918, par M. le Commissaire rapporteur près le Conseil de guerre de la Mission militaire française attachée à l'Armée britannique.

Saint-Amand comptait environ 12.000 habitants, dont un certain nombre réfugiés de la région de Douai. L'ennemi en avait fait un centre pour les infirmes, malades de la région, et l'hospice de vieillards de Douai y était replié.

Départ de l'ennemi le 22 octobre 1918 à midi. L'Allemand donne, comme dans les villages voisins, où j'en ai reçu le récit des habitants, l'assurance que Saint-Amand ne serait pas bombardé.

Or, moins d'une heure après le départ, le même mardi 22, à 12 h. 50, commençait un violent bombardement par obus de toute espèce, y compris des obus toxiques.

Le bombardement atteint particulièrement le quartier de l'Hôpital.

Cent victimes civiles dans la journée du 21 et la nuit du 22 au 23. Les morts ne sont pas tous dénombrés. Soixante grands blessés ont passé par les hôpitaux d'évacuation anglais.

Tandis qu'avec un courage au-dessus de tout éloge les médecins et les ambulances du 8ᵉ Corps procédaient à l'évacuation des blessés, l'O. I. Ciriez, du 8ᵉ Corps, accompagné du major Meller, A. P. M. de ce Corps, se rendait, au milieu du bombardement le plus intense, à Saint-Amand, et, en dépit de la violence du feu, tous deux procédaient à l'évacuation, par repli, sur les villages plus à l'arrière, des habitants valides.

Le bombardement a cessé le 23 à 9 heures du matin.

Le 23, à 21 h. 30, le bombardement recommence à raison d'environ un obus par deux minutes (150 en tout), avec arrêt de 15 à 20 minutes de temps à autre, jusqu'à 6 heures du matin. Maisons démolies. Pas de victimes en raison de l'évacuation. Quatre personnes blessées rue de Tournai.

Le 24 au soir, le bombardement a recommencé sur la ville au moment où se terminait l'évacuation de l'hospice de Douai, replié comme il a été dit rue de Valenciennes, à Saint-Amand.

Quant à l'action de l'ennemi, elle est absolument injustifiable et inexcusable, l'armée britannique ayant en ce moment l'extrême souci, que j'ai personnellement constaté dans les villages de l'avant que j'ai visités, de ne placer aucune batterie à l'intérieur des villages où sont récupérées des populations. Par conséquent, si le tir de l'ennemi se justifie dans les environs des agglomérations, là où se trouvent des emplacements de batteries, le tir direct sur une ville comme Saint-Amand est un acte nettement sans excuse.

Pour l'officier D. D. E. First Army,
L'Officier du 4ᵉ Bureau,
Signé : JOUVENCEL.

Nᵒˢ 68, 69, 70.

DOCUMENTS communiqués à la Commission d'enquête par M. le Président du Conseil, Ministre de la Guerre.

A.

MINISTÈRE DE LA GUERRE.

RÉPUBLIQUE FRANÇAISE.

CABINET
DU MINISTRE.

Paris, le 10 novembre 1918.

PILLAGE ET DESTRUCTION PAR LES ALLEMANDS DES USINES CAIL, À DENAIN.

M. Louis Le Chatelier, président de la Société française de constructions mécaniques (anciens établissements Cail) [1], expose ce qui suit :

Les ateliers de la Société, situés à Denain (Nord), ont été systématiquement pillés et détruits par l'armée allemande.

Certains matériels et objets ont été enlevés purement et simplement par l'envahisseur.

D'autres objets, représentant environ un dixième du tonnage enlevé, ont donné lieu à l'établissement de bons de réquisition, libellés au nom de l'Armée et signés par l'autorité militaire requérante. Ces bons de petit format ne portent qu'une désignation très succincte du matériel enlevé.

Pour la plus grande partie des objets enlevés, il a été rédigé, au nom du Ministère de la Guerre allemand, des bons de grand format, établis en plusieurs exemplaires, dont l'un est remis au propriétaire ainsi spolié. Les représentants de la Société française de constructions mécaniques restés à Denain pendant l'invasion ont protesté par écrit à plusieurs reprises contre les enlèvements ainsi opérés et contre les désignations erronées systématiquement employées par les Allemands.

C'est ainsi qu'une lettre du 10 juillet 1917, dont copie sous ce pli (*Pièce C*), adressée par nos compatriotes au représentant du Ministère de la Guerre allemand à Valenciennes, dénonce que des machines entières et complètes, des pièces de machines terminées ou en cours de fabrication ont été découpées et brisées, puis enlevées, et figurent dans les pièces officielles allemandes sous la seule dénomination de *Stahlschrot* (mitraille d'acier). Renouvelant sans cesse ses protestations contre la destruction systématique poursuivie par l'ennemi, le directeur des usines, M. Auguste Thomas, a réussi à faire admettre aux Allemands qu'il ne signerait les pièces comptables du Ministère de la Guerre que « sous les réserves de sa lettre de protestation » et en accompagnant sa signature de la nomenclature exacte des bâtiments et machines détruits et enlevés.

Des exemplaires de ces documents, sur lesquels a été apposé le timbre *Ohne Verbindlichkeit f. d. Heeresverwaltung* (sans garantie de l'Administration militaire) sont remis sous ce pli en communication par la Société.

M. Le Chatelier pense que ces documents, qui sont, à sa connaissance, les premiers de ce genre en notre possession, sont les preuves matérielles, les pièces comptables les plus

_____

(1) Siège social, 37, rue des Mathurins, à Paris.

probantes que nous ayons à ce jour de la volonté systématique et administrative de destruction de notre outillage national.

De telles pièces communiquées aux Gouvernements de l'Entente sont de nature à justifier une fois de plus, s'il en est besoin, la légitimité des revendications que les Alliés ont à poursuivre en commun contre les Allemands pour en obtenir la réparation matérielle des dommages causés à la France.

Ces documents pourraient être aussi montrés utilement aux Commissions parlementaires, au moment où va être reprise la discussion de la loi sur les dommages de guerre.

M. Le Chatelier, qui désire que les pièces originales qu'il communique lui soient rendues, suggère l'idée que des photographies pourraient être utilement faites et remises à telles personnalités françaises et étrangères que le Président du Conseil jugerait opportun de documenter.

Signé : F. François Marsal.

B.

SOCIÉTÉ FRANÇAISE
CONSTRUCTIONS MÉCANIQUES.
(ms Établissements Cail.)

SOCIÉTÉ ANONYME
CAPITAL : 18,000,000.

SIÈGE SOCIAL:
RUE DES MATHURINS, PARIS.
DIRECTION GÉNÉRALE
ET ATELIERS
DENAIN (NORD).

SIÈGE SOCIAL.
Pour la correspondance :
SOCIÉTÉ FRANÇAISE
CONSTRUCTIONS
MÉCANIQUES.

ADRESSE TÉLÉGRAPHIQUE :
ANCICAIL-PARIS.
Téléphone : CENTRAL 38-17.

Paris, le 9 novembre 1918, 37, rue des Mathurins.

EXPLOITATION, PAR L'ENNEMI, DE NOTRE USINE DE DENAIN.

Indépendamment des circonstances dans lesquelles des objets de grande valeur, mais de petit volume, nous ont été soustraits sans formalité aucune, il a été établi par l'autorité militaire allemande, en représentation des 50.000 tonnes au moins de matériel et de matières prises dans notre usine, 2.195 bons de réquisition qui sont entre nos mains.

Il nous manque :

1° Environ 10 bons qui ont été soumis à notre signature, accompagnés de bordereaux demeurés entre nos mains, que nous avons retournés après les avoir signés et en avoir pris copie, mais dont l'ampliation ne nous a pas été remise avant la fin de l'occupation, cette remise n'ayant lieu qu'un certain temps après l'expédition du matériel;

2° Environ 50 bons qui, correspondant aux derniers enlèvements, ne nous avaient pas encore été adressés à la fin de l'occupation. — Nous possédons des relevés caractérisant la nature et l'importance du matériel ou des matières dont il s'agit.

Les bons de réquisition qui nous ont été remis sont de deux catégories :

1re catégorie. — Lorsque le matériel ou les matières étaient réputés pour les besoins des armées, les bons étaient de petit format, parfois imprimés au verso d'une facture de commerçant. La rédaction de ces bons était succincte ; ils ne concernaient en général qu'une seule nature d'objets et ils étaient délivrés sous la seule signature du délégué de la formation militaire auteur de la réquisition, avec le visa de la Kommandantur.

Les bons de cette catégorie peuvent représenter le tiers du nombre total des bons et le dixième du tonnage total des enlèvements.

2e catégorie. — Lorsque le matériel ou les matières étaient enlevés à destination de l'Allemagne, qu'il s'agisse de matériel vendu à des firmes allemandes, de matières vendues à un revendeur ou de matériel vendu à un revendeur pour en faire, en le brisant, des matières,

7.

en un mot, toutes les fois que l'opération impliquait un acte commercial intervenu entre l'autorité allemande et un tiers, les bons étaient de grand format et délivrés sous la signature d'un service militaire particulier dénommé *Beauftrager des Kriegsministeriums* (B. d. K.).

Lors de la délivrance des premiers bons de cette catégorie, le libellé en était abusivement succinct et impliquait, dans beaucoup de cas, des dénaturations; par exemple, le seul mot « mitraille » était employé, lorsque l'objet pris était une machine dont les morceaux formaient, après bris, l'objet de l'expédition.

Ce fait donna lieu à de nombreuses contestations de notre part et, notamment, à une lettre du 10 juillet 1917. Toutes les signatures données par notre Société postérieurement à cette date le furent sous réserve explicite des termes de cette lettre.

Sont joints à la présente note :

1° Une copie de la lettre du 10 juillet 1917;

2° Deux spécimens des bons de la 1re catégorie. L'écriture rouge est une traduction, faite par nos agents, du libellé du bon après sa remise;

3° Cinq spécimens des bons de la 2e catégorie. L'écriture rouge y est encore une traduction. La mention rouge indiquant le destinataire de la marchandise en Allemagne est la traduction d'une mention apposée sur quatre des cinq exemplaires du bon soumis à notre signature, mais non sur l'exemplaire laissé entre nos mains.

Les nomenclatures rédigées en français, qui terminent certains des bons, étaient apposées sur tous les exemplaires par les soins de notre Société; l'autorité allemande se bornait à y superposer un cachet de déclaration d'irresponsabilité. Cette procédure a constitué l'aboutissement d'une controverse où la ténacité des agents de notre Société a eu le dernier mot.

Le Président du Conseil d'administration,

Signé : L. Le Chatellier.

SOCIÉTÉ FRANÇAISE
DE CONSTRUCTIONS MÉCANIQUES.
(*Anciens Établissements* CAIL.)

SOCIÉTÉ ANONYME
CAPITAL : 12,000,000.

DIRECTION GÉNÉRALE
ET ATELIERS
À DENAIN (NORD).

ADRESSE TÉLÉGRAPHIQUE :
ANCICAIL-DENAIN.
Téléphone n° 8.

CODES AZ FRANÇAIS ET LIEBER.

C.

Denain, le 10 juillet 1917.

BEAUFTRAGER DES KRIEGSMINISTERIUMS, À VALENCIENNES.

Messieurs,

Nous vous retournons ci-joints, revêtus de notre signature, les cinq exemplaires de chacun des 121 bons de réquisition (*Aufnahmebogen*) portant chacun les numéros 11.046 à 11.100 inclus et 11.349 à 11.414 inclus, que vous venez de nous faire remettre par votre agent.

Tous ces bons sont signés par nous avec réserves, pour la raison suivante : la dénomination, d'ailleurs très succincte, desdits bons, est, d'une manière générale, « mitraille de... »; en sorte que, à leur lecture, on pourrait conclure que les enlèvements opérés portaient sur des matières à l'état de mitraille. Or, tel n'est pas le cas; et, comme déjà vous l'indiquai notre lettre du 17 avril dernier, nous croyons utile de préciser que, pour ce qui fait l'objet des bons en question, le matériel enlevé de nos usines est composé de machines entières et complètes et de pièces de machines terminées ou en cours de fabrication, lesquelles pièces ou machines ont été cassées, brisées, découpées, mises enfin à l'état de mitraille par les clients chargés de l'enlèvement; en sorte que, pour résumer, il faut dire qu'avant l'opération de cassage ou découpage, opération faite par les clients chargés de l'enlèvement, le matériel était composé de machines entières ou pièces de machines fabriquées, mais qu'après cette opération de cassage, ledit matériel n'était plus qu'à l'état de mitraille.

Pour éviter toute confusion, nous ajoutons sur les bons les dénominations qui ont été établies d'accord avec vos agents en nos ateliers, lors du chargement.

Nous devons ajouter que, malgré ces précautions, une lacune existera encore du fait que, sur chaque wagon, vos agents ont chargé du matériel et des pièces de toutes provenances et de toutes catégories, sans que l'on en ait relevé les poids autrement que par un poids total et global de chacun des wagons, sans poids par catégorie.

Veuillez agréer, Messieurs, nos salutations distinguées.

L'Administrateur-Directeur Général,

Le Vice-Président du Conseil d'Administration,

Signé : A. Thomas.

P. S — Les cinq exemplaires du bon n° 11.076 ont été remis spécialement ce matin, sur sa demande, à votre agent, M. Mertens.

Pour copie conforme :

Le Président du Conseil d'Administration,

Signé : L. Le Chatellier.

N° 71.

PROCÈS-VERBAL DE CONSTAT dressé, le 6 novembre 1918, à Cambrai, par la Commission d'enquête.

L'an mil neuf cent dix-huit, le mercredi six novembre, nous, membres de la Commission instituée par décret du 23 septembre 1914,

Avons visité la ville de Cambrai, sous la conduite du colonel Gudin de Vallerin, de la Mission française près l'Armée britannique, commandant d'armes de la place, et du sous-lieutenant Julitte, officier interprète attaché à la mission française.

La ville, dans son ensemble, présente le spectacle de la dévastation systématique et porte les traces d'un pillage général. Un grand nombre d'édifices et d'immeubles ont été plus ou moins endommagés par les bombardements. Beaucoup d'entre eux ont été totalement détruits par le feu ou par les explosifs. Il est à remarquer que ces destructions totales comprennent des groupes importants de maisons et forment des zones définies, évidemment choisies à dessein. L'aspect de la place d'Armes est à cet égard bien significatif. Alors que, dans beaucoup d'autres parties de la ville, les carcasses des maisons subsistent et que, malgré leurs murs crevés, leurs portes défoncées, leurs fenêtres plus ou moins endommagées, on peut encore les reconnaître et les identifier, tous les immeubles bordant la vaste place sont pulvérisés au niveau du sol. Tout a sauté, nous dit le colonel Gudin de Vallerin. L'hôtel de ville a été incendié; mais les murs des quatre façades sont restés debout. Nous avons pénétré dans les ruines de l'édifice. C'est un amas de décombres sans nom. Les archives municipales et judiciaires, qui avaient été déposées dans une cave au-dessous du commissariat de police, ont été brûlées, en partie dans le sous-sol et en partie dans la cour, où l'on en découvre des fragments rongés par les flammes et complètement inutilisables. Dans l'ancienne salle des fêtes, on ne retrouve plus rien que des cendres et les débris enchevêtrés d'une vingtaine de machines à coudre, qui avaient été sans doute emmagasinées à cet endroit.

La cathédrale a beaucoup souffert des bombardements et l'accès en est rigoureusement interdit par les autorités britanniques, à cause du danger d'écroulement.

Le musée a été vidé par les Allemands, dans des conditions que le colonel Gudin de Vallerin n'est pas en mesure de déterminer exactement. La bibliothèque communale, où se trouvaient des ouvrages précieux et « des manuscrits uniques au monde » a été également vidée. D'après les quelques habitants qu'on a revus depuis la reprise de la ville, un haut fonctionnaire allemand serait venu, à la fin de l'occupation, pour diriger l'évacuation des objets et documents de valeur.

Dans l'église Saint-Géry, où nous avons pénétré, le bombardement a fait d'importants ravages; mais les traces du pillage sont encore très apparentes. Nous constatons notamment que, dans une chapelle à gauche du transept, chapelle de Notre-Dame des Victoires, le tabernacle a été forcé. La porte est enlevée et gît tordue sur l'autel. Tous les panneaux de bois à hauteur d'homme autour de la chapelle ont été brisés et, sous l'un d'eux, à gauche de l'autel, un coffre-fort dissimulé sous la boiserie a été fracturé; la porte en a été défoncée, la serrure arrachée.

La chapelle à droite du transept présente à peu près le même aspect; mais nous n'avons pu y procéder à des constatations aussi attentives, l'accès en étant interdit par des barrières de matériaux et de cordes.

Au maître-autel, la porte du tabernacle a été forcée. On relève parfaitement la trace de trois coups de pic. L'intérieur est vide.

Dans la sacristie, toutes les armoires ont été ouvertes; il n'y reste rien; les tiroirs sont à terre au milieu de débris de toute sorte. Un grand coffre-fort, dans le fond, près d'une fenêtre, a été éventré; la porte a été découpée, la serrure pend, tordue, à la gauche du meuble. Les boiseries Louis XVI qui garnissaient la pièce et plusieurs portes d'armoires sculptées ont été enlevées.

Nous ne saurions décrire l'état dans lequel se présentent toutes les maisons de la ville. Une riche maison bourgeoise portant le n° 6 de la rue d'Inchy nous est signalée comme type et nous y pénétrons avec les officiers qui nous conduisent. Dans toutes les pièces que nous parcourons successivement, ce ne sont que meubles bouleversés, fauteuils et chaises éventrés et disloqués. Des tiroirs brisés, des débris de glaces, de porcelaines et de faïences, des papiers de toutes sortes, des écrins vides jonchent les planchers. Les tentures ont été arrachées des murs, les grands rideaux des fenêtres; les garnitures de cheminée ont disparu. Les tableaux ont été retirés de leurs cadres; certaines toiles anciennes, découpées près des bordures; un portrait de famille a été crevé en plein visage. Dans les chambres, pas un lit n'est intact. Une chambre d'enfant est reconnaissable aux débris de jouets qui l'encombrent. Dans un couloir, un coffre-fort est renversé, ouvert par le fond.

Le colonel Gudin de Vallerin nous conduit ensuite à un hangar municipal long de 50 mètres et large de 20, situé entre le boulevard Faidherbe et le chemin de fer, près du pont. Nous constatons qu'il s'y trouve un immense amas de meubles entassés les uns sur les autres et d'objets de toute espèce. Un groupe de soldats travaille au déblaiement et au rangement, sous les ordres de l'adjudant Poilpré, chef de groupe du service de récupération (Intendance, région du Nord). Nous remarquons, parmi les objets amoncelés pêle-mêle, des tapis roulés, des pièces d'étoffe, des buffets, des pianos, des lits, des sommiers, des baignoires, des fauteuils et des chaises, des armoires sculptées, des livres reliés et jusqu'à des chasubles et ornements sacerdotaux provenant de l'archevêché. Aux deux extrémités du hangar se trouvent superposées, en quantité considérable, des balles de fibre de bois destinées à l'emballage; au milieu, près de l'entrée, s'élève un énorme tas de sciure.

(*Suivent les signatures.*)

N°ˢ 72, 73.

LETTRE du colonel commandant d'armes de la place de Cambrai (Nord) à M. le Président de la Commission d'enquête.

Cambrai, le 7 novembre 1918.

N MILITAIRE FRANÇAISE
AUPRÈS
ARMÉE BRITANNIQUE.

——

LACE DE CAMBRAI.

N° 8.

——

MONSIEUR LE PRÉSIDENT,

J'ai l'honneur de vous adresser ci-inclus copie du rapport adressé, le 16 octobre 1918, par le lieutenant-colonel Whitewell, commandant du génie de la 73ᵉ division britannique, au Town-Commandant de Cambrai.

Vous trouverez également ci-joint la traduction de ce rapport.

Veuillez agréer, Monsieur le Président, l'expression de mes sentiments respectueux.

Pour le colonel GUDIN DE VALLERIN,
Commandant d'armes de la place de Cambrai,
P. O. Signé : H. JULITTE,
O. I. 3ᵉ classe.

DÉCLARATION du commandant du génie de la 73ᵉ division britannique, commandant d'armes, à Cambrai.

TRADUCTION.

Comme suite à l'ordre I. G. 37/243 du XVIIᵉ corps (britannique),

Je suis d'avis que, sauf de rares exceptions, tous les incendies de Cambrai et la majeure partie des dégâts causés aux bâtiments et leur destruction sont des actes imputables aux ennemis et accomplis par eux de propos délibéré et par pure malveillance.

Les incendies furent presque entièrement limités au centre de la ville, et il est impossible que les maisons aient été démolies pour une raison d'ordre tactique. Plusieurs incendies indépendants avaient pu être observés longtemps avant que la ville fût occupée par nos troupes. Dans de nombreux cas, il était absolument évident que le bâtiment avait été démoli au moyen d'une charge d'explosif placée dans les caves. Des charges non explosées de perdite ont aussi été enlevées de certaines maisons.

Signé : W. WHITEWELL,
Lieutenant-colonel, commandant le génie de la 73ᵉ division (britannique). 16/10/1918.

Pour traduction exacte et fidèle :
Signé : H. JULITTE,
Officier interprète de 3ᵉ classe
attaché au commandant d'armes de la place de Cambrai.
7/11/18.

N° 74.

DÉPOSITION reçue, le 6 novembre 1918, à CAMBRAI, par la Commission d'enquête.

SELOSSE (Émile), âgé de 47 ans, secrétaire de l'archevêché et de la mairie de Cambrai par intérim.

Je jure de dire la vérité.

Au moment où la guerre a été déclarée, j'étais curé de Raillencourt, localité située à 5 kilomètres de Cambrai. Le 20 novembre 1916, j'ai été évacué par les Allemands avec deux cent trente de mes paroissiens, dont cinq vieillards, des femmes et des jeunes filles de moins de 14 ans. J'ai été conduit à Haussy avec ma vieille mère. Les jeunes filles de plus de 14 ans, les femmes sans enfants âgées de moins de 50 ans et les hommes, à l'exception des cinq vieillards dont je viens de parler, ont été gardés à Raillencourt et astreints au travail forcé.

Le 21 novembre 1917 a eu lieu l'évacuation définitive et complète du village. Les hommes ont été envoyés dans des colonnes, notamment du côté de Bapaume et de Péronne, c'est-à-dire au front, pour y être employés à creuser des tranchées et à réparer les voies de chemins de fer. Ceux qui ne voulaient pas travailler étaient privés de nourriture, dépouillés de leurs vêtements et frappés avec brutalité. Les femmes et les jeunes filles, emmenées dans des localités peu éloignées, d'où elles ont été envoyées en Belgique en février dernier, ont été occupées à des travaux de culture.

J'ai été renseigné sur le sort de mes paroissiens par un certain nombre d'entre eux, qui étaient venus à Haussy en permission.

Je suis rentré de captivité, délivré par l'armée anglaise, le 26 octobre dernier. M'étant rendu à Raillencourt, j'ai trouvé le village presque complètement détruit et entièrement pillé. L'église a été saccagée, et dans ma maison, qui est encore debout, les Allemands n'ont absolument rien laissé.

Après lecture, le témoin a signé avec nous.

N°ˢ 75, 76.

DÉPOSITIONS reçues, le 6 novembre 1918, à CAMBRAI (Nord), par la Commission d'enquête.

VISSE (Emeric), agent de police, âgé de 49 ans.

Je jure de dire la vérité.

Je n'ai pas quitté Cambrai pendant l'occupation ennemie; je n'en suis parti que le 10 septembre, lorsque fut donné l'ordre d'évacuation, et je n'en suis parti que le dernier.

L'autorité allemande a obligé le service de police municipale à convoquer les jeunes gens à partir de quinze ans et les hommes jusqu'à cinquante ans, quelquefois même au-dessus. Emmenés à proximité de la ligne de feu, ces malheureux ont dû travailler aux tranchées, décharger ou transporter des munitions, en un mot être employés contre leur pays. En cas de refus, ils étaient attachés aux arbres, enfermés dans des mansardes aux heures les plus chaudes de la journée, privés de nourriture et de boisson. A Cambrai, même des jeunes filles et des femmes ont été utilisées par l'ennemi, malgré leur volonté, à des besognes domestiques ou à des services divers.

Je certifie que les Allemands ont procédé à de continuelles perquisitions, parfois avec effraction, et qu'ils ont fait main basse sur tous les objets et effets à leur convenance. Le produit de ces vols était chargé sur des camions automobiles ou sur des voitures attelées, qui se dirigeaient sur la gare.

Toute la population a assisté à la destruction volontaire des usines. Le matériel, les outils, les machines étaient démontés par des prisonniers de guerre et des prisonniers civils, sous la surveillance de soldats allemands. Je citerai parmi les usines détruites, celles de MM. Garin (route de Solesmes), Messian (route du Cateau), Durigneux (place du Saint-Sépulcre, 14), Fauville (rue Cantimpré), Delabre (route de Solesmes), etc. Tout le matériel de l'usine à gaz et tout le matériel de l'éclairage public ont été enlevés. L'industrie textile a été anéantie; le matériel et les matières premières ont été publiquement emportés par la troupe allemande, et les immeubles eux-mêmes n'ont pas été épargnés.

Lorsque la population fut évacuée par quartier, à partir du 8 septembre principalement, toutes les maisons de commerce et d'habitation ont été systématiquement mises au pillage.

J'ai vu des soldats emporter dans leur sac le produit de leur rapine, et même des officiers se livrer également au pillage; leurs ordonnances transportaient à pied ou en voiture les objets qu'ils leur avaient désignés. Ce qui n'a pas été volé a été brisé sur place, et l'on piétinait dans les rues les meubles et objets jetés dehors par les pillards. Dans certaines rues, la circulation des piétons était devenue difficile.

Après lecture, le témoin a signé avec nous.

———

DORNE (Paul), agent temporaire de police, âgé de 40 ans.

BOURLET (Pierre), garde champêtre retraité de la ville de Cambrai, âgé de 64 ans.

DÉFONTAINE (Rémy), menuisier, garde champêtre temporaire à Proville-les-Cambrai, en résidence à Cambrai depuis deux ans, âgé de 59 ans.

Nous confirmons de tout point la déposition de M. Visse, ayant été témoins des mêmes faits.

Et après lecture, les témoins ont signé avec nous.

———

MEURTHE-ET-MOSELLE.

N°s 77, 78.

DÉPOSITIONS reçues, le 13 mars 1919, à JOPPÉCOURT (Meurthe-et-Moselle), par la Commission d'enquête.

MOULUT (Marie), femme BAIJOT, âgée de 39 ans, institutrice communale à Joppécourt. Je jure de dire la vérité.

C'est le 7 août 1914 que les Allemands ont envahi notre commune. Ils sont venus directement à la mairie, et, en l'absence du maire, qui demeure à 1.500 mètres d'ici, ils se sont adressés à moi pour me demander les papiers de la mairie. J'ai répondu que je n'avais pas de pièces militaires. Ils ont alors visité les locaux et y ont découvert tous les fusils du pays, qui y avaient été rassemblés par mesure de prudence. En poussant des cris sauvages, ils ont prétendu que j'avais organisé une société de francs-tireurs, et m'ont déclaré que, s'ils trouvaient une seule cartouche, je serais fusillée. N'en ayant découvert aucune, ils ont fini par me laisser libre; mais ils ont obligé le maire, M. Renauld, à se tenir en permanence à la mairie. Le 9, à 3 heures et demie de l'après-midi, ils l'ont conduit dans le jardin de Mme veuve Mutelet et l'ont fusillé, sous le prétexte absolument faux que des habitants avaient tiré sur eux.

Après lecture, le témoin a signé avec nous.

MM. MUTELET (Adolphe), âgé de 50 ans, FICHANT (Alexandre), âgé de 64 ans, tous deux cultivateurs, et M. MARTIN (Ferdinand), âgé de 75 ans, sans profession, demeurant tous trois à Joppécourt, ont déclaré confirmer, en ce qui concerne l'exécution du maire, la déposition ci-dessus de Mme Baijot, après avoir prêté serment de dire la vérité. M. Fichant ajoute : « Après avoir lié les mains à M. Renauld, les Allemands m'ont également ligoté, m'ont frappé à coups de crosse et de canon de fusil, et m'ont laissé pendant deux jours et demi dans leur corps de garde avec mon fils et deux autres habitants, les mains attachées. J'avais les poignets en sang. »

Après lecture, les témoins ont signé avec nous.

N° 79.

DÉPOSITION reçue, le 16 décembre 1916, à CUISERY (Saône-et-Loire), par M. ARNAUD, juge de paix.

DEVOST (Léontine), épouse RENAULD, née le 31 octobre 1893, boulangère à Joppécourt (Meurthe-et-Moselle), demeurant actuellement à Cuisery.

Serment prêté.

M. Renauld (Gaston), maire de Joppécourt, mon beau-père, a été fusillé par les Allemands dans les circonstances suivantes :

Les Allemands prétendirent que la population avait tiré sur eux et ils ordonnèrent au maire de leur amener les coupables. Le maire répondit que les habitants de la commune étaient incapables de s'être conduits ainsi, qu'il n'y avait pas de francs-tireurs dans le village et que les armes étaient déposées à la mairie. Malgré cette défense, basée sur la vérité, le maire fut promené dans le village, les mains liées derrière le dos, et fusillé ensuite dans un jardin situé à une centaine de mètres de la boulangerie. Je n'ai pas assisté à ce triste spectacle, étant alitée à ce moment; mais ces faits m'ont été racontés par mes belles-sœurs, Mlles Marguerite et Suzanne Renauld, débitantes à Joppécourt, restées en pays envahi; par leur grand'mère, Mme veuve Kintziger, et par mon beau-frère, Lucien Renauld, qui était présent. La grand'mère est restée à Joppécourt, mais mon beau-frère s'est engagé dans l'armée française pour venger la mort de son père.

M. Gaston Renauld a été fusillé le 9 août 1914.

(Suivent les signatures.)

N°s 80, 81.

DÉPOSITION reçue, le 12 mars 1919, à BASLIEUX (Meurthe-et-Moselle) par la Commission d'enquête.

RÉMY (Amédée), âgé de 51 ans, maire de Baslieux.

Je jure de dire la vérité.

Le 7 août 1914, les Allemands sont entrés pour la première fois à Baslieux. Il était 6 heures du soir. Un commandant de dragons, du 24e régiment, m'a dit : « Il me faut à manger pour 500 hommes et 500 chevaux, et cela dans dix minutes, pas dans un quart d'heure. D'ailleurs, je vous emmène comme otage, parce qu'on a tiré sur nos troupes. » Pendant ce temps, ses soldats mettaient le feu à trois maisons du village.

Avec moi, une dizaine d'habitants ont alors été emmenés jusqu'auprès d'un mur, au pied duquel on nous a fait aligner en nous annonçant que nous allions être fusillés. Un peloton d'exécution se trouvait en face de nous; mais le commandement de « feu! » n'a pas été donné.

Quelques instants après, nous avons été conduits dans un poste où on nous a attaché les mains derrière le dos, et où un capitaine nous a dit : « Si vos Français viennent tirer sur nous, vous serez tous fusillés immédiatement. »

A minuit, un chef accompagné de soldats, est venu me chercher, et, prétendant que de deux maisons on avait tiré sur les troupes allemandes, m'a obligé à aller avec lui visiter ces maisons, pour y perquisitionner. Il ne me laissa pas ignorer que, si on y trouvait une seule arme, je serais exécuté et toute la commune serait incendiée.

Naturellement aucun habitant n'avait tiré; mais, près de la porte d'une des maisons dont il s'agissait, un civil venait d'être tué par des Allemands; et c'étaient les coups de feu qui l'avaient abattu qu'on voulait imputer à mes concitoyens.

A 2 heures du matin, M. Hennequin, qui était assis près de son feu, était en train de dire à sa femme : « S'ils viennent, tu leur donneras tout ce qu'ils demanderont, pour qu'ils nous laissent tranquilles. » Il avait à peine prononcé cette phrase que des soldats pénétraient chez lui, l'entraînaient dehors et le massacraient à coups de revolver dans la tête.

La troupe de cavalerie est partie le lendemain.

Le 22 août, à la fin de la bataille qui s'est livrée dans le pays, des Allemands sont passés en débandade. Ils ont fait sortir des maisons presque tous les habitants et les ont conduits dans le lavoir. Là, ils ont demandé le maire. Je me suis avancé et ils m'ont emmené, disant qu'ils allaient me fusiller. J'ai pu heureusement leur échapper, en me cachant dans une maison qu'ils avaient visitée avec moi. Tandis qu'ils me faisaient marcher, deux jeunes gens, les frères Petit, étaient amenés près du lavoir, et fusillés sans motif devant toute la population. L'un d'eux cependant, laissé pour mort sur place, a survécu à ses blessures pendant trois ans.

Une jeune fille, Mlle Armusiaux, qui, au même moment, rentrait chez elle, a été poursuivie par des soldats et tuée à coups de feu dant le corridor de sa maison.

MM. Choisel et Michel étaient restés chez eux pendant que nous étions au lavoir. En rentrant, leurs familles les ont trouvés l'un et l'autre assassinés.

Le même jour, l'ennemi a de nouveau mis le feu à sept ou huit maisons, à chaque angle de rue. Ces crimes ont été commis par les 22e et les 38e régiments d'infanterie de réserve de Silésie.

Après lecture, le témoin a signé avec nous.

LETTRE COMPLÉMENTAIRE adressée à la Commission par le précédent témoin.

Baslieux, le 27 mars 1919.

DÉPARTEMENT
DE MEURTHE-ET-MOSELLE
——
ARRONDISSEMENT DE BRIEY.

MAIRIE DE BASLIEUX.

Monsieur le Président,

Je m'empresse de répondre à votre honorée du 24 mars.

Le civil tué à minuit est un nommé François (Léon), âgé de 50 ans, qui a été massacré près d'une maison que j'ai visitée.

Signé : A. Rémy,
Maire de Baslieux.

N°s 82, 83, 84.

DÉPOSITIONS reçues, le 13 mars 1919, à Bazailles (Meurthe-et-Moselle), par la Commission d'enquête.

Vautrin (Victor), âgé de 53 ans, cultivateur à Bazailles.

Je jure de dire la vérité.

J'ai rempli les fonctions de maire à Bazailles pendant l'occupation.

Le 10 août 1914, après la bataille de Murville, le 23e régiment de dragons allemand, qui venait d'être repoussé, repassa par notre commune, où il avait déjà été précédemment cantonné. Aussitôt, il incendia les maisons. Quarante-cinq furent entièrement détruites.

Le 11 au matin, tous les hommes découverts dans le village furent passés par les armes : onze dans un clos situé à l'extrémité du village, et les autres dans différents endroits de la commune. Ont été tués dans le clos : MM. Pétrement (Jules), âgé de 82 ans ; Vautrin (Désiré) et Vautrin (Marcel), âgés de 15 ans, mes deux fils ; Hennequin (Jean-François) ; Zente (Marcel) ; Lozet (Amédée) ; Rollin (Firmin) ; Causier (Ernest) ; Causier (Pierre) ; Fourreaux (Charles) et Navel (Alfred), âgé de 76 ans. Les Allemands les avaient arrêtés dans la commune et les avaient conduits ensemble au lieu de l'exécution.

Les autres personnes massacrées étaient : MM. Saubremont (Pierre) ; Jubert (Firmin) ; Mauchauffé (Joseph), âgé de 72 ans ; François (Nicolas) ; François (Fernand), fils du précédent ; Froment (Amédée) ; Guinzette (Adolphe) ; Dauphin (Victor). M. Robert (Jean-François), sa femme et sa fille Héloïse ont été carbonisés dans leur cave. Enfin, trois jeunes enfants, Vigneron (Jean), âgé de 2 ans et demi ; Feite (Maurice), âgé de 6 ans, et sa sœur, Mireille, âgée de 3 ans, ont été également brûlés dans les incendies. Vigneron (Jean) avait, paraît-il, été étranglé dans son berceau par un soldat.

Les Allemands ont prétendu qu'un habitant avait tiré sur eux. Le fait est absolument faux.

Après lecture, le témoin a signé avec nous.

———————

JEAN (Hyacinthe), âgé de 52 ans, curé de Ville-au-Montois et Bazailles.

Je jure de dire la vérité.

Je confirme entièrement la déposition qui vient de vous être faite par M. Vautrin et dont vous m'avez donné lecture. Elle est l'expression même de la vérité.

Les Allemands ont allégué que, s'ils avaient brûlé le village et fusillé tant d'habitants, c'était parce que M. Rollin (Firmin) avait tiré sur eux deux ou trois jours auparavant. Or, M. Rollin était alors absent de la commune, ayant été réquisitionné par eux-mêmes comme convoyeur et n'étant revenu que peu avant son exécution.

J'ajoute qu'il est de notoriété publique que le petit Jean Vigneron a été étranglé dans son berceau avant d'être brûlé. Ses parents n'habitent plus la commune.

Après lecture, le témoin a signé avec nous.

———————

HENQUIN (Eugénie), âgée de 27 ans, sans profession, à Bazailles.

Je jure de dire la vérité.

J'habitais avec mon père et avec ma sœur, Mme Vigneron. Dans la soirée du 10 août 1914, des Allemands sont entrés chez nous. L'un deux a saisi, en ma présence, mon petit neveu Jean Vigneron, dans les bras de sa mère, près du berceau, et lui a violemment serré le cou. L'enfant a succombé pendant la nuit. Le lendemain matin, le feu a été mis à la maison et le petit cadavre a été carbonisé.

Ma sœur et son mari, qui est démobilisé, résident actuellement à Paris.

Après lecture, le témoin a signé avec nous.

———————

N°s 85, 86.

DÉPOSITIONS reçues, le 13 mars 1919, à FILLIÈRES (Meurthe-et-Moselle), par la Commission d'enquête.

NOIRJEAN (Charles-Paul), âgé de 60 ans, maire de Fillières.

Je jure de dire la vérité.

Le 7 août 1914, les Allemands, qui arrivaient dans la commune, sont venus me chercher chez moi, et deux officiers m'ont conduit comme un criminel, le canon du revolver sur l'oreille, auprès d'un général. Celui-ci ne s'est pas donné la peine de m'interroger, mais un de ses officiers m'a adressé des paroles violentes, me disant que nous allions subir une invasion terrible. Dans la soirée, j'ai été ramené dans ma maison, avec le curé, sous la garde d'un poste et de cinq factionnaires. Environ une heure après, une patrouille en armes est venue me dire qu'on avait tiré sur un chef et que, si nous ne trouvions pas le coupable, nous serions fusillés. L'allégation était absolument fausse. Les habitants étaient trop terrorisés pour avoir même la pensée de se livrer au moindre acte d'agression. On m'a néanmoins conduit à l'endroit où, soi-disant, le coup de feu avait éclaté. Or, il y avait justement là une sentinelle allemande ; c'était à 40 mètres de la maison où était logé le général. Il était donc inadmissible que quelqu'un eût pu tirer au lieu indiqué sans avoir été immédiatement arrêté. Les Allemands n'en ont pas moins persisté dans leur accusation ; ils ont interrogé Mme Drouet, propriétaire de la maison voisine, et lui ont demandé qui était entré chez elle dans la soirée. Elle répondit n'avoir vu que son beau-père, M. Drouet, un vieillard de 67 ou 68 ans, garde champêtre et appariteur depuis trente années, lequel était venu lui ramener un de ses enfants. On s'est immédiatement rendu chez Drouet et on l'a emmené chez moi, avec le curé et moi-même. A partir de ce moment, nous avons été conduits trois fois devant une sorte de conseil de guerre, qui nous a posé de nombreuses questions, et, dès le matin, vers 5 heures, Drouet a été emmené à la sortie du village et exécuté, tandis que moi et le curé attendions notre tour d'être fusillés, ainsi qu'on nous l'avait annoncé, en nous disant que nous étions condamnés à mort. Bientôt, nous fûmes transférés en automobile sur la route de Serrou-ville, où nous devions être exécutés. Ma femme et mes enfants en larmes s'accrochaient à moi au moment du départ, et je leur avais fait mes adieux. Je ne sais pour quelle raison j'ai été ramené à Fillières ; l'état-major était parti vers Pillon, où une bataille était engagée ; c'est probablement ce qui m'a sauvé.

A partir de ce moment, nous n'avons eu, jusqu'au 22 août, que quelques passages de soldats ; mais, à cette dernière date, le gros des troupes ennemies est arrivé. On s'est battu ce jour-là aux environs de la commune, et les Français se sont retirés. C'est alors que les Allemands ont incendié le village. Il a fallu que plusieurs habitants donnassent des allu-mettes pour mettre le feu chez eux. Trente-trois maisons ont été brûlées. M. et Mme Ferrand, M. Norroy (Louis), M. Bourgeois (Lucien) et la petite Lefondeur, âgée de 12 ans, ont été tués à coups de fusil dans la rue, tandis qu'une partie de la population était emmenée à Aumetz et à Thionville. Ce voyage fut un véritable calvaire. Les coups pleuvaient sur nous. J'ai, pour ma part, reçu un coup de poing qui a failli me faire sauter un œil. Tout le monde était couvert de contusions. M. Thirion (Amédée) a eu la barbe arrachée. J'étais parmi les personnes qui ont été conduites à Aumetz. Nous sommes restés pendant trois jours sans nour-riture, bien qu'on nous eût extorqué de l'argent soi-disant pour nous acheter des vivres. Le 23 août, à Aumetz, les trente-cinq hommes arrivés les premiers ont reçu l'ordre de sortir des rangs et ont été invités, sous menace de mort, à dénoncer ceux qui, d'après l'allégation mensongère de l'ennemi, auraient tiré sur lui. C'est alors que MM. Lefebvre et Humbert (Félix) ont été fusillés.

Au bout d'une huitaine de jours, nous sommes rentrés à Fillières. Pendant mon absence, les Allemands avaient fusillé, le 23, M. Vigneron (Michel), sur son fumier ; M. Lay (Fré-déric) et sa femme devant chez eux. Ils ont promené dans le village les cadavres de M. et Mme Lay.

Après lecture, le témoin a signé avec nous.

———————

Robert (Jean-Baptiste), âgé de 64 ans, curé de Fillières.

Je jure de dire la vérité.

Je confirme en tous points la déclaration de M. le Maire, sauf en ce qui concerne le transfèrement d'une partie de mes paroissiens à Thionville et à Aumetz ; car je n'y ai pas été emmené. J'ajoute à cette déposition les précisions suivantes. C'est le général prince de Ratibor qui a ordonné l'exécution du garde champêtre Drouet, malgré les protestations de ce malheureux, les miennes et celles du maire. Le coup de feu qu'on accusait Drouet d'avoir tiré avait bien éclaté, mais par suite de l'imprudence d'un soldat allemand, qui l'avait fait partir en déposant brusquement son fusil dans une chambre.

L'exécution des époux Ferrand a eu lieu dans des conditions très impressionnantes. Les Allemands venaient d'arrêter Ferrand pour le fusiller, quand sa femme, affolée, se jeta sur lui et l'entoura de ses bras. On la tua alors avec lui. Enfin, quand les cadavres de M. et Mᵐᵉ Lay ont été promenés dans le village, un capitaine criait : « Vous avez voulu la guerre ; la voilà ! »

On ne saurait se faire une idée de la cruauté de ces gens-là. Ce sont de véritables sauvages.

Après lecture, le témoin a signé avec nous.

Nᵒˢ 87, 88.

DÉPOSITION reçue, le 12 janvier 1919, à MONT-SAINT-MARTIN (Meurthe-et-Moselle), par la Commission d'enquête.

GROSJEAN (Théophile), âgé de 50 ans, maréchal des logis de gendarmerie à Mont-Saint-Martin.

Je jure de dire la vérité.

Je suis en train de procéder à une enquête sur les crimes commis à Mont-Saint-Martin par l'ennemi. Les Allemands sont entrés dans la commune le 21 août 1914, à 4 heures du matin. Les 121ᵉ et 122ᵉ régiments d'infanterie, accompagnés d'un détachement de pionniers, ont été arrêtés à leur arrivée par le feu d'une demi-section d'infanterie française. Furieux de cette résistance, ils ont massacré la plupart des habitants qu'ils rencontraient. Ils en ont fait sortir d'autres de leurs caves et les ont fusillés : c'est ainsi que sont morts MM. Surback et Reser. Les massacres se sont continués le lendemain. Seize personnes ont été tuées, parmi lesquelles les membres de la famille Kribs ; le père et la mère ont été tués dans leur maison ; le fils, âgé de 14 ans, qui s'enfuyait avec sa sœur pour échapper à l'incendie, a été blessé d'une balle et s'est affaissé ; il a été achevé à coups de crosse. Le jeune Lhotel, âgé de 18 ans, a été emmené jusqu'à mi-chemin de Longwy ; on a retrouvé le lendemain son cadavre dans le jardin des époux Mayeur ; il portait à la tête une blessure faite par une balle, et son père a constaté qu'il avait sur la poitrine du sang coagulé ; mais il n'a pas été déshabillé avant d'être enseveli. M. Belin, qui se sauvait, a reçu une balle au pied droit ; six Allemands l'ont rejoint, l'ont fait tomber et l'ont criblé de coups de baïonnette.

Soixante-seize maisons ont été brûlées à la torche et avec des balles incendiaires. Dans celle des époux Kribs, la petite Fizaine a été carbonisée. Je vous remets une liste établie par la mairie et faisant connaître les noms des personnes qui ont été tuées par les Allemands et de celles qui ont été brûlées dans les incendies.

Après lecture, le témoin a signé avec nous.

DOCUMENT communiqué à la Commission par le précédent témoin.

COMMUNE DE MONT-SAINT-MARTIN.

ÉTAT
des personnes tuées le jour de l'invasion,

NUMÉ-ROS.	NOMS ET PRÉNOMS.	ÂGE.	PROFESSION.	DOMICILE.
1	Chenet (Célestin)..............	40 ans.	Domestique.	Chez Dorion.
2	Schneider (Marguerite).........	10 ans.	Sans profession.	Rue Mathieu-de-Dombasle.
3	Kribs (Henri).................	46 ans.	Manœuvre.	Boulevard de Metz.
4	Kribs (Nicolas)..............	15 ans.	"	"
5	Vignot (Zénon)...............	40 ans.	"	"
6	Belin (Camille)..............	27 ans.	Débitant.	"
7	Lhotel (Alfred)..	18 ans.	Ajusteur.	"
8	Surback (François)...........	32 ans.	Traceur.	Route de Longwy.
9	Reser (Célestin).............	65 ans.	Propriétaire.	Ferme de Mercy.
10	Bastin......................	"	"	Halanzy (Belgique).
11	Lemmers (Charles)	45 ans.	Manœuvre.	Rue Mathieu-de-Dombasle.
12 13	Deux Espagnols................	"	"	Route de Longwy.

ÉTAT
des personnes brûlées dans les incendies.

NUMÉ-ROS.	NOMS ET PRÉNOMS.	ÂGE.	PROFESSION.	DOMICILE.
1	Balthazar (Élisabeth), femme Kribs.	47 ans.	Sans profession.	A la Tuilerie
2	Fizaine (Louise)...............	4 ans 1/2.	*Idem.*	*Idem.*
3	Prégnon (Marie)...............	68 ans.	*Idem.*	Route de Longwy.

Certifié conforme à l'original.

(*Suivent les signatures des membres de la Commission.*)

N° 89.

DÉPOSITION reçue, le 27 novembre 1915, à Saint-Nazaire (Loire-Inférieure), par M. Guérin, juge de paix.

Clément (Marie), née le 16 février 1896, demeurant actuellement à Trignac, route de Méan, chez Mme Poujon, domestique à Mont-Saint-Martin (Meurthe-et-Moselle), cité Belle-vue, maison appartenant à la Société des Aciéries de Longwy.

Serment prêté.

A leur arrivée, les Allemands ont incendié beaucoup de maisons. L'une d'elles était habitée par la famille Kribs (père, mère, une fille, un fils), route d'Aubange. Tous les quatre ont été tués, puis brûlés avec la maison, sans motifs connus.

Un homme de 65 ans, Reser (Célestin), route de Piedmont, a été tué et brûlé dans sa maison pour n'avoir pas voulu indiquer leur chemin aux Allemands.

Une fillette, la petite Schneider, et la petite Fizaine ont été tuées par des coups de fusil tirés dans les fenêtres, sans raison.

Deux Espagnols (on ignore leurs noms), route de Longwy, ont été fusillés pour avoir barricadé leurs portes contre les Allemands.

Un borgne, Surback (François), cafetier, route de Longwy; Belin (Camille), cafetier, route de Longwy; Lhotel, machiniste, route d'Aubange; Célestin (j'ignore le nom), domestique, route de Longwy; Sauvage, manœuvre au Tivoli, ont été fusillés sans motifs, croiton.

Un domestique, Kirsch (Jean), route d'Aubange, a eu un poignet coupé d'un coup de sabre et a reçu une balle dans l'autre bras, pour n'avoir pas voulu donner une vache à des soldats allemands, qui voulaient la lui arracher.

Tout le monde, à Saint-Martin, peut témoigner de ces faits.

(Suivent les signatures.)

N° 90.

PROCÈS-VERBAL dressé, le 2 décembre 1915, à SERRIÈRES (Ardèche) par M. DOREL, suppléant délégué du juge de paix, d'après les déclarations de Mme JACQUET (Gabrielle), née le 24 septembre 1881, femme FRIQUEGNON, demeurant actuellement à Audance (Ardèche), ménagère à Longwy-Haut, 3, rue de la Manutention.

Serment prêté.

Mme Friquegnon a eu sa cousine Marguerite Schneider, âgée de 9 ans, tuée par une balle tirée de la rue dans sa chambre, à Mont-Saint-Martin. Dans la même localité, les Allemands ont incendié plusieurs maisons. Dans une ferme appartenant à la cousine de la déclarante, Mme Fournel, le domestique, détachant les bestiaux de l'écurie en feu, a eu une main coupée et l'autre bras traversé par une arme tranchante.

(Suivent les signatures.)

N° 91.

DÉPOSITION reçue, le 25 janvier 1916, à COLOGNE-DU-GERS (Gers), par M. Bernard UFFERTÉ, juge de paix.

MARGEOTTE (Pierre), âgé de 50 ans, chef lamineur aux aciéries de Longwy (Meurthe-et-Moselle), actuellement réfugié à Ardizas (Gers).

Serment prêté.

Le 1er août 1914, n'ayant pas mon livret à jour, je me suis présenté à la sous-intendance de Longwy.

On m'a expliqué que ma classe n'était pas mobilisable et on m'a prié de me tenir à la disposition de l'autorité civile de la ville de Longwy. Je suis allé trouver le commissaire en chef, qui m'a enrôlé dans la garde civile.

Comme tel, j'avais reçu un brassard. Le 21 août, à la pointe du jour, ayant entendu des coups de canon et des coups de mitrailleuse, nous avons, ainsi que nous en avions reçu l'ordre, quitté nos brassards pour ne pas être reconnus par l'ennemi. Je me suis caché, avec mes deux gamins, sous les condenseurs de l'usine des aciéries de Longwy. Je suis resté là jusqu'à 4 heures environ. A ce moment, comprenant que l'ennemi battait en retraite, je me suis hasardé à aller voir ce qui se passait sur la route de Mont-Saint-Martin. C'est sur cette route que des soldats allemands du 122e d'infanterie m'ont réquisitionné, avec une douzaine de mes camarades, pour ramasser leurs morts et leurs blessés. Je ne connais pas tous ces camarades, mais je puis citer le nom de Wagner (André), âgé de 45 ans, réformé pour double hernie, qui travaillait avec moi aux aciéries de Longwy.

Nous étions conduits par ces fantassins allemands, lorsque, arrivés devant la maison d'un nommé Lhotel, située sur le territoire de la commune de Mont-Saint-Martin, à deux kilomètres environ de Longwy, j'ai vu trois militaires du même régiment descendre l'escalier de la maison Lhotel; un de ces trois militaires traînait par les pieds le jeune Lhotel, âgé de 14 ans et demi; les deux autres suivaient. Arrivés devant la porte, ils ont lâché l'enfant, et d'autres militaires qui étaient devant la porte lui ont tiré deux ou trois coups de fusil dans la tête, sans le faire relever. Il n'aurait du reste pas pu se relever, puisqu'il était à moitié assommé par les coups de tête qu'il avait donnés sur les marches de l'escalier.

Je n'ai pu en voir davantage, parce que les soldats allemands nous ont forcés à continuer notre marche pour ramasser leurs morts et leurs blessés; mais, dans le courant de la journée, j'ai appris qu'ils avaient trouvé le jeune Lhotel dans son lit, en train de dormir, qu'ils avaient remarqué en face de son lit un revolver sur un buffet et qu'ils avaient accusé ce pauvre enfant, bien innocent, d'avoir tiré sur eux par la croisée avec ce revolver.

Ils ont fusillé bien d'autres personnes, sous le même prétexte; mais je n'ai pas été témoin oculaire de ces fusillades. Ils ont même incendié sous le même prétexte toutes les maisons qui se trouvaient sur la route de Longwy à Mont-Saint-Martin.

C'est en battant en retraite qu'ils ont allumé ces incendies.

Lecture faite, persiste et signe avec nous.

(Suivent les signatures.)

Nos 92, 93, 94, 95.

DÉPOSITIONS reçues, le 13 janvier 1919, à RÉHON (Meurthe-et-Moselle), par la Commission d'enquête.

Mme WAGNER (Virginie), âgée de 55 ans, épouse de M. ARQUIN, employé aux usines de Réhon.

Je jure de dire la vérité.

Les Allemands sont entrés à Chénières le 21 août 1914, à la fin de l'après-midi; ils n'y restèrent que deux heures et se replièrent du côté de Villers-la-Montagne; mais, dès le lendemain, vers six heures, ils revenaient en force et, sans provocation aucune, mettaient le feu à tous les coins du village. Ils détruisirent le jour suivant les quelques maisons qui avaient échappé aux flammes; il n'en resta que deux, dont l'une fut brûlée cette année même, lorsque l'ennemi se retira définitivement. De notre village, qui comprenait près de cent feux, il ne subsiste plus qu'une seule habitation en ruines. Les Allemands mettaient le feu en lançant des fusées ou des boules incendiaires et en tirant des coups de fusil qui faisaient immédiatement jaillir les flammes.

En même temps, ils se livraient sur notre population sans défense à d'effroyables assassinats. Vingt-deux habitants furent fusillés sans motif; j'ai eu la douleur de perdre ainsi mon fils Maurice, âgée de onze ans; il a été tué d'une balle au cœur et est tombé à mes côtés, alors que, chassée de chez moi par l'incendie, je cherchais un refuge avec mes deux enfants.

Après lecture, le témoin a signé avec nous.

———

Mme Célestine VONNER, âgée de 46 ans, épouse de M. LECLERC (Jean-Baptiste), retraité des douanes, domiciliée à Chénières, actuellement en résidence à Réhon.

Je confirme sur tous les points la déposition qui vient de vous être faite par Mme Arquin. Le jour du massacre, j'ai moi-même perdu mon père, M. Vonner (Jean), âgé de 70 ans, et mon fils René, âgé de 18 ans, élève à l'école normale d'instituteurs de Commercy. Ils se trouvaient chez ma belle-sœur, Mme Vonner, lorsqu'un Allemand les conduisit hors du village avec ma belle-sœur, ma nièce et mon neveu, en tout cinq personnes. Mon père demanda à être mis en présence du chef; on lui opposa un refus, et mon fils, qui comprenait l'allemand, entendit l'officier ordonner l'exécution, qui eut effectivement lieu. Seuls furent épargnés ma belle-sœur, sur le point d'accoucher, ma nièce et mon neveu, âgés respectivement de 5 ans et de 12 ans.

Le soir, on nous conduisit à Villers-la-Montagne, d'où l'on nous ramena à Chénières cinq jours après. On nous interdit, sous peine d'être fusillés, d'approcher des décombres de nos maisons, en nous traitant de pillards et de voleurs, et on nous obligea à enterrer les cadavres des victimes, que des porcs, errant dans les ruines, commençaient à dévorer. Nous dûmes, sous la conduite de nos bourreaux, aller chercher des brouettes, relever les cadavres et les inhumer nous-mêmes. Les Allemands prétendaient nous contraindre à enfouir pêle-mêle nos morts avec les bêtes tuées pendant le carnage, et nous eûmes toutes les peines du monde à obtenir de les déposer dans le cimetière.

Le témoin, dont les déclarations ont été à plusieurs reprises entrecoupées par des sanglots, confirme sa déposition, après que lecture lui en a été donnée.

———

SCHILS (Eugénie), femme LEIDELINGER, âgée de 32 ans, sans profession, demeurant à Chénières, réfugiée à Réhon :

Je jure de dire la vérité.

Le 22 août 1914, tandis que le village de Chénières était en flammes, je me trouvais dans la rue avec mes deux jeunes enfants, ma mère et mon frère, Paul Schils, âgé de 35 ans, quand quelques soldats allemands passèrent auprès de notre groupe; l'un d'eux, qui était à cheval, tendit le bras dans notre direction et fit feu de son revolver sur mon frère, qui tomba foudroyé d'une balle dans les reins.

Après lecture, le témoin a signé avec nous.

———

LELOUP (Gustave), 60 ans, ancien représentant de commerce, domicilié à Chénières, réfugié à Réhon.

Après l'incendie du 22 août 1914, il ne restait à Chénières que deux maisons. J'étais propriétaire de l'une d'elles; celle-ci a été brûlée le 16 novembre dernier, c'est-à-dire cinq jours après l'armistice. Le feu a fait son œuvre avec une telle rapidité qu'il a certainement été allumé volontairement. D'après ce qui m'a été affirmé par M. Jules Picard, de Chénières,

8.

qui de Baslieux s'était ce jour-là rendu dans le village, à onze heures et demie du matin la maison était encore debout; à deux heures, il n'en restait plus rien. Elle était habitée depuis deux jours par trois soldats allemands, que j'y avais vus moi-même le 12 novembre et qui m'avaient dit : « Revenez dans trois jours; vous pourrez rentrer chez vous ».

Après lecture, le témoin a signé avec nous.

N° 96.

DÉPOSITION reçue, le 7 juin 1915, à LOMBEZ (Gers), par M. Joseph COULOMBIÉ, juge de paix.

LEIBEL (Émile), métallurgiste, âgé de 65 ans, domicilié à Mont-Saint-Martin (Meurthe-et-Moselle), réfugié à Sauvimont (Gers).

Serment prêté.

Vers le 20 août dernier, les avant-gardes allemandes pénétrèrent dans le village de Chénières, où habitaient mon gendre et ma fille ; ce village est situé à 10 kilomètres environ de chez moi. Ma fille m'a raconté que deux soldats faisant partie de cette avant-garde pénétrèrent chez elle en lui demandant une poule ; à ce moment, le bombardement ayant commencé et leurs obus pleuvant sur la maison, les Allemands se sauvèrent.

Mon gendre, Philippe Frantz, et sa famille sortirent alors de la maison et s'en allèrent dans le jardin, où ils se couchèrent pour se cacher ; d'autres Allemands pénétrèrent dans le jardin ; mon gendre, qui était sourd, n'entendant pas le bruit de leurs pas, se leva pour se rendre compte de ce qui se passait ; sa fillette, âgée de 6 ans et demi, fit comme lui : les Allemands, les apercevant, tirèrent sur eux à coups de fusil et les tuèrent ; à côté de ma fille et de ses trois autres garçons qui, étant restés couchés, ne furent pas découverts ; ces derniers se sont sauvés en même temps que moi, mais nous nous sommes perdus en route, et, depuis, je suis sans nouvelles d'eux.

Je dois ajouter qu'un jour, pendant que je travaillais au dehors, les Allemands pénétrèrent dans ma maison et me volèrent ma médaille commémorative de la campagne de 1870 et ma médaille d'honneur du travail.

Je ne sais pas autre chose.

Lecture faite, persiste et signe.

N° 97.

DÉPOSITION reçue, le 13 janvier 1919, à RÉHON (Meurthe-et-Moselle), par la Commission d'enquête.

CONRADT (Marie-Catherine), épouse de M. Alfred ROUYER, retraité des douanes, âgée de 55 ans, domiciliée à Chénières, actuellement réfugiée à Réhon.

Je jure de dire la vérité.

Pendant les massacres épouvantables de Chénières, le 22 août 1914, mon cousin germain, M. Louis Damgé, sa femme et ses fils, âgés l'un de 16 ans et l'autre de 14, s'étaient cachés dans une haie. A un certain moment, Louis est rentré chez lui. On ignore ce qui s'est passé alors; toujours est-il que son cadavre a été retrouvé le lendemain dans les champs. La mère et les enfants ont été découverts par les Allemands à l'endroit où ils s'étaient dissimulés ; les soldats ont tiré sur eux ; l'aîné des fils est tombé mort auprès de ma cousine, le plus jeune a été blessé grièvement.

Le même jour, comme je me sauvais dans la rue, ayant auprès de moi Mme Gillet, son mari et sa fille, les Allemands ont tiré sur nous par derrière ; Mme Gillet a été atteinte au côté droit d'une balle qui lui a fait une grave blessure.

Le nombre des personnes du village qui ont été massacrées est de vingt-deux.

Ce sont : Victor Damgé, âgé de 53 ans ; Jean Vonner, âgé de 70 ans ; Hortense Velle, âgée de 75 ans ; Ernest Picart, âgé de 60 ans ; René Leclerc, âgé de 18 ans ; François Damgé, âgé de 60 ans ; Louis Damgé, âgé de 46 ans, et son fils Auguste, âgé de 16 ans ; Marie Lahure, âgée de 60 ans ; Paul Schils, âgé de 31 ans ; Anatole Morsat, âgé de 40 ans ; sa femme, née Marie Melin, ses deux jeunes enfants : Jeanne, âgée de 7 ans, Gaston, âgé de 9 ans, et sa belle-mère, Joséphine Melin, âgée de 65 ans ; M. Fichant, âgé de 53 ans ; Kauffmann (Arsène), âgé de 30 ans ; Frantz (Philippe), âgé de 40 ans environ, et sa fille Simonne, âgée de 6 ans et demi ; Maurice Arquin, âgé de 11 ans ; et deux domestiques de ferme, dont nous ignorons les noms et qui étaient employés, l'un chez M. Cordonnier, et l'autre chez M. Zante.

Tout le village a été incendié par le 22ᵉ régiment d'infanterie allemande.

Après lecture, le témoin a signé avec nous et avec Mme GILLET (Julienne), née DÉOM, âgée de 49 ans, qui, après avoir prêté serment, a confirmé la déposition en ce qui concerne la grave blessure dont elle a été atteinte.

N° 98.

DÉPOSITION reçue, le 13 janvier 1919, à CUTRY (Meurthe-et-Moselle), par la Commission d'enquête.

LARCELET (Angèle), veuve de M. Auguste BASSE, instituteur public à Cutry, âgée de 40 ans.

Je jure de dire la vérité.

Le 22 août 1914, les Allemands ont occupé Cutry. Mon mari, qui se trouvait dans notre cave avec M. Auguste Dillon, conseiller municipal, un domestique, nommé Jean-Pierre Perlot, et mon fils Georges, est remonté pour les recevoir. Il a été immédiatement empoigné, ainsi que MM. Dillon et Perlot, et conduit au fond du jardin, où tous trois ont été fusillés, en même temps que quatre autres habitants, MM. Navel, Flèche, Émile André et Grund. Mon fils avait heureusement pu se sauver. Il était alors dix heures du matin. A trois heures de l'après-midi, j'ai quitté la voisine chez laquelle je m'étais réfugiée, et je suis rentrée chez moi, pensant y retrouver mon mari. Une personne m'a alors informée qu'il avait été tué et que son corps était au bout du jardin. M'étant rendue à l'endroit indiqué, je me suis trouvée en présence de sept cadavres ayant tous les mains liées derrière le dos. Vers cinq heures, j'ai été chassée de ma maison, comme d'ailleurs tous les habitants. Deux mois après, j'étais revenue, et j'ai pu faire procéder à l'exhumation du corps de mon mari et de ceux de MM. André et Dillon, qui avaient été enterrés sur place. J'ai constaté alors que mon mari avait eu l'annulaire de la main gauche coupé ; c'était le doigt qui portait son alliance.

L'abbé Robert, curé de la paroisse, avait été emmené par les Allemands le 22 août. Il a été fusillé le lendemain à Villers-la-Montagne.

L'ennemi a brûlé à son arrivée vingt-six maisons, et le 15 novembre, à quatre heures du soir, c'est-à-dire quatre jours après l'armistice, il en a détruit une douzaine d'autres en faisant sauter un dépôt de mélinite.

Après lecture, le témoin a signé avec nous.

N°s 99, 100.

DÉPOSITIONS reçues, le 12 mars 1919, à CUTRY (Meurthe-et-Moselle), par la Commission d'enquête.

LARCELET (Angèle), veuve BASSE, âgée de 40 ans, demeurant à Cutry.

Je jure de dire la vérité.

Je suis décidée aujourd'hui à vous révéler des faits dont, par pudeur, je n'ai pas osé parler à la Commission quand j'ai déposé devant elle.

Je vous ai dit, que le 22 août 1914, un certain nombre d'hommes, de femmes et d'enfants, parmi lesquels je me trouvais, avaient été emmenés par les Allemands à Chénières. Là, nous avons été tous enfermés dans une pièce de la seule maison que le feu avait épargnée. Un poste ennemi nous gardait. Les hommes qui le composaient sont venus chercher dans cette chambre des femmes et des jeunes filles, et, en les menaçant de leurs baïonnettes, les ont contraintes à se rendre avec eux dans une pièce contiguë, où ils leur ont fait subir les derniers outrages. Sept ou huit ont été ainsi violées.

Une jeune femme portait son enfant dans ses bras; on le lui a enlevé pour le donner à son mari, et sous les yeux de celui-ci, on l'a emmenée.

Ma fille Lucie, qui avait alors 16 ans, a failli être victime de ces actes abominables; mais au moment où les soldats voulaient la saisir, elle est tombée en faiblesse, et elle a été épargnée.

Après lecture, le témoin a signé avec nous.

GIRCOUR (Claude), cultivateur à Cutry, âgé de 59 ans.

Je jure de dire la vérité.

Pendant l'occupation allemande, j'ai exercé les fonctions de maire. C'est le 22 août que l'ennemi est arrivé à Cutry. Il y a brûlé plus de vingt maisons et commis des meurtres dont des gens absolument inoffensifs ont été victimes. C'est ainsi qu'ils ont fusillé l'instituteur, M. Basse, MM. Flèche, âgé de 70 à 71 ans, Navel, Dillon, Émile André, Perlot et Grund. Ce jour-là, vers 5 heures du soir, ils m'ont emmené à Chénières avec un certain nombre d'habitants, et nous ont consignés dans une grande pièce. Des soldats sont venus à plusieurs reprises chercher dans cet endroit des femmes qu'ils choisissaient et les ont violées dans une chambre voisine. Plusieurs jeunes filles, parfaitement honorables ont subi ainsi les derniers outrages. L'une d'elles, Mlle X..., a été violentée trois fois. Deux jeunes femmes, Mme Y... et Mme Z..., portaient leurs petits enfants dans leurs bras. Les Allemands les leur ont enlevés pour les remettre aux maris, et ont ensuite abusé d'elles.

Après lecture, le témoin a signé avec nous.

N° 101, 102, 103.

DÉPOSITIONS reçues, le 13 mars 1919, à LANDRES (Meurthe-et-Moselle), par la Commission d'enquête.

VEYNACHTER (Pierre), âgé de 50 ans, cultivateur et conseiller municipal à Landres.

Je jure de dire la vérité.

Pendant l'occupation allemande, j'ai rempli les fonctions de maire, en l'absence du titulaire mobilisé.

Le 22 août 1914, quand les Français ont battu en retraite, notre village, qui, depuis le 7 du même mois, était occupé par de la cavalerie ennemie, a été envahi par d'importants contingents d'infanterie. Immédiatement ceux-ci mirent le feu en divers endroits, et sans aucun motif tuèrent quatre hommes parfaitement inoffensifs : MM. Brenner, Tintinger, Guenzi et Stramboli. Tous quatre furent abattus dans la rue, à coups de fusil.

Le lendemain, un habitant de la commune de Piennes, M. Henry, père d'une nombreuse famille, fut fusillé dans une carrière avec un inconnu, alors qu'il revenait de son travail dans les champs, portant sa faux sur son épaule. A proximité de cet endroit, deux autres hommes que nous ne connaissions pas ont été également exécutés.

Mlle X..., âgée d'environ 16 ans, qui se trouvait avec plusieurs personnes dans une maison située près de l'église, a été, le même jour, entraînée par des sous-officiers dans une pièce voisine de celle où elle se tenait, et violée par ces misérables.

L'incendie de la commune a duré plusieurs jours; 67 maisons ont été brûlées. Il ne reste qu'un tiers du village.

Après lecture, le témoin a signé avec nous.

———

DE PAOLI (Barthélemy), âgé de 56 ans, chef carrier à Landres.

Je jure de dire la vérité.

Le 23 août 1914, j'ai vu fusiller M. Henry et un jeune homme que je connaissais pas, mais qu'on m'a dit être un soldat habillé en civil. L'ordre d'exécution avait été donné en ma présence par un général. Le père Henry, pendant qu'on l'entraînait, pleurait et se lamentait : « Je n'ai rien fait, disait-il, je suis innocent. Laissez-moi vivre, je suis père de six enfants. » Mais les soldats le poussaient en avant à coups de crosse. Les deux hommes ont été placés debout contre une paroi de la carrière qui est située près de chez moi ; on leur a bandé les yeux, puis deux soldats ont fait feu sur eux. Un sous-officier s'est approché ensuite des victimes et leur a donné le coup de grâce avec son revolver.

Au même moment, deux autres hommes, dont je connaissais l'un de vue, ont été également exécutés dans une autre carrière. J'ai vu des soldats allemands les enterrer, ainsi qu'un troisième qui avait été tué près de la route de Murville. J'ajoute que j'ai enterré moi-même un jeune domestique belge, qui avait été brûlé dans l'incendie du débit Fortunati.

Après lecture, le témoin a signé avec nous.

———

KIRSCH (Marie-Marguerite), âgée de 28 ans, institutrice communale à Landres.

Je jure de dire la vérité.

Dans la nuit du 23 au 24 août 1914, j'étais, avec plusieurs personnes, dans une chambre de la maison Laurang, quand des militaires allemands y sont venus chercher Mlle X... J'étais tellement angoissée que je ne puis dire comment les choses se sont passées; Mlle X...

8...

a raconté ensuite qu'elle avait été entraînée dans une chambre voisine et qu'elle y avait été violée.

Après lecture, le témoin a signé avec nous.

N°s 104, 105, 106, 107, 108, 109, 110, 111, 111bis.

DÉPOSITIONS reçues, le 12 mars 1919, à Saint-Pancré (Meurthe-et-Moselle), par la Commission d'enquête.

Villermot (Julienne), âgée de 29 ans, institutrice communale à Saint-Pancré.

Je jure de dire la vérité.

Le 22 août 1914, les Allemands, qui venaient d'entrer à Saint-Pancré, ont incendié volontairement plusieurs maisons, tant dans l'agglomération principale que dans le hameau de Buré-la-Ville, et fusillé des habitants sans aucun motif, mais sous le prétexte absolument mensonger qu'il y avait des francs-tireurs dans le village. M. Gobert a été tué à coups de fusil, au moment où il ouvrait sa porte. M. Grégoire (Alfred) a eu le ventre ouvert d'un coup de baïonnette. Dans les champs, à proximité de la commune, ont été également mis à mort MM. Gillet (Paul), Remer (Achille) et Weber (René). M. Lepage a été asphyxié dans sa cave. M. Allard, après avoir été blessé, a été emmené en Allemagne; on n'a plus jamais eu de ses nouvelles.

Après lecture, le témoin a signé avec nous.

Blondin (Charles), âgé de 64 ans, maire de Saint-Pancré.

Je jure de dire la vérité.

Le 22 août 1914, dès leur arrivée, les Allemands, sans aucun motif, ont incendié à Saint-Pancré vingt-trois maisons, dont seize ont été complètement détruites, et à Buré, dépendance de la commune, ils ont brûlé deux maisons complètement et deux autres en partie.

Dans le village, ils ont tué Grégoire (Alfred), Remer (Joseph), Gobert (Amédée). Dans les champs, ils ont fusillé Remer (Achille) Gillet (Paul), Weber (René) et deux Belges, nommés l'un Gérard et l'autre Roussel. M. Remer (Joseph), après avoir été blessé, s'était réfugié dans sa cave; on l'y a retrouvé carbonisé. M. Lepage (Jean-Pierre), âgé de 82 ans, a été asphyxié dans l'incendie de sa maison. A Buré-la-Ville, le petit Gavroy (Roger), a été tué d'une balle dans la tête et son père blessé par des soldats qui tiraient au hasard sur les gens qui se sauvaient.

Tous ces crimes ont été commis sans raison. Aucun habitant n'avait opposé à l'ennemi la moindre résistance, et les troupes françaises étaient parties.

Après lecture, le témoin a signé avec nous.

Thénus (Marie), veuve Grégoire, âgée de 52 ans, demeurant à Saint-Pancré.

Je jure de dire la vérité.

Le 22 août 1914, vers 7 heures du soir, comme les Allemands mettaient le feu au village, je me suis sauvée dans les champs avec ma fille. Je voulais emmener aussi mon mari, mais il m'a dit : « Il vaut mieux que je reste pour garder la maison ; ils ne me tueront pas. » Quand je suis rentrée, à minuit, j'ai trouvé Grégoire agonisant dans son lit, mais pouvant encore parler. Il m'a déclaré avoir été blessé d'un coup de baïonnette, devant sa porte, sans avoir rien dit ni rien fait pour mécontenter les Allemands. Il est mort à une heure et demie du matin. Le malheureux avait reçu une blessure terrible ; il portait au ventre un trou énorme par lequel les intestins sortaient. C'était un homme très calme et tout à fait inoffensif ; il était manchot depuis l'âge de onze ans.

Après lecture, le témoin a signé avec nous.

THÉNUS (Euphrasie), veuve REMER (Achille), âgée de 42 ans, demeurant à Saint-Pancré. Je jure de dire la vérité.

Le 22 août, je revenais de Tellancourt avec un assez grand nombre de personnes quand, dans les champs, nous avons aperçu les Allemands qui incendiaient notre village. Deux soldats, baïonnette au canon, nous ont donné l'ordre de nous arrêter. Au bout d'une heure environ, un détachement est arrivé, et le chef nous a déclaré que nous allions être fusillés tous. Il a ajouté, ce qui était complètement faux, que les habitants avaient tiré sur sa troupe. Nous avons protesté, et alors l'officier a dit : « Les hommes à droite et les femmes à gauche. » Nous nous sommes sauvées comme nous avons pu ; mais à peine avions-nous franchi quelques mètres qu'une fusillade éclatait. Cinq hommes ont été tués : mon mari, Remer (Achille), MM. Gillet (Paul), Weber (René) et deux Belges. Les autres ont réussi à s'échapper.

Après lecture, le témoin a signé avec nous.

GILLET (Eugénie), femme GALLIRÉ, demeurant à Saint-Pancré. Je jure de dire la vérité.

Mon père, M. Paul Gillet, a été tué par les Allemands le 22 août 1914, dans les champs, comme vous l'a dit Mme Remer. Je me trouvais moi-même parmi les personnes qui revenaient de Tellancourt.

Après lecture, le témoin a signé avec nous.

REMER (Julia), femme PERAZZI, âgée de 28 ans, demeurant à Saint-Pancré.

Elle jure de dire la vérité et, confirmant les dépositions de Mme Remer et de Mlle Gillet, elle ajoute qu'elle se trouvait, elle aussi, avec son mari, parmi le groupe d'habitants qui a été assailli dans les champs en revenant de Tellancourt.

« Mon mari, Perazzi (Pierre), actuellement absent, dit-elle, a pu se sauver et s'est couché dans des avoines. Le lendemain, 23 août, il y a été découvert par des Allemands. Ceux-ci ont tiré sur lui et l'ont blessé à la bouche et au bras. Ils l'ont ensuite arrosé de pétrole ; mais, heureusement, l'un d'eux est intervenu pour empêcher les autres de le brûler. »

Après lecture, le témoin a signé avec nous.

WEBER (Pierre), âgé de 53 ans, manœuvre à Saint-Pancré. Je jure de dire la vérité.

Mon fils, René, a été tué le 22 août 1914 par les Allemands, dans les circonstances que vous ont relatées les témoins précédents. Je n'ai moi-même échappé à la mort que parce que j'ai pu prendre la fuite.

Après lecture, le témoin a signé avec nous.

PÉRIN (Eugénie), veuve REMER, âgée de 46 ans, demeurant à Saint-Pancré.

Je jure de dire la vérité.

Le 22 août 1914, à 7 heures du soir, comme les Allemands commençaient à mettre le feu au village, mon beau-frère est venu m'appeler pour soigner ma belle-mère, âgée de 86 ans, à qui un officier allemand venait de tirer un coup de revolver. Cette malheureuse femme était en train de regarder par sa fenêtre, quand l'officier, l'ayant aperçue, l'avait visée et avait fait feu sur elle, l'atteignant au creux de l'estomac. Sur les instances de mon mari, que j'hésitais à quitter dans un pareil moment, je suis allée faire le pansement. Quand je revins, une demi-heure plus tard, j'appelai Remer pour qu'il m'ouvrît la porte. Il accourut, mais aussitôt plusieurs soldats tirèrent sur lui; il fut frappé d'une balle au côté et tomba mort sans avoir prononcé une seule parole.

Ma belle-mère, veuve Remer, née Simonnet, a beaucoup souffert. Heureusement, elle a survécu.

Après lecture, le témoin a signé avec nous.

LEPAGE (Émélie), veuve REMER (Hilaire), âgée de 50 ans, demeurant à Saint-Pancré.

Je jure de dire la vérité.

Le 22 août 1914, ma belle-mère, Mme veuve Remer-Simonnet, a été grièvement blessée par un coup de revolver, que lui a tiré un officier allemand qui passait devant chez elle. Cet officier l'a visée à travers la fenêtre et l'a atteinte au ventre. La balle, traversant le corps, est sortie à la hauteur des reins.

Notre maison a été incendiée et mon père, Lepage (Jean-Pierre), âgé de 82 ans, a été asphyxié dans la cave, où il s'était réfugié.

Après lecture, le témoin a signé avec nous.

N° 112.

DÉPOSITION reçue, le 13 mars 1919, à MERCY-LE-HAUT (Meurthe-et-Moselle), par la Commission d'enquête.

HANRY (Athanase), âgé de 59 ans, instituteur communal et secrétaire de la mairie à Mercy-le-Haut.

Je jure de dire la vérité.

Les Allemands sont arrivés ici pour la première fois le 7 août 1914, et, à partir de cette époque, les passages de troupes se sont succédé plus ou moins nombreux. Le 22, à 8 heures et demie du soir, des contingents importants d'infanterie sont entrés dans le village, après une bataille qui s'était déroulée en partie aux environs. Dans la salle d'école étaient hospitalisés des blessés français et, parmi ceux-ci, s'étaient installés six de nos soldats, qui n'avaient reçu aucune blessure et qui n'avaient pu rejoindre leur corps au moment de la retraite. Un officier allemand est entré chez moi, a demandé si nous logions des militaires français et s'est fait conduire par ma belle-fille dans la pièce où étaient les blessés. Il y a trouvé les six soldats valides, qui étaient couchés sur la paille avec les autres et qui n'avaient aucune arme en leur possession. Il leur a ordonné de se lever et les a tous abattus à coups de revolver. Cinq d'entre eux ont été tués ; le sixième, blessé seulement, a fait le mort, m'a-t-on dit.

A peu près au même moment, des Allemands frappèrent à la porte de M. L'Huillier, chez qui se trouvaient réunies neuf personnes, notamment des femmes et des enfants. M. L'Huillier alla ouvrir ; aussitôt, il tomba, mortellement atteint d'un coup de fusil. Les soldats pénétrèrent alors dans la chambre où se trouvaient les autres habitants et tirèrent dans le tas. Mme veuve Pana, sa fille Mme Guidon, sa petite-fille Renée Guidon, âgée de 4 ans, Mme L'Huillier et deux femmes étrangères à la commune, MM^mes Kuehler, d'Homécourt, et Ruer, d'Herserange, furent tuées.

Le même soir, Mlle Collignon, étant allée ouvrir sa porte à des soldats ennemis, essuya un coup de fusil qui, heureusement, ne l'atteignit pas ; mais son père, qui était en train de s'habiller en sortant de son lit, reçut une balle qui le tua raide.

Vers 9 heures, le jeune Mandy (Léon), âgé de 18 ans, se chauffait tranquillement près d'un poêle, chez M. Collignon (Aimé), frère de celui dont je viens de vous faire connaître le meurtre. Des Allemands lui ordonnèrent de lever les bras, et l'un d'eux lui fracassa la tête d'un coup de revolver. Un médecin-major français, qui soignait des blessés dans la maison, exprima violemment son indignation. « Répétez », lui dit l'Allemand. Le médecin n'hésita pas et renouvela sa protestation ; il essuya aussitôt un coup de revolver, qui l'atteignit à la mâchoire.

Le lendemain, à 8 heures du matin, le jeune Maurice Guerville, âgé de 17 ans, qui rentrait chez lui avec un bidon de lait qu'il était allé chercher dans le voisinage, vit des soldats allemands qui tiraient sur des poules ; comme ils manquaient leur but, le gamin se mit à rire ; furieux, ils tirèrent alors sur lui. Blessé dans le dos, le petit Guerville succomba en arrivant sur le palier de la maison.

Après lecture, le témoin a signé avec nous et avec M. Dehan (Léon), âgé de 61 ans, qui fit fonctions de maire pendant l'occupation, lequel a entièrement confirmé la déposition de M. Hanry, serment préalablement prêté de dire la vérité.

N° 113.

DÉCLARATION reçue, le 5 août 1918, à Robert-Espagne (Meuse), par le chef de brigade de gendarmerie Camille Hubert.

Georges (André), du 161° d'infanterie, prisonnier de guerre français, rapatrié d'Allemagne, à Robert-Espagne.

Le 22 août 1914, au combat de Mercy-le-Haut, j'ai été blessé et, vers 19 heures, avec une vingtaine de mes camarades, également blessés, j'ai été conduit au premier étage de la salle d'école, qui était transformée en infirmerie.

Vers 22 heures, des soldats allemands, sous la conduite d'un officier, ont pénétré dans ladite salle. Ils étaient accompagnés d'un infirmier du 161°, dont je ne connais pas le nom, lequel ils avaient obligé à les devancer pour les éclairer au moyen d'une bougie.

Dès leur arrivée dans la salle, six de mes camarades, qui étaient couchés, se sont mis sur leur séant. Aussitôt l'officier les a fait mettre debout, et sans parlementer et sans leur demander quoi que ce soit, il les a fait fusiller immédiatement à l'endroit même où ils étaient ; l'un des six, qui n'avait pas été atteint et qui avait fait le mort, a pu avoir la vie sauve. Cette scène s'est déroulée si rapidement que ni mes camarades ni moi, n'avons pu remarquer le numéro du régiment ni la formation à laquelle appartenaient ces soldats allemands. Je ne connais pas les noms de mes camarades qui ont été fusillés.

Il y avait un drapeau de la Croix-Rouge sur la maison d'école (il avait été confectionné avec un drap et la croix avait été teinte avec le sang des blessés), et les Boches ne peuvent invoquer une méprise; car j'affirme qu'il n'y avait que des blessés à l'école.

L'instituteur et sa femme ont été témoins de ces faits, ainsi qu'un de mes camarades nommé Gillet, qui est de Robert-Espagne, lequel n'est pas encore rapatrié.

(Suit la signature.)

Nᵒˢ 114, 115, 116, 117, 118.

DÉPOSITIONS reçues, le 12 mars 1919, à Gorcy (Meurthe-et-Moselle), par la Commission d'enquête.

AUBERTIN (Paul), âgé de 36 ans, secrétaire de mairie à Gorcy.

Je jure de dire la vérité.

Le 121ᵉ régiment d'infanterie wurtembergeois est entré à Gorcy le 22 août 1914, à 5 heures du soir. Les Français battaient en retraite et la bataille était terminée. Cependant une mitrailleuse placée au-dessus du village et quelques soldats disséminés dans les environs tirèrent encore à ce moment quelques coups. Aussitôt les Allemands mirent le feu à quatre maisons, tentèrent d'en incendier d'autres et déchargèrent leurs armes au hasard sur les murs et dans les fenêtres, sans d'ailleurs atteindre personne.

Après cette alerte, ils massacrèrent froidement six hommes, M. Mercier, âgé de 33 ans, son beau-père, M. Protin, âgé de 76 ans, M. Massonnet, âgé de 67 ans, M. Lefèvre (Jean-Baptiste) et M. Mamdy (Émile), tous deux âgés de 54 ans. On dirait qu'ils ont choisi pour les tuer les gens les plus inoffensifs de la commune.

Les trois premiers ont été pris dans la cave de la maison Dession, à laquelle le feu venait d'être mis, conduits de l'autre côté de la rue et fusillés contre le mur du jardin de Mᵐᵉ veuve Toussaint. Lefèvre passait dans le village, tenant à la bride un cheval attelé à un tombereau. Les Allemands ont tué le cheval, puis emmené le conducteur à une centaine de mètres. Ils l'ont alors fait asseoir sur un petit mur et l'ont exécuté.

M. Mamdy a été tué par un coup de revolver tiré à bout portant, pendant qu'il était en train de manger dans sa cuisine. Quant à M. Tonnelier, après avoir été blessé dans son logement par des grenades, il a été achevé d'un coup de sabre sur la tête, dans ses cabinets d'aisance, où il s'était réfugié.

Les usines de la Société métallurgique de Gorcy ont été complètement ravagées. La grande dévastation a commencé en 1917. Les laminoirs et la plupart des machines ont été pour partie brisés et pour partie transportés en Allemagne.

Après lecture, le témoin a signé avec nous.

SIMON (Marie), veuve TONNELIER, âgée de 44 ans, demeurant à Gorcy.

Je jure de dire la vérité.

Le 22 août 1914, vers 7 heures du soir, des soldats français protégeant la retraite ont tiré trois coups de feu, dont l'un a tué un officier allemand devant ma porte. Notre maison a été aussitôt envahie. Mon mari, qui portait la livrée du château et les insignes de la Croix-Rouge, a été assailli à coups de grenades incendiaires et à coups de sabre, et a eu le bras droit presque détaché. Il s'est alors sauvé dans nos cabinets, mais il y a été poursuivi par les soldats ennemis, et ceux-ci lui ont fendu le crâne d'un coup de sabre. Il est mort le lendemain à 5 heures du matin.

Après lecture, le témoin a signé avec nous.

——————

PIERSON (Marie), femme LEDOYEN, âgée de 42 ans, demeurant à Gorcy.

Je jure de dire la vérité.

Le 22 août 1914, les Allemands ont frappé à coups de crosse dans nos portes et nos fenêtres, vers 6 heures et demie du soir. Ma fille Yvonne est allée leur ouvrir; à peine s'était-elle retournée que l'un d'eux lui lançait dans le dos une grenade incendiaire. La blessure qu'elle a reçue a nécessité des soins pendant deux mois. Ma seconde fille, Jeanne, a été également blessée par des grenades que les soldats lançaient à travers les fenêtres; elle a eu le bras droit horriblement massacré et il a fallu lui en faire subir l'amputation. Mon fils Auguste, âgé de 17 ans, a essayé de se sauver. Immédiatement assailli, il a été frappé de sept coups de baïonnette dans les reins et de nombreux coups de crosse sur la tête. Il est tombé et a fait le mort. Ses agresseurs, croyant l'avoir tué, se sont alors contentés de lui porter quelques coups de pied et l'ont laissé sur place. A la suite de ses blessures, il a dû garder le lit pendant deux mois.

Après lecture, le témoin a signé avec nous.

——————

MULLER (Adélaïde), veuve MAMDY, âgée de 61 ans, demeurant à Gorcy.

Je jure de dire la vérité.

Le 22 août 1914, vers 5 heures et demie du soir, nous étions en train de souper dans notre cuisine. Mon mari, assis près de la pierre d'évier, tenait entre ses jambes un petit garçon de deux ans, fils de l'institutrice, Mme Georgin. Tout à coup des Allemands, qui venaient de tirer dans les fenêtres, firent irruption chez nous. Je me sauvai dans la chambre à coucher. Quand je rentrai dans la cuisine quelques instants après, je trouvai mon mari mort sur sa chaise. Il portait au cou un énorme trou béant. Avant de se retirer, les Allemands ont essayé d'incendier la maison en mettant le feu aux rideaux.

Le petit Georgin n'a pas été blessé; je l'ai retrouvé entre les jambes de Mamdy; il était couvert de sang.

Après lecture, le témoin a signé avec nous.

——————

LAURENT (Anna), âgée de 25 ans, sans profession, à Gorcy.

Je jure de dire la vérité.

Le 22 août 1914, à 5 heures et demie du soir, des Allemands sont entrés dans la maison de Mme Dession et ont fait sortir les personnes qui se trouvaient avec moi dans la cave. Ils ont laissé partir les femmes, sauf moi, qu'ils ont gardée avec eux; et en ma présence, tandis que l'un d'eux me tenait sous le canon de son revolver, ils ont fusillé mon oncle, M. Massonnet, ainsi que MM. Protin et Mercier. Avant de tirer sur M. Protin, ils l'avaient assommé d'un coup de crosse. L'exécution terminée, ils m'ont conduite à une centaine de mètres de là et m'ont renvoyée.

Après lecture, le témoin a signé avec nous.

N° 119.

DÉPOSITION reçue, le 2 novembre 1917, à VIENNE (Isère), par M. BABOIN, juge de paix, agissant en exécution d'une commission rogatoire, en date du 19 octobre, de la Commission d'enquête.

JULLION (Marie), épouse NIVLET (Ulysse), âgée de 36 ans, institutrice à Villerupt (Meurthe-et-Moselle), actuellement en résidence à Vienne (Isère).

Serment prêté.

Au moment de la mobilisation, j'étais institutrice à Villerupt. Dès le 1ᵉʳ août, devant l'invasion, je quittai Villerupt pour me réfugier chez mes parents, à Longwy. Le même jour, la ville fut évacuée; nous nous rendîmes alors à Gorcy, chez mon beau-frère, instituteur dans cette commune. J'ignorais alors le mouvement des troupes allemandes sur la Belgique. Je suis restée à Gorcy jusqu'au 15 novembre, époque à laquelle je revins à Villerupt.

Ce fut le 21 août que les troupes allemandes entrèrent à Gorcy. Vers 7 heures du soir, les troupes françaises ayant battu en retraite, un voiturier de Cussigny amena à la mairie deux voitures de blessés français gravement atteints. Je m'empressai de les installer dans une salle; car, dès mon arrivée, je m'étais fait inscrire comme infirmière à l'ambulance militaire de Gorcy. A ce moment, les troupes allemandes arrivaient dans le village par deux côtés à la fois. A la hâte, je fis un drapeau de la Croix-Rouge, que je plaçai sur une fenêtre de la mairie pour préserver les blessés, et je rejoignis mes enfants dans la maison que j'habitais tout à côté. Au fur et à mesure de son avance dans le village, l'ennemi, 122ᵉ et 125ᵉ wurtembergeois, faisait évacuer les maisons; les habitants étaient alignés au devant et fouillés. Mon groupe se composait de neuf personnes. A trois reprises, l'officier commanda de nous mettre en joue. Je demandai enfin en allemand de dire ce qu'il nous reprochait; je fus alors emmenée seule entre les soldats pour fouiller la mairie, où l'officier prétendait que des soldats étaient cachés; il ne trouva que les blessés, et je fus relâchée.

Le passage des troupes s'effectua jusqu'à 3 heures du matin. N'entendant plus rien, je sortis dans la rue. A ce moment passait une jeune fille de 18 ans environ, Mᶫᶫᵉ Ledoyen aînée; sa famille était du pays, son père mobilisé. Elle était blessée de trois coups de lance dans le dos, heureusement sans gravité. Elle allait, me dit-elle, chercher du secours à l'hôpital pour sa jeune sœur, âgée de 13 ans, qui avait eu le bras droit mutilé à coups de sabre. Les Allemands, furieux de la résistance apportée par nos troupes, qui occupaient les premières maisons du village, se vengeaient sur les habitants. C'est ainsi que Mᶫᶫᵉ Ledoyen jeune fut férocement frappée à coups de sabre; je l'ai vue, son bras tenait à peine. Conduite à l'hôpital, l'amputation fut jugée nécessaire par le médecin militaire qui était resté avec les blessés français.

Ce même jour, M. Renard, gérant de l'épicerie Goulet-Turpin, ayant sur lui 5.000 francs, est séparé des siens; on ne le revit plus. J'ai su dans la suite qu'il avait été emmené en Allemagne.

Cinq maisons furent incendiées, soit avec du pétrole, soit avec d'autres engins appropriés.

Quatre habitants furent massacrés sans raison : MM. Mercier, Massonnet, Mamdy et Tonnelier; leurs cadavres furent amenés dans l'une des salles de la mairie, où je les ai vus.

J'ajoute que, le 8 septembre, les Allemands emmenèrent en captivité les blessés de l'hôpital de Gorcy, bien que la majorité ne fussent pas transportables; ils restèrent même deux jours en gare de Signeulx (Belgique), proche de Gorcy, attendant l'ordre du départ en Allemagne.

Dans un petit village belge, à Baranzy, à trois cents mètres de Gorcy, les deux tiers des maisons furent incendiées; vingt-six habitants furent fusillés, d'autres emmenés en Allemagne.

Il m'a été dit par les habitants, que je voyais journellement, que les Allemands procédaient ainsi : Un des leurs entrait dans une maison, tirait par une fenêtre. « Un civil avait tiré », et immédiatement la maison était pillée, incendiée, ses habitants massacrés.

Les habitants de Baranzy, sans abri, furent parqués pendant plusieurs jours dans un enclos, avec des soldats français, dont quelques-uns étaient blessés ; des personnes désignées étaient chargées de porter quelque nourriture aux civils, mais avec défense de rien donner à nos soldats, qui mouraient de faim.

Dans un autre village belge, à Tintigny, j'ai vu Mme Clausse, dont le fils, âgé de 30 ans environ et marié, fut obligé de creuser sa fosse lui-même ; il devint fou pendant cette opération et fut fusillé quand même ; rien n'avait pu motiver un pareil traitement.

C'est tout ce que je puis me rappeler de faits précis.

Lecture faite, persiste et signe.

N° 120.

DÉPOSITION reçue, le 3 avril 1915, à Louhans (Saône-et-Loire), par M. Juillard, juge de paix.

Nivlet (Robert), demeurant actuellement à Saint-Usuge (Saône-et-Loire), né le 11 juillet 1903, lycéen, chez son père, instituteur à Villerupt.

Serment prêté.

Le 22 août 1914, au soir, à Gorcy, après la bataille, les Allemands ont coupé d'un coup de sabre le bras droit d'une jeune fille de 13 ans, Mlle Ledoyen ; sa sœur aînée a reçu trois coups de lance dans le dos.

En outre, le même jour, sept habitants de Gorcy ont été fusillés par les Allemands. Je connais les noms de trois : MM. Tonnelier père, Mamdy, Lefèvre. Un autre civil, âgé de 19 ans, Léon Fusch, avait reçu la veille deux balles de revolver dans la cuisse et une dans le ventre ; ces balles lui avaient été tirées par un soldat allemand.

Ces faits se passaient les 21 et 22 août 1914 et sont prouvés par l'interrogatoire des victimes encore vivantes, c'est-à-dire les deux filles Ledoyen et le jeune Fusch. Les filles Ledoyen sont à peu près guéries, mais l'une est amputée du bras droit ; le jeune Fusch est en voie de guérison.

Étaient également témoins : d'abord mes parents, puis Mme Baune, rentière à Gorcy ; Mme Ledoyen, Mme Carbonod, Mlle Sindic, son frère, M. Reumond, tous de Gorcy.

(*Suivent les signatures.*)

N° 121.

DÉPOSITION reçue, le 10 janvier 1919, à Longuyon (Meurthe-et-Moselle), par la Commission d'enquête.

Beck (Victor-Eugène), secrétaire de la mairie de Longuyon, âgé de 36 ans.

Je jure de dire la vérité.

C'est le dimanche 23 août 1914 que les Allemands ont occupé Longuyon, où ils devaient rester jusqu'à la conclusion de l'armistice. Ils me firent immédiatement appeler, ainsi que le maire', M. Finot. Ils exigèrent qu'on leur livrât tout d'abord la caisse municipale ; le maire leur ayant donné l'assurance que les fonds détenus par le percepteur-receveur avaient été versés à la recette particulière de Verdun, le général ennemi fit défoncer la porte de la recette municipale et ne trouva effectivement aucune encaisse. Les Allemands désignèrent ensuite — car ils paraissaient très renseignés — dix-huit personnes notables pour répondre, comme otages, de la tranquillité de la ville. Mais la tranquillité n'était troublée en réalité que par les soldats ennemis : dès une heure du matin, le 24 août, la ville était saccagée et pillée. Les épiceries, les dépôts ou débits de vins et de liqueurs, les charcuteries, furent tout d'abord dévalisées ; puis ce fut le tour des caves particulières ; enfin, les coffres-forts furent fracturés.

Je fus particulièrement molesté, parce qu'on s'imaginait qu'en ma qualité de secrétaire de la mairie, j'avais la garde des deniers de la commune. Au pillage succédèrent les pires forfaits. On nous reprochait de n'avoir pas adressé à la population une proclamation l'exhortant à s'abstenir de toute manifestation hostile et à ne conserver aucune arme. M. Z... est fusillé dans sa maison, tandis que sa femme, personne des plus honorables, est victime d'un odieux attentat ; elle était âgée de plus de 50 ans. Dans la même rue, Mme X..., excellente mère de famille, est déshabillée et violée, en présence de ses cinq enfants.

Vers cinq heures du matin, en entendant tonner le canon français, les Allemands furieux accusent le curé de Longuyon, l'abbé Braux, laissé en liberté en considération de sa qualité d'ambulancier, d'avoir traversé les lignes et informé l'ennemi des positions tenues par les troupes allemandes. Le feldwebel qui était préposé à notre garde et servait d'interprète nous dit : « Votre curé vient d'être arrêté ; il va être fusillé ; ce sera votre tour à tous tout à l'heure ». Le tir de notre artillerie ayant été très efficace, la fureur des Allemands ne connut plus de mesure : ils commencèrent par brûler les maisons une à une au moyen de pastilles incendiaires, de cartouches, de matières et liquides inflammables. Deux cent treize maisons ont été ainsi anéanties : l'incendie dura toute la journée du lundi 24. Pendant que le feu faisait rage, de nombreux habitants étaient assassinés.

M. Leroy père, âgé de 84 ans et infirme, est fusillé sur le pas de sa porte, et son corps est piétiné par ses assassins. Mme veuve Marie, dont le fils, maire et conseiller général, est aux armées, est tirée de chez elle, mise au mur et menacée de mort ; sa fille se jette à son cou et protège ainsi sa mère ; mais leur demeure est envahie, pillée, et un civil qui se trouve à proximité est tué d'un coup de fusil. Rue de Metz, la domestique de M. Maitrehut, s'approchant d'une fenêtre de l'hôtel Siméon, où elle s'est réfugiée, a la tête fracassée d'une balle. M. Pierre, coiffeur, est tué sur le pas de sa boutique.

A sept heures du matin, le feu est aux quatre coins de la ville. Vers onze heures, un officier allemand du service de santé se présente à la mairie ; nous lui demandons à connaître les motifs pour lesquels on nous retient, pendant que tant d'événements graves se passent dans la ville. Il nous propose de nous faire remettre en liberté si nous consentons à aller sur le champ de bataille ramasser les blessés ; nous acceptons, et l'on nous donne le brassard de la Croix-Rouge ; mais on m'accuse bientôt d'avoir mis à profit la liberté que me valait le port de cet insigne pour « exciter les francs-tireurs ».

La fusillade en effet crépite de tous côtés. Les Allemands, affolés, tirent au hasard, faisant des victimes dans leurs propres rangs, mais aussi, hélas ! dans la population civile. Émile Briclot, garçon de café, qui, depuis le matin, se dévoue au service d'une ambulance et, à ce moment-là, escorte un convoi de blessés, est frappé d'une balle dans l'aine et succombe quelques heures après.

Des femmes, des jeunes gens, des enfants même sont massacrés : Mme Pellerin, M. Valentin, le jeune Reinalter, âgé de 16 ans, et à côté de lui un autre enfant de 14 ans, M. Martinet jeune et son frère aîné. M. Bossler, après avoir été fusillé, a le crâne fendu d'un coup de sabre. M. Finot, délégué à la mairie, échappe à la mort, ayant pu établir qu'aucun coup de feu n'était parti de sa maison. Les officiers allemands reconnaissent que la population n'a pas tiré sur les troupes ; mais l'un d'eux, tout en rendant la liberté aux otages, déclare que néanmoins le reste de la ville sera brûlé, que « c'est la guerre ». Pendant l'incendie, plusieurs habitants ont péri d'une mort affreuse, les uns carbonisés, les autres asphyxiés.

Le hameau de Noërs n'a pas eu moins à souffrir que la ville même de Longuyon ; il a été entièrement brûlé. M. Siméon a été fusillé, alors que sa femme, accouchée de l'avant-veille, devait s'enfuir de sa maison en flammes. M. Victor Dieudonné, cultivateur, est également tué, tandis qu'il traverse son jardin. Tous les habitants qui fuient à travers champs sont abattus sans pitié : on a retrouvé notamment un groupe de treize cadavres, parmi lesquels celui de M. Toussaint, conseiller municipal.

Des personnes, sans abri, qui sont allées se réfugier dans les casernes des 9e et 18e bataillons de chasseurs, en sont expulsées ; M. Burtin y est fusillé. D'autres, pour éviter les balles, doivent rester couchés dans les champs plusieurs heures. Le grand bâtiment des Frères, où logeaient quarante ménages, est incendié ; deux hommes y sont fusillés. Vingt et un jeunes gens de 16 à 18 ans, qui se sont dévoués pour enterrer les morts, sont, leur tâche terminée, attachés les uns aux autres, placés près du mur d'un bâtiment des casernes et passés par les armes. Pour cacher le spectacle de ces horreurs, le feu est mis au bâtiment, et c'est sous les décombres qu'on retrouvera les cadavres. Sous le prétexte mensonger qu'ils étaient en relations avec les Français, M. le curé Braux et l'abbé Persyn, son vicaire, sont fusillés la main dans la main.

Les crimes dont je viens de rendre compte ont été commis par des soldats et des officiers appartenant aux 22e, 122e, 125e et 156e régiments d'infanterie.

Je vous communique d'ailleurs un mémoire où j'ai relaté les faits dont j'ai été témoin, et je vous en enverrai une copie incessamment.

Après lecture, le témoin a signé avec nous.

N° 122.

DÉPOSITION reçue, le 11 mars 1919, à Longuyon (Meurthe-et-Moselle), par la Commission d'enquête.

Beck (Victor-Eugène), secrétaire de la mairie de Longuyon.

Je jure de dire la vérité.

Pour compléter ma précédente déposition, j'ajoute que le curé de Viviers a été fusillé par les Allemands, le 24 août 1914, sur le territoire de Longuyon ; j'ai vu son cadavre qui était complètement retourné sur le ventre et avait été manifestement fouillé. Sa sacoche lui avait été arrachée et avait été jetée, entièrement vidée, à quelques mètres du corps.

C'est le 27 août, dans la matinée, que le curé de Longuyon et son vicaire ont été exécutés. Ils ont été arrêtés à l'hôpital des sœurs et fusillés sous le pont du chemin de fer, au croisement de la voie de raccordement de la ligne de Longwy et à l'extrémité de la rue de Beaulieu.

Après lecture, le témoin a signé avec nous.

N° 123.

DÉPOSITION reçue, le 10 janvier 1919, à Longuyon (Meurthe-et-Moselle), par la Commission d'enquête.

Finot (Hippolyte), 64 ans, ancien boulanger, conseiller municipal délégué aux fonctions de maire à Longuyon.

Je jure de dire la vérité.

J'ai exercé les fonctions municipales depuis le 1er août 1914 jusqu'au départ des Allemands.

J'ai été témoin des actes consignés dans le mémoire dont M. Beck, secrétaire de la mairie, vient de vous donner connaissance. Incendies, assassinats, viols, les Allemands n'ont reculé devant aucun délit de droit commun, et je suis à même de confirmer tous les faits relatés dans le mémoire.

Après lecture, le témoin a signé avec nous.

N° 124.

DÉPOSITION reçue, le 16 janvier 1917, à Autun (Saône-et-Loire), par M. Berger, suppléant du juge de paix.

Charliquart (Marie), demeurant actuellement à Autun, née le 5 septembre 1860, institutrice à Longuyon (Meurthe-et-Moselle).

Serment prêté.

La ville de Longuyon, qu'habitait la comparante, ayant été complètement brûlée, elle a reçu l'hospitalité d'une personne bienveillante de Longuyon, dont la maison faisait partie du tiers non incendié de la localité. Il fallait une autorisation de police pour le moindre déplacement.

Personnellement, dit la comparante, je n'ai pas subi de mauvais traitements, bien que j'aie été menacée ; mais j'ai souffert beaucoup moralement du spectacle des atrocités dont nombre de mes compatriotes ont été victimes : fusillades en masse, incendies, violences de toute sorte, surtout contre les femmes, dont plusieurs ont subi les derniers outrages en présence de leurs enfants, notamment une dame X... (4 enfants). La mère de notre propriétaire, âgée de 87 ans, a dû appeler au secours pour ne pas être victime.

Plus de cent cinquante personnes ont été fusillées à Longuyon, sans aucun motif, dont vingt-cinq enfants, le plus jeune âgé de 10 ans, qui faisaient partie de la Croix-Rouge. Les jours les plus terribles ont été ceux du 23 au 27 août 1914. Une mère a été tuée de cinq balles, ainsi que ses deux enfants, âgés de 5 et 12 ans ; elle s'appelait Mme Chrétien. Une foule de scènes sont de notoriété à Longuyon.

En résumé, le début de l'occupation a été terrible ; ordre était donné de fusiller tout civil qui serait rencontré. Des personnes qui ne voulaient pas payer les sommes exigées étaient contraintes de rester dans leurs maisons en flammes et d'y périr. Trois notamment, dont une dame Mangin, ont dû verser 300 francs pour ne pas être brûlées vives. La population terrorisée se cachait dans les caves. Depuis, la sauvagerie des Allemands s'est calmée ; mais ils sont demeurés exigeants et voleurs.

A Noërs, hameau près de Longuyon, il restait huit hommes ; ils ont été fusillés. Voici leurs noms : MM. Toussaint, conseiller municipal du hameau ; son beau-frère, Victor Dieudonné ; Vagner, 78 ans, fusillé dans une cave ; Maurice ; Louis Siméon, Nicolas Siméon, 80 ans ; un domestique et le berger du pays, dont j'ignore les noms.

(Suivent les signatures.)

N°s 125, 126.

DÉPOSITIONS reçues, le 25 février 1915, à ANNEMASSE (Haute-Savoie), par la Commission d'enquête.

MANDRIER (Marie), 25 ans, stagiaire interne des hôpitaux à Nancy.

Je jure de dire la vérité.

Le 24 août, à 7 heures du matin, à Longuyon, où demeurent mes parents, des Allemands sont entrés chez nous, et m'ont menacée de me fusiller, en prétendant que les civils restés dans la ville étaient des francs-tireurs. J'ai dit alors au lieutenant qui les commandait : « Venez voir la misère qu'il y a là-haut! », et je l'ai conduit au premier étage, auprès de mon père, qui avait été opéré le 1er juillet d'un cancer au rectum. L'officier a constaté lui-même combien mon père était malade, mais il ne lui en a pas moins intimé l'ordre de se lever. Il entendait, nous dit-il, nous emmener avec ma mère au château de Saintignon. Nous nous sommes rendus tous trois à l'hôtel de ville, où nous sommes restés jusqu'au soir, au milieu des vociférations et des menaces. Nous avons en vain demandé un matelas pour y étendre mon père. Après divers incidents, nous avons pu gagner le Luxembourg.

Les Allemands ont brûlé la plus grande partie de Longuyon avec des boules incendiaires. J'ai vu, le 24 août, un lieutenant de uhlans mettre le feu de sa propre main au magasin de nouveautés de Michel Esders et au café Drapier.

Une centaine d'habitants, dont trois femmes et des petits enfants, ont été fusillés. Le curé et son vicaire, notamment, ont été massacrés. J'ai vu moi-même un certain nombre de cadavres, parmi lesquels ceux du curé de Viviers-sur-Chiers, de M. Valentin, employé de chemins de fer, de M. Collignon, chef de train retraité, et d'un Belge, coiffeur à l'enseigne du « Rasoir de velours ».

En ma présence, Mme Marie, mère de M. le maire de Longuyon, a été odieusement maltraitée. Les Allemands l'avaient mise au mur pour la fusiller, quand sa fille, se jetant à son cou et la protégeant de son corps, a obtenu qu'elle eût la vie sauve.

Après lecture, le témoin a signé avec nous.

SCHILZE (Céline-Marguerite), veuve MANDRIER, domiciliée à Longuyon.

Je jure de dire la vérité.

Je confirme entièrement la déposition que ma fille vient de vous faire. Comme elle, j'ai vu les cadavres de mes compatriotes

Après lecture, le témoin a signé avec nous.

N°s 127, 128, 129.

DÉCLARATIONS recueillies, le 2 avril 1915, à BANYULS-SUR-MER (Pyrénées-Orientales), par M. le Maire de cette commune, assisté des membres du Conseil d'administration de la *Maison des réfugiés* de Banyuls.

DARCQ (Marie), épouse de M. CARQUIN (Eugène-Nicolas), garde-barrière spécial à Longwy, demeurant à Longuyon, rue de la Doyennerie, 50, réfugiée actuellement à Banyuls-sur-Mer.

Le 23 août, alors que nos troupes commençaient à bombarder Longuyon, occupé par les Allemands, Mme Carquin, ses trois jeunes enfants et une vingtaine de personnes environ étaient réfugiées dans la cave voûtée d'un voisin, M. Bardé. On resta dans la cave jusqu'au 24, vers 11 heures du matin. A ce moment, le bombardement paraissant diminuer, tout le monde sortit pour voir ce qui se passait dans le centre de la ville.

La rue de la Doyennerie se trouve en effet un peu en dehors de la ville, en deçà de la ligne de chemin de fer, près de la gare. Il faut, pour rentrer à Longuyon, traverser la voie ferrée sur une passerelle. Alors que Mme Carquin et ses trois enfants, précédés et suivis de nombreuses autres personnes, surtout des femmes, venaient à peine de traverser la passerelle, elle fut appréhendée par un officier allemand et un soldat, qui firent signe à ses enfants de s'approcher. Les jeunes Marcel (18 ans) et Paul (15 ans) furent alors arrêtés et fouillés, tandis que leur mère, tenant le petit Henri-Raoul (11 ans) par la main, était chassée à coups de crosse et menacée du revolver par l'officier. Mme Carquin dut abandonner ses fils Marcel et Paul, et se rendit à la mairie. Puis elle gagna à pied le petit village de La Roche, à l'abri des obus, et y coucha le soir même. Le lendemain, elle alla à Gorcy, où elle resta huit jours. Le bombardement étant complètement terminé à ce moment, Mme Carquin revint à Longuyon, chez sa cousine, Mme Émile Carquin, où elle habita jusqu'à son départ.

Mme Carquin apprit alors de la bouche de M. Drouin, instituteur en retraite, rue de Metz, âgé de 80 ans environ [1], les faits suivants, dont ce vieillard avait été témoin :

Les jeunes Marcel et Paul, après avoir été fouillés, furent conduits à une vingtaine de mètres de l'endroit où ils avaient été arrêtés rue de Metz, près du lieudit « le Jet d'eau », et là furent fusillés en compagnie de M. Bossler, de Longuyon, âgé de 55 ans environ, employé en retraite à la gare. Celui-ci sortait de chez lui pour rejoindre sa femme quand il fut arrêté. M. Bossler, debout, avait d'un côté le jeune Marcel et de l'autre le jeune Paul. Leurs yeux ne furent point bandés, et le petit Paul, âgé de 15 ans, se voyant mettre en joue, s'évanouit et fut tué alors qu'il était à terre. Son frère aîné se mit le bras devant les yeux et fut tué debout en criant : « Vive la France! » Quant à M. Bossler, plusieurs balles furent nécessaires pour l'abattre. L'officier et le soldat ont, en effet, à eux seuls, accompli cet assassinat. M. Drouin en fut seul témoin. Tandis que tout le monde fuyait, l'officier l'obligea à sortir sur le pas de sa porte pour assister à l'exécution. Ce M. Drouin était encore à Longuyon quand la dame Carquin en est partie, c'est-à-dire le 12 mars 1915. Les victimes ont été exhumées par leur mère cinq semaines après le crime et pourvues d'une sépulture convenable.

Si M. Drouin fut le seul témoin de la scène, très nombreuses furent les personnes qui virent les cadavres des trois malheureux. Parmi celles-ci, nous pouvons citer Mmes Dubosclard, Desté, Cathrin, Guilbeaux, Bonnard, Collin, qui sont prêtes à en témoigner.

---

(1) M. Drouin est décédé depuis lors.

Mme Carquin apprit aussi que la maison qu'elle occupait 50, rue de la Doyennerie, avait été incendiée volontairement par les Allemands le même jour, c'est-à-dire le 24 août 1914. Mme Émile Royer, actuellement réfugiée à Port-Vendres, habitait le deuxième étage de l'immeuble et en fut témoin. Mme Euphrasie Carquin, belle-mère de Mme Eugène Carquin, atteinte de paralysie et incapable de se sauver, fut brûlée vive, bien que sa présence fût signalée aux incendiaires, qui s'opposèrent à ce qu'on pénétrât dans l'immeuble.

MAHOUDEAUX (Juliette), épouse de M. CATHRIN (Calixte-Paul), employé de chemin de fer, âgée de 37 ans, demeurant à Longuyon, rue Carnot, 116, en ce moment réfugiée à Banyuls-sur-Mer.

Mme Juliette Cathrin, qui habitait rue Carnot, 116, à Longuyon, se réfugia dans la cave d'une maison voisine au moment du bombardement du 24 août. Les Allemands, vers trois heures de l'après-midi, fouillèrent les caves pour voir si des hommes ne s'y tenaient pas cachés et sommèrent les habitants d'en sortir. Dans la cave où se tenait Mme Cathrin se trouvait, au milieu de nombreuses femmes et de quelques enfants, un seul homme, M. Pierre Weicherding, vieillard de 70 ans environ, Luxembourgeois d'origine, mais depuis longtemps fixé à Longuyon. Dès que ce vieillard eut franchi le seuil de la porte, il fut mis en joue et tué sur-le-champ, sans qu'aucune question lui eût été posée. Mme Cathrin a été témoin de cet assassinat, ainsi que les autres dames qui étaient avec elle, parmi lesquelles on peut citer : Mme Cherrier et Mme Aubry, cette dernière se trouvant actuellement réfugiée dans les Pyrénées-Orientales. Les dames et les enfants se jetèrent à genoux, implorant grâce; il ne leur fut fait aucun mal.

Mme Cathrin a vu, vers quatre heures, la maison brûler, et une heure après, passant rue de Metz, a vu également les cadavres des jeunes enfants Carquin et de M. Bossler, assassinés le même jour, dans les conditions précisées d'autre part.

Mme Cathrin a vu également les soldats allemands emporter avec eux le produit de leur pillage, notamment des machines à coudre, qu'ils transportaient sans doute à la gare.

HÉNEAUX (Rose), âgée de 27 ans, demeurant à Longuyon, 116, rue Carnot, actuellement réfugiée à Banyuls-sur-Mer.

A déclaré avoir vu le soldat Henri Iung, volontaire au 24e pionnier (habitant à Lennep, Rheinland, 22, Rospatstrasse) et logé après l'occupation de Longuyon chez Mme Darand, chemin des Carriers, aller piller les maisons des officiers, notamment celle du capitaine Igou, du 9e bataillon de chasseurs à pied. Le soldat Henri Iung rapporta son butin dans la maison de Mme Darand, où il montra, entre autres choses volées, un plateau de cuivre, un presse-papier en marbre, une descente de lit en peau de chèvre, une peau de léopard, des objets en cristal et en porcelaine de Limoges, des rideaux, tentures, etc... Tous ces objets ont été emballés dans une caisse qu'il a emportée le 15 février 1915, quelques jours après le pillage, à Metz, profitant d'un congé à lui accordé pour se faire soigner d'une hernie dont il souffrait.

Mme Marthe TRINQUART, habitant 116, rue Carnot, à Longuyon, et également réfugiée à Banyuls-sur-Mer, a confirmé les dires de Mme Héneaux.

Banyuls-sur-Mer, le 6 avril 1915.

(Suivent les signatures.)

9..

N° 130.

DÉPOSITION reçue, le 19 juin 1915, à ANNEMASSE (Haute-Savoie), par M. NICOLAÏ, commissaire spécial adjoint à la résidence d'Annemasse, officier de police judiciaire auxiliaire de M. le Procureur de la République.

JULLION (Esther), née DUMONT, le 22 octobre 1878, demeurant à Longuyon (Meurthe-et-Moselle.

Serment prêté.

Les Allemands ont passé pour la première fois à Longuyon le 10 août ; à cette date, ils se sont bien conduits et n'ont rien volé. Les Français, après avoir occupé Longuyon pendant trois ou quatre jours, l'ont abandonné le 23 août. Les Allemands sont arrivés le soir même, vers 8 heures. Ils ont commencé par défoncer les boîtes à lettres et toutes les portes qui étaient fermées. J'ai eu à loger vingt-deux soldats allemands, auxquels j'ai été obligée de donner à manger. Ces derniers se sont bien comportés à mon égard, sauf un, qui a mis du pétrole dans un verre de confiture et est allé ensuite m'accuser d'en être l'auteur auprès d'un officier. L'officier, après enquête, a frappé le soldat et l'a obligé à me payer 2 fr. 50.

Je sais que, pendant la nuit, les soldats se sont répandus dans les maisons, où ils ont tout saccagé. Presque tous, même les officiers, étaient ivres. Le lendemain matin, 24 août, les Français ont commencé à bombarder Longuyon; les ennemis ont été surpris, car beaucoup étaient encore couchés et sous l'empire de l'ivresse. Une grande partie des troupes allemandes se sont dirigées contre les Français, l'autre partie est restée pour garder la ville.

Vers 9 heures du matin, quatre soldats allemands, armés de fusils, ne paraissant pas ivres, ont placé contre un mur les familles suivantes :

1° Mes cinq enfants et moi ;

2° La famille Devaut, composée de la grand'mère et de trois enfants ;

3° Madame Mars, avec sa petite fille ;

4° La famille Bauer, composée de la mère et de quatre enfants ;

5° La jeune Cris (Albertine), 14 ans environ, et quelques hommes dont j'ignore les noms, et menaçaient de nous fusiller. Ce n'est que sur nos supplications qu'ils n'ont pas osé le faire.

Nous nous sommes réfugiés alors dans un bâtiment situé à quelques mètres de là et appartenant à Mme Mas (Julie). Nous nous trouvions dans une salle, au rez-de-chaussée, la porte n'étant pas fermée à clef.

Voyant qu'une compagnie allemande, capitaine en tête, allait passer devant le hangar où nous trouvions, nous avons ouvert la porte. La compagnie était presque passée, lorsque deux ou trois soldats se sont avancés vers nous. L'un d'eux m'a brusquement jetée de côté et, pendant ce temps, s'apprêtait à tirer sur moi. La balle m'a brûlé les cheveux, car je m'étais baissée. J'ai entendu, en même temps, plusieurs détonations. Quand la fumée fut dissipée, j'ai vu que ma fille Pauline, 15 ans, que j'avais de mon premier mari, Gœury, était tombée à mes pieds, morte. Elle avait reçu une balle à la tempe et une autre dans l'épaule. Je ne pourrais dire si elle avait d'autres blessures, car on n'a pas eu le temps de la déshabiller. Une autre jeune femme, Mme Nicolas (Adrienne), 26 ans environ, demeurant également à Longuyon, était blessée. Elle n'est pas morte, d'après les nouvelles qui me sont parvenues de Longuyon.

A quelques mètres de là, j'ai vu les cadavres de trois hommes de Longuyon, les deux frères Martinet et Reinalter. Un peu plus loin, j'ai vu le cadavre de Mme Pellerin (Berthe), fusillée également.

Je sais que, le 24 août, les Allemands ont ordonné à vingt-et-un jeunes hommes, âgés de 15 à 20 ans, de ramasser les cadavres allemands qui se trouvaient dans les champs et de les enterrer ensuite. Quand la lugubre besogne fut achevée, les vingt-et-un jeunes gens furent amenés devant les casernes des 18e et 9e chasseurs à pied. Ils reçurent l'ordre de creuser un fossé et, quand il fut achevé, on les a alignés sur le bord et fusillés l'un après l'autre. On n'a plus eu besoin que de remettre un peu de terre sur ces corps encore chauds.

En outre, je puis dire qu'à Longuyon on a fusillé plus de cent soixante-dix civils inoffensifs.

J'affirme qu'aucun habitant de Longuyon ni des environs n'a tiré sur les Allemands, et que le reproche qu'ils nous ont adressé, en disant qu'il y avait des francs-tireurs, est faux.

Mon fils Lucien, âgé de huit ans, a, ainsi que vous pouvez le constater, une balle dans le poignet droit qui n'a pu encore être extraite. Il a été blessé à côté de sa sœur. (Nous constatons que ladite blessure existe en effet.)

Le soir du 25, quand je suis allée demander au commandant l'autorisation d'enterrer ma fille, celui-ci m'a dit : « Elle doit avoir tiré sur nous ». Sur ma dénégation, il m'a répliqué : « Alors, c'est une victime de la guerre ! »

J'affirme que les Allemands enterraient les civils qu'ils avaient fusillés pêle-mêle avec des chevaux. Plusieurs personnes de Longuyon pourront attester que le curé de cette ville a été vu quand on l'exhumait de la même fosse où se trouvait un cheval qu'on avait enterré avec lui.

Lecture faite, persiste et signe.

N° 131.

DÉPOSITION reçue, le 12 août 1915, à Saint-Hilaire-du-Harcouët (Manche), par M. Compin, juge de paix.

Lefèvre (Ernest-Alfred), actuellement à Saint-Hilaire-du-Harcouët, 33, rue de la République, surveillant de la Compagnie de l'Est, à Longuyon.

Serment prêté.

Le mécanicien Valentin, blessé d'un éclat d'obus, réfugié chez moi dans une petite remise, a été fusillé sur place, son cadavre laissé trois jours sur le seuil de ma porte ; j'ai pu échapper et ne pas voir cette exécution.

Un officier a fait tuer Bossler, chef de train retraité, par son soldat, menaçant ce soldat de le tuer s'il n'obéissait pas ; l'officier a ensuite donné un coup de sabre dans le ventre de la victime ; les deux petits Carquin, âgés de 16 à 18 ans, ont été tués de la même façon par le même soldat. J'ai vu les cadavres de Bossler et des deux garçons près du Jet d'eau, à Longuyon, le 25 août 1914 ; ils étaient tués de la veille.

Un autre employé, s'appelant aussi Valentin, éveilleur à la Compagnie, cousin du premier, a été fusillé parce que, interrogé et accusé d'avoir tiré sur les Allemands, il avait répondu : « Moi, tirer sur vous ! Je m'en fiche pas mal ! » Sur ce, il a été fusillé et jeté, respirant encore, dans sa maison, où ils ont mis le feu. Ceci se passait le 24 août ; le lendemain, j'ai vu la maison brûlée et les os dudit Valentin.

MM. Choly, Schmitt, Mme Mangin et ses quatre enfants étaient dans les caves de leur maison incendiée ; les issues de leur maison étaient gardées par des soldats armés ; ils n'ont pu en sortir qu'en donnant chacun un billet de cent francs aux soldats. Une autre personne, qui était avec eux, a pu s'échapper en donnant la même somme. J'ai vu ces personnes après, notamment Mme Mangin, qui m'a raconté le fait.

M. Jacob, fermier à Moncel, près Longuyon, m'a déclaré que des blessés français, au nombre de 3o à 4o — je ne me rappelle plus le régiment, bien qu'il me l'ait dit — étaient dans la cour de la ferme, appelant au secours. Les Prussiens survinrent, apportèrent de la paille, des gerbes non battues qui se trouvaient à proximité, les jetèrent sur eux et y mirent le feu. Dans un petit bâtiment de la ferme qui, lui, n'était pas encore incendié, les Allemands mirent le feu après y avoir enfermé des blessés. M. Jacob, menacé, s'est enfui et m'a raconté ces faits dont il était bouleversé.

A Noërs, près Longuyon, une vingtaine de chasseurs à pied, avec un capitaine, défendirent la route après s'être retranchés derrière des voitures ; les vingt chasseurs ont été entourés, puis massacrés. Le capitaine qui les commandait ayant pu s'échapper et se réfugier chez Mme Franconi, Française mariée à un sujet italien, entrepreneur carrier, a été rejoint par les Allemands et, bien que blessé, a été martyrisé par eux à coups de baïonnette jusqu'au dernier souffle et ensuite brûlé dans la maison.

Un autre capitaine dont je ne sais pas le nom, qui est enterré à Longuyon — je sais l'endroit — a été l'objet du traitement suivant : ayant été blessé, tombé de cheval dans un fossé sur les bords de la route de Longuyon à Villette, après la bataille de Flabeuville, les infirmiers allemands l'ont sorti du fossé, mis sur la route en travers, fait passer leurs voitures sur le corps, reculant et avançant à plusieurs reprises ; le corps a été ensuite relevé par les corvées de Longuyon, dont nous faisions tous partie, mais je n'ai vu cet officier qu'à l'hôpital ; avant de mourir, il a pu raconter le fait aux hommes qui l'ont relevé et à beaucoup d'autres.

Dans un autre ordre d'idées, je dois dire que Mme veuve Y..., rentière, âgée de quatre-vingt-trois ans, a été violée successivement par plusieurs soldats du 112e ou 122e régiment allemand ; c'était la nuit ; ensuite, elle a été portée à l'hôpital et aujourd'hui elle doit être encore en vie ; elle l'était à mon départ. Cette personne était restée seule, disant qu'elle avait vu 1870 et qu'elle n'avait rien à craindre ; elle était d'ailleurs impotente.

M. Z..., a été tué rue Jeanne-d'Arc, en sortant de sa cave, d'un coup de revolver, par un Allemand. Sa femme venant voir ce qui se passait, les soldats allemands qui étaient dans la maison la menacèrent et l'obligèrent à donner à boire à leurs chevaux ; puis ils l'ont attachée sur une grande planche à laver, et tous ceux qui étaient là l'ont violée successivement ; je crois qu'ils étaient sept ou huit. C'est la victime qui, elle-même, m'a raconté le fait ; cette dame était âgée de quarante-huit à cinquante ans, et il y a lieu de croire qu'elle deviendra folle à la suite des mauvais traitements subis à côté du corps de son mari assassiné.

Mme X..., a subi le même sort devant ses quatre enfants ; elle s'est évanouie et ne sait le nombre de soldats qui l'ont violée ; elle voulait aller se suicider et en a été empêchée par M. Rodange, réfugié à Saint-Hilaire. Cette dame a de quarante à cinquante ans, et l'aîné de ses quatre enfants peut avoir six ou sept ans ; c'est d'elle que je tiens le fait.

(Suivent les signatures.)

N°s 132, 133.

DÉPOSITIONS reçues, le 22 septembre 1915, à Nancy (Meurthe-et-Moselle), par la Commission d'enquête.

WALTER (Eugénie), femme BOSSLER, âgée de 50 ans, domiciliée à Longuyon, actuellement en résidence à Nancy.

Je jure de dire la vérité.

Le 23 août 1914, vers huit heures du soir, des officiers et des soldats bavarois sont venus chez nous, à Longuyon, pour demander à mon mari, Joseph Bossler, de leur indiquer la route de Saint-Laurent. Il est sorti avec eux et je ne l'ai jamais revu. J'ai appris qu'il avait été fusillé le lendemain, rue de Metz.

Le 24, dans l'après-midi, de la fenêtre d'une maison dans laquelle je m'étais réfugiée, j'ai vu un officier bavarois tirer à bout portant, avec un revolver, sur M. Martin, propriétaire, sur M. Martinet et sur le jeune Velter, âgé de 18 ans, qui regardaient tranquillement passer les troupes. Tous trois ont été tués.

Après lecture, le témoin a signé avec nous.

———————

MISEHO (Marie), veuve CHAPELIER, âgée de 39 ans, domiciliée à Longuyon, actuellement réfugiée à Nancy.

Je jure de dire la vérité.

Le 24 août 1914, j'ai vu, rue de Metz, à Longuyon, le cadavre de M. Bossler et ceux de deux jeunes gens, les fils Carquin, âgés l'un de 16, l'autre de 18 ans. Ces trois personnes avaient été fusillées par les Allemands.

Ce jour-là, j'ai quitté Longuyon pendant que la ville était en flammes.

Après lecture, le témoin a signé avec nous.

———————

N° 134.

DÉPOSITION reçue, le 2 décembre 1915, à GRAY (Haute-Saône), par M. MAITREROBERT, juge de paix.

TONKEL (Adèle), veuve CARDON, demeurant actuellement à Arc-les-Gray, rue Roch, née le 9 octobre 1856, retraitée du chemin de fer à Longuyon (Meurthe-et-Moselle), rue de Metz, maison Gaulier.

Serment prêté.

Lorsque les Allemands sont arrivés à Longuyon, le 23 août 1914, ils ont pillé la plus grande partie des magasins et les maisons inhabitées, et après y ont mis le feu. Ils ont massacré bien des habitants et ont jeté dans les flammes plusieurs personnes, dont un pharmacien, une femme et sa fille; j'ai vu fusiller le curé et l'abbé de Longuyon, et je sais qu'ils ont fusillé beaucoup d'enfants et de jeunes gens.

(Suivent les signatures.)

N° 135.

DÉPOSITION reçue, le 17 décembre 1915, à CHAUMONT (Haute-Marne), par M. BLANDIN, suppléant du juge de paix.

MERCIER (Marie-Louise), née THIÉBAUT, demeurant actuellement à Chaumont, retraitée de la Compagnie de l'Est, à Longuyon (Meurthe-et-Moselle).

Serment prêté.

Le bombardement de Longuyon a eu lieu dans la journée du 23 au 24 août 1914. Mon mari, mécanicien à l'usine électrique, continuait son service, lorsqu'il fut requis par les Allemands pour aller relever les blessés. Quelques heures après, il rentra à la maison pour nous rassurer, puis retourna à ses occupations. Le lendemain, c'est-à-dire le 24 août, ne le voyant pas revenir, nous fûmes prises d'inquiétude, et, malgré mes appréhensions, deux de mes filles allèrent à l'usine pour voir ce qu'il était advenu. Tout avait été détruit par la mitraille, et il n'y avait plus personne sur les lieux; mon mari avait disparu, et depuis, je n'ai plus eu de ses nouvelles. Mes filles rentrèrent à la maison et, comme tout brûlait autour de nous, nous sortîmes pour chercher un refuge. Les incendies étaient allumés par des troupes qui projetaient des matières inflammables, dans l'unique but de détruire. Ayant aperçu une grange encore debout, nous y entrâmes; il s'y trouvait au moins trois cents personnes de tout âge et de tout sexe. Comme, après quelques heures, nous voulions en sortir, les soldats s'y opposèrent. Un officier demanda impérieusement quelques jeunes femmes pour aller soigner les blessés; je dus consentir à laisser partir mes deux filles aînées, et alors on nous autorisa à sortir. Je me rendis, avec le reste de ma famille et une autre famille composée de la mère et de cinq enfants, chez une dame Collignon, dont le mari, sans qu'il y eût eu provocation, altercation ni résistance, venait d'être fusillé sur le seuil de sa maison; j'ai vu son corps tombé dans la rue et que deux soldats rapportaient au logis. Mes filles rentrèrent vers deux heures du matin, munies d'un certificat délivré par le médecin-major allemand; un peu rassurées, nous demandâmes à être conduites dans un abri. Après quelques heures d'attente, on nous fit conduire à l'hôpital, qui était encombré d'autres réfugiés, hommes, femmes et enfants, puis tout ce monde fut envoyé sur la place publique, où des soldats furieux nous mirent en joue. Nous pensions notre dernière heure venue, lorsque survint heureusement un officier qui nous fit partir. On nous recueillit en partie dans une vaste maison qui avait servi de magasin de nouveautés; nous y séjournâmes huit jours, après quoi on publia à son de caisse que ceux dont les maisons n'avaient pas été incendiées pouvaient y rentrer. Nous revînmes chez nous et y restâmes jusqu'à notre évacuation, c'est à dire jusqu'au 23 mars 1915.

Pendant les deux ou trois premiers jours de l'occupation, nous avons été témoins d'actes de férocité sans exemple; nous avons vu fusiller dans toutes les rues de la ville des hommes inoffensifs, ainsi que vingt-deux jeunes gens de 12 à 18 ans, appartenant notamment aux familles Thomas, cafetier, et Siméon, garde-frein; une femme Pellerin qui se sauvait dans son jardin, une autre qui regardait par le soupirail de sa cave, etc.

(Suivent les signatures.)

N° 136.

DÉPOSITION reçue, le 22 décembre 1915, à Coussey (Vosges), par M. Bombard, juge de paix.

Paul (Marie-Thérèse), épouse Chaput (Victor), demeurant actuellement à Avranville (Vosges), née le 1er septembre 1875, garde-barrière à Longuyon (Meurthe-et-Moselle).

Serment prêté.

Le 25 août 1914, Mme Chaput se trouvait au milieu d'un groupe de civils, habitants de Longuyon. Une patrouille allemande s'approcha d'eux, leur ordonna de préparer de l'eau potable pour les troupes allemandes et, après les avoir traités de francs-tireurs, l'un de ces militaires sortit son revolver et tira sur le groupe. Mme Chaput reçut une balle qui lui traversa un doigt de la main droite, le bras et le côté gauche. Cela, dit-elle, m'a occasionné une ankylose du doigt majeur de la main droite, une incapacité partielle du bras gauche et de fortes douleurs dans le côté gauche, suivant un certificat d'un docteur en médecine. MM^mes Gérard, Vauquois, Renaud, Blondin, Cir, dont les maris sont employés de chemin de fer, et M. Bitte, cafetier à Longuyon, ont été témoins de ces faits.

Mme Chrétien, dont le mari est employé de chemin de fer à Longuyon, qui était à la visite avec moi[1], m'a raconté : « Les soldats allemands ont tiré sur moi et mes deux enfants, âgés de 9 et 10 ans ; mes deux enfants sont tués, et moi je porte cinq blessures ». J'ai constaté qu'elle portait des pansements qui recouvraient ses blessures, qui lui avaient été faites en voulant protéger ses enfants avec ses bras et son tablier. Les Allemands n'ont cessé de tirer que lorsque les enfants sont tombés morts.

(Suivent les signatures.)

N° 137.

DÉPOSITION reçue, le 15 mai 1916, à Castelsarrazin (Tarn-et-Garonne), par M. Méis, juge de paix.

Serment prêté.

Thiriet (Albertine), épouse Leparlier, demeurant actuellement à Castelsarrazin, avenue de Moissac, maison Julian, née le 13 octobre 1877, marchande de cycles et articles de pêche à Longuyon (Meurthe-et-Moselle), n° 4, rue de l'Hôtel-de-Ville.

Du 24 au 27 août, les Allemands nous ont bombardés et puis, entrés en ville, se sont emparés de cent vingt à cent cinquante personnes : jeunes gens, femmes et vieillards, sous prétexte qu'on avait tiré sur leurs troupes ; ils les ont emmenés dans les jardins, du côté des casernes, et les ont fusillés. Ils les ont ensuite enterrés ; mais, après, permission fut donnée aux parents de les déterrer et de les porter au cimetière. On a ainsi trouvé des corps qui avaient les mains liées. Parmi ces victimes, il y avait le fils Rollin, 17 ans, cordonnier ; deux frères Carquin, 15 et 17 ans ; deux fils Thomas, à peu près du même âge ; M. Cayatte, 60 à 65 ans : M. Buzy, 55 ans environ ; M. Bossler, 55 à 58 ans ; deux frères

---

(1) A Annemasse (Haute-Savoie), lors du rapatriement de la déclarante.

Martinet, 60 à 65 ans, qu'on est allé prendre chez eux ; M. le curé et M. le vicaire, tous de Longuyon.

Comme témoins, je puis citer : le docteur Feuillade, Mme Thiriet, ma mère, Mme Neffe, réfugiés à Suresnes ; Mme Robert, qui habite Paris.

(Suivent les signatures.)

N° 138.

DÉPOSITION reçue, le 8 février 1917, à La Comelle (Saône-et-Loire), par M. Barthelemy, juge de paix, agissant en exécution d'une commission rogatoire, en date du 26 janvier, de la Commission d'enquête.

Jacques (Ida), née Caillet, le 10 mars 1883, à Braumont, domiciliée à Longuyon (Meurthe-et-Moselle), résidant actuellement à La Comelle.

Serment prêté.

Mon mari était de l'auxiliaire. Il devait, le 3 août, conduire des chevaux à Verdun et avait déjà son brassard, lorsqu'un officier du 9ᵉ bataillon de chasseurs à pied est venu le réquisitionner pour faire du pain pour la troupe. Il a fait du pain jusqu'au 23 au soir, à 8 heures, moment où les Allemands ont envahi le village. On s'est alors caché, avec M. Finot, maire de Longuyon, dans la cave de ce dernier ; nous étions une vingtaine. Le 24 août, le village a été bombardé à la fois par les Allemands et les Français, chacun d'un côté. Mon mari n'a pu se sauver, parce que les Allemands le gardaient et lui faisaient ramasser les blessés avec une voiture attelée d'un cheval. Après-midi, étant occupé vers le village de Noërs, à deux kilomètres de Longuyon, les Allemands le mirent, avec dix autres Français, dans une pièce d'avoine et, à bout portant, les fusillèrent tous. Les onze corps sont restés sur le sol, dans l'avoine, dix-huit jours avant d'être enterrés. Celui qui les a enterrés, un nommé François, qui connaissait mon mari, m'a rapporté ses pantoufles et m'a dit qu'avec lui il y avait un nommé Carlet, garçon charcutier chez M. Leriche, M. Toussaint, de Noërs, cultivateur, et M. Houssart, ajusteur au chemin de fer. Je ne les ai pas vus, mais François les connaisait bien et a rapporté différents objets trouvés sur eux, qu'il a déposés à la mairie.

Toutes les fois que j'ai voulu aller voir mon pauvre mari, j'ai été repoussée à coups de crosse de fusil.

La déclarante est porteur d'un certificat délivré par M. H. Finot, maire de Longuyon, ainsi conçu :

CERTIFICAT.

Je soussigné. Hippolyte Finot, maire de la ville de Longuyon, certifie que Mme Jacques a été sinistrée et son mari tué le 24 août 1914.

Longuyon, le 6 novembre 1916.

Le Maire délégué,

Signé : H. Finot.

La pièce a été rendue à Mme Jacques.

(Suivent les signatures.)

N° 139.

DÉPOSITION reçue, le 12 mai 1917, à PARIS, par la Commission d'enquête.

VERLET (Marie-Adeline), femme CHRÉTIEN, âgée de 39 ans, domiciliée à Longuyon (Meurthe-et-Moselle), réfugiée à Romainville.

Je jure de dire la vérité.

Le 24 août 1914, après un bombardement, j'essayais de sortir de Longuyon, dans l'après-midi, pour me sauver avec mes deux enfants, Georges, âgé de 11 ans, et Edmond, âgé de 5 ans, quand deux soldats allemands sont arrivés sur nous et, sans que j'eusse prononcé une seule parole ni fait un geste, nous ont tiré plusieurs coups de fusil à bout portant. Mes deux pauvres petits ont été tués; j'ai reçu moi-même cinq balles : une au cou, une au sein gauche, une à chaque épaule et une à la jambe. Je vous communique un certificat médical constatant mes blessures, dont je viens d'ailleurs de vous faire voir les cicatrices.

Ma belle-sœur, Eugénie Chrétien, qui nous accompagnait, a été blessée également d'une balle à la cuisse. Elle a entendu les deux Allemands dire, en nous abordant : « Fräulein Franzose. »

Après lecture, le témoin a signé avec nous.

ANNEXE AU N° 139.

PIÈCE communiquée par le précédent témoin.

SERVICE DE RAPATRIEMENT DES INTERNÉS.

Mme CHRÉTIEN, de LONGUYON (Meurthe-et-Moselle), ayant été blessée de cinq balles dans différentes régions du corps, il en est résulté de multiples lésions, entre autres au niveau de l'épaule gauche, qui nécessiteront des soins prolongés de massage et d'électrisation. Toutes facilités devront être données à la blessée pour recevoir ces soins.

Annemasse, le 19 mai 1915.

Signé : Dr GAYOT,

Médecin auxiliaire.

Pour copie conforme :

(Suivent les signatures des membres de la Commission.)

N° 140.

RAPPORT du lieutenant FOURET (Louis-André), du 54e régiment d'infanterie, interné en Suisse.

Interlaken, le 4 octobre 1918.

Le soussigné a l'honneur de porter à la connaissance des autorités militaires françaises les faits suivants, dont il a été témoin :

1° Fait prisonnier le 23 août 1914, à l'hôpital de Longuyon, où j'avais été transporté à la suite d'une blessure à la jambe qui m'avait mis hors de combat et rendu incapable de me déplacer par mes propres moyens, j'ai assisté, le 24 août 1914, à l'incendie de la ville de Longuyon par les Allemands. Ainsi que je le signale d'autre part dans un rapport sur les conditions dans lesquelles j'ai été blessé et fait prisonnier, un officier m'a refusé de faire évacuer par les blessés français l'hôpital (hôtel de ville), menacé fortement par l'incendie des quartiers avoisinants. Un autre officier allemand m'a menacé de son revolver et de me faire fusiller parce que j'avais donné l'ordre à des brancardiers français faits prisonniers de préserver, au moyen d'une pompe à incendie, l'hôtel de ville, sur lequel tombaient déjà des brandons enflammés, et cela avec la permission d'un autre officier allemand. Devant le danger d'incendie, les Allemands avaient enlevé de cet hôpital tous leurs blessés et avaient ordonné de tirer sur les blessés français qui tenteraient d'en sortir.

2° A l'hôpital d'Ingolstadt (Reservelazarett, Remise 4), j'ai assisté à la mort du sieur Finot, de Spincourt, âgé de 80 ans, en septembre 1914, amené, sans motifs, comme otage, de Spincourt, et transporté, au milieu des mauvais traitements les plus inhumains, jusqu'à Ingolstadt. Ce vieillard, mort quelques jours après son arrivée au Lazarett, des privations, de la fatigue subies, des mauvais traitements, portait à la nuque, sur le sommet du crâne et dans la région des reins, les cicatrices ou blessures encore ouvertes, que j'ai vues, des coups de crosse, de bâton et de fouet qu'il m'a déclaré avoir reçus des soldats allemands qui le conduisaient ou qu'il avait rencontrés.

Fait à Interlaken, le 4 octobre 1918.

Signé : FOURET.

N° 141.

DÉPOSITION reçue, le 12 mars 1919, à LONGUYON (Meurthe-et-Moselle), par la Commission d'enquête.

DÉJARDIN (Félicie-Marie), femme JACOB, âgée de 49 ans, propriétaire de la ferme de Moncel, territoire de Longuyon.

Je jure de dire la vérité.

Le 25 août 1914, à 6 heures du matin, six Allemands sont venus incendier notre ferme. Ils ont tiré sur les toitures, et embrasé avec des allumettes de la paille placée dans les granges et dans les écuries. Cinq soldats français blessés étaient alors hospitalisés chez nous. L'un d'eux, qui ne pouvait se mouvoir, a été brûlé vif, tandis que les autres essayaient de se sauver. Ces derniers sont malheureusement tombés entre les mains des incendiaires, qui les ont odieusement martyrisés. Frappés à coups de crosse et de baïonnette, ils ont tous quatre été mis à mort. L'un d'eux a été traîné vivant dans un champ d'avoine. Là, ses bourreaux ont coupé de la paille, l'en ont entouré et recouvert, et y ont ensuite mis le feu.

Je jure que j'ai vu ces faits abominables.

Après lecture, le témoin a signé avec nous.

N° 142.

DÉPOSITION reçue, le 14 mars 1919, à LONGUYON (Meurthe-et-Moselle), par M. UNGESCHICKT, juge de paix, agissant en exécution d'une commission rogatoire, en date du 14 mars 1919, de la Commission d'enquête.

JACOB (Charles), âgé de 60 ans, cultivateur, demeurant à Longuyon.

Je jure de dire la vérité.

Le mardi 25 août 1914, à 6 heures du matin, j'étais en train de déjeuner chez moi, à la ferme de Moncel, que j'habitais alors, quand j'ai entendu tout près des coups de feu; presqu au même instant, ma maison a été envahie par une douzaine de fantassins allemands, qui m'ont demandé s'il y avait des soldats français chez moi ; je leur ai répondu qu'il y en avait eu l'avant-veille, mais qu'ils étaient partis ; ils ont cherché partout, et n'en ayant trouvé aucun, de rage, quelques-uns sont sortis et ont tiré à balle sur mon corps de logis, pendant que les autres mettaient le feu aux granges et aux écuries. Presque aussitôt ma maison flambait de toutes parts ; voyant cela, je me suis sauvé dans le bois voisin. Dans l'après-midi, entre 2 et 3 heures, je suis revenu et ai trouvé ma maison complètement réduite en cendres, ainsi que les deux autres maisons voisines ; j'ai fait un tour un peu partout, et, dans mon jardin, j'ai trouvé deux fantassins français massacrés ; dans le jardin voisin, qui était ensemencé en avoine, j'ai vu qu'une petite partie de cette avoine, qui était sur pied, avait été brûlée ; je me suis approché et ai trouvé le cadavre presque entièrement carbonisé d'un soldat français, qui devait être un caporal ; car une capote portant les insignes de ce grade gisait non loin. Poursuivant mes investigations, j'ai trouvé, devant la maison voisine, un autre fantassin, dont le crâne défoncé avait laissé sortir la cervelle, qui était répandue par terre. Un mois environ après, j'ai retrouvé dans la cuisine de la maison voisine, en dessous d'un escalier, le corps d'un autre fantassin français qui n'avait plus ni tête, ni bras, ni jambes.

D. — Pouvez-vous me dire à quels régiment, bataillon, compagnie, etc., appartenait la douzaine de soldats allemands qui, le mardi 25 août, à 6 heures du matin, ont envahi votre maison, ont tiré dessus des balles, enfin y ont mis le feu ?

R. — Non.

D. — Pouvez-vous me dire, au moins, à quel régiment appartenaient ces cinq fantassins français, dont vous avez retrouvé les corps plus ou moins mutilés dans les environs de votre maison de ferme ?

R. —. Oui ; ils appartenaient tous cinq au 89ᵉ régiment d'infanterie.

D. — Quand les troupes françaises se sont-elles éloignées de votre maison de ferme ?

R. — Le dimanche 23 août, vers midi, les troupes françaises ont dû rétrograder sur Longuyon.

D. — Les cinq fantassins français, dont vous avez retrouvé les cadavres, n'auraient-ils pas été blessés, et, ne pouvant suivre leurs camarades en retraite sur Longuyon, ne se seraient-ils pas réfugiés dans les environs de votre maison de ferme, où les Allemands venus chez vous, le 25 août, à 6 heures du matin, les auraient trouvés et massacrés ?

R. — Pardon, ces cinq fantassins français, tous assez grièvement blessés, s'étaient réfugiés dans une maison voisine de la mienne et abandonnée de ses occupants ; je connais et puis certifier ce détail, car je le tiens de l'un d'eux qui, moins gravement blessé que les autres, est venu, le dimanche 23 et le lundi 24 août, plusieurs fois chez moi, pour y avoir du lait pour lui et ses camarades.

D. — Avez-vous remarqué, soit à côté, soit dans les environs des cadavres des cinq fantassins français, des armes : fusils, revolvers, sabres, etc., avec lesquels ils auraient pu ou attaquer ou se défendre ?

R. — Non, il n'y avait nulle part absolument rien en fait d'armes, et puis ces cinq malheureux étaient tellement blessés que, s'ils avaient eu des armes, ils n'auraient même pas pu s'en servir.

De tout quoi nous avons dressé le présent procès-verbal qui, après lecture faite, a été signé par nous, notre commis-greffier et le témoin y dénommé.

(Suivent les signatures.)

N° 143.

DÉPOSITION reçue, le 20 mars 1919, à Luxeuil (Haute-Saône), par M. Gamot, juge de paix, agissant en exécution d'une commission rogatoire, en date du 17 mars 1919, de la Commission d'enquête.

Fernez (Thérèse), âgée de 58 ans, sans profession, épouse de M. Houchard (François), retraité des douanes, demeurant actuellement à Luxeuil, rue de la Gare, 26.

Serment prêté.

Le 24 août 1914, entre 1 heure et 2 heures de l'après-midi, à Longuyon (département de Meurthe-et-Moselle), rue de Metz, presque en face le n° 13 de cette rue, non loin de mon habitation, j'ai vu, de ma demeure, un officier et trois soldats, que je crois appartenir au 22° régiment d'infanterie bavaroise, qui faisaient des perquisitions dans ladite rue de Metz, afin de s'emparer des hommes valides qui pouvaient s'y trouver. A ce moment, François Bossler, âgé d'environ 60 ans, retraité de la Compagnie de l'Est, et les deux fils Carquin, ouvriers, que je crois être âgés, l'un de 19 et l'autre de 17 ans, venaient de quitter leur maison, qui était en feu par le fait des Allemands, pour entrer à Longuyon. L'un des fils Carquin était porteur d'une valise ; tous trois ne faisaient aucun acte d'agression contre les Allemands. L'officier que je viens d'indiquer, apercevant ces trois hommes, leur a fait signe d'approcher. Ils se sont rendus immédiatement à l'appel de l'officier, ont parlementé un instant avec ce dernier ; alors je suis rentrée quelques minutes dans ma maison ; puis, ayant entendu des coups de feu, je suis sortie un peu en dehors de ma maison, et j'ai vu Bossler et les deux fils Carquin qui étaient couchés sur le dos, sur le trottoir ; ils venaient d'être à l'instant, j'en suis absolument sûre, fusillés par les trois soldats allemands susindiqués. J'ai vu Bossler se relever en poussant un cri épouvantable, et, alors, l'officier allemand a tiré son revolver, s'est approché de Bossler, et lui a fracassé la tête d'une balle. Les trois soldats allemands dont je viens de parler ont alors ouvert la valise dont était porteur un des fils Carquin, y ont pris ce qui leur convenait et ont abandonné le reste auprès des trois cadavres.

Au moment de la fusillade que je viens de relater, une partie des maisons de Longuyon étaient en feu. Les Allemands provoquaient l'incendie en lançant des engins incendiaires sur les toits.

De ce que j'ai vu et entendu alors, il est certain que Bossler et les deux fils Carquin n'ont, par aucun fait, provoqué les Allemands ; ils s'enfuyaient de leur maison en feu et malheureusement pour eux, ils ont été rencontrés par les Allemands.

Lecture faite, persiste et signe avec nous.

(Suivent les signatures.)

N° 144.

DOCUMENT communiqué à la Commission par la Mairie de Longuyon.

COMMUNE DE LONGUYON.

LISTE

des personnes tuées (et reconnues) le 24 août 1914.

NOMS ET PRÉNOMS.	ÂGE.	PROFESSIONS.
Rodange (Charles)	48 ans.	Cultivateur.
Martinet (Jules-François)	54 ans.	Charpentier.
Martinet (Aimé)	61 ans.	Idem.
Martin (Marie-Louis)	54 ans.	Facteur.
Reinalter (George-Henri)	19 ans.	Manœuvre.
Chrétien	Enfant.	"
Chrétien	Idem.	"
Collignon (Jules)	"	Retraité des chemins de fer.
Weicherding, beau-père de Dagognet	"	"
Leroy	84 ans.	Sans profession.
Pierre (Alphonse)	50 ans.	Coiffeur.
Gœbury (Geneviève-Pauline)	15 ans.	Sans profession.
Briclot (Émile)	29 ans.	Employé de commerce.
Thomas (Auguste)	15 ans.	Écolier.
Thomas (Marcel)	19 ans.	Manœuvre.
Valentin (Jules-Théodule)	40 ans.	Idem.
Launois	"	"
Valentin (Eugène)	50 ans.	Chauffeur.
Reinalter (Nicolas-Henri)	43 ans.	Garde-frein.
Dieudonné (Victor)	57 ans.	Cultivateur.
Siméon (Jean-Louis)	46 ans.	Manœuvre.
Vagner	"	"
Toussaint (Pierre-Nicolas)	66 ans.	Rentier.
Rollin (Gaston)	18 ans.	Cordonnier.
Delcourt (Jean-François-Émile)	53 ans.	Comptable.
Tiry (Casimir)	63 ans.	Manœuvre.
Velter (Albert-Camille)	20 ans.	Ajusteur.
Buzy (Alexis)	50 ans.	Poseur à la voie.
Braux (Victor-Émile)	43 ans.	Curé-doyen.
Persyn (Gaston-Louis-Fernand)	25 ans.	Vicaire.
Mougenot (Marcel-Louis-Amédée)	20 ans.	Ouvrier au dépôt.
Bertrand (Léon)	55 ans.	Manœuvre.
Bortin (Jules-Auguste-Jean)	60 ans.	Retraité.
Siméon (Camille)	17 ans.	Comptable.
Siméon (Prosper-Émile)	14 ans.	Ouvrier chaudronnier.
Mouter (Marius)	16 ans.	Menuisier.
Georges (Alphonse)	29 ans.	Ouvrier au chemin de fer.
Guénzi (Angelo)	39 ans.	Sujet italien.
Cornello (Joseph)	14 ans.	Idem.
Gaionni (Laurent)	42 ans.	Idem.
Mabelli	"	Idem.
Humer (Jean)	58 ans.	Cafetier.

NOMS ET PRÉNOMS.	ÂGE.	PROFESSIONS.
Norroy...........................	"	"
Lhôte (Jules-Jean-Pierre)............	"	Ouvrier d'usine.
Jacques (Albert).....................	"	Garçon boulanger.
Bossler (Arthur)....................	"	Retraité.
Carquin (Marcel)....................	"	"
Carquin (Paul)......................	"	"
Cayatte (Sébastien-Émile).............	44 ans.	Cordonnier.
Bouchet-Chleq.....................	"	"
Royer (Marie), veuve Pourel..........	80 ans.	Sans profession (a été trouvée sans blessure sur la route de Longwy).
Brandin (Henri-Auguste).............	45 ans.	Manœuvre.
Brandin (Louis)..:.................	43 ans.	Id.
Carlet (Charles-Henri-Célestin).........	31 ans.	Garçon boucher.
Pellerin (Mme)....................	"	"
Hean, femme Aloyse Meyer (Anne-Elisabeth).	57 ans.	Sans profession (a été trouvée dans la rivière La Crusne, sans blessure).

Cette liste ne peut être considérée comme définitive, plusieurs personnes ayant été enterrées sans être reconnues.

Pour copie certifiée conforme.

(*Suivent les signatures des membres de la Commission.*)

N° 145.

DÉPOSITION reçue, le 10 janvier 1919, à Cons-la-Grandville (Meurthe-et-Moselle), par la Commission d'enquête.

Haberer (Alice), femme Goelff, âgée de 32 ans, demeurant à Cons-la-Grandville.

Je jure de dire la vérité.

Le 23 août, un soldat allemand a pénétré, en ma présence, chez mon voisin, M. Dessart, boulanger, et lui a tiré sans aucun motif un coup de fusil dans le bras gauche. Dessart est tombé en criant : « Nous sommes tous perdus! » Je me suis sauvée et je ne sais rien d'autre, sinon que Dessart est mort très rapidement.

Comme mon mari, pour éviter le même sort, essayait de prendre la fuite en traversant la Chiers, avec son enfant âgé de sept ans qu'il portait sur le dos, les Allemands ont tiré sur lui sans l'atteindre. Il est actuellement à Réhon.

Après lecture, le témoin a signé avec nous.

N° 146.

DÉPOSITION reçue, le 10 janvier 1919, à Cons-la-Grandville (Meurthe-et-Moselle), par la Commission d'enquête.

Kleine (Charles), âgé de 38 ans, notaire à Cons-la-Grandville.

Je jure de dire la vérité.

Le 23 août 1914, les Allemands sont arrivés à Cons-la-Grandville, et aussitôt une compagnie du 122° d'infanterie (Wurtembergeois) a mis le feu à une partie du village avec du pétrole et des cartouches incendiaires. Huit maisons ont été détruites.

Le boulanger Dessart a été tué à coups de feu dans sa maison, sans aucune raison sérieuse, m'a-t-on dit, mais simplement pour n'avoir pas obtempéré assez vite à l'ordre de sortir de chez lui.

Du 1ᵉʳ octobre au 19 novembre 1915, le marquis de Lambertye, M. Majon et moi avons été enfermés comme otages à l'hôtel des Récollets. Enfin, le 6 janvier 1918, j'ai été emmené avec le marquis au camp de Milijgany (Lithuanie), où nous sommes restés jusqu'au 15 mars, date à laquelle nous avons été transférés au camp de Block-Roon. Nous avons été retenus en ce dernier endroit jusqu'au 8 juillet. Les trois premiers mois de notre captivité ont été fort durs. Nous couchions dans une écurie, sur trois étages de rondins alignés parallèlement et recouverts d'une mince paillasse. Le froid était très rigoureux. Nous mourions presque de faim. Aucune infirmerie n'était organisée, et nous n'avions pas de médicaments. Il y avait parmi nous beaucoup de vieillards et de gens malades. Nous n'avons jamais pu recevoir de nouvelles de nos familles habitant les pays occupés.

Après lecture, le témoin a signé avec nous.

Nᵒˢ 147, 148, 149, 150.

DÉPOSITIONS reçues, le 13 janvier 1919, à FRESNOIS-LA-MONTAGNE (Meurthe-et-Moselle), par la Commission d'enquête.

MICHEL (Augustine), veuve LEDOYEN, âgée de 49 ans, cultivatrice à Fresnois-la-Montagne.

Je jure de dire la vérité.

Le 23 août, la commune a été envahie par des troupes des 121ᵉ, 122ᵉ, 123ᵉ et 125ᵉ régiments d'infanterie allemande. Elles ont, en arrivant, mis le feu dans le village et massacré les habitants, sous le prétexte absolument faux qu'on avait tiré sur elles. Je m'étais réfugiée dans la cave d'un voisin, avec mes trois fils, le jeune Bombled et plusieurs autres personnes. Comme le feu prenait à la maison, nous avons dû sortir de notre abri et nous sommes allés dans les jardins. Les Allemands, nous ayant aperçus, ont tiré sur nous. M. Jean-Baptiste Boudet, un vieillard de 77 ans, a eu le bras cassé par une balle; mon fils aîné, âgé de 20 ans, et le jeune Bombled, un garçon du même âge, ont été empoignés, ainsi que Charles Charpentier, âgé de 17 ans; tous trois ont été contraints à monter dans une automobile et, après avoir été brutalement frappés, ont été conduits à la Kommandantur de Tellancourt, qui a ordonné de les fusiller. L'exécution a eu lieu sur la route.

J'ai assisté à la mort de l'instituteur, M. Werlé. Il a d'abord été détaché du groupe dans lequel il se trouvait et ramené en arrière. Après l'avoir fouillé, on l'a renvoyé en avant. C'est alors qu'il a reçu une balle dans le dos et qu'un officier, s'étant ensuite approché de lui, l'a achevé d'un coup de revolver dans l'oreille.

De nombreux habitants ont également péri. Trente-quatre ou trente-cinq ont été fusillés et dix-sept asphyxiés dans la cave d'une maison incendiée.

Après lecture, le témoin a signé avec nous.

HOUSSARD (Adrienne), veuve WERLÉ, âgée de 36 ans, institutrice communale à Fresnois-la-Montagne.

Je jure de dire la vérité.

Le 23 août, tandis que le village était bombardé, je me suis réfugiée dans une cave, avec mon mari, Vincent Werlé, instituteur communal, et un certain nombre d'autres personnes.

Des soldats sont venus faire sortir les femmes; mon mari, qui avait l'intuition de sa fin prochaine, m'a dit alors : « Embrasse-moi, ma pauvre grande, et sauve-toi ». Les hommes sont restés, et nous avons été conduites au cimetière. Pendant ce temps, M. Werlé pouvait sortir et se rendait à Tellancourt. Il en revint dans la même journée, avec un sauf-conduit qu'il avait obtenu d'un officier du 120e; mais, quand il arriva aux premières maisons de Fresnois avec quelques personnes qui l'accompagnaient, il a été chassé, ainsi que ses compagnons, et aussitôt une fusillade a été dirigée sur le groupe. Mon mari est tombé frappé d'une balle dans le dos, et un officier l'a achevé d'un coup de revolver dans l'oreille. Je tiens ces derniers détails des gens qui ont assisté à sa mort. En même temps que lui, deux hommes, MM. Antoine Gérard, Paul Meurier, et trois femmes, MMmes Lafond, épouse du maire, Amélie Meunier et Georgette Thomas, ont été tués. Une dizaine d'hommes ont été ensuite conduits devant le mur du cimetière et passés par les armes. J'ai entendu les détonations.

Je vous remets la liste exacte des victimes. J'ai moi-même vu et identifié tous les cadavres. Les inhumations ont été faites par les femmes de la commune.

Après lecture, le témoin a signé avec nous.

———

Bombled (Aimé), âgé de 22 ans, ouvrier d'usine, à Fresnois-la-Montagne.

Je jure de dire la vérité.

Le 23 août 1914, à quatre heures et demie de l'après-midi, je me trouvais parmi les personnes que les Allemands avaient conduites près du mur du cimetière. Un officier a dit : « Les femmes et les enfants, restez là, et les hommes avec nous; en avant! Où est le maire du village? » Le maire, M. Edmond Lafond, a répondu : « Me voici ». L'officier a repris : « Vous allez être fusillé, parce que vous avez tiré sur nous. ». — « Je vous jure, en levant la main, qu'on n'a pas tiré », déclara M. Lafond. « En avant, en avant! » cria l'officier. On nous a alors fait marcher jusqu'à une haie située à deux mètres du cimetière, et on nous a fait mettre à genoux et lever les bras. Je m'attendais à recevoir la mort, quand un officier m'a renvoyé en disant que j'étais trop jeune. A peine avais-je fait quelques pas que les détonations éclataient. Dix habitants venaient d'être massacrés.

Après lecture, le témoin a signé avec nous.

———

Cuny (Victorine), veuve Lariette, âgée de 55 ans, sans profession, à Fresnois-la-Montagne.

Je jure de dire la vérité.

J'étais près du cimetière quand a eu lieu l'exécution de dix habitants du village. J'y avais été conduite avec une centaine de personnes, hommes, femmes et enfants, pour y être fusillée; mais au dernier moment, on avait fait grâce aux femmes et aux enfants. J'ai entendu les détonations. Parmi les victimes se trouvait mon mari, Alphonse Lariette, et aussi M. Perrin (Nicolas), un vieillard de 67 ans, très malade. Ce dernier a été pris d'une faiblesse tandis qu'on le frappait à coups de crosse pendant le trajet. Les Allemands lui ont fait boire de l'alcool de menthe pour lui rendre des forces, afin qu'il pût aller jusqu'au bout du calvaire. Les personnes fusillées au même endroit ont été, comme je vous l'ai déjà dit, au nombre de dix; c'étaient : M. Lafond, maire; mon mari, Lariette (Alphonse); M. Perrin (Nicolas), M. Bray (Émile), M. Petit (Émilien), Jacquet (Ernest), Dinant (François), Othelet (Narcisse), Bourguignon (Jean-Baptiste) et Henri (Hippolyte). Trois autres, MM. Meurier (Narcisse), Bragard (Joseph) et Differding (Pierre), ont été passés par les armes devant la fontaine. M. Meunier (Auguste) et M. Rongveau (Hippolyte) ont été exécutés, le premier devant sa maison et le second contre un talus face à la chapelle, qui est située à proximité du cimetière.

J'ai, comme beaucoup d'autres, vu incendier le village avec des cartouches et des grenades.

Après lecture, le témoin a signé avec nous.

N° 151.

DOCUMENT communiqué à la Commission par Mme WERLÉ, institutrice communale à FRESNOIS-LA-MONTAGNE.

LISTE DES PERSONNES TUÉES À FRESNOIS-LA-MONTAGNE.

LE 23 AOÛT 1914.

BOUDET (Robert).
LAFOND (Maria), née ARMAND.
MEUNIER (Amélie), fille.
THOMAS (Georgette), née DEPIÈCE.
LEFÈVRE (Louis).
MEURIER (Narcisse).
DIFFERDING (Pierre).
MEUNIER (Auguste).
PERRIN (Nicolas).
BRAY (Émile).
HENRI (Hippolyte).
PETIT (Émilien).
OTHELET (Narcisse).
JACQUET (Ernest).
LARIETTE (Alphonse).
DINANT (François).
LAFOND (Edmond).
BRAGARD (Joseph).
LAMBERT (Alexandre).
LECOQ (Anatole).
LECOQ (Théodule).
BOUDET (Jean-Baptiste).
MONIOT (Jean).

RONGVEAU (Hippolyte).
GÉRARD (Antoine).
BOURGUIGNON (Jean-Baptiste).
WERLÉ (Vincent).
MEURIER (Paul).
LEBRUN (Amédée).
LEBRUN (Félicie).
LEBRUN (Jeanne).
LEBRUN (Denise).
LEBRUN (Élise).
LEBRUN (Bastien).
RAULET (Louis).
RAULET (Philomène), née CHEVALLIER.
CHEVALLIER (Catherine).
LANHERS (Germaine).
LANHERS (Juliette).
MEURIER (Philomène).
BODSON (Louise).
LAMBERT (Léonie), née MICHEL.
LAMBERT (Eugénie), 27 ans.
LAMBERT (Gabrielle), 20 ans.
KELLER (Jeanne), 6 ans.

LE 25 AOÛT.

BOUDET (Napoléon).

LE 27 AOÛT.

BERTRAND (Julien) [suite de blessures].

SUPPOSÉS MORTS, ET MORTS SUR LE TERRITOIRE DE TELLEMONT.

LENOURS (Corentin). | BOMBLED (Élisée).
CHARPENTIER (Charles). | LEDOYEN (Georges).

Certifié conforme à l'original.

(Suivent les signatures des membres de la Commission)

N° 152.

DÉPOSITION reçue, le 27 janvier 1916, à MONTIERS-SUR-SAULX (Meuse), par M. DROUOT (Maxime-Charles), juge de paix.

ORRY (Élise-Eugénie), épouse REGNIER (Charles), née le 5 juillet 1890, ménagère à Réhon (Meurthe-et-Moselle), demeurant actuellement à Morley.

Serment prêté.

A Fresnois, le 18 août au matin (1), nous étions une dizaine dans une cave pour éviter le bombardement, quand un Allemand est venu nous faire sortir : il nous a fait aligner le long d'un mur. Il y avait parmi nous Lefèvre (Louis), de Fresnois, âgé de 18 ans ; le même Allemand l'a tué net d'un coup de revolver, sans explication. Sa mère, son frère, sa sœur et moi, nous étions ensemble, mais nous avons pu nous sauver. Un autre soldat arrivé à bicyclette a encore tiré sur le cadavre ; je l'ai vu et je l'affirme.

D'après les on-dit du pays, les demoiselles Lebrun, du même pays, auraient été brûlées par la volonté criminelle des Allemands. Ce fait, je ne l'ai pas vu, et je ne connais pas les prénoms de ces demoiselles.

Pour compléter ce que je sais de l'assassinat de Lefèvre (Louis), commis, comme je l'ai dit, le 18 août, à Fresnois-la-Montagne, vers huit heures du matin, je dois dire que dans le village il y avait environ 8.000 Allemands ; que, dans la rue où cela se passait, il se trouvait beaucoup de soldats et quelques officiers, que j'ai parfaitement reconnus pour être des officiers. Personne n'est intervenu pour empêcher le crime. J'ajoute encore que la mère de la victime a eu le temps de dire au coupable : « Je vous donne cent francs, si vous voulez me rendre mon fils », et il lui a été répondu : « Non ». Cette femme est une pauvre femme d'ouvrier.

(Suivent les signatures.)

N° 153.

DÉPOSITION reçue, le 13 janvier 1919, à FRESNOIS-LA-MONTAGNE (Meurthe-et-Moselle), par la Commission d'enquête.

LAURENT (François-Alexandre), âgé de 72 ans, épicier à Fresnois-la-Montagne.

Je jure de dire la vérité.

Après l'exécution de M. Lafond, j'ai rempli les fonctions de maire à Fresnois. Le village a, comme vous venez de vous en rendre compte, terriblement souffert de l'incendie.

---

(1) Le témoin commet une erreur sur la date : les faits se sont passés le 23 août.

Quatre-vingt dix-neuf maisons ont été brûlées volontairement par l'ennemi. L'église a été également incendiée. Les Allemands y avaient entassé des tas de fagots, auxquels ils ont mis le feu. Trente-quatre personnes ont été massacrées et dix-sept ont péri asphyxiées dans une cave. J'ai vérifié la liste des victimes qu'a dressée l'institutrice et qui vous a été remise ; elle est parfaitement exacte.

Ces atrocités ont été commises sans aucun motif. Les Allemands ont prétendu que le curé avait tiré sur eux ; or, il était mobilisé et avait quitté la commune le 2 août. Aucun habitant du village ne possédait plus d'armes, et personne ne s'est livré au moindre acte d'hostilité ni même de résistance.

Après lecture, le témoin a signé avec nous.

Nᵒˢ 154, 155, 156, 157.

DÉPOSITIONS reçues, le 13 janvier 1919, à FRESNOIS-LA-MONTAGNE (Meurthe-et-Moselle), par la Commission d'enquête.

GÉRARD (Anaïs), veuve LECOQ, âgée de 49 ans, cultivatrice à Fresnois-la-Montagne.

Je jure de dire la vérité.

Au cours des massacres du 23 août, mon mari, Lecoq (Anatole), a été tué par un Allemand, d'un coup de revolver tiré à bout portant dans la tête, et mon fils Théodule, âgé de 19 ans, a été frappé en pleine poitrine d'un coup de baïonnette à scie. Il a pu se traîner jusqu'au jardin de M. Napoléon Boudet, où, pendant quarante-huit heures, il a eu une agonie atroce. J'ai appris ces détails cruels par Mᵐᵉ Pierret et par M. Battin (Honoré), qui en ont été témoins.

Après lecture, le témoin a signé avec nous.

BERTRAND (Maria), femme PIERRET, âgée de 37 ans, cultivatrice à Fresnois-la-Montagne.

Je jure de dire la vérité.

Le 23 août, j'étais réfugiée dans une volière voisine du jardin de M. Napoléon Boudet. De là, j'ai assisté à l'agonie du jeune Théodule Lecoq, qui avait été blessé d'un coup de baïonnette à la poitrine. Il souffrait atrocement, se plaignait et demandait à boire. Malheureusement, je ne pouvais sortir de ma cachette, sous peine d'être tuée, et il m'était impossible de le secourir. Il est mort au bout de quarante-huit heures.

Après lecture, le témoin a signé avec nous.

BATTIN (Honoré), âgé de 18 ans, cultivateur à Fresnois-la-Montagne.

Je jure de dire la vérité.

Le 23 août 1914, vers 2 heures 10 de l'après-midi, j'ai vu plusieurs Allemands se jeter sur Théodule Lecoq, sans aucun motif, et l'un d'eux lui porter à la poitrine un coup de baïonnette à cran. J'ai assisté au meurtre de M. Lecoq père, qui a été jeté à terre par des soldats, puis tué d'un coup de revolver tiré à bout portant.

Après lecture, le témoin a signé avec nous.

MEURIER (Lucile), femme DEBREUX, âgée de 26 ans, sans profession, à Fresnois-la-Montagne.

Je jure de dire la vérité.

Le 23 août 1914, j'étais cachée dans un buisson avec des personnes de ma famille et le jeune Paul Meurier, mon petit cousin. Les Allemands tiraient de tous côtés sur les habitants, et, comme une balle venait de traverser le buisson, Paul Meurier se leva en disant : « Il est temps de sortir d'ici ». Immédiatement, des soldats se saisirent de lui et l'attachèrent à la queue d'un cheval, que son cavalier lança au galop. Je partis alors vers Tellancourt, tandis qu'on l'emmenait dans la direction du bois Plaifé. Huit jours après, on a trouvé son cadavre dans les champs. Je ne puis vous donner de renseignements sur les conditions dans lesquelles il a été tué.

Après lecture, le témoin a signé avec nous.

N° 158.

DÉPOSITION reçue, le 17 août 1915, à CHÂTILLON-SUR-SEINE (Côte-d'Or), par M. Jean BERNARD, juge de paix.

RICHE (Marguerite), née le 6 juin 1876, demeurant actuellement à Villers-Patras (Côte-d'Or).

Serment prêté.

Le bombardement du village (Fresnois-la-Montagne) a commencé le 23 août, à 8 heures du matin, et a duré jusqu'à 2 heures de l'après-midi. Dès la chute des premiers obus, j'ai quitté ma maison, proche de l'église, pour me réfugier avec mes deux enfants dans le fournil de M. Bibi-Zélus.

A 2 heures de l'après-midi, une accalmie s'étant produite, je tentai de rentrer chez moi pour prendre le déjeûner de mes enfants; l'incendie dévastait le village; le clocher de l'église brûlait; les rues étaient pleines d'Allemands qui activaient l'incendie, pour obliger les habitants à sortir des caves où ils s'étaient réfugiés pour la plupart.

J'en ai vu au moins dix qui lançaient sur les toits des boules grosses comme un œuf et tiraient ensuite des coups de feu ; les flammes apparaissaient aussitôt. Plusieurs Allemands me réclament du pain. Je n'en avais pas. Je reprends mes enfants et me réfugie dans la cave de M. Anatole Lecoq ; mais bientôt les progrès de l'incendie m'obligent à évacuer notre abri. Nous fuyons alors vers Tellancourt par les jardins; mais, arrivés au lieudit « Les Ponts », nous sommes arrêtés par une forte troupe d'Allemands et, peu à peu, notre groupe grossit ; nous sommes bientôt près de deux cents hommes, femmes, enfants, près de la tombe d'un vieillard de 75 ans, le père Blancolas, que les Allemands ont tué quelques instants avant mon arrivée et enterré à fleur de terre, les pieds sortant du sol et la casquette marquant l'emplacement de la fosse. A ce moment, un officier allemand s'approche de nous et nous dit textuellement : « Tas de sales vaches, sales p....., sales Françaises, vous avez tiré sur nos soldats, vous avez caché votre pain et votre vin dans la terre; vous allez être tous fusillés ou attachés à la gueule du canon. »

Après une heure d'attente, on nous fit mettre en rang trois par trois, et l'on nous emmena ainsi escortés jusqu'à Tellancourt, où nous fûmes parqués dans une grange où restait encore le fumier des chevaux qui y avaient été abrités. Un officier vint alors et nous dit : « Vous êtes prisonniers ; il ne vous sera fait aucun mal, mais vous devez rester là. »

Au bout d'un quart d'heure, M. Werlé, instituteur de Fresnois, d'origine alsacienne, qui parlait allemand, nous conseilla de rentrer dans nos maisons. Il se rendit près d'un officier, qui lui délivra un long sauf-conduit, grâce auquel nous pensions pouvoir retourner à Fresnois ; mais, à l'entrée du village, nous fûmes arrêtés et informés que nous ne pourrions y pénétrer que quand les Allemands l'auraient évacué. A ce moment, une cinquantaine de cavaliers arrivent, bride abattue, et tirent sur nous de nombreux coups de feu. Nous nous sommes tous jetés à terre et personne n'est blessé. On nous oblige à retourner à Tellancourt en passant à travers champs. Nous marchons cinquante mètres, puis nous nous arrêtons au commandement de « halte », et chaque fois nous devons lever les bras. Nous arrivons ainsi au lieudit « La Carrière », où se trouve en effet une carrière encore exploitée. A ce moment, de nouveaux coups de feu éclatent ; ils viennent des talus de la carrière où nous nous dissimulons et de la route. A quatre reprises différentes, nous essayons de reprendre notre chemin, mais à chaque fois nous essuyons de nouvelles salves tirées presque à bout portant. C'est là qu'ont été tuées, près de moi, Mme Lafond, femme du maire, Mme Thomas (Georgette) et Mme Amélie Meunier, qui eut le crâne fracassé par une balle et dont la cervelle jaillit sur le visage et les vêtements de l'une de mes filles. Furent blessés également en cet endroit le jeune Mathy (une balle au visage), Mme Adner (Séraphine) (une balle au talon) et Mme Gérard, dite Mme Antoine (une balle dans le côté). Nous pouvons enfin reprendre notre chemin, mais en passant près d'un groupe de buissons, nous essuyons une nouvelle salve qui ne blesse personne et nous continuons notre marche, précédés de M. Werlé, qui tient les bras levés, ayant dans une main le sauf-conduit qui lui a été délivré à Tellancourt, et dans l'autre son mouchoir blanc.

Nous sommes bientôt arrêtés de nouveau par un officier à cheval, revolver au poing, qui nous défend, sous peine de mort, de tourner la tête. M. Werlé enfreignit-il cette défense ? Je l'ignore, mais l'officier se précipita sur lui et lui tira un coup de revolver dans le dos. M. Werlé tomba en criant : « Ah ! les lâches ! les gueux ! », et l'officier l'acheva d'un nouveau coup de revolver. Quelques instants après, M. Gérard (Antoine), qui soutenait sa mère blessée au côté, reçut une balle dans la jambe ; il tomba et fut aussitôt achevé à coups de revolver. A partir de ce moment, aucun coup de feu ne fut plus tiré sur nous, et nous arrivâmes bientôt au carrefour du chemin allant vers Tellancourt, Fresnois et Braumont. En cet endroit, je vis les cadavres de trois jeunes gens de Fresnois, les nommés Charles Charpentier, 16 ans, Georges Ledoyen, 17 ans, et Aimé Bombled, 18 ans, que les Allemands avaient enlevés en automobile, puis fusillés après les avoir odieusement frappés, ainsi qu'en pourraient témoigner M. et Mme Clausse, de Tellancourt.

(*Suivent les signatures.*)

N° 159.

DÉPOSITION reçue, le 7 décembre 1915, à Bar-sur-Aube (Aube), par M. Berthelemot, procureur de la République, agissant en exécution d'une commission rogatoire, en date du 3 décembre, de la Commission d'enquête.

Husson (Célinie), femme Schweitzer, 45 ans, demeurant à Fresnois-la-Montagne (Meurthe-et-Moselle), actuellement réfugiée à Bar-sur-Aube, Petite-Rue Saint Pierre, n° 1.

Serment prêté.

J'habitais Fresnois-la-Montagne au moment de la déclaration de guerre. Mon mari était occupé aux aciéries de Longwy, et moi je m'occupais de mon ménage et de mes trois enfants, âgés, l'aîné, Louis, de 17 ans, le second, Gaston, de 16 ans, et de ma petite fille Paulette, 9 ans..

Du 8 au 10 août 1914, des troupes allemandes étaient déjà passées par Fresnois. Beaucoup de soldats venaient, revolver au poing, me demander à boire ou à manger ; mais, à ce moment-là, je n'ai pas subi de violences proprement dites, des menaces seulement.

Le 22, des troupes françaises sont passées, allant en Belgique ; mais le 23 août fut le jour de mon calvaire.

Dans la matinée de ce jour, une grande quantité de soldats allemands, montés sur des motocyclettes, chaussés de grandes bottes, habillés de vert pâle et portant tous de grosses lunettes, ont fait invasion dans le village, en défendant à tous les habitants d'en sortir et leur commandant d'ouvrir toutes les portes et toutes les fenêtres. Je crois qu'au même moment des obus français et allemands mélangés tombaient sur le village. Aussi m'étais-je réfugiée, pour me mettre à l'abri, dans la cave de notre voisin le débitant, qui était voûtée, tandis que la nôtre ne l'était pas. Dans la même cave se trouvaient le cafetier, sa femme et ses trois enfants. Il y avait aussi Mme Regnier, avec ses six enfants, et Mme Him, avec ses deux enfants. Nous nous étions tous réfugiés dans cette cave après l'arrivée des motocyclistes, quand les obus ont commencé à tomber.

Vers les huit heures et demie du matin, des soldats sont venus nous relancer dans cette cave, pour nous obliger à leur donner à boire et à manger. Moi et la femme du cafetier sommes remontées pour les servir. A un moment donné, comme nous n'avions plus de vivres, ils commencèrent à se mettre en colère. Déjà un soldat voulait me fusiller dans la cuisine, parce que j'avais un couteau recourbé à la main ; c'était un sous-officier. Un autre s'approcha de lui et lui dit de ne pas me tuer.

Comme nous ne pouvions plus rien leur donner, une cinquantaine de sous-officiers allemands descendirent dans la cave, sans paraître en avoir reçu l'ordre, et en firent remonter deux de mes enfants, mon plus jeune fils et ma fille, et d'autres personnes que je n'ai pu distinguer.

Au même moment, un officier, qui paraissait un grand chef et qui se trouvait sur la place du village, donnant des ordres dans toutes les directions et dirigeant tout, voyait l'entrée de cette cave et vit en remonter mes enfants. Alors il s'écria, dans le plus pur français : « C'est la guerre ! En Allemagne, vos Français font ainsi ; on va vous fusiller tous ». Au même moment, il commanda à ses soldats de me conduire, avec mes enfants, au pied du mur du cimetière, se trouvant à moins de cinquante mètres de la maison du débitant.

R. — Quel était le signalement de cet officier ?

D. — Il était très grand, tout bardé de cuir jaune jusqu'à la ceinture, ayant de grands gants de cuir jaune montant jusqu'au coude, avec lesquels il me secouait brutalement par la poitrine en déchirant mon corsage ; il avait une veste vert pâle, beaucoup de médailles dessus, et une carte géographique recouverte d'un verre sur son estomac ; il était coiffé d'une casquette plate, mais assez épaisse.

Étant au pied du cimetière, ma petite fille près de moi, le grand chef « écharpillait » (tirait violemment) les bras de mon enfant de 16 ans, qui pleurait de douleur. Au même instant, toujours sur l'ordre du même officier, des soldats jetèrent sur les toits de toutes les maisons des sortes de grenades qui semblaient rattachées à leurs mains par des espèces de ficelles. Cela me rappelait les balles élastiques dont se servent les enfants pour jouer. Les toits des maisons prenaient feu au contact de ces grenades. Alors, je me mis à crier : « Mon enfant qui va brûler vif dans la cave. » Alors l'officier bourreau qui brutalisait mon plus jeune fils le quitta en criant en français : « Il y en a encore dans la cave ». Il s'éloigna alors dans la direction de la cave. Les soldats étaient comme tout bêtes; on voyait qu'ils ne voulaient pas agir, mais l'officier les y obligea.

Je vis sortir de la cave mon pauvre enfant; j'étais tellement émue que je ne le voyais plus très nettement. Néanmoins, je n'ai que trop vu qu'à peine sorti de la cave il fut traversé d'un coup de baïonnette, le sang a giclé jusqu'au visage. C'était mon fils Louis, âgé de 17 ans. Je souffrais tellement de cette scène épouvantable que je n'ai pu distinguer si c'était l'officier ou un soldat qui avait assassiné mon enfant; ils formaient un groupe autour de lui.

Au même instant, voyant qu'on ne s'occupait plus de moi, j'en profitai pour me sauver derrière le cimetière, en compagnie de mon plus jeune fils et de ma petite fille. Nous rampions dans des champs d'avoine non encore coupés. Une grande quantité de balles furent envoyées dans notre direction, mais nous étions protégés par l'épaisseur du mur du cimetière, et nous ne fûmes pas atteints.

Au moment où nous commencions à prendre le large, nous fûmes aperçus par un groupe de uhlans; ceux-ci nous ont aussitôt crié en allemand de nous approcher : je les ai compris à leurs signes. Il nous mettaient en joue et je croyais qu'ils allaient nous tuer; ils paraissaient en vouloir particulièrement à mon fils. Ils m'ont fouillée et je leur ai immédiatement donné tout ce que je possédais, c'est-à-dire mon porte-monnaie contenant trois cent onze francs. Au même instant, l'un d'eux m'arracha violemment la montre de mon mari, que je portais suspendue à mon cou. Lorsqu'ils m'eurent dépouillée de mon argent et de ma montre, ils nous firent signe de nous en aller. Ces soldats-là n'ont pas tiré sur nous et semblaient être commandés par un autre chef habillé de vert réséda; j'ai été dépouillée à quelques mètres de cet officier; qui n'a rien fait pour s'y opposer.

J'ai fini par arriver à Braumont, qui était occupé par les Français, épuisée de douleur et d'émotion. Il était alors entre dix heures et demie et onze heures du matin.

Lecture faite, persiste et signe avec nous.

N° 160.

DÉPOSITION reçue, le 31 décembre 1915, au Mans (Sarthe), par M. Claude Barrué, juge de paix.

Frognet (Henri-François), né le 15 juillet 1861, demeurant actuellement au Mans, boulevard René-Levasseur, 9 bis, représentant de commerce à Fresnois-la-Montagne.

Serment prêté.

Le 23 août 1914, à Fresnois-la-Montagne, les Allemands ont enfoncé la porte de ma maison et m'ont traîné dans la rue pour me fusiller, lorsque je leur ai offert toutes mes provisions et du vin : ils m'ont alors conduit devant la porte de la maison; ma sœur leur a montré des bouteilles de vin, ils sont entrés, ont bu, mais, ne trouvant pas là la quantité suffisante, et croyant que je n'en avais plus, ils sont sortis, m'ont pris et placé devant un peloton d'exécution. Au moment où l'ordre de tirer allait être donné, ma sœur leur a encore fait voir des bouteilles de vin; ils m'ont aussitôt laissé et se sont précipités dans la maison, où ils ont bu et mangé nos provisions. Les meubles ont été brisés, le linge jeté, tout a été saccagé. Ma sœur et moi, nous nous sommes réfugiés dans la cave. Le village était en flammes; quatre-vingt quatorze maisons ont été incendiées à l'aide de torches. Les incendies étaient allumés par les soldats du 122ᵉ de ligne (régiment de Silésie, je crois) commandés par le lieutenant Schmidt.

Trente-deux personnes ont été fusillées, dont douze y compris le maire, près du cimetière, les vingt autres près de la route nationale. Dix-sept ont été tuées dans les caves et sur la route ; dix-huit sont mortes asphyxiées dans les caves.

Au mois de janvier, les autorités allemandes ont parcouru la région, obligeant les municipalités à déclarer par écrit que les civils avaient tiré sur les soldats et les avaient injuriés ; il y en a qui, cédant à la menace, ont signé.

Les soldats allemands et plusieurs de leurs officiers, notamment le lieutenant Schmidt, se sont conduits en bandits dans la commune de Fresnois-la-Montagne ; ils n'avaient aucune raison pour fusiller ou tuer les habitants et incendier leurs maisons. Ils ont bien compris que leur conduite avait été criminelle et ont essayé de la justifier en faisant déclarer, par écrit, par les municipalités de la région, que des civils avaient tiré sur les soldats allemands et les avaient injuriés, ce qui était faux.

Les quelques déclarations qu'ils peuvent posséder à ce sujet sont sans valeur ; car elles n'ont été obtenues qu'à l'aide de menaces de mort.

(Suivent les signatures.)

Nos 161, 162.

DÉPOSITIONS reçues, le 13 janvier 1919, à BEUVEILLE (Meurthe-et-Moselle), par la Commission d'enquête.

RACHON (Joseph), 65 ans, conseiller municipal de Doncourt, réfugié à Beuveille.

Je jure de dire la vérité.

Les Allemands sont entrés à Doncourt le 23 août 1914, à trois heures de l'après-midi. Furieux sans doute des pertes que nos soldats leur avaient infligées, excités par la boisson, ils se livrèrent immédiatement à toutes sortes d'excès. En un instant, le village fut en flammes, et plusieurs blessés français qui se trouvaient dans des maisons ou dans des granges furent brûlés vifs. Les habitants fuyaient de tous côtés ; les soldats tiraient sur eux comme sur du gibier. Huit habitants ont été abattus dans les rues et dans les jardins ou tués dans leurs maisons, où leurs corps ont été ensuite carbonisés. Mlle Wiest, institutrice, MM. Pépin (Marcel) et Nicolas (Léon) ont été tués chez eux ; M. Lucien Morigny dans son jardin ; M. Lhote dans le cimetière ; MM. Jean-Pierre Laurent et Eugène Derrière dans un clos, près du village ; M. Alfred Derrière, frère de ce dernier, sur la voie publique, comme il sortait de la maison Pépin. D'autres personnes ont été blessées plus ou moins grièvement, entre autres le domestique de M. Camé, qui avait la main presque tranchée, le ventre percé d'une balle ; les Allemands l'ont fait ramasser et nous ne savons ce qu'il est devenu.

Le corps de M. Lucien Morigny a été arrosé de pétrole par les Allemands, qui y ont ensuite mis le feu.

Rien ne reste du village de Doncourt ; l'église, qui avait été épargnée jusqu'au 10 novembre dernier, a été brûlée ce jour-là.

Après lecture, le témoin a signé avec nous.

MM. ARENDS (Achille), 63 ans, garde champêtre de Doncourt ; LIÉGEOIS (Marcel), 26 ans, cultivateur ; JUNGER (Julien), 58 ans, manœuvre, tous domiciliés à Doncourt et réfugiés à Beuveille, ont confirmé de tout point les déclarations de M. Rachon, serment prêté de dire la vérité, et ils ont signé avec nous, après lecture desdites déclarations et de la présente mention.

N° 163.

RENSEIGNEMENTS recueillis à BRIEY, le 7 décembre 1918, sur mandat de la Commission, par M. Maurice RENARD, conseiller référendaire à la Cour des comptes, attaché d'intendance (Service général d'Alsace-Lorraine).

Assassinat du pharmacien Léon WINSBACK.

Le 4 août 1914, Briey fut occupée par un régiment d'infanterie, qui brusquement évacua cette petite ville le 18 août au matin, laissant seulement un détachement de huit uhlans.

Sachant les environs de Briey dégagés, le sous-préfet, M. Magre, pensa à correspondre avec le Gouvernement et, pour cela, demanda au pharmacien Winsback de le conduire à Étain, qui n'avait pas encore été occupé par l'ennemi. Léon Winsback, avec sa complaisance habituelle, consentit à piloter le sous-préfet uniquement pour lui être agréable.

Pendant leur absence, un peloton de chasseurs français poussa une reconnaissance jusqu'à Briey. Apprenant la présence des huit uhlans laissés en sentinelles avancées, ils cernèrent les immeubles dans lesquels ceux-ci se trouvaient et les firent prisonniers à l'exception d'un seul, absent du cantonnement.

Quand ce uhlan apprit la capture de ses sept camarades, il émit devant plusieurs personnes la supposition que Léon Winsback et le sous-préfet avaient dénoncé aux autorités militaires d'Étain la présence de uhlans à Briey.

Le lendemain matin, 19, ce huitième uhlan fut à son tour fait prisonnier par une autre patrouille de chasseurs.

Le même jour, vers midi, Briey connut de nouveau l'occupation allemande : un détachement de hussards de la mort pénétra dans notre petite ville. A son arrivée, le lieutenant interrogea une femme des plus suspectes, qui avait causé longuement avec le dernier uhlan fait prisonnier. Celle-ci révéla sans nul doute à cet officier la capture des uhlans et les suppositions erronées émises au sujet du rôle du sous-préfet et de Winsback. En effet, aussitôt arrivé sur la place Thiers, centre de la ville basse, le lieutenant, suivi de deux hommes, pénétra dans la pharmacie de Winsback. Il était alors midi 50. Celui-ci déjeûnait avec sa femme et ses enfants dans une petite salle attenante à son officine.

En apercevant ses visiteurs, Winsback se lève ; l'officier lui demande s'il est bien M. Winsback et, sur une réponse affirmative, le prie de le suivre. Arrivé sur le pas de la porte de la pharmacie, le lieutenant lui demande encore s'il reconnaît avoir conduit la veille le sous-préfet à Étain. Nouvelle réponse affirmative. Aussitôt, deux soldats entraînent Léon Winsback à vingt pas de là, contre le mur de la maison appartenant à M. Dubois, bourrelier. Le malheureux n'a pas eu le temps de faire entendre une protestation ; mais son frère Charles, dit Jésus-Christ, a aperçu le drame qui allait se jouer. Il se précipite vers l'officier en criant : « Tuez-moi, mais pas lui, moi je n'ai pas d'enfants. » Il est repoussé brutalement. Six coups de feu partent et Winsback s'affaisse sous les yeux de sa femme et de ses enfants. Ainsi disparaît, sans l'ombre d'un jugement, ni même d'une explication, un parfait honnête homme, innocente victime de son patriotisme.

Aujourd'hui, la maison Dubois —— contre laquelle Winsback fut fusillé — porte la trace des balles meurtrières ; elle rappelle aux Briotins un assassinat odieux et avive encore, si possible, le souvenir de toutes les tortures subies pendant plus de quatre ans. Lors de leur libération, la plupart des habitants de Briey étaient méconnaissables ; ils avaient maigri de moitié. Il m'est arrivé de passer à côté d'amis d'enfance sans les reconnaître ; mais tous ces malheureux étaient d'accord pour convenir que les souffrances morales étaient bien pires que les privations matérielles: Il ne se passait guère de jour sans qu'une vexation nouvelle fût inventée et une menace de mort proférée.

Le récit de l'assassinat de Winsback m'a été fait par plusieurs personnes : M. Watrin, maire, M. Georges Dubost, M. de Lamotte ; leurs déclarations furent toujours concordantes. Je citerai, comme témoins oculaires, Mme et Mlle Dubois.

À la fin de 1916, les Allemands, sans doute effrayés par la monstruosité de ce crime, prescrivirent une enquête ; Mme et Mlle Dubois firent une déposition analogue à celle que je viens d'écrire ; mais personne ne put indiquer le nom de l'officier qui avait ordonné l'assassinat.

Signé : Maurice RENARD.

N° 164.

DÉPOSITION reçue, le 12 janvier 1919, à LONGWY (Meurthe-et-Moselle), par la Commission d'enquête.

HIMME (Gustave), âgé de 52 ans, sous-directeur de l'usine Saintignon et Cie, à Longwy.

Je jure de dire la vérité.

Étant demeuré à Longwy pendant toute la durée de la guerre, j'ai assisté personnellement à l'œuvre de destruction sur laquelle je vais vous fournir des détails précis.

L'usine Saintignon se composait de quatre hauts fourneaux : 1° deux hauts fourneaux produisant chacun 150 tonnes de fonte par jour ; ils ont été entièrement détruits et tous leurs accessoires brisés ; 2° deux hauts fourneaux produisant quotidiennement de 150 à 200 tonnes ; ils n'ont été détruits qu'en partie, faute du temps nécessaire, mais tous les accessoires (machines soufflantes, pompes, monte-charges, conduites d'eau, de vapeur ou de gaz, matériel de décrassage, etc.) ont été cassés et enlevés comme ferraille.

La simple énumération des destructions ou enlèvements systématiques auxquels se sont livrés nos ennemis est par elle-même suffisamment éloquente : machines-outils des ateliers, approvisionnements en magasin, voies ferrées raccordant nos usines aux exploitations minières, matériel roulant (6 locomotives, environ 400 wagonnets, 54 wagons de 15 tonnes, 23 wagons de 40 tonnes), stocks de fonte, de coke, de houille, minerai de manganèse, moteurs électriques de toute puissance, etc. Un turbo-alternateur de 1000 kw., un hangar de mille mètres carrés, deux groupes de chaudières de mille mètres carrés de surface de chauffe ont été soigneusement démontés et transportés en Allemagne : des ouvriers spécialistes étaient venus surveiller et diriger l'opération. Mon impression très nette est que le Gouvernement impérial avait, par ces moyens contraires au droit, résolu d'entraver pour de longues années, sinon d'anéantir la vie économique de notre région. Au début, les Allemands avaient invoqué les risques que faisaient courir à notre outillage les bombardements par avions, pour le mettre à l'abri, disaient-ils. Dans la suite, ils ne se mirent même plus en peine de chercher des prétextes : ils nous avertirent que toutes les parties métalliques de nos établissements seraient cassées et utilisées comme ferraille.

Au début, ils émirent la prétention de nous obliger, nous industriels, à payer les salaires des ouvriers qu'ils occupaient pour leur propre compte. Nous protestâmes, et notre résistance finit par les décider à mettre fin à cet odieux système d'exploitation.

À chaque famille ouvrière nous donnions, avec le logement, la jouissance d'un terrain cultivable de quatre ares en moyenne. Les Allemands expulsèrent de leurs jardins une partie des occupants ; du reste, ils s'étaient emparés de presque tous les jardins de la ville pour y faire de la culture maraîchère.

Je puis vous signaler encore que des prisonniers civils, amenés à Longwy pour travailler aux crassiers, furent traités avec une rigueur qui alla jusqu'à la barbarie. Il y en avait un camp à l'usine de la Chiers : sur quatre cents prisonniers, quatre-vingt-trois succombèrent dans l'espace de dix-huit mois.

Après lecture, le témoin a signé avec nous.

N° 165.

DÉPOSITION reçue, le 24 février 1919, à Paris, par la Commission d'enquête.

Dreux (Alexandre), âgé de 66 ans, maître de forges, vice-président et délégué du conseil d'administration des Aciéries de Longwy, à Mont-Saint-Martin, vice-président de la Chambre de commerce de Nancy, officier de la Légion d'honneur.

Je jure de dire la vérité.

Dès leur arrivée à Mont-Saint-Martin, le 21 août 1914, les Allemands ont massacré des habitants et mis le feu au village. Ce n'était pas dans l'entraînement de la bataille qu'ils agissaient de la sorte, et il était visible qu'ils obéissaient à des ordres donnés et en vertu d'un plan préalablement conçu. C'est ainsi qu'une compagnie a brûlé avec des pastilles incendiaires une de nos grandes cités ouvrières, devant laquelle des gens du pays regardaient tranquillement passer les régiments.

Au bout de quinze jours ou de trois semaines, des officiers nous ont demandé de faire diverses déclarations concernant nos aciéries. C'était une mesure préliminaire aux réquisitions, dont fut chargé un service spécial, dénommé, par ironie sans doute : Administration de protection des mines et usines (*Schutzverwaltung*). Cet organe a commencé par réquisitionner nos matières premières, minerais de manganèse, aciers, etc..., qu'il faisait charger et expédier à nos frais par notre personnel. Cette période d'exploitation se poursuivit jusqu'au milieu de l'année 1916. Pendant sa durée, nous fûmes autorisés à faire des constructions et des améliorations. Dans la croyance que nos usines seraient respectées, j'ai dépensé alors huit millions, dont trois et demi pour des travaux neufs. Les choses en étaient là, quand, après les grandes attaques sur Verdun, je reçus la visite d'un sieur Meyer, délégué de la Deutsche Bank et chargé d'une mission dont il souligna le caractère en me rappelant que le directeur général de cet établissement était le docteur Helfferich. « Je viens, me dit-il, vous proposer d'acheter vos mines et vos usines. Nous voulons acquérir toutes les mines des bassins de Briey et de Longwy. » — « Mais, objectai-je, vous rendez-vous compte de l'importance d'une pareille acquisition? » — « Parfaitement, me répondit-il, cela peut représenter un milliard. Nous avons les capitaux. Nous dépensons quatre milliards par mois pour la guerre ; nous pouvons bien sacrifier le quart de cette somme pour être maîtres de la production minière dans l'arrondissement de Briey. D'ailleurs, ce qui nous intéresse, ce sont vos mines, et non pas vos usines. Celles-ci disparaîtront. Il est dans les intentions de notre Gouvernement de ne plus laisser un établissement métallurgique à proximité de la frontière. » Comme mon visiteur me laissait entendre que la possession des mines de Briey et de Longwy avait été l'une des causes de la guerre, et que, si l'Allemagne obtenait satisfaction sur ce point par négociations directes, cela faciliterait la conclusion de la paix, je lui demandai s'il avait l'intention de voir mes confrères. Il me fit une réponse affirmative, me disant qu'il désirait conférer avec MM. Nahan, Raty et de Saintignon ; et, à la suite de cet entretien, nous nous réunîmes chez M. de Saintignon. Je déclarai alors que je ne pouvais prendre d'engagement, qu'il fallait d'abord que l'assemblée générale des actionnaires eût été convoquée et que notre Gouvernement eût été touché de la question. « Donnez-nous des laissez-passer, ajoutai-je, et nous irons prendre des directives. » Mon but était d'apporter au Gouvernement français des indications utiles ; mais, après s'être rendu au grand quartier général, Meyer, accompagné du conseiller d'État impérial Ranck, nous apporta des passeports pour Bruxelles, et nous nous rendîmes dans cette ville avec M. Ranck. Là, nous avons convoqué nos confrères belges, que, du reste, nous avions vus à l'avance. Il fut entendu que Meyer irait à Berlin rendre compte de sa mission et demander des passeports pour nous permettre de passer en Suisse, d'où nous comptions bien gagner la France. Il devait revenir dans les quinze jours, mais il nous fit savoir par la *Schutzverwaltung* que son retour était différé. Un mois après, nous recevions l'ordre d'interrompre nos travaux. La période des enlèvements d'outillage et des destructions allait commencer. Nos machines soufflantes et nos convertisseurs furent brisés. Nous avions, entre autres, deux machines de 2.500 chevaux, avec un pont roulant au-dessus ; elles furent cassées sur place, et, détail à retenir, le modèle le plus récent fut anéanti le premier. Les Allemands venaient nous signifier que telle machine allait être détruite et qu'il leur fallait tant d'hommes pour cette besogne. Nous devions alors fournir des ouvriers pour la destruction de notre matériel et les payer de nos deniers, sous la menace de pénalités sévères. On nous promettait, il est vrai, de nous rembourser de nos frais. Quand il y en a eu pour huit cent mille francs, j'ai réclamé et refusé de faire de nouvelles avances. A ce moment, tout notre personnel a été réquisitionné, avec obligation de travailler. On le payait avec des bons communaux que l'autorité ennemie faisait imprimer elle-même.

Sur ces entrefaites, l'administration dite de protection s'est transformée pour devenir la *Rohstoffundmaschinenvertheilungstelle* ou ROHMA (administration pour la répartition et l'emploi des machines et des matières premières). Quand nous réclamions à ce nouveau service ce que nous devait la *Schutzverwaltung*, il nous répondait : « Cet organisme n'existe plus ; ses engagements ne nous regardent pas. Adressez-vous à Metz. »

Avec le nouveau régime, les destructions systématiques se sont poursuivies sans répit. Les plaques de dallage, une machine de mille chevaux, des fours à réchauffer Siemens, nos quatorze trains de laminoirs, ont été démolis ou démontés pour être expédiés en Allemagne. On employait l'air liquide pour faire sauter notre outillage. Les maîtres de forges allemands venaient choisir ce qui leur convenait chez nous. Il y avait à Berlin un office de vente qui faisait de la publicité pour l'écoulement du butin.

Nous avons été obligés de remettre les plans de nos aciéries Martin et de livrer les fours oscillants, qui étaient d'une grande puissance, ainsi que les 14 ponts roulants qui les desservaient. La plus grande partie de nos autres ponts roulants, notre grand train à tôles, nos trains Blooming, nos laminoirs continus et bien d'autres installations modernes ont été emportés et revendus. Nous savons par exemple que nos aciéries Martin ont été revendues par l'autorité allemande à Rombas, et nos aciéries Thomas à Hayange.

Quand j'ai su que l'ennemi sollicitait un armistice, j'ai pensé qu'il allait arrêter les destructions. Au contraire, il les poussait avec une activité redoublée. Un nommé Viltberger, que nous avions occupé comme entrepreneur de triage dans les déchets et à qui nous n'avions pas voulu renouveler son contrat, dirigeait les travaux d'anéantissement de nos usines avec toute l'ardeur que lui inspirait sa rancune.

Après l'armistice, ordre a été donné aux démolisseurs de s'arrêter, et les ouvriers ont été occupés à une besogne de nettoyage destinée à donner à ce désastre un aspect moins effroyable.

Tous les établissements de la région ont partagé plus ou moins le sort des nôtres, et l'on peut dire que, si les Allemands ne les ont pas entièrement détruits, c'est parce que le temps leur a manqué. Les forges de Saintignon à Gourancourt, celles de Micheville, de Gorcy, de Senelle et de la Chiers ont subi des dégâts importants. L'usine de Réhon est presque entièrement démolie. Le matériel en a été acheté par la maison Röchlin frères à Thionville.

En causant tous ces ravages, l'autorité allemande poursuivait un triple objectif : supprimer une concurrence importante, amener le chômage, et s'emparer de nos mines devenues pour nous inutiles, puisque nous n'aurions plus eu d'usines.

A la fin de 1917 ou au commencement de 1918, le séquestre qui nous avait été imposé demanda la production de nos bilans. Sa préoccupation était de nous faire payer ce que nous devions en Allemagne et d'encaisser ce qui nous était dû en pays occupé. Nous devions en Allemagne deux millions. Ils nous furent réclamés, mais je déclarai n'avoir pas les moyens de payer. Le capitaine Viëtor, chef de la ROHMA, qui était installé chez moi en maître, m'écrivit alors qu'il avait engagé des pourparlers avec la banque internationale de Luxembourg, et que celle-ci était disposée à me consentir un prêt de 2.500.000 francs, à la condition que les organes institués par nos statuts reconnaîtraient mon engagement. Je répondis qu'il s'agissait de créances non exigibles, se rapportant pour la plupart à des fournitures payables en plusieurs termes et dont le solde ne devait être versé qu'après bon fonctionnement reconnu, condition qui ne pouvait se réaliser puisque les fournitures en question nous avaient été enlevées. Les Allemands voulaient en effet nous faire payer le prix des machines qu'ils nous avaient volées.

Il y a mieux. Les Aciéries de Longwy avaient commandé une machine à la Société alsacienne de Mulhouse, et j'avais versé un acompte sur le montant de cette commande. Notre séquestre avait la prétention de m'en faire acquitter le solde ; or, à ce moment, le séquestre de la Société alsacienne avait vendu la machine à la Société du Phénix, à Ruhrort.

Après lecture, le témoin a signé avec nous.

N° 166.

DÉPOSITION reçue, le 12 janvier 1919, à MONT-SAINT-MARTIN (Meurthe-et-Moselle), par la Commission d'enquête.

SABAS (Julien), âgé de 53 ans, ingénieur aux Aciéries de Longwy à Mont-Saint-Martin. Je jure de dire la vérité.

Jusqu'en août 1916, les Allemands se sont bornés à nous prendre des outils, du pétrole et nos diverses fournitures ; mais, à partir de cette époque, ils ont commencé une destruction en règle, à laquelle ils employaient des prisonniers et des habitants du pays réquisitionnés à cet effet, en même temps que leurs propres soldats. Toute la machinerie a été ou prise ou brisée ; tous les fours Martin ont été rasés ; tous les laminoirs ont disparu ; les plus récents ont été enlevés et les autres détruits. Nous avions deux installations de convertisseurs ; l'une, toute nouvelle, a été volée ; l'autre a été mise en pièces. Deux hauts fourneaux sont complètement rasés ; de la machinerie de cinq autres, il ne reste rien. Tout le matériel y a passé. Vous avez pu vous rendre compte vous-mêmes, tout à l'heure, des énormes dégâts que nos usines ont subis. Rien que pour les fours Martin, nous éprouvons un préjudice de douze millions. La perte totale, sans compter le manque à gagner, représente plus de deux cents millions.

Dans le village de Mont-Saint-Martin, seize personnes ont été massacrées à l'arrivée des Allemands, les 21 et 22 août 1914, et 76 maisons ont été brûlées. C'est sur l'intervention du docteur Sypiorsky, qui était en train de soigner des officiers ennemis blessés, qu'ordre a été donné de ne pas pousser plus loin l'incendie.

Un service spécial auquel étaient attachés un grand nombre d'officiers et de soldats, et qu'on appelait la ROHMA, était chargé d'organiser la destruction de nos usines. Il fonctionnait avec une méthode implacable,

Après lecture, le témoin a signé avec nous.

MEUSE.

N° 167.

RAPPORT rédigé, le 28 août 1914, par M. Julien (Émile), instituteur à Rouvres (Meuse). [Document remis à la Commission d'enquête par M. Grillon, sous-préfet de Verdun, le 26 octobre 1914].

Monsieur le Sous-Préfet,

J'ai l'honneur de vous adresser le compte rendu du massacre des habitants de notre commune (ordonné par un lieutenant-colonel allemand).

Le 24 août, à 7 heures du matin, deux chasseurs à pied français étaient en faction au clocher; quatre dragons voyageaient autour du village. Vers 10 heures, les chasseurs descendent du clocher. A 11 heures, M. Teurquetil (Louis), montant au clocher, aperçoit une masse noire qui s'avançait en masse compacte du côté de la ferme de Halloye (Meurthe-et-Moselle). Il me dit, en me rendant les clefs du clocher : « Les Prussiens ne sont pas près d'entrer en France; voici les Français! » A 11 heures 1/2, je me mets à table; un quart d'heure après, j'entends du bruit dans la rue : c'étaient les Allemands qui fouillaient le village. Quelques-uns furent tués par les dragons. Cinq uhlans entrèrent chez moi, demandant du pain et du vin; ils burent deux litres de vin, mangèrent du pain, de la saucisse, de la tarte, et sortirent en me remerciant. Cinq minutes après commençait le bombardement du village. Les obus pleuvaient sur les maisons; les habitants, croyant à une bataille, se cachaient dans les caves. Pendant une heure, ce fut un vacarme indescriptible; des maisons brûlaient, des murs, des toitures s'effondraient. Puis le bombardement cessa. Des fantassins allemands pénétrèrent alors dans les maisons pour en chasser les habitants. Ceux-ci s'enfuyaient en désordre. Les enfants criaient, les femmes pleuraient, les hommes portaient les enfants en bas âge. Mais, par un raffinement de cruauté, les Allemands avaient cerné le village et refoulaient les fuyards dans les flammes. J'étais parti un des derniers, tenant ma fille par le bras; ma femme venait derrière, donnant le bras à Mme Simon, estropiée. Tout à coup, deux uhlans fondent sur nous; c'était à moi qu'ils en voulaient. Je dis à ma fille : « Sauvez-vous, je suis perdu; adieu pour toujours! » A dix mètres, ils tirent cinq coups de carabine, je ne suis pas atteint; ils font demi-tour, tirent cinq coups encore sans m'atteindre. De colère, ils tirent leurs sabres et foncent une troisième fois, lèvent le bras et, arrivant près de moi, abattent leurs sabres pour me fendre la tête. Je me couche, j'étais indemne encore. Je me précipite sous les fils de fer d'un clos; les deux monstres s'élancent une quatrième fois; mais les chevaux, arrêtés par les fils de ronce, se cabrent, et j'en profite pour franchir les murs des jardins et rentrer au village. En passant devant ma maison, je rencontre trois soldats qui m'accusent d'avoir tiré sur eux et me conduisent à un capitaine sur la route de Lanhères. Sur leur affirmation, le capitaine me dit : « Vous êtes un chien! un cochon! On va vous ouvrir la panse et on fera de la saucisse de cochon avec vos tripes de chien! Mettez-vous là, on va vous fusiller ». Et je fus placé au mur, quatre soldats devant moi, prêts à tirer, lorsqu'un des uhlans que j'avais bien reçus vint implorer ma grâce. J'étais sauvé. « Où est le bourg-

11.

mestre, me dit le capitaine; je veux le fusiller. » Je dus revenir au village et ouvrir toutes les portes des placards et des armoires de M. Willaume, maire. En montant au premier étage, je reçois un coup de poing sur la tête, je tombe ; je me relève, un coup de crosse dans les reins me fait tomber à la renverse. Je dégringole les escaliers. Je suis saisi par les vêtements et lancé cinq marches plus haut. Enfin on découvre M. Willaume à la cave, avec des femmes et des hommes du quartier. Les bandits font aligner les hommes d'un côté, les femmes de l'autre, le long d'un mur. M. Willaume est ramené chez lui pour ouvrir le coffre-fort et indiquer la caisse communale, puis emmené devant un officier supérieur, toujours bousculé, menacé, battu par ces sauvages, qui hurlaient de joie. Heureusement, cet officier avait mangé et bu du champagne chez M. le Maire. Ce fut ce qui le sauva. Nous fûmes alors dirigés sur Lanhères, à trois kilomètres, à coups de crosse et de poing. Enfin l'officier dit : « Entrez là, à l'ambulance. Je vous donne la vie, dit-il au maire, pour que vous ayez l'horreur du crime que vous avez fait commettre. Vous êtes seul responsable ! » Après quoi il lui donne un coup de pied dans le dos et un coup de cravache sur la tête.

Pendant ce temps, les habitants affolés tombaient sous les balles ennemies, tués à bout portant. Une des premières victimes fut Mme Mangeot (Victor), 77 ans, tuée près de son mari, 78 ans, qui, la voyant tomber, la porta dans sa cave et resta près d'elle une heure, jusqu'à ce que le feu l'obligeât à s'enfuir, oubliant d'enlever à sa femme un billet de 500 francs et 80 francs en or. Le pauvre vieillard, tout couvert de sang, est sans argent et sans vêtement. Les autres victimes sont : 1° M. Migette, une balle dans le genou; 2° Petitier (Henri), 14 ans, tué (1); 3° Willemez (François), tué; 4° Morin (Edmond); Brouet (René); Brouet (Alice), tous trois tués sous les yeux de leur fille et mère; 5° Simon Touchol, le ventre ouvert; Mme Simon Touchol, blessée à l'aine d'un coup de lance; leur fils Georges, tué (les trois autres enfants sont soldats); — 6° Defourneaux (Louis) et sa femme, tués; 7° Riès (Pierre) et sa femme, tués; 8° Thilvin (François), tué; 9° Périn (Émile), tué; 10° Hildebrand (Édouard) et Marchal, 15 ans, tués; 11° Bourgaux (Gustave), 20 ans, tué; 12° Bausch et sa femme, tués; 13° Lefèvre (Théophile) et Champlon, berger, amputé d'un bras, tués; 14° Bouché (Prosper), tué; 15° Bouché (Auguste), tué; 16° Bouché (Désiré), père de sept enfants en bas âge, tué; 17° Lerouge (Alphonse) et sa femme, tués; 18° Isidore (Émile), 27 ans, tué; 19° Mathieu (Isidore), tué; 20° Chatelard (Paule), 8 ans, morte de ses blessures à Lanhères; 21° Gérard (Antoine), paralysé, brûlé; 22° Adam (Adrien), tué; 23° Bourgaux (Arsène), tué devant ses deux petits enfants; 24° Derelle (Émile), tué; 25° Bertin (Hubert), tué de trois balles, dans les bras de sa femme et en présence de ses trois enfants; 26° Léonard (Denis), tué de deux balles; 27° Bourgaux (Justin); 28° Renaudin père; 29° Veuve Collignon-Proth et sa fille Augusta, tuées; 30° Leloup (Camille), blessé, puis tué; 31° Colson (Ferdinand), tué; 32° Périn (Nicolas-Antoine), adjoint au maire, tué; 33° Plessy (Georges), tué; 34° Remy (François) et sa femme, tués; 35° Bord (Adolphe), tué; 36° Dulphy père et son fils Georges, tués; 37° Proth (Victor), sa femme et sa fille Marie, tués (cette dernière éventrée); 38° Bilaine (Lucien), décapité; 39° Mme Deny (Philippe), morte de frayeur; 40° Wolff (Edmond), tué; 41° Caufmant (Arthur), tué.

Les personnes ci-dessous sont disparues ou emmenées prisonnières, ou asphyxiées dans les caves : Mlle Mangeot (Marie); Mme veuve Woisard (Cécile); M. et Mme Collignon (Jacques); Mme Robinet (Victor), et ses deux enfants; Mme Simon Gobert et ses deux fils; M. et Mme Guillaume (Émile); Mme Yung et ses deux enfants; M. et Mme Bilaine (Louis); Mme Chary (Marie) a une balle dans la cuisse; Mme Dossert (Nicolas); Mme Vaillant (Émile) et ses neuf enfants;

---

(1) La mort d'Henri Petitier, disparu au cours du massacre, a été ultérieurement démentie.

Mme Morin (Louis-Victor); Mme Caufmant; Mme Thomas, sa fille Adelphine et son fils Fernand; Mme Lesuisse (Jean-Nicolas); M. Lalire (Georges); Mme veuve Sertier; M. Mangeot (Jean-Nicolas); Mme Woisard (François) et ses cinq enfants; Mme Gardeur et ses deux enfants; Mlle Petitjean (Alice), 10 ans, a le nez traversé par une balle; Mme Julien, femme de l'instituteur, sa fille et un pensionnaire, Sallerin (Gaston).

Les personnes qui ont pu se sauver se sont cachées dans des bosquets, dans les jardins, où elles sont restées sous les obus et les balles, à quelques mètres de l'incendie, entendant les cris, les vociférations de ces sauvages, ivres de vin et d'eau-de-vie. Parmi ces personnes, je vous citerai M. Mangeot (Justin), le seul conseiller municipal restant, accompagné de M., Mme et Mlle Hieulle, Hieulle (André), Briey (Alfred) et sa femme, Briey (Claire), Gille (Albert), Plessy (Arsène), qui furent délivrés le mardi à 7 heures du soir, par les Français du 85e régiment d'infanterie, qui refoulèrent les Allemands.

M. et Mme Willaume et moi, prisonniers, étions à l'ambulance où nous pansions les blessés allemands. Mme Willaume est restée toute la nuit près d'un blessé allemand pour lui donner à boire. Les Français nous délivrèrent vers 7 heures, et c'est en toute hâte que nous avons gagné Buzy et le lendemain Étain. J'ajouterai que les blessés français ont été très bien soignés et que l'enfant Chatelard était l'objet de soins tout particuliers. Il faut dire que le major est né à Saint-Avold et qu'il a quatre frères soldats français. Ce major nous a dit que, dans ce combat du 25, entre Lanhères et Olley, les Allemands ont été fauchés et ont subi des pertes énormes. Les monceaux de cadavres se voient à plus d'un kilomètre. Les artilleurs ont fait preuve d'une adresse remarquable.

Dressé et certifié exact par l'instituteur de Rouvres, ainsi que par Mangeot (Justin), conseiller municipal, et Mangeot (Victor).

Verdun, le 28 août 1914.

(Suivent les signatures.)

N° 168.

DÉPOSITION reçue, le 28 août 1914, à VERDUN, par M. GEOFFROY, commissaire spécial de police.

HÉLAS (Jean-François), dit Paul, 59 ans, cultivateur à Rouvres.

Le 24 août, vers midi et demi, une colonne d'infanterie et de uhlans est entrée à Rouvres, venant de la direction de Béchamps et Mouaville (Meurthe-et-Moselle). Après avoir fait le tour du village, l'ennemi est entré par groupes chez l'habitant. Une centaine ont pénétré dans ma grange et, après avoir vu qu'il ne se passait rien d'anormal, ils m'ont dit de la fermer. Ils m'ont ensuite demandé à boire. Je leur ai donné l'eau que je possédais. Comme il n'y en avait pas pour tous, quelques-uns m'ont bousculé. Au même moment, j'entendis des projectiles tomber de part et d'autre sur ma maison. Je me réfugiai dans une cave, avec une vingtaine de personnes de la localité. Quelques instants après, je suis sorti de mon refuge pour aller chercher un pic-pioche, à l'effet d'enlever les décombres provenant du bombardement. Au même moment, je m'aperçus que la grange de ma maison était en flammes et que les récoltes en blé et en foin étaient déjà en partie consumées. Les cinq chevaux, les trois bêtes à cornes et les quatre porcs qui garnissaient mon écurie ont été carbonisés, ainsi que le train de culture qui était remisé dans la grange. Toutes les personnes qui se trouvaient avec moi dans la cave, et qui étaient plus mortes que vives, sont allées se réfugier avec moi chez un nommé Lefèvre, rentier, où nous sommes restés un quart d'heure. La troupe ennemie nous ayant suivis, nous a invités à sortir. C'est au milieu des balles de part et d'autre que nous avons quitté la demeure de M. Lefèvre pour nous réfugier en partie chez un nommé Robinet, où, vingt minutes après, les Allemands venaient nous sommer de quitter la maison. Nous nous sommes tous rendus dans le jardin, où nous sommes restés cachés le jour et la nuit des 24 et 25 août. Pendant ces deux jours, les Allemands ont pillé, saccagé et brûlé toutes les maisons du village, sauf deux ou trois qui, je crois, doivent être encore debout.

Les volailles que les Allemands avaient dérobées dans les maisons et tuées ensuite ont été abandonnées dans la rue au moment de la retraite de l'ennemi dans la direction de Spincourt, le 25 au soir.

J'ai quitté Rouvres le 26, vers 5 heures du matin, pour me rendre, avec deux de mes enfants, à Woimbey (Meuse). C'est à la sortie de la localité que j'ai constaté la mort de dix à douze personnes du village, tuées et tombées l'une sur l'autre, frappées de balles. J'ai reconnu dans le nombre un nommé Bouché, journalier, et un jeune homme prénommé Ferdinand, pupille de l'Assistance publique, domestique de culture chez un nommé Fenot.

Un nommé Collignon, de Rouvres, qui s'est échappé avec moi de la tourmente qui s'est déchaînée sur cette localité, m'a déclaré qu'il avait aussi remarqué les cadavres des nommés Bourgaux, Périn et Lerouge.

C'est tout ce que je sais.

Lecture faite, persiste et signe.

N° 169.

DÉPOSITION reçue, le 28 août 1914, à PARIS, par M. LABOUREAU, commissaire spécial de police sur les chemins de fer, adjoint à la gare de l'Est.

NAUDIN (Rosalie), femme DULPHY (Benjamin), née le 24 mars 1864.

Les Allemands sont entrés dans la commune de Rouvres, canton d'Étain, que j'habite depuis 24 ans, dans la journée de lundi 24 courant, venant de Béchamps (Meurthe-et-Moselle). Ils étaient au nombre de trois mille environ, de troupes de toutes armes. Nous étions à table, mon mari, six de mes enfants et moi. Ils ont enfoncé les carreaux à coups de crosse; ma petite Germaine allait chercher du pain; un soldat allemand, d'un groupe d'une quinzaine, a tiré sur elle un coup de revolver sans l'atteindre.

Aussitôt après, quatre ou cinq soldats ont pénétré dans la maison et ont mis le feu à un lit au moyen de pétrole, en notre présence, puis nous ont fait sortir. L'un d'eux nous a dit, en français, que nous avions le temps de partir. Ils ont fouillé les hommes, prenant l'argent qu'ils avaient sur eux.

Dans notre fuite, nous nous sommes trouvés en présence d'une troupe de uhlans qui, nous apercevant, mirent pied à terre. Le chef, armé d'une carabine, a tiré sur les hommes à deux ou trois mètres de distance. Ils ont tué mon mari, Dulphy (Benjamin), 52 ans, cantonnier de Rouvres; mon fils Georges, 18 ans; M. Bord, 60 ans, cultivateur; M. Remy (François), 82 ans, journalier; M. Mangeot (Nicolas), 68 ans, cultivateur; M. Périn (Émile), 42 ans, cultivateur; M. Isidore (Émile), 25 ans, marchand de porcs; M. Bertin (Hubert), 32 ans, cultivateur; M. Bailleux (Léonard), 60 ans, cultivateur; M. Bourgaux (Justin), 30 ans, ouvrier d'usine.

Les soldats du même régiment de uhlans (je n'ai pu retenir le numéro, 42e ou 46e) ont tué à coups de sabre plusieurs habitants, dont : Wolff (Edmond), 48 ans, cultivateur; Derelle, boulanger; Périn, adjoint au maire, auquel ils ont coupé le cou; Proth (Victor),

70 ans, cultivateur; Bausch, 60 ans, cultivateur, et sa femme, Englinger (Suzanne); Simon (Auguste), 51 ans, épicier; Bouché (Prosper), 20 ans, domestique, ajourné l'année dernière; Morin (Edmond), 60 ans, cordonnier; Trognon (Francis), 65 ans, journalier; Mlle Brouet (Alice), 16 ans; son frère, Brouet (René), 14 ans; Petitier (Henri), 14 ans (1); M. Lerouge, 70 ans, rentier; Mousseler, 70 ans, cultivateur; Bourgaux (Arsène), 60 ans, maçon; Petitjean (Alice), 11 ans, a été blessée d'une balle au nez, mais je ne sais pas ce qu'elle est devenue.

Il y a eu d'autres hommes, des femmes et des enfants tués le même jour, mais dont les noms m'échappent. La femme d'Auguste Simon a eu une jambe brisée par une balle.

Les mêmes soldats ont incendié le village, qui comptait 465 habitants. Toutes ces horreurs ont duré de midi à 4 heures.

Le chef qui a tué mon mari et mon fils, en criant « pas de pitié! », a tué également plusieurs habitants.

Il est bien probable que des habitants qui s'étaient réfugiés dans les caves ont dû périr dans l'incendie. Les uhlans ont tiré sur l'instituteur, M. Julien (Émile), mais je crois qu'il n'a pas été touché.

Les foins, les blés et les récoltes qui étaient rentrés ont été détruits par les flammes.

Le bétail que les Allemands n'ont pu prendre a été également détruit.

Après lecture, persiste et signe.

N° 170.

DÉPOSITION reçue, le 16 septembre 1914, à Trouville (Calvados), par M. Hennequin, commissaire de police.

Houde (Florent), né le 27 mars 1889, soldat réserviste au 65ᵉ bataillon de chasseurs à pied, n° matricule 1948, actuellement en traitement à l'hôpital militaire de Trouville.

Le 24 août dernier, vers 18 heures, en pénétrant dans le village de Rouvres (Meuse), qui venait d'être évacué par les Allemands, tout de suite à gauche, au coin d'une rue, devant une maison, nous aperçûmes onze personnes mortes, qui étaient en tas les unes sur les autres; les personnes qui se trouvaient là nous ont dit que les Allemands les avaient massacrées vers 15 heures, alors que ces personnes cherchaient à sortir de chez elles. J'ai vu ces victimes, et j'ai remarqué que, parmi elles, il y avait une jeune fille de 15 à 16 ans, des jeunes gens d'environ 18 ans et des hommes de 50 ans environ; il n'y avait pas d'autre corps de femme que celui de cette jeune fille.

En quittant le village, toujours à la poursuite des Allemands, nous aperçûmes dans un champ d'avoine, à trois cents mètres du village, trois corps en cercle; il y avait, parmi ces trois nouvelles victimes, un jeune homme de 15 à 16 ans, qui avait la bouche fendue, d'où le sang s'échappait; les deux autres étaient des hommes d'un certain âge, l'un avait un côté de la tête écrasé, et le dernier avait le cou sectionné.

Il y avait le sous-lieutenant Potel, de notre bataillon, qui pourra certifier la véracité des faits que j'expose, ainsi que d'autres hommes de mon bataillon.

Lecture faite, persiste et signe.

(1) V. note 1, p. 164.

N° 171.

DÉPOSITION reçue, le 21 septembre 1914, à Saint-Julien-en-Génevois (Haute-Savoie) par M. Besson, juge de paix.

Mangeot (Victor), âgé de 78 ans, sans profession, domicilié à Rouvres (Meuse), résidant à Bossey, canton de Saint-Julien, depuis le 1ᵉʳ septembre 1914.

Le 24 août dernier, vers midi, des soldats allemands, au nombre d'au moins cinq mille, sont arrivés à Rouvres, venant du côté du levant. Sur leur demande, je leur ai servi, avec un seau, au moins cent litres d'eau. Je suis entré chez moi, avec ma femme, née Marie-Anne Proth, âgée de 77 ans. A une dizaine de mètres de ma maison, des soldats allemands tiraient leurs fusils dans la direction de la croisée. Ma femme reçut une balle qui lui traversa le cou, en arrière, au-dessous des oreilles. Voyant le sang qui s'écoulait en abondance par sa blessure, je la transportai dans mes bras à la cave, au sous-sol. A peine arrivée, elle expira en poussant un soupir : « Oh, mon Dieu ! ». Elle était bien morte, sans avoir pu m'adresser une parole. Je suis resté environ une heure auprès du cadavre de ma pauvre femme. Elle avait sur elle un billet de banque de 500 francs et environ 100 francs en monnaie. J'étais tellement émotionné que j'ai oublié de les retirer. J'ai dû me sauver en toute hâte, pour éviter d'être brûlé par le feu qu'on avait mis à ma maison, du côté de la grange, où se trouvaient des tas de paille. Étant dehors, j'ai constaté que les Allemands parcouraient le village en automobile, arrosaient les maisons de pétrole et y mettaient le feu avec des torches de paille. Entre 1 heure et demie et 2 heures de l'après-midi, tout le village était en flammes. Il a été complètement détruit, sauf deux maisons et l'église. La plupart des habitants de Rouvres se sont enfuis à Lanhères, commune voisine, située à environ deux kilomètres de la précédente. J'ai aidé à y transporter, avec deux autres voisins, dans un fauteuil, une femme de 82 ans, Mᵐᵉ Petitier (Marie). Le village de Lanhères était occupé en totalité par l'ambulance allemande. L'armée française y est arrivée le 25 août, vers 4 heures du soir, où a eu lieu une grande bataille. Le 26 août, une trentaine de mes concitoyens et moi avons pris la direction de Verdun, où nous sommes arrivés le 29 août. Je ne l'ai pas vu, mais j'ai appris par M. Julien, instituteur à Rouvres, que les Allemands avaient fait sortir les habitants, les avaient mis en groupes et fusillés. M. Julien m'a dit aussi que M. Hubert Bertin, qui se trouvait devant sa maison, avec ses deux enfants et son épouse, avait été arraché des bras de celle-ci et tué de trois coups de revolver par les Allemands. Je ne sais pas autre chose.

Lecture faite, persiste et signe.

N° 172.

DÉPOSITION reçue, le 10 octobre 1914, à Chalon-sur-Saône (Saône-et-Loire), par M. Biaggi, commissaire de police.

Vᵛᵉ Bertin, née Niclot (Alix), âgée de 31 ans, ménagère, réfugiée à Chalon-sur-Saône, venant de Rouvres, arrondissement de Verdun (Meuse).

Serment prêté.

Le 24 août 1914, vers midi, les Allemands arrivent à Rouvres, que les troupes françaises avaient quitté la veille pour se retirer dans les environs. Ils traversent le village en colonne, sans combat. Mais, au bout d'un quart d'heure environ, ils rebroussent chemin dans un désordre indescriptible, la tête de la colonne bousculant tout ce qui suit. Cette panique avait été provoquée, m'a-t-on dit, par des soldats français qui, cachés dans les dernières maisons du village, à bonne portée, avaient ouvert le feu sur l'ennemi.

Prétextant que les coups de feu avaient été tirés par la population, les chefs allemands donnent l'ordre à leurs soldats de piller, de tuer et d'incendier le village.

En passant devant ma maison, deux coups de feu furent tirés sur la fenêtre de ma chambre, d'où mon mari et moi avions eu la curiosité de regarder dans la rue. Aux coups de fusil, nous allâmes nous blottir dans la cuisine, qui donne dans une cour. Outre nous deux et nos trois enfants, il y avait chez nous plusieurs personnes, qui étaient venues nous rejoindre pour s'abriter.

Nous sommes restés ainsi jusque vers trois heures du soir. A ce moment, toutes les maisons brûlaient autour de nous, cependant que la nôtre n'avait pas encore pris feu. Craignant d'être brûlés, nous résolûmes de nous enfuir. Nous sortîmes par le jardin, où nous rencontrâmes Mme Léonard, une de nos voisines, qui nous dit que l'on venait de tuer son mari dans une ruelle, contre notre maison.

Une autre dame, nommée Périn (Émile), qui se sauvait avec sa fille, nous dit que les Allemands étaient en train de tuer son mari à coups de crosse et à coups de lance.

A ce même moment, nous avons vu plusieurs personnes qui cherchaient à se sauver et que les uhlans arrêtaient; ils séparaient les hommes des femmes et laissaient ces dernières en retenant les hommes, sans doute pour les tuer. On entendait des cris déchirants de tous les côtés.

Nous pensions tout d'abord nous cacher dans le jardin; mais, craignant d'être découverts, nous avons pris les champs pour rejoindre la route d'Étain. Il y avait avec nous M. et Mme Caufmant, deux réfugiés des environs. Pendant que nous traversions le champ en leur compagnie, avec nos enfants, deux uhlans, qui se trouvaient au bout du village, sur la route d'Étain, s'avancèrent vers nous au pas de course de leurs chevaux, avec une arme longue d'environ soixante centimètres, que je crois être des espèces de pistolets, et nous mirent en joue.

L'un des uhlans, en arrivant près de nous, dit : « Avec nous ! avec nous ! » en se dirigeant vers M. et Mme Caufmant. Nous répondîmes : « Oui, avec vous ! pour les enfants, on fera ce que vous voudrez ! ».

Mon mari me dit alors : « Disons-nous au revoir, je m'en vais avec eux », et il m'embrassa ; c'est la dernière parole qu'il me dit.

Mais l'autre uhlan s'approcha de nous et, nous montrant son arme, disait : « Non ! ça ! ». Je me trouvais alors en face de lui, à environ deux mètres, l'arme braquée sur moi ; il cherchait à viser ma tête. Je tendis alors mon enfant, que j'avais dans les bras, en criant : « Pitié pour la petite ». A cet instant, il dévia un peu l'arme et tira sur mon mari deux coups de suite ; je me retournai et je vis alors celui-ci tomber. Il avait le dos tourné au uhlan. Ce dernier, s'apercevant qu'il n'était pas mort, car il se soutenait en s'appuyant sur les mains, descendit de cheval et, s'approchant, lui tira à bout portant un troisième coup dans la gorge. Je m'approchai de mon mari pour recevoir son dernier souffle, et je vis alors le uhlan qui, à une dizaine de mètres, se tenant près de son cheval, me regardait. Ensuite il partit.

Je dois ajouter que l'autre uhlan avait aussi tué M. Caufmant.

Ensuite, j'ai rejoint la route d'Étain et, à mi-chemin, j'ai rencontré des uhlans qui m'ont fait coucher dans le fossé, avec d'autres femmes et enfants qui étaient déjà là; car ils bombardaient Étain et les Français tiraient sur eux. Une fillette fut même blessée mortellement et mourut le lendemain.

Le soir, à la nuit, une partie d'entre nous fut emmenée à Lanhères, pays occupé par eux et distant de Rouvres de deux kilomètres; d'autres furent conduits vers Metz. Le lendemain, Lanhères fut occupé et pris par les Français. Nous fûmes alors délivrés. Je retournai voir mon mari, qui était resté à la même place; mais étant seule, je ne pus le faire enterrer.

En traversant Rouvres, je vis dans la rue cinq ou six cadavres carbonisés, les uns à côté des autres, et plusieurs autres tout le long de la rue.

J'entrai un moment visiter ma maison et je constatai qu'elle avait été livrée au pillage. Des bijoux de famille avaient disparu et trois tonneaux de vin, que j'avais laissés pleins à la cave, étaient complètement vides. Les chambres étaient salies d'ordures humaines.

J'ai quitté Rouvres une demi-heure après et m'en allai à Buzy.

Lecture faite, persiste et signe avec nous.

Nᵒˢ 173, 174, 175.

DÉPOSITIONS reçues, le 18 octobre 1914, à CHINON, par M. le Procureur de la République.

DOUCHET (René), âgé de 27 ans, soldat réserviste au 361ᵉ régiment d'infanterie, tisseur, domicilié à Rieux-en-Cambrésis (Nord).

Serment prêté.

Le 25 août dernier, notre régiment a occupé Rouvres, près d'Étain; le village était en flammes, lorsque nous y sommes arrivés; les maisons avaient été pillées, les mobiliers saccagés, le bétail et les chevaux égorgés.

Dans une maison, j'ai aperçu les cadavres de deux femmes; je n'ai pas eu le courage de me rendre compte de la façon dont avaient été tuées ces malheureuses.

Lecture faite, persiste et signe.

STOCK (Gaston), âgé de 27 ans, soldat au 361ᵉ régiment d'infanterie, monteur en fer, demeurant à Sallaumines (Pas-de-Calais).

Serment prêté.

Le 25 août dernier, en arrivant dans le village de Rouvres que mon régiment a occupé, nous avons constaté que le village était incendié, les maisons pillées, le mobilier dévasté, le bétail et les chevaux égorgés.

Dans une rue donnant sur la grande rue, j'ai vu les cadavres de deux jeunes gens de 15 à 18 ans environ; ils étaient nus, n'ayant que leurs souliers. L'un d'eux avait reçu un coup de baïonnette dans le dos, l'autre avait le ventre ouvert et les entrailles sortaient. Le cadavre d'une femme était appuyé contre un mur, complètement nu, n'ayant plus de cheveux; j'ai supposé qu'ils avaient été brûlés.

Toujours au même endroit, et comme les jeunes gens, couchés dans le ruisseau, étaient deux cadavres d'hommes âgés de 40 à 50 ans; je n'ai pas vu s'ils avaient des blessures.

Nos officiers nous ont empêchés de rentrer dans les maisons qui, disaient-ils, étaient remplies de cadavres.

Il ne restait dans le village qu'un vieillard, une jeune fille et un enfant de quatre ans; ce dernier a été emmené par notre colonel.

Lecture faite, persiste et signe.

Machu (Charles), âgé de 26 ans, soldat au 361ᵉ régiment d'infanterie, cultivateur à Villers-en-Cauchies (Nord).

Serment prêté.

Le 25 août, en entrant à Rouvres avec mon régiment, nous avons trouvé cette localité incendiée, les meubles saccagés, le bétail, les chevaux tués.

Dans le corridor d'une maison, j'ai découvert les cadavres de deux femmes et de deux petits enfants (de 2 à 4 ans); le cadavre de l'une des femmes était nu et avait été éventré; je n'ai pas constaté comment l'autre femme et les enfants avaient été tués.

Des camarades nous ont dit qu'ils avaient trouvé les cadavres d'hommes qui avaient été pendus dans les maisons.

Notre colonel a interrogé devant nous un prisonnier saxon; cet homme a déclaré que c'étaient les Bavarois qui avaient commis ces atrocités, après s'être mis en état d'ivresse, leurs officiers les ayant fait boire. Les prisonniers que nous avons faits, au nombre de quatre cents environ, étaient la plupart en état d'ivresse.

Lecture faite, persiste et signe.

N° 176.

DÉPOSITION reçue, le 15 décembre 1914, à Fontenay-le-Comte, par M. Grudler, commissaire de police.

Plessy (Mathilde), âgée de 19 ans, demeurant actuellement 20, rue du Paradis, à Fontenay-le-Comte, et anciennement à Rouvres, près Étain (Meuse).

Le 23 août, vers midi, des Allemands (cavaliers, uhlans et infanterie) sont entrés à Rouvres; ils ont traversé la ville comme des sauvages, regardant dans toutes les maisons et tirant des coups de revolver sur les habitants.

Ils ont bombardé la ville et nous ont empêchés de sortir pendant deux heures environ; plusieurs maisons ont été incendiées.

Après nous avoir fait sortir dans la rue, ils nous ont emmenés en groupe; deux hommes ont été fusillés sans aucune provocation; j'ai alors appelé ma mère, qui avait disparu, ainsi que mon père, sans qu'il m'ait été possible de les retrouver depuis.

A ce moment, j'ai été dépouillée par des uhlans de mon argent (2.400 francs en argent et un reçu de 600 francs de la banque Paul, à Étain). Pendant qu'ils me fouillaient, j'ai reçu dans les yeux une poudre qui m'a brûlée et m'oblige depuis à porter un binocle.

J'avais avec moi les enfants Chatelard, nos voisins. J'ai dû, au bout de peu de temps et sur la menace d'un Allemand, abandonner ces enfants, dont l'aînée, une fillette âgée de neuf ans, a été fusillée sans aucun motif. Ils m'ont emmenée, en compagnie d'autres personnes, pendant environ trois kilomètres, toujours sous la garde d'Allemands qui nous ont fait coucher derrière des buissons, jusqu'à 9 heures du soir, à l'abri des obus.

A cette heure, le village continuait à brûler; deux autres enfants du pays m'ont accompagnée jusqu'à la route de Longeaux, où les Allemands nous avaient fait prisonniers dans la journée. En chemin, nous avons rencontré quatre officiers allemands qui portaient un mort et qui ont dit : « C'est vous les ennemis », et ils se disposaient à nous fusiller, quand un prisonnier français, connaissant la langue allemande, demanda notre grâce et l'obtint.

Nous étions environ vingt-cinq personnes, femmes et hommes; nous avons contourné le village, passé à travers champs jusqu'à la route de Briey (Meurthe-et-Moselle), où nous avons couché dans une maison, à un kilomètre de Rouvres. A quatre heures du matin, ils nous ont fait sortir et, après m'avoir lié les mains, avec une autre jeune fille (Mlle C. Henrion), nous avons fait huit kilomètres ; j'avais toujours avec moi les enfants.

A la barrière du chemin de fer de Gondrecourt, qui se trouve sur la route de Briey, les Allemands ont été boire, et j'ai profité de cette absence pour me sauver à travers bois, toujours en compagnie des deux enfants ; j'ai été ainsi jusqu'au village de Mouaville, où je me suis rencontrée avec des Allemands en train d'incendier ce village, et j'ai continué mon chemin, au milieu de grandes difficultés, jusqu'à Rouvres, où je suis restée jusqu'à 6 heures du soir, cachée dans une sorte de fournil.

N'ayant plus trouvé personne de mes parents à Rouvres, j'ai quitté le pays pour me rendre à Verdun, distant de 28 kilomètres de Rouvres, toujours avec les enfants, dont le plus jeune, ne pouvant marcher, fut porté par moi pendant presque tout le trajet.

J'ai laissé les enfants à la mairie de Verdun (dont j'ai un reçu), et suis allée à Sens, puis à Fontenay-le-Comte.

Les deux enfants sont : l'aîné, 5 ans, Raoul Chatelard ; l'autre, 4 ans, Lucienne Mathieu.

Lecture faite, persiste et signe.

N° 177.

DÉPOSITION reçue, le 17 décembre 1914, à CHERBOURG, par M. GARNIER, juge de paix.

GUSTIN (Ovide), âgé de 28 ans, soldat de 1re classe au 361e régiment d'infanterie de ligne.

Serment prêté.

Le 25 août dernier, j'ai assisté comme combattant à la bataille de Saint-Jean-Buzy, près d'Etain. Dans la soirée, repoussant l'ennemi, nous avons pénétré dans le village de Rouvres. Dans une rue à gauche de l'église, j'ai remarqué dix-sept cadavres d'hommes, femmes et enfants ; ces cadavres étaient alignés entre le ruisseau et le mur. Pour moi, il n'y a aucun doute : ces personnes avaient été fusillées. Ces cadavres se trouvaient presque à la sortie du village. Auparavant, et dans le centre du village, dans la même rue, j'avais vu les cadavres de trois hommes et d'une femme ; ces cadavres étaient complètement nus.

Je dois encore ajouter qu'à la bataille de Senlis, le 1er septembre, ma compagnie et une autre compagnie du 150e, nous avons chargé à la baïonnette : les Prussiens poussaient devant eux une quinzaine d'hommes, femmes et enfants.

Lecture faite, persiste et signe.

N° 178.

DÉPOSITION reçue, le 13 janvier 1915, à VIENNE (Isère), par M. Léon ROUSSET, juge d'instruction.

MALHER (Lucie), veuve PETITIER, 38 ans, commerçante à Rouvres (Meuse), actuellement résidant à Vienne, rue du Bac, 8.

Serment prêté.

J'habitais le village de Rouvres, se composant environ de cent cinquante maisons et comprenant près de cinq cents habitants. Dans la deuxième quinzaine d'août 1914 et au début, le village a été traversé par des troupes françaises qui se repliaient. Nous sommes restés deux ou trois jours sans voir de soldats, lorsque, le 24 août 1914, vers midi, les troupes

allemandes ont fait leur apparition ; il devait y avoir au moins un millier d'hommes apparte-
tenant à la cavalerie, à l'artillerie et à l'infanterie. Une partie de ces troupes a traversé le
village, qui a été ensuite cerné. Le bombardement a commencé ensuite ; il a duré environ
un quart d'heure et a eu comme effet la destruction ou l'incendie de plusieurs maisons.

Après le bombardement, l'ennemi a pénétré dans le village et, maison par maison, a
fait sortir tous les habitants. Les hommes valides ont été ramassés et ont formé deux groupes
d'environ dix hommes chacun, qui ont été emmenés à l'extrémité du village, où ils ont été
fusillés séance tenante de chaque côté de la route. Parmi eux se trouvaient notamment
MM. Périn, adjoint, vieillard de 72 ans, et Bouché, tailleur, infirme et impropre au service, ayant dépassé la quarantaine. D'autres personnes qui avaient pris la fuite ont été poursuivies et tuées à coups de fusil pendant qu'elles fuyaient.

Au moment du bombardement, je me trouvais chez moi avec mon fils Henri et une
vingtaine de personnes qui s'étaient réfugiées dans mon habitation. Les soldats allemands,
lorsque le bombardement a cessé, m'ont fait sortir avec toutes les personnes présentes, et
je me suis trouvée séparée de mon enfant, que je n'ai plus revu depuis ce moment-là. On
nous a d'ailleurs fait partir immédiatement, et je me suis rendue à Lanhères, à deux kilomètres et demi de Rouvres. J'ai couché chez une personne de connaissance, et le lendemain
matin, je suis partie toute seule à la recherche de mon enfant. Les troupes allemandes occupant toujours le village autorisaient seulement à circuler sur la route. En arrivant devant
mon habitation, qui était intacte la veille au moment de mon départ, j'ai constaté qu'elle
était complètement incendiée, ainsi d'ailleurs que tout ce qu'elle renfermait. Comme ma
maison n'était pas voisine d'habitations atteintes et incendiées par le bombardement, j'en ai
conclu que le feu y avait été mis volontairement par les soldats allemands. Il en est d'ailleurs de même de nombreuses maisons, qui étaient indemnes lorsque je suis partie et qui,
le lendemain à mon arrivée, n'existaient plus ; il ne restait plus ce jour-là que deux maisons
habitables, bien que cependant légèrement endommagées. D'ailleurs, en même temps qu'ils
expulsaient les habitants de chez eux, les Allemands avaient soin de faire sortir tout le bétail. Les soldats ont, au surplus, commencé tout de suite le pillage, et, à la sortie du village, le 24 août 1914, j'ai vu des officiers allemands en automobile s'arrêter, recevoir de
leurs soldats des bouteilles de vin bouché que ceux-ci venaient de voler, et les boire séance
tenante au goulot de la bouteille.

Au cours de la journée du 25 août 1914, je n'ai pu que traverser le village aller et retour
et n'ai pu recueillir aucun renseignement sur mon enfant. Le 26 août à midi, je suis revenue avec ma sœur et j'ai cherché mon enfant à l'extrémité du village, du côté d'Étain, direction dans laquelle on m'avait dit qu'il avait dû partir. Nos recherches sont restées vaines
et nous sommes revenues à Lanhères, que j'ai quitté le 27 août au matin pour Verdun. J'ai
passé une journée dans cette ville, puis six jours à Sens, et je suis enfin arrivée à Vienne,
où je me trouve depuis le 6 septembre 1914.

Mon frère, qui est mobilisé à Verdun, m'a écrit que, d'après les renseignements qui lui
avaient été fournis à Verdun, on aurait découvert près de Rouvres et dans la direction de
Lanhères, le cadavre d'un garçon qui aurait été inscrit sous le nom de Pelletier (Henri),
âgé de 16 ans, tué d'un coup de fusil alors qu'il fuyait. Or, comme mon fils s'appelait également Henri, qu'il était plutôt fort pour son âge (13 ans moins quelques jours), qu'il
n'existe pas dans la commune de personne du nom de Pelletier et que le seul nom qui s'en
approche est le mien, j'ai la certitude absolue que c'est bien le cadavre de mon enfant qui
a été découvert (1).

_____

(1) V. p. 164, note 1.

Paule Chatelard, âgée d'environ huit ans, domiciliée à Rouvres, est morte sous mes yeux dans une maison de Lanhères. Cette enfant, blessée à la tête de deux balles allemandes, avait été transportée d'abord à l'ambulance allemande de Lanhères, où on lui avait fait un pansement sommaire et d'où on l'avait ensuite dirigée dans la maison où elle est morte. Mon père, âgé de 75 ans, actuellement alité, était parti le 24 août dans une direction opposée, et nous ne nous sommes retrouvés que trois jours après. Il m'a raconté qu'au cours de son départ, il avait trouvé une femme de Joudreville, tenant dans ses bras le cadavre de son enfant, âgé de quelques semaines, qui avait été tué par une balle allemande. Cette jeune femme avait fui Joudreville pour venir se réfugier chez moi. Mme Jules Périn m'a également raconté, le 26 août, que les Allemands avaient pénétré chez les époux Bausch, originaires des pays annexés, qu'ils les avaient fusillés et qu'ensuite la tête de la femme avait été tranchée d'un coup de sabre.

Les Allemands ont prétendu que des uhlans avaient été tués aux abords du village par des habitants de Rouvres, mais cela est absolument faux. Dans la matinée, nous avons bien entendu tirer des coups de fusil, mais ils provenaient de la lisière d'un bois où se trouvaient encore des soldats français. A mon avis, le nombre des victimes pour mon village est d'au moins cinquante.

Lecture faite, persiste et signe.

N°s 179, 180, 181.

DÉPOSITIONS reçues, le 20 janvier 1915, à ANNEMASSE (Haute-Savoie), par M. BERTHET, commissaire spécial adjoint.

Vve MANGEOT (Maria), née le 19 octobre 1855, domiciliée à Senon (Meuse).

Serment prêté.

Les Allemands sont arrivés à Rouvres le 24 août 1914. J'étais chez ma fille, qui habite ce village. Ils ont fait sortir les habitants des maisons, en les brutalisant à l'aide de leurs fusils. J'ai été conduite à Lanhères, ainsi que cinquante à soixante habitants du village. En cours de route, nous avons vu une quinzaine d'habitants que nous connaissions, qui avaient été tués par les soldats allemands ; leurs cadavres étaient restés dans la même position que lorsqu'ils avaient été tués.

Le lendemain, nous sommes revenus à Rouvres ; nous avons constaté que tout était en cendres.

A Lanhères, où nous sommes retournés ce jour-là, nous avons pu évaluer à cinquante environ le nombre d'habitants de Rouvres qui ont été tués. Les parents des victimes avaient reconnu pour la plupart les cadavres. J'ai su qu'un de mes cousins germains, Mangeot (Nicolas), était du nombre.

Lecture faite, persiste et signe.

BUVIGNIER (Marie), née le 4 mars 1876, domiciliée à Rouvres (Meuse).

Serment prêté.

Je confirme en tous points la déposition précédente de ma mère. Mon oncle, Victor Proth 60 ans, et ma tante, Marianne Proth, 76 ans, ainsi que deux cousins, ont été tués.

Lecture faite, persiste et signe.

BUVIGNIER (Elise), née le 18 mai 1873, domiciliée à Lanhères.

Serment prêté.

Je confirme en tous points les deux dépositions précédentes. J'ai eu une cousine, Alice Brouet, 18 ans, et un cousin, René Brouet, 14 ans, tués par les Allemands.

Lecture faite, persiste et signe.

N° 182.

DÉPOSITION reçue, le 20 janvier 1915, à VIENNE (Isère), par M. Léon ROUSSET, juge d'instruction.

MALHER (Marie), 40 ans, ménagère à Rouvres, actuellement à Vienne, rue du Bac, 8.

Serment prêté.

Le 24 août, lorsque les Allemands ont bombardé sans motif le village de Rouvres, je me trouvais avec mes parents dans notre habitation. Un obus est tombé sur la maison et y a mis le feu. Nous avons été successivement chassés par les soldats allemands, d'abord de notre maison et ensuite de celle où nous étions réfugiés.

Nous étions partis tous trois dans la direction d'Etain; mais, à la sortie du village, les Allemands ont obligé mon père à rebrousser chemin. Ma mère et moi avons continué notre chemin, et j'ai constaté que les Allemands tiraient sur tous les hommes qui fuyaient de ce côté-là. J'avais déjà vu un homme mort près du chemin, et j'en ai vu ensuite deux autres tomber dans les prés. L'un d'eux était accompagné de sa femme et de ses trois petits enfants; il s'appelait M. Bertin (Hubert), cultivateur à Rouvres, et avait été réformé lors de son service militaire. Il était âgé de 35 ans. Il a été tué à coups de revolver par des soldats allemands. L'autre était M. Thilvin, 64 ans, journalier, qui était avec sa fille. C'est un coup de fusil qui l'a atteint. Lorsque ces deux hommes sont tombés, j'ai vu les soldats allemands qui venaient de les tuer s'approcher d'eux et les fouiller.

Ma mère et moi avons marché pendant deux kilomètres au moins et sommes arrivées près d'un endroit où Allemands et Français se battaient. Pour éviter d'être atteintes par les balles, nous nous sommes cachées jusqu'à la nuit. Les soldats allemands que nous avons vus à ce moment-là nous ont dit que, pour être en sécurité, nous n'avions qu'à nous rendre à Lanhères. C'est ce que nous avons fait, avec une trentaine de femmes qui nous accompagnaient.

J'ai retrouvé là ma sœur Lucie, et, le 26 août, nous sommes retournées à Rouvres pour chercher mon neveu. Nous avons constaté ce jour-là que presque tout le village avait été incendié par les Allemands, sans la moindre raison.

Depuis que vous l'avez entendue, ma sœur a été informée que M. Julien, instituteur à Rouvres, actuellement réfugié à Boissey (Haute-Savoie), pourrait donner des détails sur la disparition de son fils.

Lecture faite, persiste et signe.

N° 183.

DÉPOSITION reçue, le 24 février 1915, à Frontenex (Savoie), par la Commission d'enquête.

PÉRIN (Jules), 52 ans, cultivateur à Rouvres, ferme de Constantine (Meuse).

Je jure de dire la vérité.

Le 24 août, les Allemands sont entrés à Rouvres. On nous a dit que c'étaient des Bavarois. A ce moment, ils venaient d'échanger des coups de fusil avec des troupes françaises aux abords du village, ce qui leur permit de prétendre, faussement je l'affirme, que des habitants avaient tiré sur eux.

De ma maison, qui est située à 800 mètres de l'agglomération, j'ai vu M. Bausch, mon voisin, dont l'habitation est contiguë à la mienne, tomber sous le coup de revolver d'un officier, tandis qu'il était tranquillement devant sa porte. Sa petite-fille est venue alors appeler Mᵐᵉ Bausch, en lui disant : « Viens vite, grand'mère, grand-père est mort ». Mᵐᵉ Bausch est immédiatement sortie ; mais, à peine arrivait-elle auprès du corps de son mari, qu'elle était tuée d'un coup de fusil au côté gauche de la poitrine.

A ce moment, les Allemands sont entrés chez nous et chez le voisin, pour s'y livrer à un pillage complet, pendant que nous étions cachés dans la cave, ma femme et moi.

Un quart d'heure après, ayant entendu parler français sur la route, nous sommes sortis de nos cachettes et nous avons vu des gens de Rouvres qui se sauvaient, affolés. Nous avons pu, en nous accrochant à une voiture de blessés, gagner une ambulance allemande située à proximité. Là, on nous a donné des laissez-passer pour nous rendre dans une commune voisine, et nous sommes allés à Béchamps (Meurthe-et-Moselle), où nous avons vu l'ennemi mettre le feu à vingt-huit maisons, avec des torches. Dans la cour d'une de ces maisons, en face de la mairie, tous les membres de la famille Georges ont été brûlés. J'ai vu le lendemain les cadavres de ces malheureux : deux femmes et trois enfants ; une sixième victime, un garçon de 17 ans, est morte un mois après.

Le 26 août, nous sommes retournés à Rouvres, où la bataille venait de cesser. Toutes les maisons étaient incendiées, sauf deux et sauf l'église. Les rues formaient un inextricable fouillis de décombres et de cadavres. Nous avons trouvé les corps de MM. Thilvin, Wolff (Edmond), Trognon (Francis), Petitier (Henri) [1], âgé de 14 ans; Willemez (François), Morin (Edmond), Brouet (René), Lefèvre (Théophile), Bourgaux (Raymond) [1], Périn (Émile), Mathieu (Isidore), Derelle (Émile), Bertin (Hubert), Léonard-Bailleux, Bouché (Désiré), Dulphy père, Dulphy fils, Mangeot (Nicolas), Bord (Adolphe), Remy (François), âgé de 82 ans et aveugle; Bilaine (Lucien), Périn (Nicolas), adjoint, qui a eu la tête tranchée; Leloup (Camille), Lerouge (François), Adam (Adrien), Bourgaux (Arsène), Simon (Auguste); Mᵐᵉˢ Mangeot (Marianne), Simon (Auguste) [1], épicière; Mˡˡᵉˢ Alice Brouet, Chatelard (Marie), et d'une femme que je n'ai pas reconnue, mais qu'on croit être Mˡˡᵉ Augusta Collignon (2).

Toutes ces personnes, sauf peut-être Mᵐᵉˢ Mangeot et Augusta Collignon, avaient été fusillées, d'après ce que nous ont dit de très nombreux témoins. M. Hubert Bertin, âgé d'environ 30 ans, a été tué à coups de sabre, alors qu'il portait ses enfants sur les bras, et

---

(1) Personnes disparues au cours du massacre, et dont le décès n'a pas été confirmé.
(2) La personne qu'a cru reconnaître le témoin n'est pas Mˡˡᵉ Collignon.

que sa femme, à genoux, implorait vainement les meurtriers. C'est Mme Bertin elle-même qui nous a raconté cette scène.

Nous avons vu des porcs dévorer le corps de Francis Trognon. Toute la chair des jambes avait disparu et les souliers adhéraient encore à l'extrémité des tibias. C'était un spectacle horrible.

Après lecture, le témoin a signé avec nous et avec Mme JEANNOT (Hélène), âgée de 48 ans, femme PÉNIN, qui a confirmé entièrement les déclarations de son mari.

N° 184.

DÉPOSITION reçue, le 22 septembre 1915, à Nancy (Meurthe-et-Moselle), par la Commission d'enquête,

ANDRÉ (Aline), femme DOSTERT, âgée de 74 ans, domiciliée à Rouvres (Meuse), réfugiée à Nancy.

Je jure de dire la vérité.

Le 24 août 1914, avec vingt-trois personnes, femmes et enfants, je me suis cachée dans un jardin de Rouvres, tandis que les Allemands arrivaient, et nous y sommes tous restés pendant deux jours et deux nuits sans manger. Dès leur entrée dans le village, les ennemis ont mis le feu aux maisons avec des cartouches incendiaires et ont massacré à coups de fusil les habitants qui essayaient de se sauver pour échapper aux flammes. Cinquante-huit hommes ont péri ainsi; plusieurs ont été tués au bras de leur femme. En sortant du jardin, j'ai vu tous les cadavres; ils étaient en partie carbonisés. C'était un spectacle épouvantable.

Après lecture, le témoin a signé avec nous.

N° 185.

DÉPOSITION reçue, le 14 mars 1916, à LONGJUMEAU (Seine-et-Oise), par M. RAPHANAUD, juge de paix, agissant en exécution d'une commission rogatoire, en date du 10 mars, de la Commission d'enquête.

MORIN (Louis), âgé de 56 ans, domicilié à Rouvres, résidant actuellement à Longjumeau, 60, Grande Rue.

Serment prêté.

A l'arrivée des Allemands à Rouvres, le 24 août 1914, je m'étais caché dans ma cave, pour éviter leurs brutalités. Ils avaient déjà mis le feu à plusieurs maisons du village, et j'entendais le crépitement des flammes et le sifflement des balles. Ils étaient passés en rangs serrés devant chez moi, pour aller dans la direction de Longeaux, lorsque quelques obus français tombèrent sur le clocher de Rouvres. Ils rebroussèrent chemin en débandade; je les voyais par le soupirail de ma cave. Je suis alors sorti de ma cave en passant par mon écurie et j'allai rejoindre les époux Simon, qui étaient sur leur porte; mais nous ne vîmes plus d'Allemands. Je me rendis ensuite dans ma cave, mais juste à temps; car, vers 5 heures du soir, ils sont entrés chez moi en brisant les portes et les volets à coups de hache. Ayant pénétré dans la cave obscure où je me trouvais, ils braquèrent sur moi une lampe électrique, me firent sortir en me bousculant et me conduisirent à l'extrémité du village, sur la route de Briey. Je reçus même de l'un deux un coup de sabre-scie qui déchira mon gilet. Sans un Allemand qui parlait français et qui détourna l'arme à temps, j'aurais été transpercé par lui. Ils me firent remonter la rue de la Brasserie, en me demandant la maison du maire. Je la leur ai montrée, mais elle était déjà en feu. Je fus ensuite conduit sur la route de Lanhères, où existait déjà un convoi de prisonniers civils de Rouvres d'environ 35 personnes, hommes, femmes et enfants de tout âge. Un quart d'heure après, ayant demandé à aller prendre une paire de chaussures chez moi, j'y fus accompagné par trois Allemands. Étant descendus dans la cave, une discussion s'engagea entre deux de ceux-ci, qui prétendaient au même grade. L'un, qui parlait français et qui avait déjà pris parti pour moi, me soutenait, tandis que l'autre voulait me tuer ; ce dernier mit son camarade en joue et menaça de faire feu à trois reprises différentes. Il était ivre. Les trois Allemands me reconduisirent au camp ; mais, pendant le trajet, je vis que la maison de l'instituteur était mise au pillage : vivres, vin, liqueurs, pendules. Un instant après, ils y mettaient le feu. Il était plus de 6 heures du soir à ce moment, et nous sommes restés là jusqu'à 8 heures. Pendant ce temps, j'ai pu voir des automobiles emporter des effets mobiliers de toute nature et se diriger sur Buzy. J'étais chargé de la conduite du détachement, qui était commandé par un simple soldat. Il fallut prendre à travers champs, pour laisser passer l'artillerie et les autobus. J'ai vu, étant à quatre cents mètres de Rouvres, les pièces prussiennes bombarder Étain. Elles se trouvaient dans l'angle formé par les routes allant à Lanhères et au moulin. Nous fûmes conduits à la sortie de Lanhères, où nous sommes restés deux heures. Ils nous laissèrent dans la dernière maison, où nous avons passé la nuit, avec défense de s'évader sous peine de mort. Le lendemain, à la pointe du jour, on nous remit en liberté. Rentré à Rouvres le mardi, accompagné de Mme Petitier, qui recherchait son père (74 ans) et son fils (14 ans), nous avons fait le tour du village et été sur la route de Briey jusqu'à Constantine : nous ne les avons pas retrouvés. Quelques Allemands achevaient, en ce moment, leur orgie dans le village. Nous sommes revenus à Lanhères, où les Français arrivèrent dans la soirée.

Le mercredi, en parcourant Rouvres, j'ai vu, au bout du jardin du presbytère, sur le sentier conduisant au cimetière, les corps de Morin (Edmond), cordonnier, étendu sur le dos, mort assassiné, et près de lui, son petit-fils, âgé de 14 ans, et sa petite-fille, 16 ans, eux aussi assassinés. Celle-ci avait le ventre ouvert ; j'ai arraché de l'herbe et l'en ai recouverte. En remontant le village, j'ai vu encore quatre corps carbonisés près de la maison d'Arthur Simon (trois hommes et une femme). Ils étaient complètement nus et enflés, absolument comme si on avait grillé des porcs. Ces quatres personnes étaient méconnaissables. Dans tout le village on ne voyait que cadavres d'animaux.

Rouvres était à ce moment presque en entier incendié. Il ne restait que les maisons de Léonard Fenaud, cultivateur, les écuries de M. Willaume, maire, le corps de logis de Hubert Bertin (cette maison avait été pillée) et la maison de Robinet Menjaud. Quant à ma maison, qui comprenait un rez-de-chaussée et deux étages, avec grange, écurie et remise, tout était incendié, ainsi que le mobilier. La basse-cour, deux chèvres et deux porcs avaient aussi disparu.

Après toutes ces recherches, je constatai que ma femme avait disparu. Je n'ai eu de ses nouvelles, indirectement, qu'un an après ; elle avait été emmenée et retenue en captivité dans les pays envahis.

Lecture faite, persiste et signe avec nous.

N° 186.

DÉPOSITION reçue, le 20 mars 1916, à Paris, par la Commission d'enquête.

WILLAUME (Étienne-Dominique), âgé de 57 ans, maire de ROUVRES (Meuse), actuellement au Perreux (Seine), 3, rue des Champs.

Je jure de dire la vérité.

Le 24 août 1914, trois quarts d'heure environ après l'arrivée des Allemands, une alerte se produisit dans les rues de Rouvres. J'ai pensé que ceux-ci avaient fait semblant d'être attaqués; mais, d'après ce qui m'a été dit depuis, il y aurait eu à ce moment encore quelques soldats français dans le village. Toujours est-il que la troupe ennemie se retira et bombarda la commune. Bientôt elle revint et mit le feu aux maisons qui avaient échappé au bombardement. Les soldats brisaient les vitres et tiraient dans l'intérieur des habitations. C'étaient des Bavarois, les mêmes qui avaient déjà incendié Nomeny. Ils avaient en leur possession le drapeau des sapeurs-pompiers de cette malheureuse ville.

Je suis descendu dans ma cave, avec ma femme et un certain nombre d'habitants, hommes, femmes et enfants. Je venais d'y rentrer, après être allé passer quelques instants au grenier, quand un officier supérieur allemand, qui avait obligé l'instituteur, M. Julien, à le conduire chez moi et s'était emparé, en traversant ma salle à manger, d'une douzaine de couverts en vermeil, d'après ce que m'a dit l'instituteur, vint frapper à la porte du réduit dans lequel nous étions réfugiés. Il me déclara que j'allais être fusillé, et fit ranger tous les hommes d'un côté et toutes les femmes de l'autre. Comme ces dernières l'imploraient en pleurant : « Taisez-vous, cria-t-il, ou je vous fais fusiller tous ». A ce moment, un jeune officier, qui avait mangé chez moi dans la matinée, intervint et nous sauva la vie.

Les Allemands exigèrent ensuite que ma femme ouvrît notre coffre-fort. Ils n'y trouvèrent que trois montres sans valeur; le chef en prit une entre ses mains, puis la rejeta avec dédain. Étant resté dehors, j'ai demandé alors qu'on me permît de rentrer chez moi pour prendre une casquette, car la grande chaleur m'incommodait. L'officier supérieur me répondit que je n'avais pas besoin de casquette pour ce qu'on allait faire de moi. Il ordonna ensuite à ma femme de partir pour Lanhères. Je m'attendais à être fusillé; de nouveau, l'intervention d'un lieutenant me sauva. On me déclara que j'étais prisonnier et on me fit conduire à Lanhères, où je retrouvai plusieurs de mes concitoyens, ainsi que ma femme. Je dois dire que l'officier supérieur qui voulait me faire massacrer a tout fait pour me pousser à quelque parole de protestation, afin de pouvoir me tuer avec son revolver, qu'il ne cessait de me placer devant le visage, en me traitant de « sale Français », de « cochon de Français » et de « chien de Français ». Il m'a porté un violent coup de pied à la cuisse et, quand il a déclaré consentir à me faire grâce de la vie, il m'a dit : « Vous aurez toujours devant les yeux l'incendie de votre village; il aura été détruit par votre faute, et vous en aurez la honte ». Il prétendait en effet que j'avais fait tirer ou laissé tirer sur ses hommes, bien que, quinze jours avant l'arrivée des Allemands, j'eusse fait annoncer à son de caisse que je recommandais de ne se livrer sur eux à aucun acte d'agression.

Ayant été arrêté dans ma cave dès la première heure, je n'ai pas assisté au massacre de mes concitoyens; mais j'ai vu incendier une partie du village. J'ai notamment constaté que deux soldats mettaient le feu à une voiture de gerbes d'avoine.

Je vous remets deux listes comprenant : l'une, les noms des habitants de Rouvres qui, à ma connaissance, ont été mis à mort; l'autre, les noms de ceux qu'on m'a dit avoir été également tués.

Après lecture, le témoin a signé avec nous.

N° 187.

DOCUMENT communiqué par M. le Maire de Rouvres (Meuse) [1].

LISTE DES HABITANTS DE ROUVRES TUÉS PAR LES ALLEMANDS LE 24 AOÛT 1914.

Périn (Nicolas).
Bord (Adolphe).
Remy (François).
Dulphy (Benjamin).
Dulphy (Georges), 17 ans.
Bilaine (Lucien).
Bouché (Désiré).
Léonard (Denis).
Bertin (Hubert).
Derelle (Émile).
Bourgaux (Arsène).
Lerouge (Alphonse).

Bouché (Prosper).
Lefèvre (Théophile).
Bausch (Nicolas).
Englinger (Suzanne).
Périn (Émile).
Morin (Edmond).
Brouet (Alice), 16 ans.
Brouet (René), 13 ans.
Trognon (François) [2].
Wolff (Edmond).
Proth (Marianne).
Chatelard (Paule), 8 ans.

PERSONNES TUÉES ÉGALEMENT PAR LES ALLEMANDS MAIS N'ÉTANT PAS DE ROUVRES.

Poiré et sa sœur, d'Éton.

Caufmant (Arthur).

LISTE DES HABITANTS DE ROUVRES QUE L'ON M'A DIT AVOIR ÉTÉ TUÉS PAR LES ALLEMANDS.

Leloup (Camille).
Colson (Ferdinand).
Mangeot (Jean-Nicolas).
Mathieu (Isidore).
Adam (Adrien).
Isidore (Émile).
Thilvin (François).

Simon (Auguste).
Willemez (François).
Hémion (Victor).
Proth (Victor).
Hildebrand (Édouard), 16 ans.
Marchal, 13 ans.
Renaudin (Ferdinand).

PERSONNES DISPARUES.

Bilaine (Louis).
Goeury (Marie).
Bilaine (Pol).

Simon (Marius).
Petitier (Henri), 14 ans environ.
Fort (Gabrielle).

Paris, le 20 mars 1916.

Le Maire de Rouvres,
Signé : Willaume.

---

(1) Les présentes listes, établies en 1916, sont à compléter au moyen des dépositions recueillies sur les massacres de Rouvres. — (2) Prénommé Francis dans les pièces n° 169 et 183.

N° 188.

DÉPOSITION reçue, le 20 mars 1916, à PARIS, par la Commission d'enquête.

NICLOT (Paul-Léonce), âgé de 61 ans, aubergiste et cultivateur à Rouvres (Meuse), actuellement à Paris, 37, boulevard du Montparnasse.

Je jure de dire la vérité.

Le 24 août 1914, quand j'ai quitté le village de Rouvres avec ma femme, pour échapper à l'incendie, nous avons vu, en passant devant la porte des époux Bausch, les cadavres de ceux-ci étendus l'un près de l'autre.

Après lecture, le témoin a signé avec nous et avec Mme Marie-Louise SÉBASTIEN, son épouse, qui, après avoir juré de dire la vérité, a confirmé la déposition ci-dessus.

N° 189.

DÉPOSITION reçue, le 20 mars 1916, à PARIS, par la Commission d'enquête.

GORURY (Paul), âgé de 49 ans, cultivateur à Rouvres (Meuse), actuellement à Paris, rue Jean-Bart, 10.

Je jure de dire la vérité.

Le 24 août 1914, alors que j'étais dans ma cave, mon voisin, M. Wolff, est venu m'appeler en me disant que les Allemands mettaient le feu au village. Je me suis sauvé avec lui; mais, au bout de quelques instants, il est tombé blessé auprès de moi. Je me suis alors réfugié dans un lavoir et j'y ai passé la nuit. Le lendemain matin, en sortant, j'ai vu une quinzaine de cadavres d'habitants, notamment celui de M. Lerouge et celui d'une femme, qui était éventrée. Presque tous ces cadavres étaient méconnaissables, étant en partie carbonisés.

Je me suis dirigé vers Étain et j'ai quitté le pays.

Après lecture, le témoin a signé avec nous.

N° 190.

DÉPOSITION reçue, le 25 mars 1916, à PARIS, par la Commission d'enquête.

MANGEOT (Justin-Nicolas), âgé de 53 ans, propriétaire et conseiller municipal à Rouvres (Meuse), actuellement réfugié à Paris, 51, rue d'Assas.

Je jure de dire la vérité.

Les Allemands sont entrés dans Rouvres le 24 août 1914, à la fin de la matinée; mais, comme des détachements français qui occupaient le bois de Tilly ont tiré sur eux, ils se sont d'abord repliés, ont bombardé le village et sont revenus, au bout d'une demi-heure environ, dans un état d'exaspération épouvantable. Beaucoup d'entre eux étaient ivres. Ils ont mis le feu aux maisons, ont pris tout ce qui leur a convenu, et, aux deux extrémités de chaque rue, il y avait des pelotons tirant sur tous les habitants qui essayaient de se sauver pour échapper aux flammes. N'ont eu la vie sauve que les gens qui étaient blottis dans les jardins, derrière les bâtiments. Pour moi, j'étais caché dans le jardin de M. Hieulle, avec le

12..

propriétaire et six autres personnes. J'y suis resté depuis le 24, à 1 heure de l'après-midi, jusqu'au 25, à 7 heures du soir, moment auquel les Français, par une contre-offensive, ont repris le village. De notre cachette, nous entendions les vociférations des soldats et les hurlements des animaux qu'on massacrait ou qui brûlaient, tandis que des coups de feu éclataient sans cesse.

En sortant du jardin, j'ai vu devant la porte de Mme Isidore quatre corps carbonisés.

Après être parti pour Lanhères avec la troupe française, je suis revenu le 26 à Rouvres. J'ai alors trouvé dans les rues plus de vingt cadavres, parmi lesquels j'ai reconnu ceux de Proth (Victor), de Bord (Adolphe), de Remy (François), de Dulphy (Benjamin), du fils de ce dernier, de Mangeot (Jean-Nicolas) et de Trognon (François). Un porc était en train de dévorer ce dernier.

Après lecture, le témoin a signé avec nous.

N° 191.

DÉPOSITION reçue, le 25 mars 1916, à Paris, par la Commission d'enquête.

Mangeot (Pauline), femme Robinet (Constant), âgée de 29 ans, domiciliée à Rouvres (Meuse), réfugiée à Paris, 51, rue d'Assas.

Je jure de dire la vérité.

Le 24 août 1914, quand les Allemands sont arrivés à Rouvres, j'étais derrière mes persiennes pour les regarder. J'ai vu alors des soldats qui poursuivaient dans la rue M. Émile Périn ; ils tiraient sur lui avec des revolvers et, lorsqu'il fut tombé contre un mur, ils l'ont achevé à coups de crosse. Quelques minutes après, j'ai vu M. et Mme Lerouge sortir de chez eux et s'enfuir en se tenant par le bras. Des Allemands ont saisi le mari et lui ont tiré des coups de revolver ; le malheureux est tombé, et je crois qu'il est mort ; car, au même endroit, deux jours plus tard, j'ai aperçu un cadavre que son état rendait méconnaissable. Les rues étaient d'ailleurs remplies de morts, dont la plupart étaient carbonisés. Il paraît que les cadavres étaient brûlés par les soldats ennemis avec du pétrole.

Je suis restée pendant deux jours cachée dans un plant d'asperges de mon jardin, avec un certain nombre d'autres personnes ; puis, nous nous sommes sauvés dans la direction d'Étain. Dans les champs, je suis passée auprès du cadavre de M. Bertin (Hubert). A l'extrémité du village, j'ai reconnu aussi, parmi beaucoup de morts (dix au moins), le corps de M. Adam (Adrien), dont le ventre était ouvert.

Après lecture, le témoin a signé avec nous.

N° 192.

DÉPOSITION reçue, le 25 mars 1916, à Paris, par la Commission d'enquête.

Couvègnes (Louise), femme Périn (Charles-Prosper), âgée de 51 ans, domiciliée à Rouvres, réfugiée à Alfortville.

Je jure de dire la vérité.

Le 24 août 1914, les Allemands ont brûlé Rouvres et massacré de nombreux habitants.

Un soldat, étant entré dans notre jardin, où nous nous étions couchés sur le sol, nous a fait sortir et nous a conduits, mon mari et moi, à l'extrémité du village. Un autre soldat nous a alors mis en joue et a voulu tirer sur nous, en disant : « Tu as un fils qui me tuera demain » ; mais l'autre l'en a empêché. A ce moment, en me retournant, j'ai vu, à deux pas de moi, contre un mur, les cadavres de deux vieillards, un homme et une femme. Mon mari, qui n'a pas pu déférer à votre convocation parce qu'il est infirme, a vu comme moi ces deux corps.

Après lecture, le témoin a signé avec nous.

N° 193.

DÉPOSITION reçue, le 8 avril 1916, à ALFORTVILLE (Seine), par la Commission d'enquête.

PÉRIN (Isidore), âgé de 64 ans, propriétaire à Rouvres, actuellement réfugié à Alfortville, 3, rue de Vitry.

Je jure de dire la vérité.

Le 24 août 1914, comme les Allemands tiraient dans les fenêtres de nos maisons, je suis allé chercher ma nièce, Mme Cochard, cultivatrice à Rouvres, pour me sauver avec elle. Au moment où nous allions sortir ensemble, nous nous sommes trouvés en présence d'un sous-officier, qui tira un coup de fusil dans le corridor. Je dus à un mouvement brusque que je fis, de n'être pas atteint, mais je reçus un violent coup de crosse à l'estomac. Je fus ensuite conduit au lieudit Constantine, où je vis les cadavres de M. et de Mme Bausch.

Après lecture, le témoin a signé avec nous.

N° 194.

DÉPOSITION reçue, le 8 avril 1916, à ALFORTVILLE(Seine), par la Commission d'enquête.

FENOT (Maria), veuve PÉRIN (Émile), âgée de 40 ans, domiciliée à Rouvres, actuellement réfugiée à Alfortville, 223, rue de Villeneuve.

Je jure de dire la vérité.

Le 24 août 1914, les Allemands ont brûlé Rouvres et massacré beaucoup d'habitants. Chassés de chez nous par l'incendie et par le bombardement, nous avions cherché un refuge dans la bergerie de la maison Défourneaux, quand quatre militaires ennemis, armés chacun d'un revolver, sont venus nous y surprendre. L'un d'eux a pris mon mari par le bras pour l'entraîner dehors; les autres m'ont fait également sortir, ainsi que ma fille Marie, alors âgée de 12 ans, tandis que des soldats mettaient le feu à la maison avec de la paille et du pétrole. Comme mon mari était brutalisé, ma fille implora pitié pour lui; mais l'un des Allemands la repoussa violemment et lui porta sur la tête un coup de crosse de revolver qui fit jaillir le sang. Aussitôt que mon mari eut été poussé dans la rue, les quatre hommes qui nous avaient expulsés firent feu sur lui. Je vis couler du sang sur son cou, mais il eut la force de se sauver. J'ai appris par Mme Robinet qu'il avait été achevé un peu plus loin par d'autres soldats.

Après ce drame, nous sommes parties, mon enfant et moi, dans la direction d'Étain. A une cinquantaine de mètres de la maison Défourneaux, dans la ruelle Derelle, nous avons

12...

trouvé, assis par terre, adossé à un mur et en train d'agoniser, M. Léonard. Il avait la main droite placée sur la poitrine, comprimant une blessure d'où le sang s'échappait. A quelques pas plus loin, nous avons rencontré M. Bertin (Hubert) et sa femme, qui sortaient de leur jardin avec chacun un enfant dans les bras. M. Bertin m'a dit : « Nous sommes perdus ; ils tuent tout le monde », et il nous a invitées à le suivre ; mais je voulais d'abord passer chez mes parents et je le laissai, avec sa famille, s'engager dans les champs. Bientôt, ayant entendu des coups de feu, je me retournai. Je vis alors un soldat allemand à cheval tirer sur M. Bertin à coups de revolver. Le malheureux tomba, et le cavalier descendit de cheval pour lui donner le coup de grâce. J'ai remarqué qu'avant le dernier coup, M. Bertin attirait vers lui son petit garçon comme pour l'embrasser.

En continuant mon chemin, j'ai reconnu encore trois cadavres : celui de M. Lerouge, étendu devant la maison Mangeot ; celui de M. Adam et celui de M. Proth.

J'ai passé ensuite deux jours à Lanhères, où les Allemands ont conduit les femmes et les enfants. Quand je suis revenue à Rouvres, qui avait été repris par les Français, j'y ai vu de nombreux cadavres d'habitants, en partie carbonisés, notamment, en face de la maison Simon Isidore, ceux de trois hommes et celui d'une femme dont le ventre était ouvert. Malgré mes recherches, je n'ai pas retrouvé le corps de mon mari ; mais j'ai reconnu, parmi les morts, MM. Bouché (Désiré) ; Bouché (Prosper), neveu du précédent ; Leloup (Camille) ; Périn-Gillet, mon beau-père ; Wolff, (Edmond) et un jeune domestique, Ferdinand, pupille de l'Assistance publique, dont je ne connais pas le nom de famille.

Après lecture, le témoin a signé avec nous.

N° 195.

DÉPOSITION reçue, le 8 avril 1916, à ALFORTVILLE (Seine), par la Commission d'enquête.

ISIDORE (Adrienne), femme SIMON (Arthur), âgée de 30 ans, domiciliée à Rouvres (Meuse), actuellement réfugiée à Alfortville, 3, rue de Vitry.

Je jure de dire la vérité.

Le 24 et le 25 août 1914, pendant que les Allemands dévastaient et incendiaient Rouvres, je suis restée cachée, avec une dizaine de personnes, dans mon jardin, d'où j'ai vu ma maison brûler. Le 26, comme, depuis la veille au soir, les Français avaient repris le village, je suis sortie vers 4 heures du matin. Je me suis alors trouvée en présence d'un spectacle affreux : partout des maisons en ruines et, dans les rues, des cadavres étendus, en partie carbonisés.

J'ai reconnu les corps de MM. Renaudin, Proth (Victor), Périn-Gillet, Lerouge, Bertin (Hubert), Léonard (Denis), Bouché (Désiré), Adam (Adrien) ; M. Proth avait la tête séparée du tronc.

Après lecture, le témoin a signé avec nous.

AISNE.

N° 196.

DÉPOSITION reçue, le 26 novembre 1918, à LAON, par la Commission d'enquête.

ERMANT (Georges), âgé de 66 ans, sénateur, maire de Laon.

Je jure de dire la vérité.

L'occupation de Laon a été marquée par des vols et par des exactions. Les maisons abandonnées ont été dévalisées par les officiers et les soldats qui les occupaient.

Tout le mobilier de la préfecture a été enlevé, ainsi que les dossiers des bureaux. Il en a été de même pour la plus grande partie des archives départementales, bien que l'autorité ennemie eût pris l'engagement de les respecter. Les archives de l'administration des Ponts et Chaussées ont été emportées dans des voitures commandées à cet effet; et pourtant, à ma demande, il avait été apposé sur les portes du local qui les contenait des affiches de protection émanées de la Kommandantur et portant son timbre. Quant aux archives du Palais de justice, elles ont été, pour la plupart, jetées aux décombres. Les destructions et les vols de mobilier scientifique et scolaire, ainsi que de meubles meublants, représentent une perte de plusieurs centaines de mille francs.

Dans certains établissements militaires, il y a eu destruction systématique des charpentes et de tout ce qui pouvait servir au chauffage.

A la cathédrale, malgré mes protestations, les chêneaux, les tuyaux de descente, les faîtages en cuivre, les cloches et nombre de tuyaux d'étain des grandes orgues ont été enlevés. Il est impossible d'énumérer tous les dégâts commis dans les maisons particulières, notamment par l'enlèvement des parties métalliques. Deux procédés étaient employés : la destruction par ordre, et l'allocation de primes aux soldats qui rapportaient des métaux au « Bureau des prises de guerre »; tout cela en dehors des réquisitions proprement dites, qui étaient incessantes.

La statue du maréchal Sérurier et le monument élevé à la mémoire des trois instituteurs de l'Aisne fusillés en 1870 n'existent plus.

La ville a eu à supporter au total pour environ sept millions de contributions de guerre, alors que son budget de recettes est approximativement de quatre cent cinquante mille francs, et pour plus de trois cent mille francs d'amendes infligées sous les prétextes les plus invraisemblables. C'est ainsi qu'en juin 1915 et en septembre de la même année, nous avons dû payer cent vingt-cinq mille francs d'une part et cent quatre-vingt-sept mille cinq cents de l'autre, parce que des aviateurs français avaient survolé la ville et y avaient laissé tomber des bombes sur des établissements ou emplacements militaires, avec une précision que les Allemands ont feint d'attribuer à des « actes de trahison » imputables à des habitants. C'est ainsi encore que, le 5 octobre 1916, l'autorité allemande, ayant relevé sur le volet d'un magasin une inscription ainsi conçue : *Les mama attention au satyrs allemand* (sic), l'a, malgré son orthographe caractéristique, imputée à la population et nous a frappés d'une amende de trois mille sept cent cinquante francs en or, avec menace, en cas de non-payement, d'arrêter dix notables et de les incorporer dans une section de travaux disciplinaires. Je vous remets copie des ordres relatifs à ces faits.

Le 11 octobre dernier, j'ai été enlevé de Laon, avec Mme Ermant et mon secrétaire, M. Dessery, malgré mes protestations verbales et écrites. Nous devions d'abord être transférés à Fourmies; mais nous avons été déposés à Vervins. Dans cette ville, j'ai de nouveau protesté verbalement et par écrit contre une mesure qui m'éloignait de mes administrés et m'empêchait de partager leur sort. Il m'a été répondu que je n'étais ni otage, ni prisonnier; et, au bout de quelques jours, il m'a été offert de nous transporter en Suisse, sous condition d'un stage de quinze jours en Allemagne, soi-disant pour nous soustraire au danger. J'ai refusé en écrivant que, si je devais mourir, je voulais que ce fût sur le sol de la patrie. Peu après, il m'a été proposé de nous conduire à la frontière hollandaise par les voies les plus rapides. J'ai refusé encore. Le surlendemain, les troupes françaises nous délivraient.

Après lecture, le témoin a signé avec nous.

ANNEXES À LA PIÈCE N° 196.

NOTES remises par la Kommandantur de Laon à M. Ermant, maire.

A.

COMMANDANTURE DES ÉTAPES DE LAON.

Le 29 juin 1915.

PRESSÉ.

A la mairie de LAON.

Le 18/6, des aviateurs français ont jeté trois bombes sur les dépendances de la gare de Laon.

L'exactitude avec laquelle deux bombes ont été jetées sur des endroits certainement dangereux laisse reconnaître que les aviateurs étaient renseignés sur l'utilisation des bâtiments et hangars.

De la façon avec laquelle les aviateurs français ont travaillé, il doit être tiré comme conclusion qu'il leur est parvenu des nouvelles sur les installations de la gare de Laon.

Il a donc été commis une trahison, dont la voie n'a pas encore pu être découverte, mais par une personne familiarisée avec les affaires de la gare de Laon.

Cette trahison a été commise sur le terrain de la ville de Laon, qui est rendue responsable pour les dégâts et les victimes causés par une bombe.

Il a donc été infligé à la commune de Laon par M. le Commandant en chef une amende de 100.000 marks, qui devra être encaissée par la Commandanture des Étapes en *monnaie d'argent et en grande partie en or*.

Cette somme devra être versée avant le *4 juillet au soir* à la Commandanture des Étapes. Le payement devra être commencé à temps pour qu'en aucun cas la date fixée ne soit pas dépassée.

Il devra être accusé *immédiatement* réception de cette lettre à la Commandanture.

Signé : Maercker.

B.

COMMANDANTURE DES ÉTAPES DE LAON.

Le 13 septembre 1915.

A LA MAIRIE DE LAON.

Décret de l'Inspection des Étapes 7.

Le 6 septembre courant, un aviateur français venant du sud a survolé la butte de tir, la nouvelle caserne d'artillerie et le parc-chantier des pionniers à la gare de Laon, et jeté des bombes sur ces trois endroits.

La première bombe, non éclatée, est tombée sur le champ de tir, à proximité de l'endroit où se trouvent généralement les canons de l'artillerie séjournant actuellement à Laon; la 2ᵉ bombe, qui, évidemment, devait atteindre la nouvelle caserne d'artillerie occupée par des troupes allemandes, est sautée non loin de là, à l'école de Semilly; la 3ᵉ, encore non explosée, est tombée dans les champs environnant le parc-chantier des pionniers.

L'attitude de l'aviateur était sans aucun doute très nette et dirigée avec une précision surprenante contre des endroits où il pouvait être fait des dégâts à des soldats et à du matériel allemand.

La connaissance de ces endroits est d'autant plus frappante que l'aviateur a lancé les bombes, bien qu'un brouillard épais recouvrant le sol empêchât l'observation d'hommes et d'objets.

Il avait donc dû être renseigné que des canons allemands avaient leur parc au champ de tir, que la caserne d'artillerie était maintenant occupée par des soldats allemands et que des attirails de pionniers séjournaient en gare.

Ces faits n'ont pu lui être indiqués que par voie de trahison; cette trahison a été commise sur le sol de la ville de Laon, qui en est donc responsable.

En rappelant une trahison semblable qui a déjà donné lieu une fois à des jets de bombes ennemies sur la gare de Laon, il est infligé à la commune de Laon, par M. le Commandant en chef, une amende de :

150.000 marks,

qui devra être encaissée par la Commandanture des Étapes de Laon, avant le 24/9 courant, en argent allemand et français ayant cours et transmis à la Feldkriegskasse (caisse de guerre) locale.

La Commandanture rappelle formellement que M. le Commandant en chef n'hésitera pas à infliger à la ville de Laon encore des amendes plus élevées, s'il se renouvelait encore des signes de trahison.

Signé : MAERCKER, *Lieutenant-Colonel.*

C.

—

COMMANDANTURE DES ÉTAPES DE LAON.

IV c. N° 24,163.

—

Le 5 octobre 1916.

URGENT.

—

A LA MAIRIE DE LAON.

Une amende de 3,000 marks est infligée à la commune de Laon parce que, par sa population, il a été apposé sur la maison rue du Bourg, n° 1, une inscription injuriant les membres de l'armée allemande, et que cette inscription n'a pas été supprimée aussitôt après, bien qu'elle ait été vue par un grand nombre de personnes.

Malgré la sommation faite, l'autorité municipale n'a pas nommé les coupables et complices.

L'amende est à verser en or, jusqu'au 10 de ce mois, si l'on veut éviter l'arrestation de 10 citoyens notables et leur incorporation dans une section de travaux disciplinaires.

Cette peine est infligée en vertu d'un ordre de l'Inspection des Étapes 7.

Signé : MAERCKER,
Lieutenant-Colonel et Commandant.

——

N° 197.

RAPPORT dressé par M. le capitaine FACDOUEL, Commissaire-rapporteur près le Conseil de guerre de la 127° D. I., et M. le capitaine DHÔTEL, Substitut du commissaire-rapporteur du Q. G. de la X° Armée, sur les exactions, les actes de pillage, de vandalisme et de cruauté commis par les Allemands pendant leur occupation de la ville de LAON (Aisne).

Le dimanche 13 octobre 1918, les troupes françaises appartenant à la 127° D. I. ont repris possession de la ville de Laon et libéré plus de 6,000 habitants, qui étaient demeurés dans la ville pendant toute la durée de l'occupation allemande.

Une enquête a été immédiatement entreprise à l'effet de rechercher et d'établir les exactions de toutes sortes, les actes de pillage, de vandalisme et de cruauté qui avaient pu être commis par les Allemands depuis leur arrivée à Laon, le 2 septembre 1914.

Cette enquête a été fructueuse. Elle a permis de dresser un pénible bilan, dont les résultats se soldent par un lourd passif à la charge de l'envahisseur.

Pour la clarté du présent rapport, les actes contraires au droit des gens relevés contre les Allemands seront classés et examinés sous les différentes rubriques ci-après : I. *Actes de pillage et de vandalisme.* — II. *Exactions de toute nature.* — III. *Actes de violence et de cruauté.*

I. — *Actes de pillage et de vandalisme.*

D'une manière générale, on peut affirmer que les Allemands se sont livrés à un pillage quasi-systématique des meubles et objets mobiliers qui étaient à leur convenance, tant au préjudice des particuliers qu'à celui des administrations publiques et des personnes morales.

Dès leur arrivée à Laon, le 2 septembre 1914, ils commencèrent à piller le mobilier de toutes les personnes qui avaient quitté la ville pour ne pas tomber entre leurs mains. Ce pillage est établi par les nombreuses dépositions recueillies au cours de l'enquête, et, d'ailleurs, un simple coup d'œil jeté dans l'une quelconque des maisons abandonnées par leurs habitants suffit pour édifier pleinement sur l'entière exactitude de ce fait. Ces immeubles sont entièrement vides de leur contenu qui semble, d'après les dires des témoins entendus, avoir été emporté ou détruit petit à petit par les soldats occupants et aussi avoir été expédié en Allemagne.

Si les Allemands paraissent au premier abord avoir, au contraire, respecté le mobilier des maisons dont les propriétaires ou habitants étaient présents, un examen plus approfondi démontre qu'ils se sont livrés à de nombreux vols et même parfois à toute une série de vols successifs, qui ont abouti à un pillage total. C'est ainsi, par exemple, que M. Martin, adjoint au maire, propriétaire de deux maisons contiguës, 31, rue David, avait réservé l'une d'elles pour être affectée au logement des officiers allemands. Cette maison comprenait plusieurs chambres garnies de lits complets, tables et objets de toilette, fauteuils, tapis, rideaux, etc. Ces chambres ont été peu à peu vidées de leur contenu, en dépit des protestations réitérées de M. Martin à la Kommandantur de Laon, et actuellement la maison se trouve dans un état identique à celles qui ont été pillées dès le début de l'occupation. C'est ainsi encore que M. Bouré, bâtonnier de l'Ordre des avocats, qui avait été expulsé de son domicile par mesure de représailles (à la suite d'une demande qu'il avait formulée à l'autorité allemande pour être autorisé à enlever du Palais de justice les robes du vestiaire et les livres de la bibliothèque), vit sa maison pillée par les officiers qui s'étaient installés chez lui. Une partie de son mobilier fut emportée en camion-automobile.

La préfecture de l'Aisne a été, dès le mois de septembre 1914, occupée par l'état-major de la 7ᵉ Armée allemande. Jusqu'en 1917, le mobilier était demeuré à peu près intact, et les Allemands avaient seulement effectué quelques transformations et quelques déplacements de meubles.

Au début de février 1917, l'état-major de la 7ᵉ Armée, alors commandée par le général von Boehn, se transporta à Marle. A ce moment, tout le mobilier des salons, des chambres à coucher de la préfecture et du cabinet du préfet fut chargé sur des camions-automobiles et emporté par les Allemands. Le meuble de style qui servait de bureau au préfet et qui avait une valeur de 30,000 francs fut notamment volé.

A partir de cette date, la Préfecture, vide de ses meubles, fut affectée au cantonnement des soldats de passage, et les Allemands poussèrent le vandalisme et le cynisme jusqu'à employer les salons comme écuries pour les chevaux (déposition de M. Marquiset, architecte départemental).

Ce dernier fait n'est d'ailleurs pas isolé; les Allemands n'hésitèrent pas, en effet, à souiller la cathédrale de Laon en y logeant des chevaux.

Les archives des Administrations publiques ont été en partie pillées, détruites ou emportées.

Si celles de la mairie ont pu être conservées intactes, probablement à cause de la présence de M. le sénateur-maire Ermant, de même que celles de la Direction de l'Enregistrement, en raison de la présence de M. Duchenois, directeur départemental, il n'en est malheureusement pas de même pour celles des autres administrations.

Celles de la direction des Contributions indirectes, de la trésorerie générale, de la succursale de la Banque de France, de la direction des postes, de la préfecture, du greffe du conseil de préfecture, de la conservation des hypothèques et du bureau de l'Enregistrement des actes judiciaires, ont été détruites ou chargées sur des camions-automobiles et emportées en Allemagne.

Les registres hypothécaires paraissent néanmoins avoir été respectés, grâce à l'activité et à la diligence de M. Duchenois, directeur de l'Enregistrement.

Au palais de justice, les actes, registres, dossiers, liasses et collections furent jetés par les fenêtres, dans le courant de novembre 1917, et chargés sur des camions-automobiles par la soldatesque, furieuse de sa défaite sur le Chemin des Dames. Prévenue aussitôt de cet acte de vandalisme, la municipalité de Laon ramassa et sauva les documents les plus importants (actes de l'état civil, jugements les plus récents, dossiers de faillites, etc.).

Dès le début de l'occupation, la Chambre des notaires de l'arrondissement de Laon a été mise au pillage, et la cave, qui contenait pour 3.000 francs de vins divers et de liqueurs, a été entièrement vidée.

A cette même époque, M. Mirandez, commis principal à la Direction des Contributions indirectes, avait été chargé par son administration de la surveillance de l'entrepôt des tabacs de Laon. Le 3 septembre 1914, l'intendant général Dietrich, de la 1ʳᵉ armée d'occupation, lui prit de force les clefs de l'entrepôt. Lorsque M. Mirandez put y rentrer après le départ de la troupe, le 18 septembre 1914, il constata que toutes les portes avaient été fracturées et que tout le tabac avait disparu. Le mobilier personnel du receveur entreposeur était saccagé ; tout était brisé, et, en quittant la maison, les Allemands n'avaient pas oublié de laisser partout des excréments et matières fécales en souvenir de leur passage.

Les études des officiers publics et ministériels (notaires, avoués, huissiers) ont également beaucoup souffert.

Les monuments publics n'ont pas été davantage épargnés. Les statues des places publiques, notamment celle du maréchal Sérurier devant l'hôtel de ville, celle des instituteurs de l'Aisne devant l'école normale, les cloches des églises, ont été brisées sur place, et le métal en provenant emporté en Allemagne. Il importe de noter sur ce point que les cloches ont été descendues à terre par des prisonniers français, en dépit des protestations de M. le sénateur-maire de Laon.

En ce qui concerne le matériel industriel des usines, il a été pillé, brisé et détruit ou emporté en Allemagne.

On pourrait multiplier presque à l'infini les faits de pillage commis par les Allemands. Il est impossible, dans une enquête rapide, d'en rapporter tout le détail. Les exemples cités, pris parmi les plus saillants, démontrent péremptoirement qu'au mépris des conventions internationales et du droit des gens, les Allemands, qui ont toujours prétendu ne pas faire la guerre à la population, n'ont observé aucun respect pour la propriété privée et ont élevé le vol et le pillage à la hauteur d'une véritable institution, continuant ainsi les honteuses pratiques des soudards qui ne cherchaient dans la guerre qu'à s'enrichir des dépouilles des vaincus.

II. — *Exactions de toute nature.*

A côté de ces très regrettables et très graves actes de pillage nettement caractérisés, on doit reprocher aux Allemands toute une série de mesures ayant pour but, soit de spolier les populations et de leur extorquer, sous couvert d'ordres en apparence réguliers, émanant de l'autorité militaire, une quantité énorme d'objets mobiliers et de denrées, soit de les contraindre à des travaux ou à des corvées abusives. La moindre infraction à ces ordres était naturellement punie de peines très sévères d'amende et de prison.

Dès le 12 décembre 1914, une proclamation de la Kommandantur des Étapes ordonnait la réquisition de toutes les quantités de vins, champagnes et liqueurs se trouvant sur le territoire de la ville de Laon.

Puis, à partir de l'année 1915, en raison du manque probable de matières premières chez l'ennemi, les réquisitions successives tombèrent dru comme grêle sur les infortunés habitants de Laon.

Nous citerons entre autres, dans l'ordre chronologique, les ordres :

Du 4 novembre 1915, relatif aux armes, meubles et ustensiles de cuisine entièrement ou en partie en cuivre, laiton, étain, bronze, nickel, aluminium;

Du 20 mai 1916, relatif aux pièces, objets et stocks de caoutchouc;

Du 13 juin 1916, relatif aux lainages, tricotages, tapis et rideaux existant dans les magasins du district de Laon;

Du 16 juin 1916, relatif aux harnais de chevaux;

Du 16 juillet 1916, étendant aux boutons des fermetures de fenêtres et portes la réquisition des métaux;

Du 24 juillet 1916, étendant aux immeubles par destination la même réquisition, ainsi qu'aux poids en cuivre et laiton;

Du 30 août 1916, exigeant la livraison immédiate des chaudières en cuivre entourées de maçonnerie et des pompes en cuivre;

Du 13 septembre 1916, prescrivant une déclaration détaillée, à faire par chaque habitant, de tous les objets mobiliers qu'il possédait, suivant un modèle fourni annexé au présent rapport;

Du 5 octobre 1916, ordonnant la livraison de tous les appareils photographiques et de leurs accessoires, de toutes les étoffes de soie et des rubans neufs;

Du 28 janvier 1917, relatif à la réquisition des matelas de laine pure ou mélangée;

Du 24 février 1917, relatif à la déclaration des vêtements civils et chaussures laissés par les appelés sous les drapeaux, lors de la déclaration de guerre;

Du 4 avril 1917, relatif aux tonneaux de 200 litres et plus;

Du 19 avril 1917, prescrivant la remise du mercure, même des quantités renfermées dans les baromètres;

Du 27 avril 1917, concernant les coffres-forts ou petits coffres en métal;

Du 22 mai 1917, ordonnant la livraison de tous les objets et ustensiles de ménage en cuivre, nickel, étain, laiton, bronze, cuivre rouge, et spécifiant que les habitants devaient livrer, en même temps, les couvercles des chaudières et fourneaux en cuivre rouge ou nickelés, ainsi que les pendules en cuivre jaune et les objets en aluminium non saisis jusqu'alors.

Le 29 mai 1917, la Kommandantur s'en prend au papier à écrire de tous genres, de tous formats et de toutes teintes, même à celui qui est imprimé sur une face, et elle le confisque purement et simplement, etc.

Nous arrêtons là cette longue nomenclature.

Il est d'ailleurs facile de reconstituer dans son intégralité la liste exacte et complète des réquisitions dont les habitants de Laon ont été les victimes, le recueil des ordres de la Kommandantur de Laon ayant été conservé dans les archives de la mairie.

Contrairement au vieil adage latin : *De minimis non curat prætor*, les Allemands songeaient aux plus petits détails et poursuivaient inlassablement, avec un soin minutieux, la série de leurs réquisitions abusives et de leurs vexations.

Le 6 février 1918, il ne restait plus rien à réquisitionner, sinon les vêtements des habitants. Les Allemands n'hésitèrent pas et, sous prétexte de satisfaire aux besoins de l'habillement de la population civile, ils obligèrent les habitants à faire, toujours sous des astreintes sévères, la déclaration de leur linge et de leurs vêtements, autorisant les hommes et les femmes à conserver trois chemises, trois caleçons ou pantalons, deux paires de chaussures ou bottines, trois robes ou complets, etc., et exigèrent la remise du surplus à la Kommandantur.

Le système de réquisitions organisé par les Allemands appelle au surplus quelques remarques.

Parmi les objets de ménage réquisitionnés figuraient, d'une part, des meubles ayant une valeur marchande parfois importante (pendules et candélabres, suspensions, appliques, statuettes, etc.) et, d'autre part, des objets d'art de style ou d'époque.

En ce qui concerne les premiers, il y eut, de la part des Allemands, non pas une réquisition proprement dite, mais un véritable vol. En effet, un ordre du général commandant l'armée, en date du 25 juillet 1916, prescrivit qu'ils seraient livrés contre des bons mentionnant leur valeur d'après le poids du métal, et le même ordre fixa le prix du kilogramme de métal, soit par exemple de 1 fr. 50 à 2 fr. 50 pour le kilogramme de cuivre. Ainsi, un habitant qui livrait une pendule et ses candélabres en cuivre pesant 20 kilogrammes de métal, recevait un bon de 30 à 50 francs, alors que la valeur marchande des objets réquisitionnés atteignait peut-être 150 ou 200 francs.

Pour les objets de style, les Allemands soulevèrent d'abord toutes sortes de difficultés pour éviter de les ranger dans cette catégorie; car ce classement mettait obstacle à la réquisition. Puis ils prétendirent que ces objets, de même que les valeurs mobilières, les œuvres d'art des musées ou des particuliers, les objets précieux servant à l'exercice du culte, couraient des risques de bombardement, et ils offrirent de les transporter à Maubeuge et à Valenciennes (ordres des 28 octobre et 9 novembre 1917).

En exécution de ces ordres, un certain nombre d'objets d'art et de valeurs ont été transportés à l'arrière, dans le courant du mois de novembre 1917. Il reste à savoir maintenant si les Allemands ont respecté ces dépôts ou bien s'ils se les sont appropriés.

La population de Laon dut supporter également un système de réquisitions aussi abusif et aussi vexatoire en ce qui concerne les récoltes. Il suffit de parcourir les ordres de la Kommandantur pour se rendre compte que la totalité des récoltes et des fruits étaient, dès qu'approchait l'époque de la maturité, régulièrement confisqués par l'autorité allemande.

A peine laissait-on aux habitants la récolte de leurs jardins clôturés de moins de 10 ares, et encore fallait-il faire bonne garde pour empêcher la soldatesque allemande de la voler.

Tous les ennuis, toutes les privations résultant de ces réquisitions et confiscations abusives ont été supportés par la population avec une patience et une abnégation dignes d'éloges.

Mais il y avait à Laon six mille personnes civiles, et les Allemands n'auraient pas été satisfaits s'ils n'avaient pas réduit cette population en une sorte d'esclavage. Ils l'obligèrent à travailler dans les conditions suivantes :

Les enfants de 9 à 14 ans durent, pendant deux mois de l'année et sous la surveillance de leurs maîtres, se livrer à la récolte des orties, sauf le jeudi et le dimanche (ordre de la Kommandantur du 11 août 1918 rappelant cette prescription).

Les adultes au-dessus de 14 ans et les hommes jusqu'à 60 ans furent répartis en équipes et réquisitionnés pour travailler soit aux constructions et réfections des voies ferrées, soit à l'établissement de canalisations électriques, soit à des travaux de voirie.

Les jeunes filles ne furent pas exemptées de ces obligations. Certaines durent, pour le compte de l'autorité allemande, fabriquer de la charpie, effectuer des travaux de couture, confectionner des toiles destinées au camouflage; d'autres, moins privilégiées, furent tenues de nettoyer et de laver les chambres et cantonnements après le départ des officiers et troupes de passage, travailler dans les différents casinos de Laon; certaines furent même requises, pour servir de rabatteuses dans des chasses organisées en plein hiver par les officiers allemands. Des jeunes filles de bonne famille furent soumises à ces réquisitions. Les déclarations recueillies ont surabondamment établi tous ces faits.

Poussant plus loin encore dans la voie de la vexation, les Allemands réquisitionnèrent la plupart des bonnes qui étaient en service chez les notables de la ville et les contraignirent à se livrer aux travaux ci-dessus énumérés, de manière à obliger les femmes de la bourgeoisie à faire elles-mêmes leur ménage, leur cuisine et même les chambres des officiers logés chez elles.

Il est superflu d'ajouter que la plupart des réquisitions donnèrent lieu à des perquisitions et, en cas de contraventions constatées, à des sanctions sévères. Un certain nombre d'habitants de Laon firent connaissance avec la citadelle, où ils furent détenus sous les prétextes les plus futiles. D'autres durent payer de très fortes amendes.

Les perquisitions n'étaient d'ailleurs pas toujours effectuées par des policiers très scrupuleux. En effet, dans le courant de septembre 1917, Mme veuve Casteran, demeurant à Laon, rue Saint-Jean, 36, fut dénoncée par une femme de mauvaise vie à l'autorité allemande pour avoir, contrairement aux ordres de la Kommandantur, caché une bicyclette, du vin, un matelas et des objets en cuivre. Une perquisition fut aussitôt effectuée chez elle, et les policiers ne se bornèrent pas à s'emparer des objets réquisitionnés, mais ils dérobèrent à Mme Casteran des bijoux, notamment un bracelet en or, des épingles de cravate, tout son argent (plusieurs centaines de francs), ainsi que des armes exotiques appartenant à son fils, administrateur colonial à la Guinée française. Cette perquisition véritablement odieuse fut dirigée en personne par le lieutenant de police Fuerwentsches, qui a laissé à Laon l'impression d'un tyran, d'un véritable tortionnaire.

Le 8 novembre 1917, dans un ordre porté à la connaissance du public, le général commandant l'armée se déclara satisfait des rapports que les habitants de Laon avaient avec les Allemands, mais ordonna que, désormais, la population masculine devrait saluer les officiers en se découvrant. Le 7 juin 1918, le commandant Grube, de la Kommandantur de Laon, rappela que tous les hommes de plus de 14 ans étaient tenus de saluer les officiers de l'armée allemande.

Les habitants de Laon, qui eurent à supporter les innombrables réquisitions dont il vient d'être parlé, qui furent contraints au travail dans les conditions que l'on sait, qui durent subir des perquisitions aussi abusives que vexatoires, furent également obligés de réserver leurs meilleures chambres pour les officiers et de restreindre au strict minimum leur logement personnel. Un ordre de la Kommandantur du 7 octobre 1917 stipule en effet que les familles ne comprenant pas plus de deux personnes adultes devraient se contenter d'une chambre et d'une cuisine, et les familles de plus de deux adultes de deux chambres et d'une cuisine, le surplus étant naturellement réservé pour le cantonnement.

Contrairement aux plus élémentaires notions de justice ou même de simple équité, les Allemands se vengèrent de certains mécomptes militaires sur la ville de Laon. C'est ainsi qu'à la suite de deux bombardements par avions français, ils n'hésitèrent pas à infliger à la ville deux contributions de guerre, l'une de 150.000 et l'autre de 100.000 marks, sous le fallacieux prétexte que les habitants avaient fait des signaux aux aviateurs pour leur indiquer les points à viser.

III. — Actes de violence ou de cruauté.

Le vol, le pillage, les exactions les plus odieuses n'ont pas suffi aux Allemands; ils ont tenu à achever de se déconsidérer par de nombreux actes de brutalité, de violence ou de cruauté.

Maintes fois, ils ont usé de la menace. C'est en effet sous la menace d'être fusillé que M. Mirandez fut amené à l'entrepôt de tabacs de Laon préalablement pillé, et sommé de montrer de prétendues cachettes, dans lesquelles les Allemands croyaient trouver encore un stock de cette denrée.

Le 2 septembre 1914, Mme Lemaire, débitante de tabacs, vit arriver chez elle un officier allemand qui lui plaça le revolver sous le nez pour lui demander un paquet de cigarettes maryland.

A Mons-en-Laonnois, commune voisine de Laon, les soudards allemands brutalisèrent, au début de l'occupation, différentes personnes du village. Le maire chercha à protéger le mobilier de ses administrés contre le pillage des vandales; il fut cravaché. Un habitant, M. Thillois, fut poursuivi et frappé par un officier et des soldats; à bout de souffle, il tomba sur la route. Il fut piétiné par un cheval et achevé d'un coup de revolver tiré à bout portant. (Déposition de Mlle Journal.) [1].....

La population est unanime à blâmer les mauvais traitements dont les prisonniers civils belges et les prisonniers de guerre russes ont été l'objet de la part des Allemands. Il est à noter d'ailleurs à ce sujet que les prisonniers de guerre de toutes les nationalités ont été employés à travailler à une distance de la ligne de feu inférieure à celle stipulée dans les conventions internationales.

Indépendamment des actes de cruauté proprement dits, il importe de signaler différents faits qui sont de nature à engager gravement la responsabilité de l'envahisseur. Nous voulons parler des prétendues décisions de justice qui ont motivé et essayé de justifier l'exécution d'un certain nombre de soldats et de civils français.

Une proclamation de l'Inspection des étapes de la VIIe armée, du 11 novembre 1915, avait enjoint aux soldats français errant en arrière des lignes de se constituer prisonniers avant une date déterminée (20 novembre 1915); ceux qui, cette date expirée, furent trouvés en civil sur le territoire de l'étape furent passés par les armes.

Pour assurer la reddition de tous les prisonniers de guerre, l'autorité allemande traqua les habitants qui, par patriotisme, avaient donné asile et secours à des soldats faisant partie de l'armée française. Elle ne fit pas grâce davantage aux maires qui ne dénonçaient pas les militaires français circulant en arrière des lignes.

C'est ainsi qu'un pénible jugement du Conseil de guerre de Laon du 21 juin 1916 condamna à la peine de mort deux cultivateurs de La Vallée, MM. Lemoine et Boizard, l'instituteur de Flaignes, M. Hugueville, M. Aubry, conseiller municipal de cette commune, pour avoir donné asile et secours à des soldats séjournant en civil derrière le front allemand, et M. Oudart, maire de Flaignes, « pour ne pas avoir annoncé immédiatement aux autorités allemandes les plus proches que des soldats ennemis se trouvaient derrière le front allemand, fait dont il avait connaissance. »

Ces malheureux ont été fusillés le 3 août 1916, et différentes autres personnes des deux

---

(1) V. infra, la déposition n° 200.

communes ci-dessus ont été condamnées à des peines de réclusion et de prison. Le jugement ajoute : « Dans les communes de La Vallée et de Flaignes, il y avait sans doute une grande partie des habitants qui avaient connaissance de la conduite criminelle des personnes mentionnées ci-dessus. C'est pourquoi la moitié de tous les habitants du sexe masculin de La Vallée et de Flaignes ont été incorporés, pour la période de guerre, dans une section d'ouvriers. » (1)

Nous savons, par les mauvais traitements infligés aux ouvriers civils belges, ce que sont ces sections d'ouvriers. C'est donc un profond sentiment de commisération que nous éprouvons pour nos malheureux compatriotes, rendus collectivement responsables de faits dont ils n'avaient pas à répondre au point de vue pénal et contraints en quelque sorte aux travaux forcés.

Le gardien-chef de la prison de Laon et son greffier furent dénoncés à l'autorité allemande pour avoir favorisé l'évasion d'un officier français. Le fait était, paraît-il, exact, mais les preuves manquaient. Pour se venger, les Allemands imaginèrent de traduire en conseil de guerre le gardien-chef et le greffier, sous l'inculpation d'avoir détourné une partie des vivres des détenus dont ils avaient la garde et exercé de mauvais traitements sur eux.

Les détenus Jacquemart et Madrinjeas, qui étaient sur le point de comparaître, au début de la guerre, devant la Cour d'assises de l'Aisne, furent remis en liberté par les Allemands et servirent de témoins à charge contre leurs gardiens.

La mise en liberté des malfaiteurs et l'emprisonnement des gardiens de l'ordre, tel devait être le couronnement normal de l'édifice d'iniquité et d'injustice édifié par les Allemands.

Le gardien-chef de la prison de Laon fut d'ailleurs condamné à la détention perpétuelle et son greffier à cinq ans de la même peine.

Avant de quitter Laon, au moment de l'avance des troupes françaises, les Allemands ont emmené avec eux plusieurs centaines de jeunes gens de 17 à 25 ans qui étaient susceptibles d'être incorporés dans l'armée française.

Ils ont emmené également M. Ermant, sénateur, maire de Laon, et son secrétaire, M. Descry, sous le prétexte invoqué de règlements de compte relativement au ravitaillement de la population civile.

Tels sont les principaux faits qu'une enquête rapide a permis de découvrir et d'établir. Ils sont aussi graves que regrettables et engagent lourdement et indiscutablement la responsabilité des Allemands qui les ont couverts de leur autorité. Ils traduisent en tout cas la volonté nettement réfléchie de réduire en quelque sorte en esclavage toute une population et sont contraires aux plus élémentaires principes de justice. Il importait de les rappeler soigneusement, et c'est ce que nous nous sommes efforcés de faire avec la plus scrupuleuse impartialité.

Fait aux Armées, le 21 octobre 1918.

(*Suivent les signatures.*)

_____

(1) Cf. sur les mêmes faits : Rapports et Procès-verbaux d'enquête de la Commission, T. VI-VII-VIII-IX, page 25 et, dans le même volume, Documents photographiques nᵒˢ 20 et 21.

N° 198.

DÉPOSITION reçue, le 22 novembre 1918, au S. P. 22 (Aisne), par M. le lieutenant DUBOST, substitut du Rapporteur près le Conseil de guerre du Quartier général de l'Armée de Leuilly.

COLLANGETTES (Gabriel-Jean-Alphonse), âgé de 29 ans, étudiant ecclésiastique, domicilié à Notre-Dame-de-Liesse, résidant actuellement à Laon.

Serment prêté.

Je viens vous faire connaître certains actes commis par l'armée allemande, dont j'ai été le témoin.

1° Le Rittmeister Trapett, Führer der Proviant, Kolonne 87, — cette colonne, rattachée à la 7° armée allemande au moment de sa réorganisation, faisait partie jadis du XV° corps d'armée, sous le n° 42, — est officier de carrière, en garnison à Strasbourg.

Cet officier a pratiqué le vol durant toute la guerre; la plupart des objets volés furent vendus à Strasbourg et à Francfort.

Au début des hostilités, il a volé la sellerie du château de Marchais, appartenant au prince de Monaco.

A Liesse, il abusa de son titre d'Ortskommandant par intérim pour réquisitionner tout à fait illégalement linge, draps, serviettes, nappes, etc., en août et septembre 1917; il expédiait le tout dans ses maisons de vente.

En juin 1918, son lieutenant vint en gare de Liesse pour faire de nombreuses expéditions d'objets volés à Fismes.

Pour plus amples détails, on peut interroger les soldats de ladite colonne, parfaitement au courant du trafic de leur chef, entre autres :

Le sous-officier Schweitzer, Alsacien au cœur français, distillateur à Colmar;

Le Gefreite Albert Wagner, de Strasbourg, également animé de sentiments français, fils de l'ancien architecte de la ville;

2° L'Hauptmann Negenborn, Kommandeur des Krufwagen, Kolonne 310, Allemand résidant actuellement à Zurich, où il dirige une fabrique de soieries, ami et complice du Rittmeister Trapett.

Cet officier accomplit toute une série de vols :

1° Dans les villages évacués entre le front et l'Aisne et le Laonnois, en mars-avril 1917, rapportant tableaux, gravures, pendules, livres religieux anciens, chandeliers d'église, etc.

2° A Saint-Quentin, où il se rendait souvent, y ayant un frère attaché à un état-major (mars-avril 1917).

Les gravures et tableaux volés étaient détachés de leur cadre, roulés, puis expédiés dans des caisses avec les autres objets.

D'après les témoignages des ordonnances de cet Hauptmann, ce honteux brigandage durait depuis longtemps; une de ces ordonnances habitait Dülmen, où elle était représentant d'une fabrique d'articles nécessaires aux installations électriques.

En quittant Liesse, où il est resté plusieurs mois, l'Hauptmann Negenborn, qui traînait dans ses autos tout un ameublement volé, abandonna dans la maison où il logeait — qui est précisément la mienne — différents objets provenant de son brigandage.

3° Les officiers :

1) De la Fliegerabteilung 216 :

Hauptmann Creydt, Führer der Abt.;

Oberleut. Buggenmeier; Adjudant Hoffmann;

Leut. der Res. Riedel (Hussard);

— Creydt (frère de l'Hauptmann);

2) de la Fliegerabteilung 255, Abt. A:

Rittmeister Dietze, Führer der Abt.,

se sont livrés eux-mêmes, à Liesse, à une série de vols, dans la journée du vendredi 11 octobre 1918.

Voici quelques détails sur le pillage d'une maison située 5, place du Presbytère, appartenant à Mme Collangettes-Lemaire.

Dès le jeudi 10 au soir, certains officiers desdites escadrilles vinrent s'installer dans la maison, sans billet de logement, afin de pouvoir procéder, le lendemain de bonne heure, à leur brigandage.

Ils commencèrent, vers huit heures, à enlever une glace du salon, puis montèrent au premier, s'introduisirent dans l'unique chambre réservée à la propriétaire, qui y faisait ses préparatifs de départ, l'évacuation du pays devant avoir lieu dans l'après-midi de ce jour. Là, devant et malgré Mme Collangettes, ils prirent les couvertures de laine emballées, celles qui se trouvaient au lit, s'emparèrent de tout ce qui leur plut et offrirent même d'acheter du linge, afin de détourner l'attention et mieux voler. Ils montèrent au premier, qu'ils vidèrent de suite de tout un mobilier de salon qu'on y avait caché; dans la mansarde, ils prirent jusqu'aux vêtements de la domestique, les provisions de bouche, etc. Le pillage dura toute la journée, sous les yeux de la propriétaire. Celle-ci s'aperçut à temps qu'une de ses malles venait de disparaître; la domestique la retrouva au « Kasino » de ces officiers; elle était ouverte, et l'on y prenait ce qui plaisait; après bien des efforts, on put la leur reprendre. Tous les objets volés dans cette maison furent chargés sur des camions automobiles. Le même jour, d'autres maisons furent pillées par ces mêmes officiers qui, honteux de leur sale besogne, essayaient de se dissimuler dans les ruelles, tout en portant eux-mêmes et en faisant porter par des soldats le produit de leur pillage.

4° L'Etappen Kommandantur 228 s'est livrée, en juin et juillet 1918, à Notre-Dame-de-Liesse, à de nombreux vols de mobiliers : toutes les maisons de cette localité furent visitées par une bande de soldats, dûment autorisés par la Kommandantur; des chambres entières, des lits, sièges, toilettes, etc., étaient pris à la population sans qu'aucun bon de réquisition lui fût délivré.

Je pense d'ici quelque temps être en mesure de vous fournir le nom du commandant qui a autorisé ce pillage.

Lecture faite, persiste et signe avec nous.

N° 199.

RAPPORT de M. le sous-lieutenant BERGÈRE, commissaire-rapporteur près le Conseil de guerre de la 72ᵉ Division d'infanterie, à M. le Commissaire du Gouvernement près le Conseil de revision de l'Armée, sur l'explosion de la gare de Laon (2 novembre 1918).

J'ai l'honneur de vous adresser le compte rendu suivant, en exécution de la note du G. Q. G. du 20 août 1918.

Prévenu le 2 novembre au soir, par un message de l'É. M. de la 72ᵉ D. I., qu'une explosion venait de se produire, à 14 heures, à proximité de la gare de Laon, je me suis transporté sur les lieux, le 3 novembre, à 9 heures.

A 500 mètres environ de la gare des voyageurs, au milieu des voies, dans les directions de Reims et Hirson, une équipe de sapeurs du génie, aidée de travailleurs italiens et de prisonniers allemands, procédait au déblaiement d'un vaste entonnoir de mine de vingt-cinq mètres environ de diamètre à la surface du sol et de six à huit mètres de profondeur en son milieu.

De l'enquête à laquelle j'ai aussitôt procédé, il résulte que cet entonnoir provient de l'explosion d'une forte mine (1.800 kilogrammes d'explosif) placée sous les voies principales, et notamment sous la voie montante et la voie descendante de Laon à Reims et Hirson. Trois voies ont été complètement détruites; les rails, arrachés sur une longueur de 30 mètres environ, ont été projetés au loin. Un rail de 16 mètres notamment, projeté à une distance de 500 mètres, a tué, rue de Reims, deux soldats américains du 370e R. I. Parmi les travailleurs italiens, au repos à ce moment, six ont été blessés par les matériaux projetés. Les conséquences de l'explosion auraient pu être beaucoup plus graves de ce côté, si les hommes ne s'étaient trouvés à ce moment en contre-bas du remblai, dans une prairie. Un petit poste d'aiguilleur a été pulvérisé par l'explosion et a disparu. Un grand poste d'aiguilleur (construction en bois) a été en partie éventré.

Il est hors de doute que le sinistre est dû à l'explosion d'une mine à retard placée sous les voies par l'ennemi avant son départ de Laon; ce départ remonte à plus de trois semaines. Les voies et toutes les dépendances de la gare avaient été cependant minutieusement explorées par les services compétents; neuf mines avaient été trouvées par le génie en différents endroits, mais rien n'avait permis de découvrir celle qui a éclaté le 2 novembre et qui fait l'objet du présent rapport. L'hypothèse la plus vraisemblable est que l'ennemi a placé la mine sous les voies, en creusant un couloir souterrain partant du sous-sol d'une des maisons inhabitées ou évacuées et dans tous les cas aux trois quarts démolies. Mais ce n'est là qu'une hypothèse, qu'aucune constatation matérielle n'a permis de vérifier. Il semble que, si un couloir souterrain a été creusé, il a été comblé après l'opération, de même que le trou d'accès qui aurait été pratiqué dans le sous-sol d'une maison.

Il convient d'ajouter que le château d'eau et le bâtiment adjacent sont considérés comme suspects par le génie, bien qu'aucune trace de mine, après exploration minutieuse, n'ait pu y être découverte jusqu'à ce jour.

L'ennemi a incontestablement le droit, en évacuant une zone, de détruire les voies ferrées qu'il est forcé d'abandonner, pour retarder la marche en avant de son adversaire; mais la destruction n'est conforme aux lois de la guerre que si elle est instantanée. Le fait de retarder la destruction au moyen d'engins appropriés, de manière à faire périr, le plus tard possible, non seulement des militaires, mais des civils revenus, est nettement contraire au droit des gens. Notre avis est que l'explosion qui s'est produite le 2 novembre à la gare de Laon appartient, à ce titre, à la catégorie des actes que la note du G. Q. G. du 20 août 1918 enjoint aux commissaires-rapporteurs de signaler.

Aux Armées (S. P. 157), le 5 novembre 1918.

Le Commissaire-Rapporteur,

Signé : BERGÈRE.

72e D. I.

Vu et transmis :

773/S   9/11/1918.

Signé : Illisible.

N° 200.

DÉPOSITION reçue, le 18 octobre 1918, à Laon, par le capitaine Drôtel, substitut du commissaire-rapporteur près le Conseil de guerre du Q. G. de la X° Armée.

Journal (Céline), âgée de 34 ans, rue Carlier-Hennecart, n° 4, à Laon.

Dans les premiers jours de septembre 1914, vers le 10, alors que j'avais quitté avec ma mère mon domicile de Mons-en-Laonnois pour venir comme infirmière dans un hôpital de Laon, j'ai appris par différentes personnes de mon village, et notamment par mes deux oncles, que des officiers et soldats allemands se livraient à des actes de brutalité sur des personnes de la commune ; l'un de mes oncles, Ernest Thillois, avait reçu d'un soldat un coup de crosse de revolver au visage et en portait la trace.

Ils sont néanmoins repartis à Mons pour essayer de sauvegarder leur mobilier, et, lorsqu'ils sont arrivés à leur domicile, qui était envahi par les soldats allemands, ces derniers les ont poursuivis, menaçant de les fusiller ; ils ont dû revenir encore à Laon. Le lendemain, qui était le samedi 19 septembre, mes deux oncles sont encore retournés à Mons ; en arrivant, les habitants du pays leur ont dit qu'il n'y avait plus de danger, car les Allemands avaient quitté le village ; ils sont alors rentrés chez eux, où ils ont trouvé le maire, le garde champêtre et différentes autres personnes qui venaient s'assurer des dégâts qui avaient pu être causés ; comme ils n'avaient pas de provisions, ils se sont décidés à fermer leur porte à clef et à rentrer à Laon, avec l'intention de revenir le lendemain. Ils se sont mis en route et, parvenus à peine à deux cents mètres des dernières maisons du village, sur la route qui va à la gare, ont vu venir dans leur direction un officier allemand à cheval, qui arriva à leur hauteur et leur adressa la parole en allemand ; mes oncles ne comprenant pas, l'officier sauta à bas de son cheval et les menaça de son revolver ; voyant qu'ils ne pouvaient pas se faire comprendre de l'officier et pris de peur, l'un de mes oncles s'élança dans la direction du village, tandis que l'autre sautait dans un fossé et pénétrait dans le parc du château. L'officier remonta à cheval et rattrapa aux abords de l'entrée du village celui de mes oncles qui suivait la route ; parvenu à sa hauteur, il déboucla son ceinturon et l'en frappa très violemment au visage, cependant que mon oncle, qui courait toujours, parvenait à la hauteur de sa maison et essayait d'en ouvrir la porte pour se réfugier à l'intérieur : l'officier le frappa de nouveau, toujours avec son ceinturon, et l'obligea à remonter la rue du village jusque sur la place, où mon oncle chercha encore à se réfugier dans une maison. L'officier, frappant toujours, l'obligea à le suivre sur la route de Bourguignon ; plusieurs soldats, attirés par les cris, vinrent prêter main-forte à l'officier et se mirent également à frapper mon oncle, qui finit par tomber sur la route à l'extrémité du village ; l'officier le fit piétiner par son cheval, au point que mon pauvre oncle avait le ventre ouvert et les intestins sortis ; comme il n'était pas encore mort, l'officier l'acheva d'un coup de revolver tiré à bout portant.

En ce qui concerne les détails de la mort de mon oncle Henri Thillois, ils m'ont été fournis en partie par mon autre oncle, Ernest Thillois, pour la première partie de la scène, et, pour le surplus, par le maire et d'autres habitants du village, qui se trouvaient soit devant leurs maisons, soit dans les champs.

Mon oncle Ernest Thillois est d'ailleurs mort subitement, le 27 janvier 1917.

Prévenue le soir même de ce qui s'était passé et, le lendemain, par une lettre du maire de Mons, j'ai, à deux reprises différentes, sollicité vainement un laissez-passer de la Kommandantur de Laon ; ce laissez-passer m'a été refusé.

J'ai appris, d'autre part, par des habitants de Mons qu'un certain nombre d'entre eux avaient été l'objet de brutalités et de menaces de mort sous les prétextes les plus futiles. Le maire, M. Sauvresy, qui voulait essayer d'empêcher le pillage de ma maison, a été cravaché par les soldats.

En ce qui concerne ma maison personnelle, tout le mobilier a été pillé, et il ne reste actuellement plus rien. Comme j'étais à la Croix-Rouge et que je soignais des officiers et soldats allemands, j'ai essayé de protéger le contenu de ma maison; la Kommandantur de Mons a même fait afficher sur la porte une injonction aux soldats d'avoir à respecter le mobilier: mais, comme je vous l'ai dit, tout a été pillé de fond en comble.

Lecture faite, persiste et signe avec nous.

N° 201.

DÉPOSITION reçue, le 23 janvier 1919, à Paris, par la Commission d'enquête.

Deville (Adèle), âgée de 40 ans, receveuse des postes à Mons-en-Laonnois (Aisne), demeurant actuellement à Paris, rue de Lille, 41.

Je jure de dire la vérité.

Le 19 septembre 1914, me trouvant sur la place du village, j'aperçus un sous-officier allemand à cheval. Il paraissait ivre. Sur un ton très violent, il admonestait, en allemand, M. Henri Thillois, qui ne le comprenait pas, et le frappait à coups redoublés.

Au bout de quelques instants, M. Thillois, que son bourreau poussait dans la direction de la route de Bourguignon, fut à bout de forces et tomba. L'expression de son visage était horrible et les yeux sortaient de l'orbite. A diverses reprises, le sous-officier éperonna son cheval, qui chaque fois piétinait le malheureux Thillois; puis, mettant pied à terre, il acheva sa victime : j'entendis nettement plusieurs coups de feu.

Après lecture, le témoin a signé avec nous.

N° 202.

EXTRAITS DU RAPPORT de M. le capitaine Dellezay, commandant la gendarmerie attachée au 2ᵉ corps d'armée italien, sur les actes contraires au droit des gens commis par les Allemands dans la commune de Sissonne (Aisne).

Les Allemands, poursuivant les armées françaises en retraite, sont arrivés à Sissonne pour la première fois le 1ᵉʳ septembre 1914, à 23 heures. Lors de cette première occupation, les troupes ennemies qui traversèrent la commune n'eurent pas le temps de faire grand mal, et les habitants furent seulement astreints à fournir de l'eau aux colonnes en marche.

Le 13 septembre, Sissonne fut réoccupée par des éléments français, qui s'y maintinrent vingt-quatre heures. Puis les Allemands y rentrèrent le 15, entre onze heures et midi. Cette seconde occupation, qui devait durer plus de quatre ans, fut marquée dès le début par des excès de toute sorte.

Le 15 septembre 1914, de onze heures trente à quinze heures trente, le bourg est mis à sac : des troupes appartenant à la garnison de Trèves pillent maisons, magasins et caves. Les tessons de bouteilles jetés sur la route par les soldats ivres devaient servir, quelques jours plus tard, de prétexte à la Kommandantur pour imposer à la commune une contribution de guerre de 500.000 francs à titre d'amende.

Le 17 septembre commence à fonctionner la première Kommandantur, dont est titulaire le capitaine Bustrig, qui n'a pas laissé de mauvais souvenirs, mais qui est remplacé au bout de quelques jours par le lieutenant-colonel Trentepohl.

Cet officier, qui prescrit les premières réquisitions (particulièrement celles des liqueurs fortes, auxquelles il est personnellement intéressé), reste en fonctions jusqu'au 9 mai 1915. Du 20 mai 1915 au 31 mai 1916, le commandant d'armes est le capitaine von Gagern, que la population s'accorde à reconnaître pour un homme civilisé et même poli. Les réquisitions exécutées pendant son séjour l'ont presque toujours été dans les formes régulières ; il rougissait lui-même et se plaignait du caractère odieux de certains des ordres qui lui étaient donnés, et, au besoin, fermait les yeux lorsque la population cherchait à s'y soustraire.

Son adjoint, le lieutenant Meyer, qui est resté à Sissonne jusqu'au 3 août 1916, a été le premier à exiger le salut des civils ; mais cette vexation n'est qu'une peccadille, comparée aux sévices du régime qui allait suivre.

Le 31 mai 1916, la Kommandantur passe aux mains du capitaine Rennen, du 14e hussards, et le règne de la terreur commence. Réquisitions abusives et irrégulières, évictions, inventaires, confiscations, amendes, prison, travail forcé, telles sont les principales formes de sa tyrannie. Son ingéniosité va jusqu'à lui faire prescrire que les bons de réquisition précédemment délivrés devront être rapportés à la Kommandantur, sous peine d'annulation. Au reste, il a déclaré, dès son arrivée, qu'il ne laisserait aux habitants de Sissonne que la terre et l'eau. Il part enfin le 9 janvier 1917.

Puis Sissonne a le triste honneur de devenir le siège d'une Oberkommandantur, et le général major von Graevenitz exerce le commandement du 14 janvier au 5 avril 1917. C'est probablement le même qui s'est ensuite tristement illustré en Belgique.

Au départ de von Graevenitz, la place de Sissonne, redevenue simple Kommandantur, passe aux ordres du capitaine Hülsmann, du 81e régiment d'infanterie, qui, arrivé lieutenant le 31 mai 1916, a exercé les fonctions d'adjoint jusqu'au départ du général. Hülsmann, qui reste en fonctions jusqu'au 11 juin 1918, s'efforce de se rendre plus odieux encore que Rennen, s'il est possible. Il organise le pillage systématique des maisons, transforme la Kommandantur en un magasin de bric-à-brac, incite les soldats au vol et aux vexations en leur donnant des primes pour chaque objet enlevé aux habitants, multiplie les amendes et déclare lui-même officiellement que l'armée allemande ne délivre plus de bons de réquisition.

Il part enfin, et les habitants s'informent de ses déplacements et de ses affectations successives, dans la crainte de le voir revenir. Avec lui finit le régime de la terreur et des plus grandes exactions. Du 11 juin au 5 août 1918, le major Thormeyer exerce ses fonctions sans méchanceté ; le lieutenant-colonel Wessel fait un intérim du 30 août au 27 septembre sans attirer l'attention, non plus que le lieutenant-colonel Ulrich, qui est titulaire du poste du 5 au 30 août et du 27 septembre jusqu'aux derniers jours de l'occupation allemande

I.

Sévices exercés contre les personnes systématiquement et par ordre.

Travaux. — Dès l'installation de la Kommandantur, les habitants de Sissonne ont été soumis au travail forcé, quel que fût leur âge ou leur sexe. Les hommes ont généralement été employés à leur métier, — quoique, par exemple, M. Hautavoine, notaire, ait dû balayer les rues — ; mais c'est vis-à-vis des faibles, femmes et enfants, que l'autorité militaire allemande s'est montrée le plus odieuse.

Les femmes, particulièrement les jeunes filles et les jeunes femmes dont les maris étaient mobilisés, ont été employées aux plus durs travaux. Elles ont dû faire la moisson et la récolte des pommes de terre et des rutabagas, même quand ce n'était pas leur métier, puis ramasser et mettre en bottes les chardons, cueillir les orties, balayer la neige, râcler la boue. On leur a fait, par un hiver rigoureux, abattre les arbres énormes du parc de Fleurival, puis brûler les menues branches sur place, alors que la population était privée de combustible, jusqu'au moment où les surveillants se sont aperçus qu'elles se chauffaient à ces foyers et les ont supprimés. On les a employées à décharger des rails, à transporter des pierres dans une carrière. On les a conduites à Saint-Erme où, par un temps de neige et sous le feu de l'artillerie française, elles ont dû faire une route en enlevant les pierres des murs en ruines, sans outils. Et cela, par tous les temps, tous les jours de la semaine, quel que fût leur état de santé, sans manteau et parfois sans chaussures.

Ce travail, agrémenté d'amendes de dix ou vingt marks, de gifles, de coups de bâton, n'admettait d'exemptions que selon les caprices de la Kommandantur et de ses agents. Aucune objection, aucune résistance n'était possible. Un jour qu'un groupe de jeunes filles refusait d'aller travailler sous les obus, un gendarme a lancé son chien contre elles et, pour n'avoir pas voulu scier des arbres, travail qu'elle estimait au-dessus de ses forces, Mlle Claire Hauet s'est vu infliger des amendes, puis condamner à la prison ; et, sa peine finie, elle a été mise en colonne et envoyée à Marle dans une limonaderie, d'où elle n'est pas revenue.

Il y a eu pis dans les communes voisines : au dire des habitants, des jeunes filles de Montcornet de 14 à 18 ans ont été employées dans une fabrique de munitions de cette localité, et dix-sept d'entre elles ont été victimes d'une explosion.

Quant à celles qui, plus favorisées en apparence, ont été réservées aux travaux d'intérieur, nettoyage des chambres et bureaux, cuisine, service à table, emplois à l'hôpital, combien ont dû payer d'un prix odieux ces avantages matériels ! Et toutes celles qui ont dû subir les caprices des Allemands ne l'avouent cependant pas. D'ailleurs ce sacrifice de leur pudeur a parfois été inutile : certaines, victimes de la mauvaise foi tudesque, ont été renvoyées aux travaux pénibles par leurs tyrans qui, leur désir satisfait, n'ont pas tenu parole ; d'autres, ne pouvant supporter le renouvellement journalier de la honte, ont demandé elles-mêmes à retourner aux travaux communs.

Ces travaux forcés ont été si durs que des accidents se sont produits. C'est ainsi que Mlle Winisky a contracté une hernie en travaillant aux champs. On ne l'en a pas moins affectée au transport des pierres à la carrière, jusqu'au moment où elle a dû s'aliter pour deux mois.

C'est à partir de 14 ans que les jeunes filles étaient affectées à ces équipes. Mais les enfants de 8 à 13 ans n'ont pas été exempts de corvées. Se souvenant sans doute que l'instituteur allemand avait été l'artisan de leurs victoires de 1870, les commandants de Sissonne ont voulu entraver autant que possible l'instruction des enfants de la commune, et ils les ont obligés à délaisser l'école pour ramasser des glands et des faînes, couper des orties, dans des conditions minutieusement réglementées, écheniller les choux, échardonner les avoines et recueillir les feuilles mortes pour faire de la litière à leurs chevaux.

Si les hommes ont été généralement employés dans leur corps de métier, cela ne veut pas dire qu'ils l'aient été conformément au droit des gens. On les a envoyés à la Ville-aux-Bois construire un chemin de fer stratégique ; on les a fait travailler aux abris, tranchées et nids de mitrailleuses de la seconde position ; on leur a fait charger et décharger des obus. Et il ne faut pas oublier que ceux-là même qui étaient réservés à la culture ensemençaient et moissonnaient leurs propres champs pour le compte des Allemands.

Enfin, suprême hypocrisie et génie de l'organisation, le commandement ennemi a pensé qu'un jour peut-être on lui imputerait à crime ces attentats à la liberté : il a eu soin de faire signer aux civils divers papiers, dans l'angle supérieur gauche desquels se trouve la mention « travailleurs volontaires ». Naturellement ces indications sont en allemand et la bonne foi des signataires a été surprise. C'est M. Crosnier qui leur a fait remarquer un jour ce détail et qui en a pris note.

Sans doute, pour renforcer la vraisemblance de leur thèse, les Allemands ont payé des salaires à ces travailleurs « volontaires ». Ces salaires ont été d'abord très variables. M. Philippoteaux a fait la moisson en 1914 pour o fr. 5o c. par jour ; plus tard, il a eu 1 fr. 5o c. (Il a pris note de tous ces détails.) Dans les derniers temps, le prix établi pour la journée était de 2 fr. 5o pour les hommes, de 2 francs pour les femmes, payables en bons régionaux. Il n'était d'ailleurs pas toujours payé et, grâce au système des amendes, il ne devait pas obérer beaucoup le budget. Cependant les malheureux étaient encore bien contents de prendre ces papiers, qui leur servaient à payer leur ravitaillement à la C. R. B...

Condamnations et détentions. Régime des prisons. — Comme si ce n'était pas assez du régime des travaux forcés auquel ils soumettaient la population paisible, les Allemands l'ont renforcé par des peines aggravantes prononcées soit par la Kommandantur, soit par un organe judiciaire dont le caractère n'a pu être déterminé.

Mme Mauroy a encouru six mois de prison, sans jugement contradictoire, pour avoir refusé un peu vivement de battre son enfant, âgé de 9 ans, qui avait commis le crime de pénétrer dans un cantonnement allemand. Elle avait en outre une fillette de 7 ans, qui, pendant que la mère faisait sa peine, a été confiée à une voisine, Mme Cornu. Mme Mauroy est morte à sa sortie de prison.

Mlle Bourdeauducq déclare qu'elle a fait sept mois de prison à Laon, parce qu'elle faisait commerce de denrées achetées aux cantines militaires par l'intermédiaire de soldats allemands, ce qui était interdit. Une autre fois, ayant rapporté un peu de bois du lazaret où elle travaillait, elle fut condamnée à 20 marks d'amende et, sur refus de payer, à seize jours de prison, qu'elle fit à Chalandry.

A Laon, les détenues étaient employées à la confection de paillassons ; à Chalandry, à laver des sacs dans la rivière glacée...

Les condamnations ont été plus nombreuses encore dans la population masculine.

M. Coutant (Aristide), ayant refusé de travailler à la construction d'abris de mitrailleuses, a été condamné à une peine que M. Philippoteaux n'a pu préciser. M. Lefèvre a été condamné à deux mois de forteresse pour avoir enfoui dans son jardin 2.000 francs d'or. M. Coutant (Émile), père de famille, cinq enfants, coupable d'avoir laissé dans son grenier des pièces de bicyclettes qu'y avaient abandonnées des soldats allemands, a été condamné à trois ans de prison et est mort en Allemagne pendant sa captivité. M. Carrière, ayant dissimulé une bicyclette qui lui appartenait, a fait deux ans de prison en Allemagne (1).

Les peines légères étaient subies sur place. A cet effet, la Kommandantur transforma dès le début en prison civile le « Moulin Rouge », ancienne maison publique de Sissonne. Bientôt cet établissement fut insuffisant, et on y adjoignit l'école de garçons de la rue de Laon, où les prisonniers étaient entassés, vivaient dans une atmosphère irrespirable et dormaient dans quatre étages de lits superposés. Au « Moulin Rouge », c'est sur une litière

(1) L'enquête n'a pas encore relevé toutes les condamnations prononcées. Pendant la rédaction de ce rapport, un témoin déclare que, le 11 mai 1918, le sous-officier Fritz a fait infliger trois jours de cellule noire à Mme Winisky, mère de cinq enfants, qui avait refusé de balayer les routes, ayant à s'occuper de sa famille. (*Note du capitaine Dellezay.*)

de paille que dormaient les détenus, non moins entassés. Enfin, dans les derniers temps, on créa une nouvelle annexe dans un baraquement.

Déportations. Enlèvement d'otages. — Le régime odieux du « Moulin Rouge » et de ses annexes n'était pas réservé aux seuls détenus qu'un simulacre de justice au moins avait condamnés à l'emprisonnement. Dès le début de l'occupation, ces établissements reçurent aussi des déportés de la région du Nord, en particulier de Chauny. Ces malheureux, qui avaient refusé de travailler pour l'ennemi ou de payer les contributions de guerre imposées par lui, appartenaient pour la plupart à des familles aisées. Ils avaient été enlevés brusquement à leurs familles, qui n'avaient plus de nouvelles d'eux, et ils vivaient en haillons, travaillant aux jardins ou à la menuiserie, nourris d'une façon déplorable. Il en arriva environ trois cents à l'école de garçons, conduits comme un troupeau, enchaînés ou escortés de soldats baïonnette au canon, parmi lesquels on cite M. Fournery, père d'un aviateur. Le 28 mai 1915, le « Moulin Rouge » en reçut deux cent quatre-vingts autres, déportés de Belgique, du Nord et des Ardennes. Peu à peu, et sans motif apparent, ils furent transférés dans une autre région ou bien libérés et confiés à la commune, soit pour ravitaillement, soit pour hospitalisation. Il est probable qu'une partie au moins de ces infortunés a signé par ignorance un engagement de travailleur « volontaire » en langue allemande.

Des déportations et des enlèvements d'otages ont eu lieu aussi parmi la population de Sissonne. C'est ainsi que M. Mouny, cordonnier, homme très estimé, a été enlevé par les Allemands avec trois personnes de sa famille, pour un motif inconnu, probablement parce qu'il avait vu de trop près les agissements de la Kommandantur, à laquelle son logement était attenant. Avant de partir enfin, et contrairement aux conventions, l'autorité allemande déporta en bloc, vers le 1er octobre 1918, cent cinq hommes de Sissonne et une quarantaine de Montaigu et Saint-Erme, et le 11 octobre, au moment où elle dirigeait les autres habitants sur Mauregny, elle retint onze otages, dont le docteur Froehlicher, maire, son fils, M. Véron, employé à la C. R. B., M. Debray, instituteur, M. Lange, M. Devaux et les deux fils de M. Mauprivez, boulangers. On ne sait pas ce qu'ils sont devenus (1).

Traitement des prisonniers de guerre. — La population de Sissonne a eu occasion de voir de près et pendant longtemps la façon dont les Allemands traitent nos soldats prisonniers. Quinze cents de ceux-ci en moyenne séjournaient dans la commune, répartis en trois camps. Les habitants sont unanimes à affirmer avec émotion que les prisonniers de guerre sont mal traités et surtout très mal nourris. Ils les ont vus vêtus de sacs, sans souliers, se jeter sur les croûtes de pain, sur les épluchures de légumes et chercher de la nourriture jusque dans les ordures et même dans le fumier. Ils les ont secourus dans la mesure où ils l'ont pu, non sans encourir d'ailleurs eux-mêmes, de ce fait, des amendes et des mauvais traitements.

Les prisonniers ont été obligés de charger et de décharger des obus pour le compte de l'ennemi, sous la menace de coups de poing et de coups de crosse. S'ils avaient plus d'une chemise, on leur confisquait le linge en excédent. Quand ils se jetaient sur les épluchures, leurs gardiens les frappaient. Il y a mieux : certains auraient été condamnés pour vol parce qu'ils avaient pris, pour les manger, dans les jardins civils, les pieds des choux dont les habitants avaient déjà récolté les têtes.

---

(1) Sur 1.047 habitants concentrés par les Allemands à Mauregny le 11 octobre, 97 avaient été pris à Mauregny, 4 à Liesse, 1 à Festieux. Les 88 venus de Saint-Erme, les 55 de Montaigu et les 802 de Sissonne appartenaient à 41 communes différentes. Beaucoup de familles étaient incomplètes, certains de leurs membres ayant été maintenus dans leur domicile d'origine ou au contraire déportés ailleurs. (*Note du capitaine Dellezay.*)

L'autorité allemande a dû reconnaître elle-même pourtant qu'elle ne voulait ou ne pouvait pas nourrir les prisonniers : le 20 juillet 1918, elle a autorisé pour deux jours les habitants à leur porter des aliments.

La population déclare que beaucoup de nos soldats prisonniers sont morts de faim et de privations. Elle dit aussi qu'à la gare de Lislet-Montcornet, des camps de prisonniers avaient été intercalés entre les dépôts de munitions, de façon que nos soldats partageassent les risques de bombardement et d'explosion.

II.

Actes attentatoires à la propriété commis ou ordonnés
par l'autorité ennemie.

Réquisitions. — On peut dire qu'à Sissonne les Allemands ont tout réquisitionné, sans tenir compte des formes ni des réserves admises par le droit des gens. Le bétail, le fourrage, les récoltes sur pied, l'outillage agricole ou familial, la literie, les ustensiles de métal, le mobilier, les vêtements personnels, tout ce qui avait échappé aux pillards de l'avant a été réquisitionné par l'autorité, et ce qui a échappé à l'autorité a été enlevé par les pillards de l'arrière, sûrs de l'impunité.

Il est d'ailleurs difficile d'établir une démarcation entre ce qui a été enlevé sous la responsabilité de l'autorité et ce qui a été enlevé par des pillards agissant pour leur propre compte, tant la réquisition à l'allemande ressemble à du pillage organisé.

Si, dans les premiers temps, des bons plus ou moins réguliers ont été délivrés aux intéressés, plus tard cette dernière apparence de respect du droit a été supprimée. D'autre part, quand des arrêtés ont prescrit le versement obligatoire de certaines matières qui manquaient à l'Allemagne, des primes ont été allouées aux soldats qui apportaient des objets à la Kommandantur, et le zèle de ceux-ci a multiplié les spoliations. Quant aux objets non déclarés ou dissimulés, ils ont été confisqués. Enfin, dans les derniers temps, la place de Sissonne a prescrit de rapporter à la mairie les bons de réquisition détenus par les habitants. Le prétexte était d'établir des états d'ensemble. Hypocrite mesure, qui n'était destinée qu'à faire disparaître la trace des exactions commises : les citoyens qui ont été assez naïfs pour déférer à cet ordre n'ont plus revu leurs bons. Sans doute les Allemands espéraient-ils ainsi échapper dans une certaine mesure au remboursement de leurs prélèvements, faute de preuves.

Quant à l'énumération des catégories d'objets réquisitionnés sur place, versés par ordre à la Kommandantur ou enlevés par des soldats isolés ou en équipes, elle est interminable. Sous le commandement du lieutenant-colonel Trentepohl, ce sont les véhicules de tout genre, les outils agricoles, les pommes de terre, betteraves et carottes, les outils de bûcheron, les grains et fourrages, les vins et spiritueux, les baignoires, les balais, les noyers (qu'il fait abattre), les bidons, les tonneaux, les peaux, le nitrate, l'or, les meubles et ustensiles de ménage, le lait, les tuyaux de plomb, les instruments aratoires, les bâches, les lampes, etc. Sous la Kommandantur von Gagern, les concasseurs, moulins à farine, les fruits, les appareils photographiques, les valeurs mobilières, les objets en métal et en cuir, les bascules, les machines à coudre, le fer, les alambics, les coffres-forts, les œufs, les poids, le cidre, le caoutchouc, etc. Sous le règne de Rennen, les lapins, les pièces d'outillage agricole, les drapeaux français, les pompes, les poules, tout ce qui reste du métal même hors d'usage, les nattes, les imprimeries, les ânes, le papier, les filtres, les appareils de levage et leurs accessoires, les barattes... et les bons délivrés lors des réquisitions précédentes. Von Graevenitz se contente des engins de pêche et des matelas de laine ou de crin. Hülsman, à la recherche des objets qui ont échappé à ses prédécesseurs, ajoute l'enlèvement des vaches, veaux, voitures, noyaux et pépins, vêtements d'homme et de femme, verrerie, poêles et tuyaux, chaussures, linge, sacs en papier, soie, chiffons, lits de plume, et termine, lui aussi, en faisant ramasser les bons de réquisition. Aussi ses successeurs ne pourront-ils exercer leur zèle que sur les instruments d'optique et la ferraille : les maisons de Sissonne sont vides...

Destructions systématiques. — Pour faire l'inventaire des destructions opérées systématiquement par les Allemands, il faudra attendre que la population, revenue dans ses foyers, puisse indiquer sur place la cause de chaque ruine.

Les habitants dénoncent dès à présent les faits suivants : les Allemands ont coupé ou fait couper tous les arbres du terroir, pommiers, noyers, arbres de rapport ou d'agrément, en particulier la belle allée de tilleuls du Chauffour. Le gendarme Muller a fait abattre deux superbes sapins, qui ornaient la propriété de Mme Orme, parce que celle-ci repoussait ses propositions malhonnêtes. Le capitaine Rennen et le capitaine Hülsmann ont fait démolir les maisons de Saint-Erme pour chauffer la salle de bains avec les matériaux. La commune de Sissonne a payé une amende pour avoir épargné trois frênes, lorsque l'ordre d'abattre les arbres fut donné. Les bancs de l'église ont été brûlés. La plupart des clapiers et poulaillers, qui étaient tout neufs, et la filature ont été détruits, parce que la Kommandantur avait besoin de briques pour construire le « Kino » (cinématographe militaire) et la salle de bains.

Au camp de Sissonne, on a fait démolir beaucoup de baraquements par les prisonniers civils. Au bourg, on a abattu, pour mettre des pierres sur les routes, les maisons de M. Ernest Varaucot, de Mmes Pierret-Collard et veuve Hubière-Herbin, de MM. Duchêne, Carlier, Maréchal, Roux, photographe, Baudemont et de Mme Demunck. En outre, toutes les maisons qui avaient été endommagées par des bombes ont été rasées et leurs matériaux ont servi en général à l'empierrement (1).

A Saint-Erme, l'ancien Hôtel-Dieu, bâtiment magnifique, a été abattu en trois jours, on ne sait pourquoi. Au château de la Garenne, tous les arbres fruitiers, en plein rapport, ont été abattus par ordre, et le mur du clos, long de plusieurs kilomètres, a été détruit, ainsi que les grilles. Les matériaux ont été employés pour la réfection des routes et pour la construction du « Kino ».

Dans la nuit du 31 décembre 1917 au 1er janvier 1918, les Allemands ont mis le feu au château de Fleurival, qu'ils avaient auparavant fait évacuer et vidé de la plupart de ses meubles. Ils avaient auparavant rasé le parc, faisant abattre en plein hiver par les jeunes filles les arbres centenaires. Par esprit de destruction, ils ont fait ramasser et brûler sur place les branches et le menu bois, alors que la population manquait de combustible. Il paraît aussi que, par ordre de la Kommandantur, les Allemands auraient dépeuplé à coups de grenades les étangs entre Sissonne et Marchais, qui fourmillaient de poissons.

Cette triste énumération des méfaits de l'autorité ennemie n'est pas close. Tous les jours, l'enquête fait découvrir quelque chose de nouveau. La prévôté a recommandé aux habitants de noter les faits à mesure qu'ils leur reviennent à l'esprit; car trop souvent les témoins, encore frémissants, se bornent à dire : « Que voulez-vous qu'on énumère ? Ils ont tout fait ! »

---

(1) En outre, d'une façon générale, les portes et les fenêtres ont disparu; le zinc des toitures et de la construction, les poignées des portes et les pompes en cuivre ont été enlevées; des planchers ont été arrachés au cours des perquisitions. (*Note du capitaine Dellezay.*)

III.

Attentats contre les personnes.

Assassinats. — *Coups et blessures.* — Les Allemands ont eu peu de respect pour la vie des civils. Il semble qu'on tirât sur les Français comme sur des chiens. Aux soldats qui, comme le gendarme Coutelier, de la brigade de Liesse, avaient cru être à l'abri en reprenant d'eux-mêmes la vie civile et qui ont été fusillés après jugement, quoiqu'ils ne se fussent livrés à aucun acte d'hostilité, il faut ajouter les victimes de la barbarie des individus.

En 1918, M. Delval, traversant les terrains aux alentours de Sissonne et se trouvant dans la zone dont l'accès était permis aux civils, a essuyé un coup de feu d'une sentinelle.

Un médecin militaire allemand a tiré deux coups de son fusil de chasse sur M. Warnet, qui était allé dans un bois tendre des collets aux lapins.

En 1916, une sentinelle de la Landsturm (dont le prénom est Antoine et qui appartient au bataillon de Paderborn) a tué presque à bout portant Lucien Plonquier, 19 ans, d'Hirson, déporté, qui avait tenté de fuir, mais qui, arrêté par un obstacle, s'était accroupi au pied d'un sapin, présentant le dos. L'auteur de cet acte cruel a reçu sur-le-champ deux marks de son Gefreite et une prime du bataillon...

IV.

Attentats individuels à la propriété.

Pillage, vols, rapines, maraude. — Le pillage semble avoir été au programme jusqu'aux dernières heures de l'occupation allemande. Il a revêtu toutes les formes, depuis le vol à main armée jusqu'à la maraude sournoise dans les jardins, et tous y ont pris part, depuis les ordonnances jusqu'aux généraux.

Pendant quatre ans, les troupes qui se sont succédé à Sissonne ont fait main basse sur tout ce qui leur a plu, vivres, bibelots, argent, meubles, et en ont empli leurs poches ou chargé leurs fourgons. Les habitants ajoutent que les soldats qui ont pris part à l'offensive de juillet 1918 sont revenus chargés de butin. L'un de ceux-ci a exhibé dix mille francs d'or. Mais il paraît, par contre, que cette curée a contribué à démoraliser l'armée allemande; car on avait dit aux soldats que les Français manquaient de tout, et ils se sont aperçus au contraire que nous vivions dans une relative abondance.

Quant à eux, il y a longtemps qu'ils souffraient de grosses privations, et leurs familles encore davantage. Aussi, officiers et soldats envoyaient-ils en Allemagne une grande partie des objets volés, meubles, linge, vêtements ou victuailles. Ces envois semblent avoir été encouragés et facilités par l'autorité militaire, qui, comme aux temps barbares, a renouvelé l'habitude de la mise à sac et de la part de butin.

Le pillage des maisons, caves et magasins, le déménagement des meubles, a été complété par la maraude dans les jardins. M. Hautavoine déclare que, pour être sûrs qu'il leur resterait quelques légumes, les habitants s'étaient décidés à en produire dix fois plus qu'il ne leur était nécessaire, et certain lieutenant allemand n'est désigné par M. Philippoteaux que sous le sobriquet de « voleur de choux ».

Si les habitants ont réussi à dissimuler ou à garder jusqu'au 10 octobre 1918 quelques objets, vêtements ou meubles dont ils ne se séparaient jamais, tout ce qu'ils n'ont pas emporté sur eux, à ce moment-là, a été pillé à la dernière heure par les Allemands. Et il n'y a pas de doute possible : ceux-ci ne peuvent pas rejeter la faute sur les Alliés, qui sont arrivés deux jours après; car deux témoins qui se sont échappés du « Kino » où l'on avait rassemblé la population ont pris les voleurs sur le fait. Ces derniers d'ailleurs ne se sont pas dérangés, et quelques-uns au moins d'entre eux sont connus.

Escroqueries. — Quelques jours avant leur départ, les Allemands offrirent à quatre-vingts personnes de les rapatrier par la Suisse et leur firent payer d'avance leur voyage en chemin de fer, environ 3.000 francs. Le 10, ils les dirigèrent sur Liesse et, de là, sur Marchais et Laon, où elles furent délivrées par les Français. Il est difficile d'établir en ce moment si cette escroquerie est imputable à la Kommandantur, agissant en vertu d'ordres supérieurs, ou si elle est le fait de ses agents, qui auraient profité des circonstances pour encaisser cette somme à leur profit.

V.

Les auteurs ou responsables.

La population n'est malheureusement pas en mesure de donner les noms de tous les coupables, qu'ils aient commis des délits ou des crimes de droit commun ou que, du haut en bas de la hiérarchie, ils aient exécuté ou ordonné les déprédations et les sévices auxquels Sissonne a été soumise pendant quatre ans. Mais l'amoralité semble générale : parmi les criminels de droit commun, on trouve jusqu'à un général, et, parmi les tyranneaux qui ont abusé de leurs fonctions pour torturer nos compatriotes, on rencontre même de simples soldats.

Voleur, le général comte Schmettow, commandant la 65ᵉ C. A. de réserve, qui a emporté les meubles de deux chambres à coucher et les appareils de salle de bains de son hôte, de même que le capitaine La Motte, de son état-major, que l'on a vu transporter 300 kilogrammes de linge, et le lieutenant Bauer, qui a emporté l'ameublement d'une chambre à coucher, et le lieutenant Lomatsch, du 108ᵉ régiment de chasseurs, avocat saxon, domicilié à Grima, près Leipzig, qui, chargé d'organiser le « Kasino », visitait les maisons et y prélevait tout ce qui lui plaisait, pendules, rideaux, verrerie, etc. Le visage enfariné de poudre de riz, il entrait partout, et les soldats disaient qu'il ne fallait pas le contrarier, parce qu'il était fou et qu'il pourrait avoir une crise. Au reste, même en dehors desdites crises, il cravachait facilement quiconque tentait de s'opposer à ses rapines. Il a ainsi donné des coups de trique à Mᵐᵉ Vachez, qu'il a en outre fait condamner à une amende, et il a pris par les poignets et n'a pas eu honte de faire mettre à genoux Mᵐᵉ Herbert, une vieille dame, qui est morte peu après. Il s'agissait de lui enlever des candélabres. M. Liévin, appariteur, a vu ensuite les ecchymoses dont s'ensanglantaient les avant-bras de cette personne. Les cantines de cet être dangereux portaient l'inscription : *Feld Rekrut Depot — Inf. Div. 23 – XII A. K.* [1]

On ne sait malheureusement pas le nom du médecin qui, chassant dans les bois, tira deux coups de fusil sur un braconnier, qui avait eu le malheur de le contredire, en affirmant qu'il

---

[1] On cite encore d'autres noms : le lieutenant Roffes et ses camarades de l'escadrille de chasse n° 45 qui, dans la nuit du 10 au 11 octobre 1918, se partageaient l'argenterie de Mᵐᵉ Crosnier et, sans la moindre pudeur, continuaient à piller sous les yeux de cette dame; le capitaine Hoehn, du service télégraphique au 15ᵉ C. A. bavarois, qui emportait la pendule et le linge de sa chambre, et le capitaine Hülsmann, de la Kommandantur, qui s'appropriait le linge et les objets à sa convenance, mais qui mérite les honneurs d'un paragraphe spécial. Quant au lieutenant Hattingen, que certains avaient présenté d'abord comme un pillard et un incendiaire, la déposition des principaux intéressés réduit son méfait à un simple exploit d'ivrogne. (*Note du capitaine Dellezay.*)

n'était pas Russe, ni des satyres qui assaillirent une fillette et plusieurs vieilles femmes. Mais l'autorité allemande doit les connaître, car des plaintes furent portées et de légères punitions prononcées.

Quant aux soldats ou sous-officiers de passage qui, revolver au poing, véritables bandits de grand chemin, se faisaient livrer par les femmes les objets ou l'argent dont ils avaient besoin, la population n'en a remarqué particulièrement aucun et n'a même pas songé à noter leurs noms : ils se nomment légion, et ces agissements étaient monnaie courante en pays envahi.

Il n'en est pas de même de ceux qui, officiellement, systématiquement, ont organisé dans le pays le pillage collectif, les travaux forcés et le régime de la terreur. Ceux-là, la population de Sissonne n'oubliera jamais leurs noms, et elle est encore toute frémissante à l'évocation de leur souvenir.

En premier lieu, il faut placer deux des titulaires de la Kommandantur, le capitaine Rennen, des hussards de la mort, qui avait déclaré à son arrivée qu'il ne laisserait à Sissonne que la terre et l'eau, et que les habitants, caustiques, nomment « Bidel » à cause de son uniforme, ou « Attila » à cause de ses prétentions, — et le capitaine Hülsmann, qui paracheva son œuvre néfaste.

Bourreaux de jeunes filles, ils semblent avoir pris un plaisir sadique à humilier, maltraiter et ravaler les Sissonnoises, qu'ils ont employées non seulement à cultiver la terre, à transporter la pierre et les rails sous les obus, à abattre le bois par les plus grands froids, mais aussi à nettoyer, au détriment de la morale la plus élémentaire, les cantonnements de troupes et les chambres d'officiers, à faire la cuisine dans les popotes, à servir à table et même à cirer leurs bottes. Les principes les plus sacrés de la morale, de la pudeur et de la pitié humaines ont été violés par eux, et c'est avec un sentiment d'indignation que l'on assiste à l'interminable défilé des jeunes femmes et des jeunes filles qui viennent se plaindre que jamais, lors du retour périodique de ces indispositions où la femme a besoin de ménagements spéciaux, elles n'ont pu être exemptées d'aller à la corvée de bois ou de laver dans l'eau froide. A moins que cette cruauté n'ait été systématiquement voulue, dans l'idée de compromettre l'avenir de la race.

Insolents vainqueurs installés en pays conquis, ils ont traité les hommes comme des ilotes ou comme un vil bétail. Travail forcé, mauvais traitements, vexations de tout genre ont dû montrer aux Français, race inférieure, les mérites du « surhomme » allemand, et, pour être plus sûr de les maintenir dans cette infériorité, on a empêché les enfants d'aller à l'école : sous la conduite de leurs institutrices, on les a envoyés ramasser des glands destinés à la confection de l'ersatz-café, ou bien de la litière pour les chevaux allemands.

On peut même se demander si ces Verrès au petit pied ont été intègres vis-à-vis de leur propre pays, car beaucoup d'habitants déclarent que les officiers de la Kommandantur se sont approprié une grande partie des objets réquisitionnés et surtout du montant des amendes, pour lesquelles souvent il n'était pas donné de reçu.

Le capitaine Rennen, qui a exercé ses talents à Sissonne du 31 mai 1916 au 16 janvier 1917, appartient au 14e hussards. On dit qu'il était, avant la guerre, directeur général d'une entreprise française qui exploite des hauts-fourneaux, à Oberhombourg, canton de Saint-Avold. C'est lui qui a chassé les habitants de leurs chambres, de leurs lits et même de leurs maisons. On dit qu'il a infligé pour dix mille francs d'amendes, et il exigeait que le paiement en fût effectué en or. C'est lui aussi qui a institué le régime du travail forcé et qui l'a agrémenté de mauvais traitements et d'avanies de tout genre. En plein hiver, sous prétexte d'empêcher les vols de fourrage, il a fait monter la garde de nuit, près des meules de foin de l'armée, par les civils armés de bâtons. Il a obligé les habitants à faire l'inventaire de leurs

biens mobiliers et à déclarer à la Kommandantur tout ce qu'ils possédaient, sous peine :
1° de confiscation, 2° d'une amende de 1.000 marks, 3° de trois mois de prison, cumulativement. Enfin, pour couronner son œuvre, c'est lui qui, ayant, dès son arrivée, institué le régime des réquisitions sans bons, a eu cette idée géniale de prescrire aux habitants de rapporter à la Kommandantur les bons précédemment délivrés, en ajoutant que ceux qui ne seraient pas remis dans le délai fixé seraient considérés comme frappés de prescription et demeureraient impayés.

Son émule, le capitaine Hülsmann, avait fort à faire pour égaler un tel maître. Il est vrai qu'il avait été à son école, puisque, lieutenant, il avait été son adjoint depuis le 31 mai 1916. Il provenait du 81e R. I., s'il faut en croire les inscriptions de ses cantines, et il habite Francfort-sur-le-Mein, 18, Vöhlerstrasse. Pratiquant le régime de la terreur, il a organisé le pillage systématique des maisons pour rassembler au magasin de la Kommandantur les objets de tout genre qu'il arrachait aux habitants : meubles, literie, ustensiles de ménage, etc. Il a infligé des amendes innombrables, pour lesquelles il était rarement délivré de reçus, à moins que celui qui venait verser l'argent ne parlât allemand. Pour encourager les soldats à l'enlèvement des objets de tout genre réclamés par la « réquisition », il leur donnait des primes, d'où une foule d'abus s'ajoutant au régime de la spoliation voulue. Il avait déclaré lui-même publiquement : « Nous ne donnons plus de bons. » Enfin, il a fait démolir de nombreuses maisons à Saint-Erme, pour en tirer du combustible ou des matériaux de construction.

A côté de ces deux maîtres en l'art de torturer la population et d'exploiter le territoire, les autres officiers sont personnages de petite envergure.

Au lieutenant-colonel Trentepohl, on ne reproche guère que d'avoir « réquisitionné » les liqueurs pour son compte personnel, après les avoir découvertes au cours de perquisitions, ou bien après avoir demandé aux débitants de lui servir, contre payement, un verre de quelque vieille bouteille, ou bien encore après en avoir rendu la déclaration obligatoire.

Le capitaine Appuhn, adjoint au colonel du 20 septembre 1914 au 12 juin 1915, a dirigé de nombreuses perquisitions et en aurait profité pour voler et pour infliger des amendes. Le 5 décembre 1914, ayant fait enlever de chez M. Crosnier trente-deux malles appartenant à des officiers français du camp de Sissonne, il les a fait ouvrir à l'hôtel de ville et s'est approprié ou a distribué à ses camarades le linge, les chaussures et les objets de harnachement qui se sont trouvés au goût allemand. Il n'a délivré, en tout et pour tout, qu'un bon concernant des livres et documents appartenant au lieutenant Barbier, de l'artillerie lourde. Dans toutes les maisons vacantes, il a fait éventrer les coffres-forts, et on ne peut dire ce qu'il a fait de leur contenu, ni en quoi il consistait; car les magistrats ou fonctionnaires qui ont assisté à ces opérations sont morts depuis.

Le lieutenant Martens, directeur de la culture, visitait les champs à cheval, vitupérait contre les ouvriers et les cravachait facilement.

Un lieutenant Bauer, qui n'a pu être plus exactement désigné et qui est peut-être le déjà cité, a, vers le 1er mai 1916, chassé de sa chambre Mme Philippoteaux, qui était alitée à la suite de couches malheureuses, et l'a ainsi réduite à coucher par terre.

Quant aux comparses, dans leur zèle platement odieux ou dans leur brutalité native, ils se sont efforcés de surenchérir sur la méchanceté de leurs maîtres.

C'est le feldwebel Fritz Reith, de Mannheim, employé à la maison Benz, qui, dans les derniers temps de la Kommandantur Hülsmann, détenait le pouvoir effectif et qui en a profité, aux dires de la population, pour persécuter les personnes qui déplaisaient à la femme d'un sous-officier français, qui aurait été sa maîtresse, et pour meubler luxueusement celle-ci à l'aide d'objets volés un peu partout.

C'est l'obergendarme P. Müller, une basse brute, qui lance son chien contre des jeunes filles parce que celles-ci refusent d'aller travailler sous les obus ou qui, par un infâme chantage, contraint des femmes à céder à ses caprices sensuels, sous menace de leur imposer les travaux les plus durs; un garde-chiourme à l'affût des peccadilles, des défaillances ou même des moindres signes de fatigue, heureux d'infliger une amende aux femmes qui cessent le travail, même si c'est pour la raison toute simple que la tâche est finie. Il a poursuivi de nombreuses femmes de ses grossières assiduités, en particulier Mme Orme, qui, lui ayant résisté, l'entendit longtemps lui dire qu'il se vengerait et se vit, après chaque tentative infructueuse, enlever peu à peu sa vaisselle, son linge, sa machine à coudre, et enfin scier ses arbres fruitiers et ses arbres d'agrément. Ce peu digne représentant de la loi allemande est encore accusé d'avoir distribué de nombreux coups de poing pendant les appels.

Ses compagnons ne valent pas mieux que lui. D'ailleurs, on menait joyeuse vie à la gendarmerie, et il paraît que la cave était bien garnie.

C'est l'obergendarme Wagner ou Warner, plaque n° 101, de Frunzburg (Poméranie), qui est accusé de vols au cours des perquisitions.

C'est le gendarme Jacob, qui vola quatre jumelles à M. Crosnier. Celui-ci porta plainte au gendarme Wagner, qui l'éconduisit en lui disant de se taire, car il était interdit d'avoir des jumelles, et qu'en insistant il risquait d'encourir encore une amende.

C'est l'élève-gendarme Topp, hussard de Metz, qui, ayant volé des glaces chez M. Crosnier, fit en outre condamner celui-ci à cent marks d'amende pour l'avoir traité de voleur. Il aurait aussi volé des pendules chez Mme Pottier.

A côté de la gendarmerie, d'autres militaires de troupe ont laissé un triste souvenir. On cite un nommé Schmidt, interprète de la Kommandantur, sournois et cauteleux, qui aurait souvent abusé de ses fonctions pour envenimer les choses. Il y a aussi le soldat Grass, une brute déchaînée, qui faisait trembler tout le monde, surtout les jeunes filles. Ce jeune homme de vingt-deux ans, qui serait un ancien élève de l'école normale de Dusseldorf, était attaché au service de la police secrète. Tous les dimanches après midi, à quelques instants d'intervalle, il se faisait amener par M. Liévin, appariteur, deux jeunes filles qu'il gardait plus ou moins longtemps. On dit que celles qui résistaient à ses désirs étaient envoyées aux travaux pénibles. Souvent on entendait des femmes crier et pleurer chez lui, toutes portes closes. Il en a giflé plusieurs. Mme Orme, chez qui il a été logé, cite parmi celles qu'il a convoquées Mlle X... et une jeune fille de Liart, dont le prénom est ..... Toutes deux étaient employées au lazaret et ont été déportées depuis. Ayant entrepris de séduire Mlle Olga Gervais, il lui a fait voir des photographies obscènes en lui faisant des insinuations et, se voyant rabroué, il lui a enlevé les travaux d'intérieur et l'a envoyée à la culture.

Il faut citer aussi le caporal Heit Gerard, chef d'équipe de culture, qui a mené la vie dure aux malheureuses qui étaient sous ses ordres.

Il semble que le record de la brutalité ait été tenu par le soldat Quintin, employé aussi à la culture, qui bâtonnait et frappait à coups de poing les jeunes filles trop lentes au travail, parce qu'elles étaient malades, ou celles qui avaient l'audace de lever la tête pour regarder un avion français passant dans le ciel.....

Clos aux Armées, le 4 novembre 1918.

Signé : DELLEZAY.

N° 203.

DÉPOSITION reçue, le 3 décembre 1918, à Paris, par la Commission d'enquête.

Froehlicher (Paul), 51 ans, docteur en médecine à Sissonne (Aisne), actuellement en résidence à Paris, rue La Fontaine, n° 26.

Je jure de dire la vérité.

J'exerçais la médecine à Sissonne lorsque ce village fut occupé par les Allemands. Au début, nous vécûmes sous un régime à peu près tolérable, marqué cependant par des abus d'autorité : c'est ainsi que, des soldats ennemis ayant jeté sur les routes les bouteilles qu'ils avaient bues, après avoir dévalisé les caves, la Kommandantur infligea à la commune, qui comptait alors un millier d'habitants, une amende de 500.000 francs, menaçant de détruire le village et le château de Marchais si la somme n'était pas versée dans un délai assez court. Et comme le château de Marchais appartient au prince de Monaco, le commandant nous engagea à écrire au prince, qui, disait-il, avait les moyens de payer.

Cette période de modération relative fut de courte durée. La guerre menaçant de se prolonger, le haut commandement décida de tirer des pays occupés le meilleur rendement en valeurs de toute sorte, matières brutes et forces humaines. Et alors commença pour nous un régime systématique d'oppression, une série de procédés terroristes qui appellent un châtiment d'autant plus exemplaire que les ordres venaient de haut.

Le commandement fut alors confié, à Sissonne, à un officier du nom de Rennen, Prussien d'origine et possesseur d'un gros établissement industriel à Oberhombourg, en Lorraine annexée. Brutal et injuste, Rennen frappait à tort et à travers. Les impôts, déjà lourds, commencèrent à pleuvoir, et il fallait les acquitter partiellement en monnaie française. Leur recouvrement donna lieu à des arrestations successives, aggravées par de véritables peines accessoires : incarcération dans des endroits sales, nourriture insuffisante, suppression de toute correspondance entre les habitants emprisonnés et leurs familles, qui étaient finalement tenues d'acheter leur libération.

Dans l'été de 1916, on me déporta à La Capelle, malgré l'état de santé inquiétant de ma femme et de ma fille. On me considérait comme capable d'exercer sur mes concitoyens une action dangereuse. Là, comme à Sissonne, je fus soumis à d'incessantes vexations. Le directeur de l'hôpital, Dr Silbermann, abusait de son pouvoir pour pressurer la population et la terroriser. A « la Brosserie », fabrique transformée en lazaret de femmes, il y eut des scènes d'orgie répugnantes, où Silbermann jouait le principal rôle. Un simple soldat, du nom de Bertina ou Bertiner, interprète à la Kommandantur, imposa à la population les pires tortures morales et d'indignes traitements.

Pendant mon séjour à La Capelle, j'ai vu et soigné bien des personnes de Lille. Je puis certifier que des jeunes filles parfaitement honorables ont dû coucher dans des dortoirs infects, pêle-mêle avec des prostituées que les soldats venaient trouver la nuit, et subir des visites médicales aussi humiliantes qu'injustifiées. Les jeunes gens, entassés dans une fabrique, vivaient dans des conditions sanitaires effroyables ; tous avaient la gale et la regagnaient au fur et à mesure que je réussissais à les guérir.

Au bout de quatre mois, j'obtins de revenir à Sissonne, auprès de ma femme, dont un billet, enfermé dans un morceau de savon, m'avait appris le grave état de santé. Le cruel Rennen avait été remplacé par le commandant Hülsmann, pire que son prédécesseur, sorte de fou sadique. Mon fils, naguère déporté au fort d'Hirson, revint à Sissonne en même temps que moi.

Le village avait été frappé d'une importante contribution de guerre. Nous fûmes invités, le maire, le juge de paix et moi, à réaliser la somme, et, nos efforts ayant été inutiles, je fus désigné comme maire. J'avais objecté que, ne faisant pas partie du Conseil municipal, je ne pouvais régulièrement occuper ce poste; mais le Conseil fut menacé d'emprisonnement s'il ne m'agréait pas, et j'acceptai, dans l'espoir d'être utile à mes concitoyens. J'organisai sur de nouvelles bases l'administration de la commune, avec le concours de mon fils, et, pendant deux ans, j'acceptai toutes les responsabilités, je supportai toutes les misères et les souffrances que me valait un contact quotidien avec le commandant Hülsmann.

C'est à ce moment que le travail fut organisé dans des conditions qui en faisaient un véritable esclavage. Tous les habitants au-dessus de 14 ans étaient, à moins d'infirmité apparente, astreints aux tâches fixées par l'autorité ennemie. Les enfants eux-mêmes durent ramasser des orties, des glands, des feuilles mortes, sous le contrôle de leurs instituteurs et institutrices bénévoles, qui, bien des fois, eurent à préserver leurs élèves du contact de soldats allemands, qui venaient tout nus rôder autour des fillettes.

Les travailleurs étaient brutalisés et les récalcitrants durement punis; aux coups succédaient les amendes et la prison, et quelle prison! pas de feu, pas de couverture, de l'eau et un peu de pain. Ceux qui demandaient à être exemptés pour raison de santé étaient soumis à un examen brutal et inconvenant; des jeunes filles, qui s'étaient absentées le jour de l'Assomption pour entendre la messe, furent frappées d'une amende de 4 marks. A Saint-Erme, dans le voisinage de Sissonne, hommes et femmes furent employés à des travaux stratégiques là même où tombaient des obus.

Nous avons été constamment pillés et volés; on nous avait obligés à faire des jardins; tout ce qu'on y récolta nous fut pris.

Je dois mentionner les décès survenus parmi les civils détenus à la prison de Sissonne par suite de maladies consécutives à la sous-nutrition. Ayant été assez heureux pour obtenir l'autorisation de les ravitailler et de les soigner, j'ai constaté bientôt que les cas de mort disparaissaient.

Un jeune homme nommé Carlier, originaire d'Hirson, tenta de s'évader; il fut tué par une sentinelle, presque à bout portant, et la balle qui était entrée à la hauteur du foie ne traversa pas le corps, ce qui établit nettement que Carlier avait été frappé par devant, pendant qu'il revenait. C'est un véritable assassinat.

Au début de l'occupation, j'avais fondé une ambulance, dont j'assurais le service presque exclusivement par mes propres moyens, aidé de ma femme et de mes enfants. Pendant mon séjour à La Capelle, tout le matériel, lits, linge, couvertures, en fut emporté par les Allemands.

Durant les quinze derniers mois de l'occupation, il y avait à Sissonne plusieurs milliers de prisonniers militaires français; en général, ces malheureux étaient dénués de tout; nous les avons vus, à certains moments, manger de l'herbe et nous leur jetions à brassées, pardessus le mur (car il était interdit sous peine de mort de leur parler), les légumes de notre jardin : ils les mangeaient crûs, tant ils avaient faim. Nous avons pu toutefois, trompant la surveillance de la Kommandantur, leur donner des soupes et autres aliments cuits, du thé, et même des médicaments pour combattre l'entérite dont ils souffraient par suite du défaut de nutrition.

Après leur dernière offensive de 1918, les Allemands amenèrent au camp de Sissonne de nombreux blessés français, notamment des nègres de nos colonies. Ils les laissèrent de longues journées sans renouveler les pansements, et beaucoup succombèrent au manque de soins et de nourriture. Les nègres, couchés par terre dans des écuries, étaient encore plus mal traités que les autres blessés.

Je ne puis passer sous silence l'organisation monstrueuse de colonies de jeunes filles arrachées à leurs familles et désignées pour travailler, souvent très loin, au milieu des troupes. Je n'insisterai pas; mais on comprend que ces infortunées étaient fatalement exposées à devenir la proie des misérables qui les entouraient et dont elles recevaient les ordres. J'ai réussi à en sauver quelques-unes par la fondation d'un foyer de la jeune fille.

A Montcornet, où j'ai passé le mois de septembre dernier, j'ai constaté que 312 évacués des villages environnants, vieillards, femmes et enfants, dont un certain nombre malades ou impotents, avaient été parqués dans le hall d'une sucrerie; on leur avait promis de les rapatrier et ils avaient payé le prix de leur voyage, mais on les avait oubliés à Montcornet, où ils mouraient de pneumonie ou autres maladies infectieuses.

Après lecture, le témoin a signé avec nous.

N° 204.

DÉPOSITION reçue, le 3 décembre 1918, à PARIS, par la Commission d'enquête.

FROEHLICHER (Jean), étudiant en médecine, âgé de 23 ans, actuellement domicilié à Paris, rue La Fontaine, n° 26.

Je jure de dire la vérité.

J'étais à Sissonne, dans ma famille, lors de l'occupation allemande. Un mois après le départ de mon père pour La Capelle, les Allemands m'avisèrent que j'allais être déporté au fort d'Hirson, où j'arrivai le 29 septembre 1916.

Là, je fus témoin d'un grand nombre d'actes de brutalité, dont l'exemple était donné par le caporal Wach, qui, en fait et en l'absence de ses supérieurs, était le véritable commandant du fort.

Lorsque cet individu prétendait avoir à se plaindre de quelqu'un, il le frappait à l'aide d'un nerf de bœuf qu'il portait toujours avec lui. Un jeune homme qui, s'étant évadé, avait été repris et ramené à Hirson fut si cruellement battu qu'il ne se traînait que péniblement. Désespéré, il voulut se pendre, et il mettait sa résolution à exécution lorsque le caporal Wach arriva à temps pour empêcher le suicide du prisonnier; il le frappa de nouveau impitoyablement.

Des actes analogues de brutalité se renouvelaient presque quotidiennement, et je tiens à en porter le témoignage. J'ajoute que les conditions matérielles où vivaient les prisonniers du fort d'Hirson étaient particulièrement déprimantes. Nous ne recevions chaque jour d'autre nourriture qu'un quart de boule de pain allemand (300 gr.) et, à midi, un litre d'une soupe aux choux-navets, baignant dans une eau grisâtre, sans graisse. Le matin et le soir, on nous distribuait, sous le nom de café, une boisson faite de grains grillés.

Mal nourris, couchés sur des planches, rongés par la vermine, nous étions cependant astreints à de pénibles travaux. La plupart des prisonniers auraient succombé s'ils n'eussent été plus ou moins ravitaillés en cachette par des âmes charitables.

Après lecture, le témoin a signé avec nous.

N° 205.

MÉMOIRE adressé à la Commission par M. Pichard (Jules-Auguste), docteur en médecine de la Faculté de Paris, licencié ès sciences, domicilié à Chauny (Aisne), actuellement en résidence à Évreux, rue Charles-Corbeau, n° 29 (1).

Évreux, le 17 mars 1919.

Monsieur le Président,

Conformément à votre demande en date du 21 février 1919, j'ai l'honneur de vous résumer ici le rapport que je vous ai adressé au mois de novembre 1918 (2) sur le fonctionnement du Lazarett de la 7ᵉ armée allemande, où furent hospitalisés des prisonniers militaires et civils, ainsi qu'un certain nombre de civils libres de la zone occupée.

Comme je l'ai fait dans ce rapport, j'accuse formellement le docteur Michelsohn d'être l'auteur conscient, volontaire et par conséquent responsable, de la mort de près d'un millier de prisonniers confiés à sa garde.

Le Dʳ Michelsohn a, en effet :

1° Négligé et volontairement maintenu dans un état défectueux l'organisation et l'administration générales de son hôpital ;

2° Donné aux malades, malgré toutes nos réclamations, une nourriture insuffisante et de mauvaise qualité, ainsi que *volé et vendu* les denrées fournies par le ravitaillement franco-américain ;

3° Refusé et interdit à ses subordonnés de donner les médicaments indispensables que nous demandions et dont la pharmacie de l'hôpital était abondamment pourvue ;

4° Laissé absolument sans aucun soin des centaines de malades, qu'il n'a jamais examinés lui-même, qu'il m'a interdit de soigner et qu'il a isolés dans des locaux gardés par des sentinelles, avec ordre de m'empêcher de visiter ces malades.

Chacun de ces actes a eu pour conséquence la mort de centaines de prisonniers. Et lorsque je me plaignais au Dʳ Michelsohn, en lui faisant entrevoir la suite fatale de ces agissements, il me répondait par des phrases comme celles-ci : « Oui, oui, je sais, ces gens doivent mourir ; c'est la guerre ».

Il était d'ailleurs secondé dans cette œuvre de mort par un sous-officier inspecteur d'administration, nommé Martin, qui ne pouvait s'empêcher d'exprimer sa satisfaction en voyant la file de cadavres sortir chaque matin de l'hôpital : « Voilà, disait-il, du bon travail — *Gute, gute Arbeit* ».

J'ajoute que ces deux criminels ne sont pas seuls coupables. La responsabilité remonte plus haut, et particulièrement au médecin général de l'Étape et à son médecin adjoint. Ceux-ci ont connu les crimes du Dʳ Michelsohn. Ils les ont couverts. Plus que des personnes, c'est toute une méthode de destruction et d'assassinat qu'il s'agit de juger.

---

(1) Le docteur Pichard, âgé de 43 ans, était, en sa qualité de médecin de la Société française de secours aux blessés militaires (Croix-Rouge française), affecté, lors de la mobilisation, à l'hôpital n° 12 de la 2ᵉ région, à Chauny. Fait prisonnier, le 1ᵉʳ septembre 1914, il a été envoyé, en mars 1917, à l'hôpital civil de la 7ᵉ Armée allemande, dirigé par le docteur Oscar Michelsohn, de Charlottenburg. Cet hôpital, établi d'abord à Effry (Aisne), fut transféré ensuite à Trélon (Nord).

(2) Ce rapport, qui n'a pu être reproduit à cause de son étendue, est conservé aux archives de la Commission.

Je serai aussi bref que possible dans mon exposé. Je pense cependant, pouvoir en dire assez pour mettre en évidence la volonté bien arrêtée du Dr Michelsohn et de l'inspecteur Martin de faire mourir ou souffrir au maximum la plus grande quantité possible de malades.

Organisation et Administration générales. — Lorsque j'arrivai à Effry, la presque totalité des malades était, en mars 1917, parquée dans une salle de 900 mètres carrés. Les fenêtres étaient en grande partie obturées; l'aération y était tellement faible qu'on était suffoqué par l'odeur repoussante répandue dans la salle. Il y avait là 1.400 à 1.600 malades. La lumière y était si rare qu'en certains endroits on ne pouvait distinguer une forme humaine. Les malades étaient non pas couchés, mais alignés sur des plans inclinés en bois, sans paille, sans couvertures : pour le Dr Milchelsohn, ce bétail humain était inexistant. Tant mieux pour ceux qui pouvaient se lever, les autres étaient à peu près abandonnés, à peine nourris et couverts de vermine. La mortalité était naturellement effrayante. Mais, d'autre part, les vivants étaient tellement affamés que j'ai vu plusieurs fois des hommes conserver à côté d'eux, plusieurs jours, le cadavre de leur voisin, pour toucher à sa place sa ration quotidienne de pain. Quand les distributeurs passaient, on disait que le mort était simplement endormi.

Un autre réduit servait à de malheureux vieillards bronchitiques, enlevés de force de chez eux. Dans ce réduit, l'air ne manquait pas; car les fenêtres étaient veuves de leurs carreaux; l'Oise coulait au pied du mur, un froid terrible régnait dans ce coin non chauffé. Le Dr Michelsohn insultant à la misère des malheureux qui agonisaient là, misère dont il était lui-même responsable, appelait cette salle « l'étable aux cochons ».

Les pensionnaires mouraient rapidement. On les remplaçait par des typhiques, des diphtériques, des bronchitiques, mêlés sans égard et sans isolement.

Pour être complet, il faut mentionner l'emplacement où le Dr Michelsohn passait les visites d'entrée et de sortie des malades. C'était une salle d'atelier ouverte à tous les vents, où les malades devaient attendre le bon plaisir du médecin-chef. Les Français et les Belges étaient pour la plupart à moitié vêtus; mais tous les Russes devaient être absolument nus. Nous avons pu les voir, bleuis et grelottants, rester presque toujours une heure, et souvent plus, dans l'attente, au milieu des courants d'une bise glaciale. Combien de maladies ont été contractées là? On ne saurait le dire. Ce qu'il y a de certain, c'est que beaucoup de malades considérés comme guéris et désignés pour le départ retombaient, après cette visite, atteints de pneumonie, dont plusieurs sont morts.

Vers la fin de mars et au début d'avril, on apporta quelques modifications à cette installation. Je passe sur nombre de détails, pour m'en tenir à la description de la salle réservée aux grands malades fébricitants.

C'était une salle unique réservée aux contagieux, ainsi qu'aux autres malades. Elle était installée dans un atelier de fonderie, dont le sol était formé par un mélange de sable brûlé et de poussier de charbon, dans lequel on enfonçait jusqu'à la cheville et qui soulevait des flots de poussière noire autour des malades.

La toiture, uniquement composée de plaques de tôle ondulée, était soutenue par des chevrons qui reposaient sur la faîtière des murs, sans que les interstices en fussent bouchés, de telle sorte que l'air circulait librement autour des murs de cette pseudo-salle de malades. Si l'on songe qu'à ce moment les giboulées, la neige, le vent froid du nord alternaient continuellement, et que, les rares rayons du soleil faisant fondre momentanément la neige, l'eau en tombait sur les malades, à travers les plaques mal jointes de la toiture, on commencera à comprendre combien le froid dut faire de ravages.

Cependant avec l'équipe permanente de travailleurs du Lazarett et l'immense matériel encore subsistant, il eût été facile de remédier à cet état de choses. On eût pu aussi chauffer, puisqu'il y avait un local mitoyen du nôtre, rempli de bois et de charbon. On mit bien dans notre salle deux mauvais poêles; mais on ne nous donnait quotidiennement que deux seaux de poussier pour chauffer environ 1.800 mètres cubes. Il était absolument défendu de se procurer d'autre charbon. Un planton était de faction jour et nuit devant la porte du magasin à charbon. Les malades grelottaient nuit et jour et préféraient ne pas se coucher plutôt que de s'exposer à contracter à peu près sûrement une congestion mortelle par refroidissement.

Où ces malades auraient-ils pu se coucher? Le Dr Michelsohn nous avait fait donner simplement la carcasse des lits militaires. Comme fonds de lit : néant. Les malades devaient, à leur corps défendant, souvent même au risque d'être battus et privés de nourriture, s'ingénier à fabriquer eux-mêmes des fonds avec des bouts de planches ou des plaques de tôle, volés à droite ou à gauche. J'obtins à grand peine un peu de sciure de bois pour les malades, et ce fut tout. Mais quand l'un d'eux avait mouillé ou sali la sciure, impossible d'obtenir son remplacement, qui me fut maintes fois refusé. — Même refus pour les couvertures. Le Dr Michelsohn et l'inspecteur Martin me répondaient qu'ils n'en avaient pas à me donner. C'était faux. Il y avait à cet instant précis quatre cents couvertures neuves dans les magasins du Lazarett. Et, tandis qu'un jour plusieurs de mes malades étaient morts de froid, le Dr Michelsohn faisait sortir du magasin, de ces couvertures absolument neuves soit pour en couvrir son cheval, soit pour les étaler au soleil sur le sol souillé de boue et y faire coucher ses chiens.

Et tandis que nos malades souffraient si cruellement dans leur local glacé, le Dr Michelsohn faisait loger dans le plus beau bâtiment de son hôpital les sept vaches qu'il entretenait soigneusement au chaud, pour la production du lait destiné à la fabrication de son beurre personnel, comme je le dirai plus loin.

Pour le linge, même mauvais vouloir. Il y avait à ce moment, un magasin de l'usine transformé en lingerie, rempli de linge du sol au plafond. Tous les jours, des auto-camions en apportaient de nouvelles quantités, dont une bonne partie venait des régions pillées par les Allemands avant leur fameux repli stratégique de mars 1917. Nous avons, en particulier, reconnu nous-mêmes les marques du linge de l'hôpital de Chauny. On pouvait donc facilement pourvoir aux besoins des hospitalisés. Malgré nos réclamations incessantes, nous ne pûmes jamais obtenir la plus petite pièce de linge pour changer nos malades ou les nettoyer. Durant tout le temps de notre séjour à Effry, nous n'en reçûmes pas un morceau de la grandeur d'un mouchoir de poche. Et ce qui prouve bien la mauvaise volonté du Dr Michelsohn et son désir évident d'aggraver les souffrances des malades, c'est que ce linge ne fut jamais employé. Lorsque nous quittâmes Effry, il fallut plusieurs jours pour l'emballer dans des caisses et en remplir des wagons.

En résumé, lorsqu'un malade arrivait au Lazarett — « à l'abattoir », comme on disait dans tout le territoire occupé par la 7e armée allemande — on l'introduisait dans une pièce sans feu, sans couvertures, où se trouvaient seulement des carcasses de lit, semblables à celles que j'ai décrites, et où personne n'avait le droit de venir l'assister. Il restait ordinairement là jusqu'au lendemain matin. Le nombre de ceux qui sont morts dans cette seule salle d'entrée pendant leur première nuit d'hôpital, sans qu'on se soit jamais inquiété d'eux, sans même parfois qu'on connût exactement leur identité, est considérable (mettons en chiffres ronds, une cinquantaine de mars à octobre 1917). Le lendemain, vers 9 heures du matin, visite d'entrée passée par le Dr Michelsohn dans les conditions que j'ai rapportées : le malade restant complètement ou à demi-nu en attendant son tour.

La visite consistait à demander simplement au malade s'il était blessé ou non, afin de l'expédier dans les locaux de blessés ou de malades proprement dits. Je dirai plus loin comment ils étaient soignés.

Lorsque le malade ne mourait pas, il était au bout d'un certain temps convoqué à une nouvelle visite du Dr Michelsohn en vue de son évacuation du Lazarett et de son renvoi dans un bataillon de travail. Valide ou non, il devait, à moins d'être tout-à-fait mourant, se lever et se traîner à cette interminable visite, qui se passait dans les mêmes conditions que celle d'entrée. La plupart revenaient dans les salles exténués, grelottant ; les sœurs avaient beaucoup de peine à réchauffer ces pauvres malheureux. Le soir, les feuilles de température marquaient une recrudescence de fièvre. Nous étions impuissants à éviter ces souffrances inutiles à nos malades. Bien des fois, les sœurs et moi nous voulûmes nous interposer pour empêcher les malades alités d'aller s'exposer presque inutilement à des complications presque fatales. Jamais alors on ne voulut nous écouter, et les sanitaires allemands, le gourdin à la main, obligeaient les malades à se lever, sous peine d'être battus.

Cette visite se passait au petit bonheur, et, pas plus qu'à l'entrée, les malades n'étaient examinés. Lorsque le Dr Michelsohn trouvait que le malade avait fait un séjour assez long, il le renvoyait à son bataillon de travail. Malgré mes réclamations, je n'étais jamais consulté sur l'état des malades. Il m'arriva même de vouloir m'opposer formellement, au moment de leur appel, au départ de certains tuberculeux incapables de marcher. On les y obligea quand même. Ils n'avaient pas fait deux cents mètres qu'ils tombaient sur la route. Quelques-uns mouraient ainsi dans le voyage, alors qu'un peu d'humanité ou de simple attention professionnelle eût pu les sauver.

Cependant nous finîmes par pouvoir attirer l'attention de quelques officiers et aumôniers allemands sur la triste situation des malades. Certains ne cachèrent pas leur indignation et en parlèrent à l'Inspection médicale de l'étape. A la suite de ces rapports, des visites d'enquête furent faites, la situation s'améliora légèrement en ce qui concerne l'installation des locaux, des lits et la délivrance des couvertures. Mais pour le linge, tout resta dans l'état précédent et nous n'en reçûmes pas la moindre petite pièce.

Lorsque notre Lazarett fut transféré à Trélon, il fut installé dans une usine préalablement transformée en Lazarett pour soldats allemands. Il y avait là un très grand nombre de salles mieux organisées qu'à Effry. Il semblait qu'il fût facile de répartir les malades suivant leurs besoins et leur intérêt. Point du tout : il n'y avait qu'une seule salle froide, sans air, tellement obscure qu'on était obligé de l'éclairer en plein midi. Ce fut précisément celle-là que le Dr Michelsohn réserva aux plus graves malades de l'hôpital, à ceux qui devaient rester alités. Je réclamai d'abord contre cette installation, puis je demandai le changement de ces malades et leur transfert dans une autre salle. Ce ne fut encore que par l'intermédiaire des aumôniers allemands et leur intervention près du Directeur des Hôpitaux de guerre que l'on put obtenir du Dr Michelsohn la réinstallation de ces graves malades dans une salle mieux appropriée à leur état. Mais, pendant ce temps, beaucoup de malades étaient morts de froid et de misère, d'autant mieux que, sans aucune raison, en plein mois de décembre, le Dr Michelsohn et l'inspecteur Martin retirèrent aux malades une des deux couvertures qu'ils avaient fini par leur accorder, sous prétexte qu'ils devaient être mis en représailles, et sans que nous puissions en connaître le motif. Cette mesure, déjà odieuse en elle-même, était particulièrement criminelle à l'égard de malades graves, dont la plupart fébricitants, tuberculeux, dysentériques, néphrétiques, typhiques, avaient besoin, sous peine de mort, du maximum de chaleur, et alors que le chauffage, très parcimonieusement mesuré, ne parvenait pas à élever d'une manière suffisante la température de la triste salle où gisaient nos malheureux.

Nourriture. — Les malades recevaient le matin un litre d'eau noire, baptisée café, mais qui était en réalité une infusion légère de gland, d'orge ou de blé concassés, torréfiés et moulus ensemble. Ils touchaient en même temps, pour la journée, 5oo grammes de pain noir, dont la mie était remplie de débris de toutes sortes et avait une consistance gluante. Très souvent moisi, ce pain provoquait de nombreux troubles gastro-intestinaux. Lorsque je m'en plaignais au Dr Michelsohn, il me riait au nez et ne daignait même pas me répondre.

A midi, les malades touchaient un litre de soupe, théoriquement épaisse ; le soir, un second litre de soupe claire, et c'était tout. Lorsque je réclamais au Dr Michelsohn ou à l'inspecteur Martin, ils me répondaient : « Les malades ont tout ce qu'il leur faut. Nous leur donnons par jour 100 grammes de viande, 70 grammes de graisse, 70 grammes de féculents, plus les légumes verts que nous pouvons ajouter. »

Or, pratiquement, j'ai fait à maintes reprises des prélèvements de soupe, que j'ai montrés à divers témoins dignes de foi, qui pourront, concurremment avec les malades, confirmer mes déclarations. Un litre de soupe, versé dans un litre en verre ordinaire et laissé au repos pendant une demi-heure ou une heure, laissait déposer des matières solides sur une hauteur de cinq à six centimètres environ. Le reste était de l'eau claire. Bien des fois, j'essayai de me rendre compte de la quantité de viande touchée, en moyenne, par les malades. D'après mes estimations réitérées, au lieu de 100 grammes par jour, chaque malade pouvait toucher environ... 20 grammes par semaine.

Comment expliquer cette monstruosité ? Très simplement par les prélèvements successifs faits depuis la sortie des denrées du magasin d'approvisionnement jusqu'à leur arrivée dans la gamelle du malade. Ces prélèvements étaient faits en premier lieu par le Dr Michelsohn lui-même et par son digne auxiliaire, l'inspecteur Martin. Ces messieurs nourrissaient une véritable meute, qui avait fini par s'élever au chiffre de douze chiens de chasse, superbes il est vrai, mais qui demandaient à manger. Or, tous les jours, au lieu de leur donner les résidus de la cuisine, on portait à leur chenil d'énormes quantités de viande crue ou cuite. Il y avait, à l'œil, comme nous avons pu le voir souvent, 10 à 15 kilogs de viande. Pour les féculents ou les graines, même pratique. Le médecin-chef avait, pour son usage personnel, un poulailler de 27 poules qui le suivait dans tous ses déplacements. A toute cette volaille, on distribuait généreusement riz, blé, orge, maïs et même pommes de terre cuites, qui eussent dus être mis dans la soupe des malades et qu'on refusait impitoyablement à ceux-ci. Lorsque quelques affamés, plus hardis, s'efforçaient d'aller dans les détritus ramasser quelques débris de viande ou même des pelures de pommes de terre ou de carottes, ils étaient immédiatement battus. Les Russes encaissaient de nombreux coups de crosse. Pour les Belges et les prisonniers civils, on se contentait de coups de cravache ou de bâton. J'ai vu, un jour, un malheureux Flamand, surpris par le Dr Michelsohn et l'inspecteur Martin, en train de prendre des épluchures de carottes crues dans un tas d'ordures. Ils le condamnèrent immédiatement à rester les bras étendus en croix pendant au moins une demi-heure : ce malheureux était tellement anémié qu'il lui était impossible de maintenir ses bras étendus. Le Dr Michelsohn et l'inspecteur Martin placèrent alors derrière lui un infirmier allemand armé d'une baguette, dont il lui cinglait les mains chaque fois que les bras fléchissaient. Le docteur et l'inspecteur, plantés les mains dans les poches, riaient follement à ce spectacle.

Outre ce premier prélèvement sur les denrées destinées aux malades, l'inspecteur Martin en ajoutait un second encore plus important. Lorsque la soupe était prête, avant de la distribuer, il faisait puiser dans le fond des marmites cinquante rations d'aliments solides qu'il faisait distribuer à l'équipe de Russes qu'il utilisait pour ses besoins ou ses caprices. C'était encore autant d'enlevé aux malades.

Il faudrait signaler aussi toutes les fuites qui se produisaient ensuite de la cuisine aux salles de malades. Le Dr Michelsohn et l'inspecteur Martin les ont connues, puisque je les leur ai signalées maintes fois. Ils les ont couvertes, tolérées et favorisées. Cependant, je n'insiste pas ; car je dois signaler ce qui se passait pour la distribution des œufs, et surtout du lait.

Dans la période d'été, nous recevions chaque jour, environ 25 œufs pour les 1.000 ou 1.200 malades qui composaient, à cette époque, la population journalière moyenne du Lazarett. Naturellement, nous les réservions à ceux qui en avaient un besoin extrême. Mais combien plus n'en aurait-il pas fallu ! Je ne sais combien l'Intendance allemande aurait pu en fournir, si le Dr Michelsohn avait voulu se donner la peine de les demander. Mais, malgré mes instances, il s'y refusa toujours. Quant à lui, il en faisait employer pour sa cuisine et ses pâtisseries quotidiennes, pour son usage et celui de ses amis, de 20 à 30 par jour, ainsi que nous eûmes l'occasion de le constater de visu. Je n'insiste pas.

Au mois de décembre 1917, les œufs nous furent purement et simplement supprimés. C'est qu'à ce moment les poules du Dr Michelsohn ne pondaient pas. Mais il y avait encore au moins 3.000 œufs de réserve dans les magasins d'approvisionnement de l'hôpital !

Pour le lait, c'était encore pis. Outre les 5 ou 6 vaches flamandes entretenues par le Lazarett et qui, à ce moment (juin 1917), donnaient un minimum de 12 litres par jour, la commune d'Effry était tenue de livrer journellement 30 litres de lait à l'hôpital. Cela faisait, en sous-estimant le plus possible, une centaine de litres de lait qui devaient être livrés aux malades. Or, j'affirme qu'à cette période optima de la production du lait, les 1.000 à 1.200 malades ne recevaient pas, en tout, plus de 25 litres par jour. Et encore, cette faible quantité de lait était-elle préalablement passée à l'écrémeuse, afin d'en retirer la crème. De telle sorte qu'au moment où les malades auraient pu et dû avoir une ration raisonnable de bon lait, ils touchaient en réalité 25 à 30 litres de petit lait, employé ordinairement à la nourriture des pourceaux.

Tous les jours, en effet, on battait le beurre pour le Dr Michelsohn, qui surveillait minutieusement cette fabrication. Le rendement était, dit-on, de 3 kilogs par jour, que le médecin-chef employait à son usage personnel et à celui de ses amis. Avec le beurre, provenant du lait destiné aux malades, il faisait des largesses à son personnel, à ses chefs hiérarchiques, et spécialement au médecin-adjoint, au médecin général de l'étape.

Le médecin-chef se rendait compte du vol qu'il commettait au préjudice des malades et des conséquences terribles de ce vol, qui entraînait la mort d'hommes qui eussent été sauvés s'ils avaient reçu une nourriture suffisante. Les chefs du Dr Michelsohn connaissaient ces pratiques et ne faisaient rien pour les faire cesser, puisqu'ils en profitaient les premiers.

A l'hiver 1917-1918, la situation devint encore plus dure. A ce moment, le Lazarett possédait 5 vaches anciennement vêlées, mais qui donnaient encore chacune un minimum de 5 litres, soit 25 litres par jour. De plus, le Dr Michelsohn avait fait réquisitionner deux vaches flamandes nouvellement vêlées, qui, d'après l'estimation du pays, fournissaient chacune de 10 à 12 litres de lait par jour, soit un minimum de 20 litres pour les deux. Enfin la commune était obligée d'apporter chaque jour 30 litres de lait à l'hôpital. Donc, au total, un minimum de 75 litres de lait par jour.

Or, à Trélon, comme à Effry, ce lait était, après chaque traite, passé à la turbine afin d'en extraire la crème. Sans se cacher, le Dr Michelsohn faisait verser le lait dans l'écrémeuse par le cultivateur lui-même, quand il l'apportait et malgré la manifestation de sa stupéfaction ; et la fabrication du beurre continuait.

La distribution du petit lait elle-même diminuait de plus en plus. J'ai fait procéder à ce moment à une enquête méthodique dans chaque salle. Toutes les sœurs, tous les chefs de salle (caporaux français et russes) me relevèrent jour par jour, pendant tout le mois de janvier 1918, le nombre de malades qu'ils avaient à soigner et la quantité de lait qu'ils touchaient. La quantité de lait écrémé, distribué aux 800 ou 1.000 malades (chiffre rond) de l'hôpital, ne dépassait pas une douzaine de litres par jour. Les salles de blessés ou de légers malades ne recevaient rien. Pour les 50 plus graves malades de tout le Lazarett, je recevais

3 ou 4 litres au plus ; pour la salle des femmes et enfants (une trentaine), je touchais 1 ou 2 litres au maximum. Le caporal infirmier russe reçut régulièrement 1 litre par jour. Au début de janvier 1918, il avait une cinquantaine de camarades à soigner. Leur nombre s'éleva progressivement, sans que jamais la quantité de lait augmentât. A la fin de janvier, il touchait exactement 1 litre de lait écrémé pour 271 malades !

Pour compléter son œuvre de famine, le Dʳ Michelsohn donna l'ordre de ne plus distribuer désormais de régime de diète. C'était un régime instauré pour ceux qui ne pouvaient absolument pas supporter le régime normal du Lazarett. A partir de ce moment, l'Administration de l'hôpital ne donna absolument plus rien à manger à cette catégorie de malades.

Je n'ai pas à décrire ici les difficultés sans nombre que nous dûmes surmonter pour arriver à nourrir nous-mêmes les malheureux affamés. Je dois cependant, pour justifier l'accusation de vol que j'ai portée contre le Dʳ Michelsohn, donner les explications suivantes :

Après entente entre le Comité de Ravitaillement du Nord de la France et l'Administration de l'Étape de la 7ᵐᵉ armée allemande, il fut convenu que le Comité de Ravitaillement fournirait au Dʳ Michelsohn une certaine quantité de vivres et de denrées diverses, telles que le savon et les cristaux de soude, par exemple. Or, la plus grande partie de ces denrées étaient détournées de leur destination. Le 30 octobre 1917, le Dʳ Michelsohn reçut ainsi du Comité de Ravitaillement 40 kilogs de cacao et 875 boîtes de lait condensé. Jamais les malades ne virent un atome de ces produits. Ils furent expédiés en Allemagne, et le soldat Becken, de Hambourg, m'affirma que : 1° le Dʳ Michelsohn avait vendu personnellement ces denrées ; 2° l'autorité allemande avait même ouvert sur ces faits une enquête qui se termina par un non-lieu. J'ai vu moi-même des caisses prêtes à partir en Allemagne, à l'adresse de Mᵐᵉ Michelsohn, 4, Kustrinerstrasse, à Charlottenburg. Quant à l'inspecteur Martin, lorsqu'il quitta notre Lazarett, il fit emballer plus de 600 kilogs de denrées diverses qu'il emporta avec lui. Tous ces faits sont confirmés par des témoins oculaires.

Le Comité de ravitaillement eut connaissance de tous ces faits. Il se résigna à les subir. Il préféra laisser le Dʳ Michelsohn prélever sur chaque fourniture une quantité personnelle de denrées, afin de pouvoir, au prix de ce vol, continuer à nourrir nos compatriotes et à leur éviter de mourir de faim.

Soins donnés aux malades. — Le Dʳ Michelsohn avait réglé le traitement des malades de la façon suivante :

1° Il m'avait interdit tout contact avec les prisonniers de guerre, et avait donné à ses soldats de garde une consigne très stricte pour m'empêcher de les approcher ;

2° Il se réservait, disait-il, le traitement chirurgical des prisonniers civils et de la population civile hospitalisée dans son Lazarett ;

3° Il me laissait le traitement médical de tous ces civils (prisonniers ou non.)

Il aurait donc dû, en premier lieu, assurer le traitement médical des prisonniers de guerre. Or, jamais, jamais il n'ausculta un seul malade. Les milliers de prisonniers qui ont passé dans ce triste hôpital peuvent en témoigner. Bien rares furent les jours où il pénétra dans les salles réservées aux affections médicales. Il ne faisait d'ailleurs qu'entrer et sortir sans examiner les malades.

Quant au traitement chirurgical, il ne fut guère mieux assuré. A part quelques amputations de doigts, le Dʳ Michelsohn ne fit à peu près rien. Les infirmiers allemands avaient honte de leur chef. Des plaies suppurant largement restaient plusieurs jours sans être pansées. Des pansements qui demandaient à être changés tous les jours restaient 8 et 10 jours, quelquefois plus, sans qu'on y regardât. Plusieurs fois des vers se mirent dans ces plaies. Des malades qu'une simple piqûre de morphine eût calmés étaient abandonnés à leur souffrance et hurlaient nuit et jour sans aucun soin. Des fractures restaient abandonnées à elles-mêmes sans qu'on les réduisît. Leur consolidation se faisait spontanément et vicieusement, ou pas du tout. Des affections chroniques, telles que des adénites, des ostéites tuberculeuses, des cancers au début tout à fait opérables étaient abandonnées sans soin. Des malades, suppliant qu'on voulût bien les examiner au moins une fois, étaient renvoyés de l'hôpital après 2, 3, 4 mois de séjour, sans avoir jamais été vus par le médecin. D'autres, que j'essayais de soigner en cachette, étaient menacés, ainsi que moi-même, de punition ou de privation de nourriture.

Bien des fois, j'intervins auprès du Dᴿ Michelsohn, lui signalant l'état lamentable de ces malades et la gravité de leur état. « Oui, oui, je sais, me disait-il, ces gens sont très malades et doivent mourir ». — « Mais non, répliquai-je, permettez-moi de les soigner ». — « Je vous le défends absolument, répliquait-il, sous peine de punition ». Et il faisait redoubler la surveillance des postes.

Deux catégories de malades payèrent à la mort un tribut particulièrement lourd, par suite de l'incurie et de la méchanceté voulue du Dᴿ Michelsohn. Ce furent les dysentériques et les néphritiques. Tous deux avaient besoin de conditions hygiéniques (température, literie, etc...) favorables et de régime alimentaire approprié.

Par ce que j'ai dit précédemment, on peut se rendre compte que les malades n'eurent, en général, rien de ce qu'il leur fallait. Les dysentériques n'avaient ni linge pour se changer, ni paille, ni sciure pour remplacer celles qu'ils avaient souillées. Bien des fois nous vîmes des malades allongés nus sur le fond de leur lit, souvent constitué par une tôle froide, n'ayant (qu'on me pardonne ces détails nécessaires) qu'une simple poignée de fibre de bois sous leur siège, pour recueillir leurs déjections. Et lorsque cette fibre était souillée, nous devions nous ingénier pour aller en voler en cachette au magasin, abondamment pourvu, dont une sentinelle avait l'ordre de défendre impitoyablement l'accès. Je ne répète pas l'observation que j'ai faite au sujet du régime alimentaire. Pour abréger, je n'insiste que sur le régime des néphritiques.

Pour eux, j'ai, à maintes reprises, demandé au Dᴿ Michelsohn, de me faire préparer par la cuisine un régime sans sel, dit déchloruré. Je ne parvins qu'à obtenir des ricanements : « C'est encore une idée de vos Français, me dit-il, mais cela ne sert à rien ». En vain, je lui objectai que cette découverte toute française était acceptée par les savants et les praticiens allemands eux-mêmes. Il ne voulut rien entendre. Sur les quatre chaudières, en usage à la cuisine pour la préparation des aliments, il eût été au moins facile d'éviter d'ajouter du sel dans l'une d'elles. Bien au contraire ! Le jour même et les jours suivants, la soupe de diète, soi-disant préparée pour ces malades, fut plus salée que d'ordinaire, au point de ne pouvoir être mangée. Un grand nombre de témoins peuvent affirmer ces faits et la coïncidence entre ma réclamation et l'augmentation du sel dans la nourriture.

Or, le sel a, tous les médecins le savent, une influence désastreuse, souvent mortelle, sur les néphritiques œdémateux.

J'ajoute que, pendant de longs mois, les médicaments, en abondance à l'hôpital, nous furent refusés sur l'ordre du Dᴿ Michelsohn lui-même. Ceux que nous obtenions, en faible quantité, nous étaient délivrés par les sœurs allemandes de l'hôpital, qui étaient elles-mêmes émues de la détresse de nos malades, et qui étaient obligées de se cacher du médecin-chef, dont elles enfreignaient ainsi les ordres. Ce ne fut qu'à partir de 1918 que la situation s'améliora un peu, grâce à la négligence du Dᴿ Michelsohn, qui s'occupait de moins en moins de son service.

Des centaines de malades moururent ainsi victimes de la barbarie du Dᴿ Michelsohn. Sur les 700 cadavres que nous avons laissés dans le cimetière d'Effry, de mars à octobre 1917, 600 ou 650 eussent pu être sauvés, si le Dr Michelsohn m'avait donné les moyens de les soigner, ou s'il s'en était occupé lui-même. J'estime que leur mort lui est directement imputable.

Je passe sur les mauvais traitements infligés aux prisonniers : coups, privation de la maigre ration de pain, suppression jusqu'en décembre 1917 de toute correspondance, de toute réception de colis de France, des biscuits du Gouvernement français, etc..., etc... Il y a là des faits inoubliables sur lesquels la lumière doit être faite, par enquête et par audition de tous ceux qui ont souffert de ces exactions.

Conclusions. — Ce mémoire n'est que l'exposé très court de l'organisation et du fonctionnement du Lazarett civil de la 7e armée allemande, tristement connu sous le nom de « l'Abattoir d'Effry ». Toutes les affirmations que j'ai produites, et que je maintiens sous la foi du serment, découlent de faits innombrables attestés par de nombreux témoins.

Je demande donc au Gouvernement français, représenté à la Conférence de la Paix par la Commission des sanctions et réparations, d'exiger du Gouvernement allemand la livraison du Dr Michelsohn et de l'inspecteur Martin.

Je demande que ces deux hommes soient mis en mesure de produire tous leurs moyens de défense d'une part, mais que, d'autre part, ils soient interrogés sur tous les faits qu'une enquête détaillée pourra relever contre eux.

Je demande que tous ceux qui ont passé entre leurs mains soient interrogés à leur tour et que toutes leurs plaintes soient examinées. Il y a là matière à la constitution d'un formidable dossier contre la barbarie allemande.

Je demande, comme conséquence, que le Dr Michelsohn et l'inspecteur Martin soient jugés par un tribunal compétent de la France ou des alliés réunis.

Je demande enfin que toutes les réparations soient accordées aux victimes; que les veuves et les orphelins ou les ayants droit des morts, que les survivants invalides ou incapables de travailler, touchent une indemnité en rapport avec le dommage subi. Le Dr Michelsohn et sa famille sont riches, dit-on. Qu'ils soient rendus civilement responsables, et que le Gouvernement allemand soit garant du surplus !

Signé : Dr J. Picard.

N° 206.

LETTRE adressée à la Commission d'enquête par un groupe d'habitants de la commune d'Effry (Aisne).

Effry, le 10 janvier 1919.

Monsieur le Président,

Les habitants d'Effry soussignés se font un devoir de vous adresser la protestation suivante concernant le D^r allemand Oscar Michelsohn, médecin en chef du lazaret civil d'Effry, afin qu'une sanction soit prise contre celui-ci pour les faits suivants :

Du 5 mars au 31 octobre 1917, donc en moins de huit mois, nous avons enregistré 689 décès de prisonniers de guerre, russes, roumains et français, et de prisonniers civils belges et français. Ces malheureuses victimes n'étaient l'objet d'aucun soin, ne recevaient comme nourriture que des choux-navets et de la soupe à l'orge, étaient pleines de vermine, et de plus brutalisées. Ils étaient couchés très souvent sur des planches (car les fibres de bois manquaient, ou bien on refusait d'en livrer), et cela pendant très longtemps, dans une salle commune où se trouvaient des malades atteints de diphtérie, de dysenterie, de fièvre typhoïde, etc.. Ils étaient enterrés sans cercueil, sans vêtements, dans des fosses communes, et dépouillés de tout objet leur appartenant. Certains, à ce qu'il paraît, possédaient une petite fortune. Le Dr Michelsohn gardait pour son usage personnel les aliments spéciaux fournis pour les malades par la Commission du ravitaillement : les boîtes de lait concentré, les biscuits, le cacao, etc.. D'ailleurs, M. le Dr Pichard, de Chauny, est assez documenté sur les misères qu'il a vues dans cet établissement et fera certainement un rapport détaillé à ce sujet. M. le Dr Pichard était attaché à ce lazaret; mais il ne disposait d'aucun médicament, et, de plus, l'accès d'un grand nombre de salles lui était interdit. Il y avait quelquefois 1.500 malades et même plus dans cet établissement, mais Michelsohn a voulu toujours rester seul docteur, *afin d'être libre de faire ce qu'il voudrait.*

Nous demandons donc qu'un châtiment exemplaire soit infligé à ce docteur allemand, *qui était méprisé par ses compatriotes eux-mêmes.* C'est le vœu unanime de la population, ainsi que des malades qui ont passé par cet établissement — appelé par la voix populaire dans tout le pays du nom significatif de « l'abattoir » — et qui ont pu en sortir vivants.

Veuillez agréer, Monsieur le Président, nos très respectueuses salutations.

Ont signé :

E. Meunier.
R. Articlaux.
A. Fragny.
V. Frigout.
L. Cornille.
A. Devin.
A. Lacroix.
V. Faroux.
Ledieu.
Pourreau.
Ch. Joniaux.
Contesse.
M. Amiable.
M. Mansiaux.
M. Mouret.
M. Gentil.
Prevot.
Bricout.

Mme Bouvard.
Mme Villaire.
Mangournel.
Mensuelle (Paul).
Lefevre (Eugène).
Coupain (Paul).
P. Brissard.
Ve Hubière.
Debouzy (Ovide).
Prusse (Camille).
Faubert (François).
Rousseau (Lucien).
Marcoux (Alphonse).
Mme Gamain.
Christophe.
Faye.
Loubert (Zéphir).
J. Ranson.

A. Liber.
F. Lemoine.
Lavaquerie (Alfred).
Lavaquerie (Gustave).
Serant.
Nattier (Albert).
Hennequin.
Palfroy.
Leuzière.
Proisy (Charles).
Ve Proisy.
Lécuyer (Fernand).
Cholet (Constant).
Lemoine (Emile).
L. Dosogne.
Larzillière.
Thévenin (Émile).

Vu pour légalisation des signatures ci dessus :

Effry, le 10 janvier 1919.

Le Maire,
Signé : E. Meunier.

N° 207.

PROCÈS-VERBAL DE CONSTAT dressé à Saint-Quentin par la Commission d'enquête.

L'an mil neuf cent dix-huit, le vingt-sept novembre, nous, membres de la Commission instituée par le décret du 23 septembre 1914, nous sommes transportés à Saint-Quentin (Aisne) et y avons fait les constatations suivantes :

Nous arrivons à Saint-Quentin par la route de La Fère. La ville est entièrement ravagée; aucune des maisons qui bordent la place du Huit-Octobre n'est intacte. Le monument de la Défense de 1870, par Barrias, est détruit : les statues, les bas-reliefs et jusqu'aux médaillons qui ornaient le socle ont été enlevés. Sur tout le parcours de la rue d'Isle, les immeubles et les hôtels ne présentent que des façades disloquées et branlantes. Il en est de même rue de la Sellerie. Là, plusieurs édifices ne forment plus que des tas de pierres et de briques. Autour de la Grand'Place, beaucoup de maisons sont anéanties; toutes celles dont les murs tiennent encore sont affreusement dégradées. Du monument commémoratif du siège de 1557, on ne retrouve que le socle de pierre.

Le vieil hôtel de ville subsiste, quoique endommagé; mais à l'intérieur, les tableaux, portraits et tapisseries ont disparu.

A travers les décombres de la rue Saint-André, nous nous dirigeons vers la Collégiale, sous la conduite du sous-lieutenant Esnault, substitut du commissaire-rapporteur près le conseil de guerre de la 1ʳᵉ armée. Les façades des maisons sont crevées; les portes et les fenêtres n'existent plus. L'œil plonge dans l'intérieur et n'y distingue que de rares débris informes d'objets mobiliers déchiquetés. Le spectacle est du reste identique dans tous les quartiers. Il est visible que la ville a été vidée de tout ce qu'elle contenait. Les usines, les fabriques ont été saccagées, et il n'en reste que les murs.

Devant la basilique, irrémédiablement mutilée, nous franchissons des monceaux de gravats, et, par une porte latérale, nous pénétrons dans la nef à demi effondrée. Au milieu de ces ruines, il est de toute impossibilité de faire le départ entre les effets du bombardement et l'œuvre de destruction méthodique. Nous relevons pourtant des traces non douteuses de vandalisme: aux grandes orgues, dont les hautes boiseries pendent encore au-dessus de la tribune, tous les tuyaux ont été arrachés; sur chacun des piliers de la nef, et de place en place dans les murs, ont été pratiquées, à environ 1 m. 50 du sol, des cavités mesurant approximativement 65 centimètres de profondeur, sur 70 centimètres de hauteur et 40 centimètres de largeur, évidemment destinées à recevoir des explosifs. Il est d'ailleurs certain que des charges y ont été déposées, puis en ont été retirées; car les cavités, d'abord obturées par un scellement, ont été ensuite rouvertes; des restes de ciment, reconnaissables à leur couleur plus foncée que celle de la pierre, garnissent encore les bords de chaque ouverture.

Au cimetière, nous constatons que de très nombreuses sépultures ont été visitées; les dalles de fermeture ont été soulevées ou brisées; les caveaux sont béants. Dans certains, on aperçoit des débris de cercueils et des ossements. A quel mobile attribuer ces effractions? Aucune affirmation n'est ici permise. Ce qui, en tout cas, est indéniable et significatif, c'est, d'une part, que les plus riches sépultures sont les plus maltraitées, et, d'autre part, que les portes de presque toutes les chapelles ont été forcées par un procédé uniforme; à chacune, sur le chambranle de gauche, la pierre est cisaillée, creusée, hachée à hauteur de la serrure; celle-ci est martelée de coups et souvent le pêne est tordu par l'arrachement de la porte.

Le sous-lieutenant Esnault nous conduit enfin à l'Hôtel-Dieu, transformé en hôpital militaire, et, accompagné du lieutenant Risacher, officier gestionnaire du Groupement, nous fait visiter les souterrains où sont inhumés, depuis une époque ancienne, les restes des religieuses de l'établissement. Dans une crypte, nous nous trouvons en présence d'un panneau qui recouvre douze sépultures, sous des plaques de marbre portant des inscriptions gravées. Nous remarquons que l'une de ces plaques a disparu, et qu'un cercueil en bois de chêne est visible; une ouverture longue et étroite y a été pratiquée. Dans un caveau voisin, qui compte dix-neuf cases, neuf à droite, dix à gauche, six alvéoles ont été ouverts dans la partie gauche; ils sont vides. A droite, une case a été fracturée; le cercueil a été tiré sur le sol et brisé; le corps a été sorti du cercueil en plomb, corps de femme qui paraît momifié.

(*Suivent les signatures.*)

N° 208.

DÉPOSITION reçue, le 11 décembre 1918, à Paris, par la Commission d'enquête.

Gibert (Arthur), âgé de 54 ans, ingénieur des Arts et Manufactures, premier adjoint faisant fonctions de maire à Saint-Quentin.

Je jure de dire la vérité.

Je suis resté à Saint-Quentin pendant tout le temps de l'occupation, c'est-à-dire depuis le 28 août 1914 jusqu'au 18 mars 1917, date à laquelle a été terminée l'évacuation forcée de la ville. La domination allemande a été fort dure. La ville a été frappée de contributions et d'impositions pour deux millions par an pendant les deux premières années, et pour huit millions pendant la troisième. Le premier acte de l'autorité ennemie avait été, d'ailleurs, de saisir à main armée la caisse municipale, malgré l'opposition du receveur, dont la conduite en toutes circonstances a été tellement admirable qu'elle a frappé les Allemands d'étonnement. En 1914, comme on exigeait de nous des sommes importantes, j'ai réuni les personnes qui pouvaient nous aider, et j'ai protesté avec elles, en présence des officiers ennemis. L'un de ceux-ci, M. Kremer, du service de l'inspection des étapes, et dans la vie civile procureur impérial à Metz, nous a répondu : « Si vous ne trouvez pas d'argent, nous saurons bien en prendre dans les coffres-forts des particuliers. » Je n'ai pas besoin d'insister sur l'impression qu'ont produite de telles paroles, prononcées par un magistrat.

Lorsque les communes de la région de Saint-Quentin vinrent à manquer de numéraire, il fut formé dans la ville un comité de contrôle, chargé de leur procurer le papier fiduciaire qui leur était nécessaire. Le comité fournit alors à ces communes des bons appelés « bons unifiés de la région de Saint-Quentin » et dont la valeur était garantie par les communes, ainsi que par un dépôt de réquisitions allemandes, représentant le double de celle des bons. Ces papiers portaient en caractères d'imprimerie les noms de leurs communes respectives, mais leur valeur ne devenait réelle que par l'apposition du cachet de mairie, opérée par l'autorité municipale intéressée et sous la responsabilité de celle-ci. Plus tard, lorsque les communes eurent épuisé leurs moyens de garantie, le comité de contrôle émit d'autres bons dénommés « bons de la région de Saint-Quentin et de Guise », et sous les mêmes conditions de validation par le cachet des mairies. Le comité siégeait à Saint-Quentin, dans le local mis à sa disposition par la banque Rouart, Museux et Cie, et les bons étaient déposés dans les coffres-forts des caves de cet établissement.

Lors de l'évacuation des habitants, qui eut lieu du 1er au 18 mars 1917, le comité de contrôle négligea de détruire les bons qui, n'ayant pas été estampillés par les municipalités, se trouvaient sans valeur. Ils furent volés par les Allemands, qui les écoulèrent dans le public après les avoir falsifiés dans les conditions suivantes : 1° un officier payeur fit exécuter par un graveur de Bruxelles des cachets de mairies françaises et fit apposer le faux timbre de la commune d'Holnon, alors non envahie, sur les bons de cette commune. La fraude fut découverte par M. Krohn, officier supérieur, chef du service financier de la 2ᵉ armée, et la falsification fut arrêtée; 2° pour faciliter leur fraude et pour éviter de faire fabriquer un trop grand nombre de cachets faux portant les noms des communes intéressées, les Allemands firent un timbre portant la mention, « Comité de contrôle » et l'apposèrent uniformément sur tous les bons des différentes communes. Invariablement, le public fut victime de cette supercherie, bien que la condition de validité, indiquée sur le billet, ne se trouvât pas remplie. Les travailleurs civils d'Aulnoye (Nord) reçurent en payement la plupart des bons falsifiés.

Bien que le comité de contrôle eût signalé ces derniers faits à l'autorité allemande, aucune sanction ne fut prise, et nos plaintes ne reçurent, je crois, aucune suite.

Les Allemands ont poussé leur zèle de falsification jusqu'à prendre dans les greniers de l'hôtel de ville les anciens bons de la guerre de 1870-71, qui pourtant étaient perforés pour annulation. Les perforations furent rebouchées et un certain nombre de ces bons furent donnés en paiement à des commerçants. Je signale en outre que les bons de réquisition allemands servant de garantie à l'émission des bons unifiés de la région de Saint-Quentin ont été enlevés. Leur valeur doit atteindre environ quinze millions de francs au tarif vrai.

Pendant l'occupation, plusieurs personnes ont été mises à mort par l'ennemi. En novembre 1914, le concierge de la banque Journel a été fusillé, parce qu'on avait trouvé chez lui un fusil et des cartouches.

Le 1ᵉʳ janvier de l'année suivante ont été également fusillés M. Ancelet, chez qui avait été découvert un fusil abandonné par un soldat allemand ; M. Caudry, qui avait détenu quelques cartouches de dynamite, et M. Joly, employé de chemin de fer, exécuté pour le seul motif qu'une perquisition avait amené la saisie d'armes et d'équipements dans une citerne située à proximité de son domicile.

En septembre 1915, l'armurier Popelart a subi le même sort. On lui reprochait de détenir des munitions, que d'ailleurs les officiers lui achetaient journellement pour la chasse. Enfin, dans les derniers jours de décembre 1916, neuf hommes, dont un Saint-Quentinois, ont été condamnés à mort et fusillés sous prétexte d'espionnage.

Deux meurtres individuels ont en outre été commis : un ouvrier, dont je ne me rappelle pas le nom, a été tué d'un coup de fusil dans le quartier Bellevue par une sentinelle ivre ; et, dans le quartier des Islots, un vieillard, qui était sorti devant sa maison à une heure où il était interdit de circuler dans les rues, a été assommé par une patrouille à coups de botte et à coups de crosse.

Pendant la dernière année, la destruction de l'industrie saint-quentinoise a été méthodiquement organisée. Les Allemands ont d'abord enlevé les marchandises fabriquées : tulle, broderies, etc. ; ils ont volé ensuite les matières premières, puis l'outillage, pour envoyer le tout dans leur pays. Ils broyaient sur place ce qu'ils ne pouvaient emporter. Dans mon atelier, comme je leur demandais pourquoi ils brisaient mes modèles, ils m'ont répondu : « C'est pour que vous ne puissiez plus travailler après la guerre. » Tous les industriels ont été interrogés sur l'importance de la force motrice de leurs usines, sur leur genre d'affaires, le chiffre de leurs bénéfices, la valeur de leur établissement et les noms de leurs clients. Ces interrogatoires étaient faits par un officier du service de destruction dit « Service économique » (*Wirthschaftausschuss*), dirigé par le rittmeister Gœrtz, industriel à Bonn, et par le major Deichmann, banquier à Cologne. A ce service fut affecté pendant quelque temps l'un des fils du Kaiser, le prince August-Wilhelm, que j'ai vu souvent au bureau.

Dans les bâtiments de l'usine Testart, on avait enfermé des prisonniers civils de la région. Les gendarmes les obligeaient à courir dans la cour, en les frappant à coups de plat de sabre. On entendait au loin les cris des malheureuses victimes de cette odieuse brutalité. J'ai fait à ce sujet une réclamation. Il y a été répondu de la façon suivante : « C'est une grâce qu'on leur fait. S'il n'en était pas ainsi, on serait obligé de les fusiller. »

Au mois de novembre 1916, 1.200 ouvriers furent convoqués à la caserne. On en retint 600 à qui l'on proposa de travailler moyennant un salaire. Tous refusèrent. Après avoir été soumis à une visite médicale, ils furent emmenés à Mouzon et à Carignan. Le régime qu'ils y subirent causa parmi eux de nombreux décès ; ceux qui furent renvoyés étaient de véritables moribonds. Un certain nombre n'étaient pas encore rapatriés au moment de l'armistice.

Ainsi que je vous l'ai déjà dit, les habitants ont été évacués de force du 1er mars 1917 au 18 du même mois. Je suis parti l'un des derniers, après avoir assisté à la gare au départ de 43.500 de mes concitoyens. Un oberstleutnant m'a dit : « Monsieur le maire, je vous plains, vous voyez votre ville, mais cette ville-là, vous ne la reverrez plus ; elle sera complètement détruite. » De telles paroles prouveraient, s'il était nécessaire, combien est mensongère l'allégation des Allemands, qui prétendent que ce sont les Anglais qui ont saccagé Saint-Quentin. J'ai d'ailleurs assisté moi-même à un pillage ignoble des maisons. Vers le 15 mars, étant entré dans la basilique, j'ai vu des soldats, sous les yeux d'officiers supérieurs, coupant les tuyaux des grandes orgues et les jetant sur le sol d'une hauteur de 15 ou 20 mètres. La ville est à peu près rasée. Des quartiers entiers ont été minés. Au musée Lécuyer, les pastels de Quentin de La Tour ont été enlevés et envoyés à Maubeuge. Mais il se trouvait aussi dans cet établissement des collections de médailles et des objets divers d'une grande valeur ; ils ont été volés, et un coup de mine a fait disparaître les traces du larcin. De même que ces célèbres pastels, les vitraux de la basilique et les autographes de La Tour ont été transférés à Maubeuge et déposés en caisses à la Banque de France, en présence du conservateur du musée de Saint-Quentin, M. Israël. Quelque temps après, les Allemands ont manifesté l'intention de les transporter dans un autre établissement ; comme je me trouvais alors à Maubeuge, j'ai voulu procéder avec M. Israël à une sorte de récolement. Les pastels étaient toujours là, mais les caisses de vitraux et d'autographes avaient disparu. On a fait pour les retrouver des recherches qui sont restées infructueuses.

Après avis donné à la Kommandantur, en la personne de l'oberleutnant Bonsmann, adjudant du comte Bernstorff, major et kommandant, j'avais fait placer dans une cave de l'Hôtel-Dieu, située à environ 12 mètres de profondeur :

1° Tous les dossiers, titres et valeurs de l'Hôtel-Dieu ;

2° Tous les comptes du bureau de bienfaisance ;

3° Tous les papiers de la caisse d'épargne ;

4° Tous les originaux des bons de réquisition allemands (environ 50 millions).

Examen fait par le service des caves et le service judiciaire (conseiller de justice, M. Vogt), les scellés allemands ont été apposés sur le dépôt, afin de le protéger contre les déprédations.

Les bijoux du mont-de-piété avaient été joints aux dépôts précédents, sans toutefois que l'autorité ennemie en ait été spécialement avisée.

Au cours de l'été dernier, le rittmeister Mumm, qui avait remplacé le baron von Waldhausen comme séquestre, ayant demandé si les titres nominatifs de rente de l'Hôtel-Dieu étaient dans la cave de cet établissement, je répondis par lettre que je ne pouvais garantir la présence des certificats nominatifs, mais que j'étais prêt à aider la Bankaufsichtstelle, pour que l'ordre qui régnait dans le dépôt ne fût pas dérangé par des chercheurs mal initiés.

Aucune réponse ne me fut donnée, et tout le dépôt, régulièrement constitué, de dossiers d'une importance considérable fut enlevé, ainsi que les bijoux du mont-de-piété.

Le kommandant Mumm avec son auxiliaire, l'oberleutnant Bonsmann, employé de banque à Cologne, sont responsables de ces déprédations.

Les archives anciennes de la ville, celles de l'état civil, les livres rares et les manuscrits de la bibliothèque, ainsi que la comptabilité du receveur municipal, avaient été placés, à la suggestion de la Kommandantur et sous son contrôle même, au musée Lécuyer, dans des locaux murés aussitôt après ; et sur les parois de ces resserres avaient été apposées des pancartes de protection fournies par l'autorité allemande. Il avait été procédé de même ailleurs pour les archives des offices ministériels et pour les papiers historiques ou précieux appartenant à des particuliers. Or, tous ces locaux soi-disant inviolables ont été ouverts en juillet 1917, et tous les documents ont disparu. Ainsi que je vous l'ai déjà dit, le musée a sauté ensuite.

Après lecture, le témoin a signé avec nous.

N° 209.

DÉPOSITION reçue, le 11 décembre 1918, à Paris, par la Commission d'enquête.

Ancelet (Léon), âgé de 46 ans, secrétaire général de la mairie de Saint-Quentin.

Après avoir prêté serment de dire la vérité, le témoin confirme en tous points la déclaration faite aujourd'hui devant la Commission par M. Gibert, maire de Saint-Quentin, et il ajoute :

M. Ancelet, qui a été fusillé sur l'ordre du commandant de place parce qu'on avait trouvé chez lui un fusil allemand, était mon oncle. M. Lambert, commissaire de police, a dit au colonel de gendarmerie von Malzam que ce malheureux ne jouissait pas de la plénitude de ses facultés et qu'on avait exécuté un irresponsable. L'officier s'est borné à répondre : « S'il était fou, la société n'a rien perdu ; s'il avait sa raison, il était coupable et devait être fusillé. »

Après lecture, M. Ancelet a signé avec nous.

N° 210.

DÉPOSITION reçue, le 21 novembre 1918, à Saint-Quentin, par M. le sous-lieutenant Esnault, substitut du commissaire-rapporteur près le Conseil de guerre du Quartier général de la 1re Armée ;

Bétems (Eugène), âgé de 62 ans, marié, représentant de commerce, conseiller municipal faisant fonctions de maire de Saint-Quentin et y résidant.

Serment prêté.

Je suis resté à Saint-Quentin pendant la durée de l'occupation allemande et jusqu'à l'évacuation des civils, c'est-à-dire du 28 août 1914 au 11 mars 1917. Notre maire ayant quitté la ville, je faisais partie de la Commission municipale. En arrivant dans notre ville, les Allemands ont commencé par prendre comme otages la Commission municipale, composée de cinq membres et de l'adjoint faisant fonctions de maire. Pendant six jours, sans s'occuper de notre ravitaillement et quand nous étions obligés de sortir pour les réquisitions nécessaires à la ville, nous étions toujours accompagnés par six soldats, baïonnette au canon. Le capitaine Mumm, qui était officier d'état-major ou capitaine d'artillerie, avait fait placer trois ou quatre torches prêtes à être allumées, dans le but de nous intimider. L'une de ces torches était placée à la porte du cabinet du maire; les autres, à la porte de la salle du Conseil municipal.

A l'arrivée des Allemands, le secrétaire du général s'empara aussitôt de la caisse municipale, que nous n'avons jamais revue depuis; cette caisse devait contenir environ 95.000 francs en numéraire.

Le soir de leur arrivée, l'officier de garde de police monta nous trouver et, s'adressant à M. Gibert, adjoint faisant fonctions de maire, encore demeuré en Belgique, vint à deux reprises lui dire : « On vient de tirer sur nos soldats ». Comme il n'y avait pas de troupes françaises dans la ville et que ce fait nous paraissait exorbitant, nous sommes descendus avec lui et avons visité la maison d'un des angles de la place de l'Hôtel-de-Ville, d'où il affirmait que les coups étaient partis. Nous n'y avons trouvé que des officiers allemands endormis et très mécontents d'être dérangés. Nous avons alors pensé que les Allemands cherchaient un prétexte pour nous faire un mauvais sort.

A plusieurs reprises, les Allemands nous ont mis à contribution en imposant des amendes; entre autres amendes, ils nous imposèrent un jour une amende de 1.000 marks pour avoir trouvé une petite chaînette de fer ou d'acier sur un fil télégraphique de la commune de Oëstres. Nous avons réclamé; ils ont maintenu l'amende.

Dans le courant de l'année 1915, ils nous ont imposé une amende de 300.000 francs, payables soit en monnaie allemande, soit en monnaie française, pour avoir trouvé des armes au mont-de-piété; c'étaient là des armes déposées en gage, et ils ont prétendu que nous ne leur avions pas livrées, comme ils l'avaient exigé. Il ne nous était pas alors possible de payer pareille somme. Ils emprisonnèrent alors comme otages deux administrateurs et le directeur du mont-de-piété, jusqu'à ce que la ville pût s'acquitter. Les trois otages restèrent en prison cinquante-six jours. Nous n'avons pu nous libérer de cette dette qu'au moyen de titres et de bons émis par la ville, qu'ils voulurent bien finalement accepter.

En 1915 ou 1916, un de leurs fils télégraphiques ayant été coupé la nuit, sans hésiter ils accusèrent de ce méfait une personne de la population civile de Saint-Quentin. De ce fait, il nous infligèrent encore une nouvelle amende de 50.000 francs, et, en outre, ils exigèrent que le maire conduisît chaque soir, pendant un mois, ses otages à la Kommandantur, et ces otages devaient monter la garde à tour de rôle au pied du poteau télégraphique où le fil avait été coupé.

Les Allemands exigeaient que la population civile fût rentrée le soir à 8 heures en été, à 7 heures en hiver.

Les Allemands ont encore réquisitionné les ouvriers de Saint-Quentin, les prenant dans nos usines pour les envoyer notamment faire les réparations des canons à l'usine Mariolle, qui se trouve à la sortie de Saint-Quentin sur la route de La Fère, et pour faire des fils de fer barbelés à la « Société Industrielle ».

Certains de ces ouvriers étaient venus nous aviser du travail spécial qu'on les obligeait à faire; nous fondant alors sur l'article 52 de la Convention de La Haye, nous avons adressé au général von Nieber, qui commandait les étapes, une protestation collective, signée des membres de la Commission, spécifiant qu'il était interdit d'exiger des Français la fabrication d'armes devant servir à combattre leur patrie. On nous prévenait qu'une enquête serait faite, que toute réclamation collective nouvelle serait punie sévèrement; quelques jours après cependant, le général nous avisait que, seuls, les volontaires resteraient à ce travail; la plupart sont aussitôt partis.

A ma connaissance, les Allemands n'ont pas séparé les familles à Saint-Quentin; mais, en 1916, une cinquantaine de jeunes filles arrivèrent un jour de Crèvecœur-le-Petit et des environs, d'où elles avaient été emmenées de force par les Allemands, qui les employèrent à laver le linge des soldats allemands. A ce sujet, l'adjoint, M. Gibert, fit encore une réclamation au général, et les jeunes filles ne restèrent ici que huit jours avant d'être rapatriées. Pour les remplacer, le général demanda des volontaires dans la ville de Saint-Quentin, mais personne ne se présenta.

Au cours de leur occupation de Saint-Quentin, et à plusieurs reprises, les Allemands ont réquisitionné toutes les marchandises, le matériel, l'outillage des industries et commerces divers du pays. Tout cela a été chargé sur des camions automobiles, embarqué à la gare et, de là, transporté en Allemagne. A la suite, ils firent de même pour toutes les matières premières, les bois, les métiers à coton et à guipure, industries du pays qui en valaient la peine. Ce qui, pour eux, leur paraissait n'avoir qu'une valeur moindre, ils le brisaient.

Pour avoir un morceau de cuivre d'une valeur de cinq francs, il leur est parfois arrivé de détruire un métier de grande valeur.

Ils voulaient atteindre « l'âme de la France ». C'est le mot tristement célèbre qu'un sous-officier allemand a plusieurs fois répété dans notre ville.

Je crois que les Allemands ont délivré des bons de réquisition pour la plus grande partie des matières premières, outillages, enlevés par eux. Certains commerçants ou industriels ont eu des bons de réquisition s'élevant ainsi à plus de quatre millions.

Pendant que la population est restée à Saint-Quentin, c'est-à-dire jusqu'au 11 mars 1917, je ne crois pas que les Allemands aient enlevé systématiquement le mobilier des maisons abandonnées par leurs propriétaires. Mais au fur et à mesure qu'ils nous ont fait évacuer et à peine étions-nous partis qu'ils guettaient notre sortie de la ville pour s'emparer de tout ce qui nous appartenait; je crois qu'une partie de ce mobilier volé a été transporté par eux dans des péniches et peut-être en chemin de fer.

Je suis revenu à Saint-Quentin le 13 octobre 1918, c'est-à-dire moins de deux semaines après le retour des Français (1er octobre) et j'ai alors constaté le triste état de la ville et aussi les pillages qu'elle avait subis, les violations de sépultures au cimetière. J'ai pu ainsi me rendre compte des méfaits commis par les Allemands contrairement aux lois de la guerre.

D. — Y a-t-il eu des militaires ou civils fusillés?

R. — Il y en a eu dix-sept, parmi lesquels deux soldats anglais qui n'avaient pas voulu se rendre. Je ne puis vous dire de quelle façon les Anglais ont été découverts; les Allemands savaient qu'il se trouvait encore quelques soldats anglais dans la ville et, pour les découvrir, ils cernaient tantôt un quartier, tantôt l'autre; après qu'ils furent découverts, deux femmes furent envoyées en prison en Allemagne pour les avoir abrités.

Un civil fut fusillé pour avoir été trouvé porteur d'un fusil de chasse. Le coutelier Popelart fabriquait des cartouches à la demande des officiers allemands et les leur vendait; un agent de police allemand se présenta un jour à son magasin, lui demanda de vouloir bien lui vendre des cartouches semblables à celles qu'il vendait aux officiers allemands, et, au moment même où le commerçant remettait les cartouches au policier, il l'arrêta. Popelart passa en Conseil de guerre et, quelques jours après, il fut fusillé; sa femme elle-même fut condamnée comme complice à une amende et emmenée prisonnière en Allemagne.

Le 1er janvier 1916, M. Ancelet fut fusillé pour avoir été trouvé porteur d'un fusil allemand. Vers la même époque, un agent de chemin de fer, Joly, fut également fusillé, parce qu'on avait trouvé des vêtements de territoriaux dans sa citerne.

Un nommé Caudry, habitant un village voisin, fut fusillé parce qu'on avait trouvé des armes de guerre enterrées dans son jardin.

Les autres civils ont été fusillés, neuf ensemble, à raison d'un soi-disant complot d'espionnage. Il y avait dans cette affaire un grand nombre de personnes qui paraissaient compromises. Parmi elles se trouvaient des Belges, des gens du Nord; une seule, un nommé Leclerc, était de Saint-Quentin. Je puis seulement vous dire qu'il s'agissait d'espionnage, et les Allemands voyaient aisément des espions partout.

Les Allemands ont pris pour la ville un certain nombre d'arrêtés, de proclamations ou prohibitions; je ne les ai plus bien présents à la mémoire. Je me souviens cependant qu'il y avait généralement au bas de chaque affiche le mot « Todt » (peine de mort). Je pourrais aussi vous parler de la proclamation du général Schwartz à son arrivée à Saint-Quentin. Il promettait que la propriété serait respectée si la population voulait se tenir tranquille, ce qui n'empêcha pas les Allemands, dès le lendemain, de piller les épiceries, bureaux de tabacs, magasins de chaussures, etc.

Les Allemands avaient ouvert un lazaret où ils faisaient conduire les femmes atteintes de maladies vénériennes; mais parfois ils avaient une certaine tendance à y faire entrer des femmes de mœurs irréprochables, qui leur avaient résisté; pour être conduites au lazaret, il suffisait de la dénonciation d'un soldat. Il y avait eu, à ce sujet, des abus si criants que nous avions remarqué que les femmes, une fois entrées au lazaret de la rue de Fayet, n'en sortaient plus, et que nous craignions aussi que ces mesures ne vinssent à se généraliser davantage; la municipalité dut intervenir auprès de la Kommandantur, et nous avons fini par obtenir qu'avant d'interner une femme au lazaret, notre commissaire de police se livrât auparavant à une enquête.

D. — N'avez-vous rien à ajouter?

R. — Je puis seulement vous dire qu'un colonel de gendarmerie, dont j'ignore le nom, mais qui est resté à Saint-Quentin six à huit mois, sous la Kommandantur Bernstorff, était constamment en état complet d'ivresse. Il aimait alors à se promener dans les rues de la ville et il bousculait et frappait tous les gens qu'il rencontrait, usant de ses poings ou de ses coudes; personne n'a jamais osé se plaindre, dans la crainte d'être emprisonné.

Un autre abus me revient à la mémoire : on a encore imposé à la ville de Saint-Quentin une amende de 10.000 marks, à la suite d'une évasion de prisonniers russes, dont nous ne pouvions être nullement responsables. Pour nous punir quand même, la Kommandantur nous reprocha d'avoir reçu les prisonniers russes évadés.

En 1915, les Allemands voulurent organiser l'enlèvement en bloc de tous les hommes mobilisables de la ville de Saint-Quentin. La municipalité protesta; le commandant Wachter nous répondit en propres termes : « Je préférerais fouler des pieds 10.000 cadavres que de ne pas exécuter cet ordre, s'il m'est donné ». Malgré cette fanfaronnade, l'ordre ne fut pas exécuté à la lettre; mais cependant, par petits groupes, les Allemands finirent par faire sortir de la ville, pour aller travailler sur les routes, dans les forêts et même quelquefois près des lignes de combat, les hommes mobilisables. Ils ont aussi pris des hommes de 18 à 48 ans; à la fin, ils en ont même pris quelques-uns de plus jeunes.

Lorsqu'il passait dans notre ville des prisonniers français, si les gendarmes allemands apercevaient quelqu'un d'entre nous remettre une cigarette ou un morceau de pain à nos malheureux compatriotes, ils se précipitaient aussitôt et nous rouaient de coups de crosse ou de plat de sabre.

Lecture faite, persiste et signe avec nous.

N° 211.

PROCÈS-VERBAL DE CONSTAT dressé, le 22 octobre 1918, à Saint-Quentin, par M. le sous-lieutenant Reulos, Substitut du Commissaire-Rapporteur près le Conseil de guerre du Quartier général de la Iʳᵉ Armée, assisté du Commandant Barbey, Commissaire du Gouvernement près le Conseil de revision de la Iʳᵉ Armée.

Dès notre arrivée à Saint-Quentin, nous avons été frappés par l'état absolument lamentable dans lequel a été laissée cette ville par l'ennemi, le jour de son évacuation. Le spectacle qu'elle nous offre est celui d'une dévastation et d'une mise à sac systématiques. Si les rues sont bordées de maisons et d'édifices qui, pour un certain nombre, paraissent avoir été épargnés, il est aisé de se rendre compte que toutes les habitations ont été l'objet d'une dévastation méthodique. Aucune ne possède de mobilier. Les meubles épars découverts dans certaines ont été gravement détériorés; les marbres des cheminées, les glaces, les boiseries, les sculptures murales, les portes même ont été mises en pièces. Toutes les maisons qui se trouvent dans le centre de la ville et qui appartiennent à des particuliers ou à des commerçants riches de la localité ont subi le même sort, notamment dans les quartiers de l'Hôtel-Dieu, du palais de justice, de l'hôtel de ville, etc. Rue de Lille, n° 25, nous avons pénétré au rez-de-chaussée d'une maison, paraissant avoir été richement meublée, et en y entrant nous avons été frappés par son état de délabrement. Une porte donnant accès dans le rez-de-chaussée de la maison voisine a été pratiquée par l'ennemi dans le mur séparatif. Franchissant cette porte, l'ennemi a transformé une partie de ce local en latrines. Il est hors de doute que cet acte odieux est imputable aux Allemands, car dans le vestibule de ladite maison, en un endroit bien apparent, figure un écriteau sur lequel sont imprimés en gros caractères ces deux mots « Pissoir, Abort ». D'autres rez-de-chaussées situés dans le voisinage ont été transformés en écuries et tous les magasins ont été pillés.

La cathédrale de Saint-Quentin n'est plus aujourd'hui qu'une ruine dont les pans de murs complètement découverts sont exposés à toutes les intempéries. Le chœur et la grande nef sont remplis de décombres qui ont recouvert la sépulture de saint Quentin. Les magnifiques boiseries des orgues ont été saccagées, les autels démolis, les tabernacles et les troncs fracturés, les portes enfoncées. Une constatation prime toutes les autres : chaque pilier a été perforé à l'aide d'instruments spéciaux en vue d'y établir un fourneau de mine. Le trou ainsi pratiqué est de forme rectangulaire et a une profondeur d'environ cinquante centimètres. Nous remarquons sur les bords extérieurs de chaque fourneau de mine des traces de ciment, nous permettant de penser que l'ennemi avait garni les trous d'explosifs et que chacun d'eux avait été ensuite refermé et scellé au ciment. Ces explosifs ont pu être enlevés au dernier moment et avec d'autant plus de facilité que chaque trou portait une lettre distinctive (N, H, etc.) permettant à l'ennemi de faire exécuter rapidement ses ordres de dévastation suivant un plan conçu et prémédité. Nous remarquons, en outre, qu'à l'entrée de la plupart de ces fourneaux de mines, l'inscription suivante a été portée au crayon : « fertig », ce qui signifie « fini », et permettait de distinguer sans doute des autres les fourneaux de mines qui avaient été garnis d'explosifs.

Nous nous sommes rendus ensuite à l'Hôtel-Dieu, où un acte particulièrement odieux nous a été signalé à la charge de l'ennemi.

Depuis de longues années, les caveaux de cet édifice renferment les tombeaux des religieuses hospitalières décédées. Chaque cercueil se trouve placé dans un caveau en maçonnerie, dont l'ouverture est fermée par une dalle portant l'état civil de la défunte. L'un de ces caveaux a été profané d'une manière particulièrement ignoble. En effet, la dalle de marbre a été brisée et le cercueil en zinc a été ouvert avec un ciseau. Le corps a été ensuite tiré vers l'extérieur et abandonné sur le sol. Le cadavre nous apparaît momifié, et des linges y adhèrent encore. Depuis le départ des Allemands, les lieux sont restés en état par ordre de l'autorité supérieure, et les militaires qui ont pris possession de l'Hôtel-Dieu ont pu constater la réalité de cet attentat, imputable incontestablement à la culture allemande. Un autre caveau de religieuse a été l'objet d'une tentative criminelle analogue, car la plaque de marbre a été arrachée, laissant apparaître l'extrémité du cercueil en bois, dans lequel un trou a été pratiqué au ciseau; par ce trou, on aperçoit le zinc du cercueil intérieur.

D'après les déclarations qui nous ont été faites sur les lieux, beaucoup d'archives avaient été déposées dans les caves de l'Hôtel-Dieu par certaines administrations ou par des particuliers de la localité demeurés à Saint-Quentin pendant l'occupation allemande. Ces archives auraient été découvertes par l'ennemi et jetées au vent, alors que leur dépôt à cet endroit aurait été choisi d'accord avec l'occupant. Nous avons constaté qu'un trou a été pratiqué à une date récente dans la voûte de la cave et aux abords; des quantités de papiers, documents, registres, gisent pêle-mêle dans un désordre inextricable.

Toutes les personnes que nous avons entendues nous ont révélé de nombreux autres faits imputables à l'ennemi, tous aussi odieux les uns que les autres. De longues journées se-raient nécessaires pour constater judiciairement tous les autres attentats commis, en nous entourant de toutes les garanties indispensables à la manifestation de la vérité.

(Suivent les signatures.)

N° 212.

DÉPOSITION reçue, le 27 novembre 1918, à Saint-Quentin, par la Commission d'en-quête.

Delacourt (Joseph), âgé de 44 ans, inspecteur de police à Saint-Quentin.

Je jure de dire la vérité.

J'ai vécu à Saint-Quentin depuis l'entrée des Allemands jusqu'au 17 mars 1917, veille du jour où a été terminée l'évacuation forcée des habitants, au nombre de 45.000. Avant le départ de la population, il n'y avait eu que des actes de pillage isolés, mais à partir du 1er mars, le vol a été systématiquement organisé, et opéré par des équipes qui enlevaient les mobiliers aussitôt que les gens de la maison étaient emmenés.

Après l'évacuation, les usines, dans lesquelles déjà auparavant une certaine quantité de matériel et de cuivre avait été prise, ont été méthodiquement détruites. Les Allemands ont brisé tous les métiers et fait ensuite sauter les bâtiments. Dans les piliers de la Collégiale, ils ont pratiqué des excavations pour y placer des mines. Au cimetière, où de nombreuses sépultures ont été violées et où quantité de cercueils ont été enlevés, ils ont emporté la statue en bronze qui surmontait le monument élevé à la mémoire des morts de 1870 et miné le monument lui-même. La mine a fusé et n'a pas explosé. M. Jean Lecot a constaté la dis-parition de tous les cercueils qui se trouvaient dans le caveau de sa famille.

Toutes les statues de la ville ont disparu après notre départ : monument de 1557, place de l'Hôtel-de-Ville, monument du 8 octobre 1870, statues d'Henri Martin, de Quentin de La Tour, ainsi que les motifs décoratifs en bronze des fontaines publiques.

Les pastels de La Tour du musée Lécuyer ont été transportés à Maubeuge.

Plusieurs habitants ont été exécutés après un jugement sommaire. L'un d'eux, M. Popelart, armurier-coutelier, rue de Lille, a été fusillé pour détention d'armes et de poudre, alors que des officiers allemands se fournissaient habituellement chez lui de cartouches pour la chasse.

Deux hommes ont été tués dans des conditions inexcusables; l'un par une sentinelle en état d'ébriété; l'autre, un vieillard de la rue du Vieux-Port, parce qu'il s'était montré sur la voie publique après l'heure du couvre-feu. Rencontré par une patrouille, ce dernier a été brutalement poussé dans le corridor de sa maison et accablé de coups. Il est mort le lendemain.

Je ne parle pas des civils qui, s'étant trouvés dans les rues au moment de l'entrée des Allemands à Saint-Quentin, sont tombés frappés par des balles.

Après lecture, le témoin a signé avec nous.

N° 213.

DÉPOSITION reçue, le 3 décembre 1918, à Paris, par la Commission d'enquête.

Guiard-Latour (Charles), âgé de 40 ans, notaire à Saint-Quentin.

En décembre 1916, sur des démarches faites par la Chambre des notaires dont j'étais le représentant, par le Tribunal et par la Municipalité, l'autorité allemande nous a permis de mettre nos archives en lieu sûr. Primitivement, elle avait exprimé le désir que ces documents fussent déposés en un seul endroit et nous avait désigné à cet effet les caves du théâtre; mais nous avons objecté que, s'il en était ainsi, toutes nos archives pourraient être détruites à la fois, et il fut alors décidé que le Tribunal, ainsi que chaque officier public ou ministériel, choisirait le lieu de son dépôt, à la condition que ce lieu serait indiqué et soumis à une visite de la Kommandantur qui, soi-disant, entendait s'assurer qu'il répondait bien au but de préservation qu'on se proposait. La mesure s'est généralisée et a été étendue à la comptabilité des maisons de commerce, aux archives municipales, à celles des agents d'assurances, des avocats, des architectes, et même à des collections particulières d'objets d'art et de livres. Quelque temps après, l'évacuation de la population ayant été décidée, un officier de la Kommandantur nous a remis des pancartes de protection et nous a fait signer un « protocole ». Au mois de mars 1917, j'ai été évacué avec tous les habitants de la ville. Quand j'ai pu revenir, aussitôt après la retraite allemande, l'un des premiers et le même jour que M. le Président du Conseil, j'ai constaté que toutes nos cachettes avaient été violées. Les murs en avaient été jetés à bas et toutes les archives avaient été détruites ou dispersées. Chez moi et chez M. Dhervillier, mon confrère, j'ai relevé des traces non douteuses d'incinération. Nous sommes cinq notaires à Saint-Quentin. Je suis le seul dont une partie des archives ait été préservée. Je le dois aux circonstances suivantes : j'ai une cave de plusieurs étages. Dans le premier caveau, j'avais fait descendre mon coffre-fort, que j'ai retrouvé éventré; mais les archives des quarante dernières années avaient été placées dans le caveau du second étage; l'accès difficile de cet endroit rendait très malaisé le transport des papiers en quantité considérable; aussi les Allemands se sont-ils bornés à fouiller dans mes minutes sans les détruire.

Après lecture, le témoin a signé avec nous.

N° 214.

DÉPOSITION reçue, le 20 décembre 1918, à Paris, par la Commission d'enquête.

Briatte (François), âgé de 66 ans, directeur des établissements David, Maigret et Donon, à Saint-Quentin.

Je jure de dire la vérité.

Je suis resté à Saint-Quentin depuis le début de l'occupation allemande jusqu'à l'évacuation des habitants. Je ne crois pas nécessaire de revenir sur tout ce que vous savez déjà au sujet des attentats contré les personnes et du pillage des maisons ; mais je vous apporte des renseignements sur la dévastation méthodique des établissements industriels, si nombreux et si importants dans notre ville.

Cette dévastation minutieusement organisée a commencé dès la fin de 1914, par la réquisition des cotons, des courroies, des cuirs et des huiles. J'ai adressé à ce sujet une réclamation par écrit au rittmeister Goertz, industriel à Muhlfort, qui fut pendant quatre ans à la tête du bureau des réquisitions, où il ne cessa d'exécuter les ordres supérieurs avec une dureté et un manque d'égards impitoyables. Il me répondit qu'il allait en référer à M. le général von Nieber, commandant d'étape ; mais, dès le lendemain, il me disait : « Rien à faire », et ses instructions étaient exécutées. Avec le général von Nieber, il en allait de même ; celui-ci répondait également : « Rien à faire ». — « C'est malheureux d'avoir la guerre, ajoutait-il ; je ne peux qu'en référer au Grand Quartier ». Tout le mal venait d'ailleurs du Grand Quartier. La consigne était : « Il faut prendre », et tous, depuis le simple soldat jusqu'à l'officier, s'y employaient de leur mieux, avec la conviction que, devant gagner la guerre, ils n'avaient rien à redouter.

Plus tard eut lieu la réquisition des tissus, des étoffes fabriquées, des piqués pour devants de chemises. Cet article se vendait beaucoup en Allemagne, d'où on l'exportait confectionné dans le monde entier. Il m'est revenu que la Chambre de commerce de Bielefeld en avait acheté une grande quantité. Le rittmeister Goertz passait d'abord dans les magasins pour se rendre compte de ce qu'il y avait à enlever. Deux jours après, il envoyait un sous-officier ou un soldat avec les papiers nécessaires pour opérer la réquisition et l'expédition, qui se faisait par wagons complets portant un numéro et le nom d'une ville allemande. On nous prit ensuite les nansouks, dont certains valaient de 3 francs à 4 francs le mètre, pour en faire, paraît-il, des sacs à sable, puis nos tissus fins. Quand je réclamais auprès des officiers, ils me répondaient, convaincus du succès de leur armée : « Celui qui perdra la guerre payera. »

Après les nansouks et les tissus fins, ce fut le tour des plumetis, articles vendus ordinairement en Afrique, et des broderies destinées au Maroc. Enfin, un colonel a fait enlever les couvertures, gauffrées ou piquées, en coton ; il nous en a été pris de dix à quinze mille. Nous n'avions dès lors plus rien que notre matériel d'échantillonnage. Les Allemands nous en ont bientôt dépossédés, enlevant jusqu'aux plus petits échantillons, en même temps que les références, c'est-à-dire le livre sur lequel nous inscrivions les articles créés avec les numéros et tous les renseignements. Comme je faisais remarquer que les échantillons ne serviraient à rien, un instituteur de Hambourg me dit : « Monsieur Briatte, vous ne comprenez pas. On vous a tout pris et vous ne vous rendez compte de rien. Nos officiers nous le répètent : c'est l'âme des maisons qu'il faut prendre ». En effet, la ruine des usines se consommait avec une précision remarquable. Nous recevions la visite d'acheteurs ou d'experts qui venaient voir la marchandise ; au bureau des réquisitions se trouvaient des gens instruits ou au courant des habitudes industrielles et commerciales, notamment des instituteurs et des voyageurs de commerce.

En même temps que nos étoffes, on avait enlevé dans les usines tous les cuivres, les tuyaux, les coussinets, etc.

En février 1917, comme nous commencions à voir passer les évacués des villages voisins, nous avons soupçonné que nous ne tarderions pas à être expulsés de notre ville. C'est à ce moment qu'a eu lieu la réquisition des matelas. Il en a peut-être été pris vingt mille à Saint-Quentin.

Un jour, le conseiller de justice Kremer, substitut du procureur impérial à Metz, a dit aux officiers publics et ministériels : « Il va y avoir de gros passages de troupes. Pour éviter des déprédations possibles, je vous propose de choisir des locaux sûrs pour y faire déposer vos actes et vos papiers. » Ma maison ayant été transformée en hôpital, j'habitais alors chez une de mes cousines. Un notaire qui y demeurait a fait placer dans la cave ses minutes et celles de plusieurs de ses confrères. J'y ai ajouté ma comptabilité, ainsi que les papiers d'affaires de quelques industriels, et j'ai fait murer la cave, à l'entrée de laquelle a été apposée une pancarte destinée à la protéger. Sur ces entrefaites a eu lieu l'évacuation des habitants. Nous avons été dirigés vers Maubeuge et la Belgique avec peu de bagages. Je suis rentré en France non occupée dans le courant de juin 1917, et, dans les premiers jours d'octobre dernier, aussitôt après le départ des Allemands, je me suis rendu à Saint-Quentin. Ma première visite a été pour notre cave. Il n'y restait absolument rien, et il résultait de l'état des lieux qu'elle avait dû être démurée soigneusement dès les premières journées qui avaient suivi notre départ.

Je suis ensuite allé à mon usine. Je l'ai trouvée complètement saccagée. Il y avait à terre une hauteur de cinquante centimètres de ferraille provenant des machines et des métiers, qui avaient été brisés au marteau. De magnifiques machines à vapeur, achetées un an avant la guerre, étaient cassées en mille morceaux. Le bombardement n'avait causé que de faibles dommages ; toutes les dévastations avaient été volontairement accomplies.

Dans la broderie étaient installés des appareils dits machines Bonnaz. Ils ont été brisés comme le reste. Les têtes des machines sont à terre, à côté de la table. Enfin, les tuyaux à ailettes servant au chauffage sont encore en place, mais ils sont fracturés de mètre en mètre.

A l'usine Decaudin, Béguin et fils, et à l'établissement Laborie, que j'ai visités, il en a été exactement de même. Dans les villages, où les ouvriers avaient des métiers à broder leur appartenant et valant chacun de trois à quatre mille francs, ces métiers ont été détruits. A Maubeuge, j'ai vu passer des wagons de matériel brisé ou intact se dirigeant vers l'Allemagne.

Un jour, un industriel, M. Marquès, fit observer au magistrat de Metz, Kremer, que toutes ces déprédations étaient commises en violation des conventions de la Haye. Celui-ci lui répondit : « En fait de convention de la Haye, je ne connais que les ordres de Son Excellence. »

Après lecture, le témoin a signé avec nous.

N° 215.

DÉPOSITION reçue, le 27 juillet 1917, à PARIS, par M. DHUBERT, Commissaire de police mobile attaché au Contrôle général des services de recherches judiciaires, Officier de police judiciaire, auxiliaire de M. le Procureur de la République.

Fleury (Elie), âgé de 62 ans, directeur du *Journal de Saint-Quentin*, provisoirement retiré au château La Capelle, chemin de l'Hubac, à Toulon (Var).

A une date que je ne puis préciser, fin 1914 ou commencement 1915, les deux soldats anglais John Hughes et Thomas Hands ont été fusillés comme espions. Thomas avait dû être arrêté au cours d'une rixe, conduit à la prison et reconnu comme soldat anglais à un numéro matricule qu'il portait sur ses bretelles. John, lui, avait été recueilli lors de la retraite par une famille de braves tisseurs, M. et Mme Preux, ayant déjà sept enfants. « Ça fera le huitième », dit Mme Preux ; et de fait, le jeune Anglais fut admirablement soigné chez ces honnêtes gens. Il dut y être arrêté à la suite d'une dénonciation ; avec lui M. Preux fut emmené à la prison, et Mme Preux n'obtint de rester chez elle qu'à cause de ses enfants. Le procès ne commença pas tout de suite. L'instruction était faite par M. Kremer, qui se disait procureur impérial à Metz. L'accusation reposait sur les termes d'une affiche placardée peu de temps auparavant et disant que « tous soldats des armées étrangères trouvés derrière le front allemand seraient considérés comme espions et punis de la peine de mort ». Des peines très sévères étaient édictées contre ceux ou celles qui leur auraient donné asile ou facilité leur séjour. L'audience du Conseil de guerre eut lieu à l'hôtel de ville de Saint-Quentin, dans les formes habituelles, et après réquisitoire du juge Kremer et une défense pour la forme, le Conseil de guerre se rangea à l'avis de M. Kremer, qui demandait la peine de mort.

L'officier supérieur ayant délégation de l'empereur — c'est ou le général de division von Nieber, directeur des étapes de l'armée II, ou le comte Bernstorff, commandant de la ville — ratifia de son côté l'avis du Conseil de guerre, et l'exécution des deux Anglais fut décidée. M. Preux, lui, était condamné à douze ans de forteresse. Toujours à une date que je ne peux maintenant préciser, lecture fut donnée aux Anglais, dans la matinée, de la sentence de mort. Ils réclamèrent le secours de la religion, et, comme il n'y avait pas en ce moment d'aumônier catholique allemand parlant l'anglais, l'autorité allemande consentit à déléguer auprès de Hands — son camarade était protestant — M. l'abbé Verleye, professeur à l'institution Saint-Jean, à Saint-Quentin, qui reçut en cachette une lettre du condamné destinée à sa mère. Thomas et John, en attendant leur exécution, se promenèrent librement dans la prison, en chantant et en sifflant des airs du pays. Mlle Preux avait pu leur faire passer des feuilles de lierre, qu'ils attachèrent à leur casquette. A trois heures, une voiture vint les chercher pour les conduire à la caserne, où l'exécution se fit dans un hangar par six soldats — trois par chaque condamné — sous les ordres du capitaine von Maretz. La mairie avait été prévenue, comme d'habitude, d'avoir à fournir les cercueils. C'est M. Lacour, entrepreneur de menuiserie, qui procéda avec un de ses ouvriers à la mise en bière et qui conduisit les corps dans un fourgon au cimetière militaire du faubourg Saint-Martin. Là, le lieutenant Haus, directeur d'une des trois divisions de la Kommandantur, s'écria : « Nous ne voulons pas de ces cochons-là ! Menez-les où vous voudrez ! » Les deux Anglais furent inhumés dans le cimetière Saint-Jean, où leurs tombes, pendant toute l'occupation de Saint-Quentin, sont restées couvertes de fleurs.

Autre incident : la *Gazette des Ardennes*, quelques semaines plus tard, fit paraître un article où il était dit que les Français détestaient à ce point les Anglais que la municipalité de Saint-Quentin avait refusé de laisser inhumer les corps de deux soldats anglais fusillés dans le cimetière militaire, à côté des braves Français et Allemands qui y reposent. M. Gibert, maire de Saint-Quentin, protesta immédiatement auprès de la Kommandantur, et le capitaine Nomm, correspondant à Saint-Quentin de la *Gazette des Ardennes*, vint à l'hôtel de ville faire quelques vagues excuses, qui se traduisirent par une rectification très embarrassée dans le numéro suivant du journal. L'officier de justice Kremer, entrant l'après-midi dans une pâtisserie où se trouvaient des officiers allemands et quelques Français, dit : « Je viens de faire fusiller mes deux Anglais ; j'espère que ce ne seront pas les derniers! » Comme d'habitude, les affiches rouges, en deux langues, annonçant l'exécution et ses motifs, avaient été placardées sur les murailles de la ville.

Au-dessous de la signature du comte Bernstorff, des inconnus avaient écrit diverses injures et menaces, dont spécialement la suivante : « Nous aurons ta peau ! » De ce fait, la Kommandantur infligea à la ville une amende de 50.000 marks qui, autant qu'il m'en souvient, ne fut pas payée, à la suite d'une démarche du maire.

Sous le mur de fondation en façade de l'immeuble du *Journal de Saint-Quentin*, exactement en face du grand calorifère, à soixante centimètres de profondeur environ, ont été glissées six boîtes de fer soudées, dans l'une desquelles se trouve le récit complet de l'exécution des deux Anglais, avec les dates, détails et circonstances. La collection des affiches, dont l'une constitue une pièce à conviction de premier ordre, se trouve dans l'aile gauche du palais de Fervaques, avec les documents de l'état civil. Elle y a été déposée à la demande de M. le Procureur de la République. Je signale aussi les caves du musée Lécuyer, qui contiennent les archives anciennes et modernes de la ville de Saint-Quentin.

Après lecture, persiste et signe avec nous.

N° 216.

DOCUMENT communiqué par le Ministère de la guerre.

NOTE.

La dernière division allemande qui a occupé Saint-Quentin est la 34° division (division recrutée surtout dans les pays rhénans). Elle y est arrivée le 28 septembre.

Jusqu'au 28 septembre, le secteur de Saint-Quentin avait été tenu par la 221° division (division prussienne), avec des éléments de la 82° division de réserve (division silésienne) vers les lisières nord de la ville.

Les troupes de la 221° division paraissent avoir été particulièrement sauvages. Le commandant de la division, général von La Chevallerie, s'est fait remarquer par sa brutalité et son hostilité à l'égard de la population.

Le général de la 82° division de réserve, von Saint-Ange, a tenu également à marquer de la même façon son origine française.

Le nom des commandants d'armes de la place de Saint-Quentin n'est pas connu avec certitude. Il y aurait lieu de se renseigner auprès des réfugiés. Il est possible que le dernier commandant d'armes ait été l'ancien ambassadeur d'Allemagne aux États-Unis, le lieutenant-colonel comte Bernstorff.

Conseil de Revision de la 1re Armée.

Le Chef de bataillon, Commissaire du Gouvernement,

Signé : BARBEY.

22 octobre 1918.

DOCUMENTS PHOTOGRAPHIQUES

Les documents photographiques qui suivent sont extraits des collections annexées aux rapports. La plupart ont été tirés sur des clichés pris, au cours des enquêtes, par la Commission, à laquelle est adjoint un photographe, fonctionnaire du Service géographique de l'Armée. Les n°s 2, 5, 9, 10, 12, 16, 17 et 18 ont été communiqués par la Section photographique de l'Armée; les n°s 7 et 8 par M. Eynard, sous-inspecteur de l'Assistance publique à Lille, dont la déposition figure à la page 68 du présent volume.

DOUAI. — Grand Place.

DOUAI. — Ruines de la rue de Belloin.

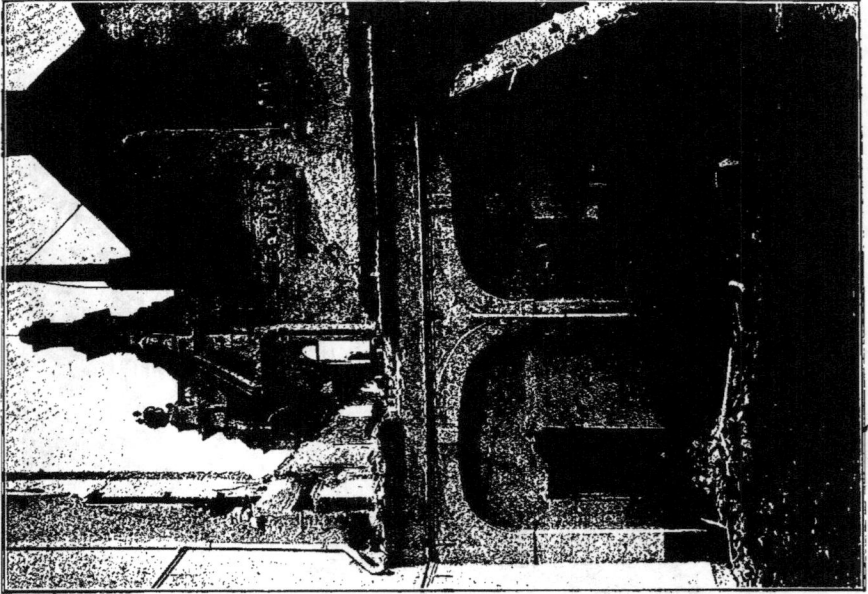

4. DOUAI. — Bureau de Bienfaisance.

3. DOUAI. — Grand'Place.

5

DOUAI. — Objets provenant du pillage et abandonnés par les Allemands.

6

DOUAI. — L'Église Saint-Pierre.

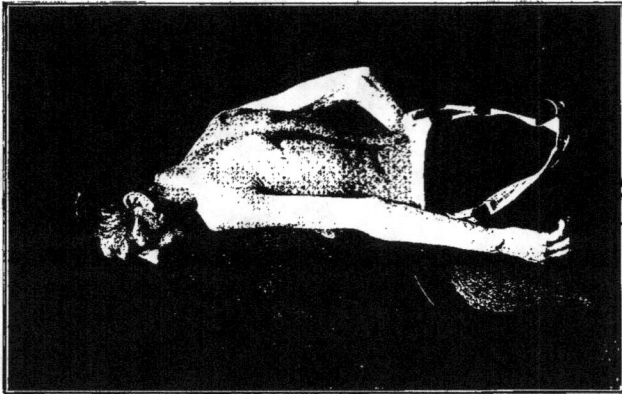

8

HENRI BAERT, 21 ans,
pupille de l'Assistance publique,
enlevé de Mérignies (Nord) par les Allemands,
en 1917, pour le travail forcé au front.

(Cette photographie a été prise à Lille au retour du prisonnier, qui avait quitté Mérignies en bonne santé.)

7

JULES CLAES, 24 ans,
ancien pupille de l'Assistance publique,
enlevé de Mérignies (Nord) par les Allemands,
en 1917, pour le travail forcé au front.

Cette photographie a été prise à Lille au retour du prisonnier. Parti de Mérignies en bonne santé, il ne pesait plus que 38 kil. 200.)

CAMBRAI. — Place d'Armes.

CAMBRAI. — Place d'Armes.

CAMBRAI. — Hangar municipal.
(Dépôt des meubles destinés à être expédiés en Allemagne.)

SECLIN (Nord). — Usine détruite.

SAINT-QUENTIN. — La Collégiale.

SAINT-QUENTIN. — La Collégiale.

SAINT-QUENTIN. — Crypte funéraire de l'Hôtel-Dieu.

SAINT-QUENTIN. — Usine David-Maigret et Donon. — Salle des Mille-Métiers.

SAINT-QUENTIN. — Usine David-Maigret et Donon. — Encolleuses détruites.

SAINT-QUENTIN. — Usine David-Maigret et Donon.

LES ACIÉRIES DE LONGWY A MONT-SAINT-MARTIN (Meurthe-et-Moselle).

LES ACIÉRIES DE LONGWY.

21

LES ACIÉRIES DE LONGWY.

22

LES ACIÉRIES DE LONGWY.

23

LONGUYON (Meurthe-et-Moselle).

24

FRESNOIS-LA-MONTAGNE (Meurthe-et-Moselle).

25

ROUVRES (Meuse).

26

ROUVRES.

TABLE ALPHABÉTIQUE

DES COMMUNES ET LOCALITÉS CITÉES

DANS LES RAPPORTS DES 31 OCTOBRE,

14 NOVEMBRE 1918 ET 24 MARS 1919

ET

DANS LES PROCÈS-VERBAUX D'ENQUÊTE

ET DOCUMENTS DIVERS À L'APPUI.

ANCOISNE (Nord), 68.

ANICHE (Nord), 74.

ANVERS (Belgique), 56.

ARMENTIÈRES (Nord), 47, 77.

ASSIS (Aisne), 68.

AUBERS (Nord), 66, 67.

AUDUN-LE-ROMAN (Meurthe-et-Moselle), 23.

AULNOYE (Nord), 227.

AUMETZ (Lorraine), 25, 110.

BAC-SAINT-MAUR (Pas-de-Calais), 69.

BAPAUME (Pas-de-Calais), 104.

BARANZY (Belgique), 126.

BARISIS-AUX-BOIS (Aisne), 75.

BASLIEUX (Meurthe-et-Moselle), 23, 26, 107, 108, 116.

BAZAILLES (Meurthe-et-Moselle), 24, 108, 109.

BÉCHAMPS (Meurthe-et-Moselle), 165, 176.

BELLEGARDE (Ain), 123.

BEUVEILLE (Meurthe-et-Moselle), 156.

BLOCK-ROON [Camp de] (Lithuanie), 32, 147.

BOIS-GRENIER (Nord), 66, 77.

BRAUMONT (Meurthe-et-Moselle), 153, 155.

BRAY-EN-THIÉRACHE (Aisne), 66.

BRIEY (Meurthe-et-Moselle), 22, 23, 32, 157 à 159, 171, 172, 178.

BUCY-LES-PIERREPONT (Aisne), 64.

BURÉ-LA-VILLE (Meurthe-et-Moselle), 27, 120.

BUZY (Meuse), 165, 170, 172, 178.

CAMBRAI (Nord), 13, 19 à 21, 46, 101 à 105.

CAPELLE [La] (Nord), 35, 65, 212, 213.

CARIGNAN (Ardennes), 38, 228.

CHALANDRY (Aisne), 203.

CHAUNY (Aisne), 204, 215, 217, 224.

CHÉNIÈRES (Meurthe-et-Moselle), 26, 27, 114 à 118.

CLAVY (Ardennes), 89.

CONDÉ (Nord), 85, 86.

CONFLANS (Meurthe-et-Moselle), 23.

CONS-LA-GRANDVILLE (Meurthe-et-Moselle), 146, 147.

CRÈVECŒUR-LE-PETIT (Oise), 231.

CUIRIEUX (Aisne), 66.

CUTRY (Meurthe-et-Moselle), 27, 117, 118.

DENAIN (Nord), 13, 78, 98 à 101.

DONCOURT-LES-BEUVEILLE (Meurthe-et-Moselle), 32, 156.

DOUAI (Nord), 7, 11, 15, 19, 46, 74, 78, 93 à 97.

DOURGES (Pas-de-Calais), 49, 66.

DUNKERQUE (Nord), 50, 51.

EBOULEAU (Aisne), 64.

EFFRY (Aisne), 35, 215 à 224.

ERLON (Aisne), 68.

ESCARPELLE [L'] (Nord), 74.

ÉTAIN (Meuse), 23, 157, 165, 169, 170, 172, 173, 175, 178, 181.

ÉTON (Meuse), 180.

FACHES-THUMESNIL (Nord), 80 à 84.

FAUCOUZY-MONCEAU (Aisne), 66.

FÈRE [La] (Aisne), 68, 225, 230.

FESTIEUX (Aisne), 204.

FILLIÈRES (Meurthe-et-Moselle), 24 à 26, 109, 110.

FISMES (Marne), 196.

FLABEUVILLE (Meurthe-et-Moselle), 137.

FLAIGNES (Ardennes), 194, 195.

FOURMIES (Nord), 186.

FRESNOIS-LA-MONTAGNE (Meurthe-et-Moselle), 30, 147 à 156.

FROMELLES (Nord), 77.

GORCY (Meurthe-et-Moselle), 26, 28, 124 à 127, 132, 161.

GOURANCOURT (Meurthe-et-Moselle), 161.

GUISE (Aisne), 226.

HAUBOURDIN (Nord), 76.

HAUSSY (Nord), 104.

HELLEMMES (Nord), 80.

HEM (Nord), 79.

HEMPEMPONT (Nord), 79.

HERSERANGE (Meurthe-et-Moselle), 122.

HIRSON (Aisne), 35, 68, 198, 212, 213.

HOLNON (Aisne), 227.

HOLZMINDEN [Camp de] (Brunswick), 18, 32, 52, 54, 55.

HOMÉCOURT (Meurthe-et-Moselle), 122.

INGOLSTADT (Bavière), 142.

JARNY (Meurthe-et-Moselle), 23.

JOPPÉCOURT (Meurthe-et-Moselle), 23, 106.

JOUDREVILLE (Meuse), 174.

LANDRES (Meurthe-et-Moselle), 26, 27, 119.

LANNÈRES (Meuse), 163 à 165, 168, 173 à 175, 178, 179, 182, 184.

LAON (Aisne), 34, 185 à 201, 208.

LAVENTIE (Nord), 66.

LENS (Pas-de-Calais), 49.

LESQUIN (Nord), 69.

LIART (Ardennes), 211.

LIESSE (Aisne), 197, 204, 208.

LIGNY (Nord), 77.

LILLE (Nord), 7 à 10, 12, 14 à 19, 43 à 68, 71, 74 à 80, 85.

LISLET-MONTCORNET (Aisne), 205.

LONGEAUX (Meuse), 171, 177.

LONGUYON (Meurthe-et-Moselle), 23, 29, 30, 127 à 146.

LONGWY (Meurthe-et-Moselle), 22, 23, 30, 32, 111 à 114, 126, 153, 158 à 161.

LOOS (Nord), 17, 18, 43, 69 à 73, 85.

MADELEINE [LA] (Nord), 56.

MAING (Nord), 18, 50.

MARCHAIS (Aisne), 34, 196, 206, 208, 212.

MARCQ-EN-BAROEUL (Nord), 51.

MARLE (Aisne), 189, 202.

MARLY-SUR-OISE (Aisne), 77.

MAUBEUGE (Nord), 40, 192, 228, 234, 237.

MAULDE (Nord), 85, 86.

MAUREGNY (Aisne), 204.

MERCY-LE-HAUT (Meurthe-et-Moselle), 26, 28, 112, 113.

MÉRIGNIES (Nord), 68.

METZ (Lorraine), 170.

MICHEVILLE (Meurthe-et-Moselle), 161.

MILIJGANY [Camp de] (Lithuanie), 32, 147.

MONCEL (Meurthe-et-Moselle), 136, 142.

MONS-EN-LAONNOIS (Aisne), 34, 194, 199.

MONTAIGU (Aisne), 204.

MONTCORNET (Aisne), 202, 214.

MONT-SAINT-MARTIN (Meurthe-et-Moselle), 25, 32, 111 à 114, 159 à 162.

MOUAVILLE (Meurthe-et-Moselle), 165, 172.

MOUZON (Ardennes), 38, 228.

MURVILLE (Meurthe-et-Moselle), 24, 108, 119.

NOERS (Meurthe-et-Moselle), 30, 130, 136, 140.

NOMENY (Meurthe-et-Moselle), 33, 179.

OËSTRES (Aisne), 230.

OLLEY (Meuse), 165.

PALLUEL (Pas-de-Calais), 78.

PECQ (Belgique), 67.

PERENCHIES (Nord), 66, 77.

PÉRONNE (Somme), 104.

PHALEMPIN (Nord), 67.

PIENNES (Meurthe-et-Moselle), 27, 119.

PILLON (Meuse), 25, 110.

PRADELLES (Nord), 18, 50.

PRISCES (Aisne), 66.

PROVILLE-LES-CAMBRAI (Nord), 105.

RAILLENCOURT (Nord), 104.

RAIMBEAUCOURT (Nord), 66, 77.

RÉHON (Meurthe-et-Moselle), 114 à 116.

REIMS (Marne), 198.

ROCHE [LA] (Meurthe-et-Moselle), 132.

RONCHIN (Nord), 80.

ROUBAIX (Nord), 46, 51, 68, 79.

ROUVRES (Meuse), 32, 33, 163 à 184.

SAINGHIN (Nord), 68.

SAINT-AMAND-LES-EAUX (Nord), 11, 19, 95 à 97.

SAINT-ERME (Aisne), 35, 202, 204, 206, 210, 213.

SAINT-GOBAIN (Aisne), 68.

SAINT-JEAN (Meuse), 172.

SAINT-LAMBERT (Ardennes), 88.

SAINT-PANCRÉ (Meurthe-et-Moselle), 26, 27, 120 à 122.

SAINT-PIERREMONT (Aisne), 66.

SAINT-QUENTIN (Aisne), 34, 37 à 40, 196, 235 à 239.

SECLIN (Nord), 13, 90 à 92.

SEDAN (Ardennes), 86.

SEMILLY (Aisne), 187.

SENELLE (Meurthe-et-Moselle), 161.

SERROUVILLE (Meurthe-et-Moselle), 25, 110.

SIGNEULX (Belgique), 126.

SIN-LE-NOBLE (Nord), 74.

SISSONNE (Aisne), 34, 35, 200 à 206.

SPINCOURT (Meuse), 142.

TELLANCOURT (Meurthe-et-Moselle), 27, 31, 121, 147, 148, 152.

THILAY (Ardennes), 89.

THIONVILLE (Lorraine), 25, 110.

TINTIGNY (Belgique), 127.

TOURCOING (Nord), 9, 12, 46, 51, 56, 57, 68, 75, 87 à 90.

TOURNAI (Belgique), 60, 77, 87.

TRÉLON (Nord), 36, 216, 218, 220.

Trosly-Loire (Aisne), 194, 195..

Valenciennes (Nord), 15, 46, 50, 95, 98, 100, 192.

Vallée [La] (Ardennes), 194, 195.

Velu-Bertincourt (Pas-de-Calais), 78.

Vendeuil (Aisne), 68.

Verdun (Meuse), 128, 168, 172.

Verlinghem (Nord), 47.

Vervins (Ardennes), 34, 77, 186.

Ville-au-Montois (Meurthe-et-Moselle), 30, 109.

Ville-aux-Bois [La] (Aisne), 202.

Villers-la-Montagne (Meurthe-et-Moselle), 26, 27, 114, 115, 117.

Villerupt (Meurthe-et-Moselle), 126.

Villette (Meurthe-et-Moselle), 136.

Vilna (Lithuanie), 54.

Viviers (Meurthe-et-Moselle), 30, 129, 131.

Voncq (Ardennes), 89.

Wasquehal (Nord), 12, 47.

Wavrin [Camp de] (Nord), 18, 43, 70 à 73, 80.

Waziers (Nord), 74.

Woimbey (Meuse), 166.

TABLE DES MATIÈRES.

	Pages.
Rapport présenté à M. le Président du Conseil (31 octobre 1918).................. Violations du droit des gens commises par l'ennemi pendant l'occupation de Lille et de Douai.	7
Rapport présenté à M. le Président du Conseil (14 novembre 1918)................ Violations du droit des gens commises par l'ennemi dans la région du Nord.	12
Rapport présenté à M. le Président du Conseil (24 mars 1919).................... Violations du droit des gens commises par l'ennemi (Meurthe-et-Moselle, Meuse et Aisne).	22
Procès-verbaux d'enquête et documents divers, à l'appui des rapports des 31 octobre et 14 novembre 1918 et du 24 mars 1919.....................................	43
Nord...	43
Meurthe-et-Moselle...	106
Meuse..	163
Aisne..	185
Documents photographiques...	241
Table alphabétique des communes et localités citées..........................	257

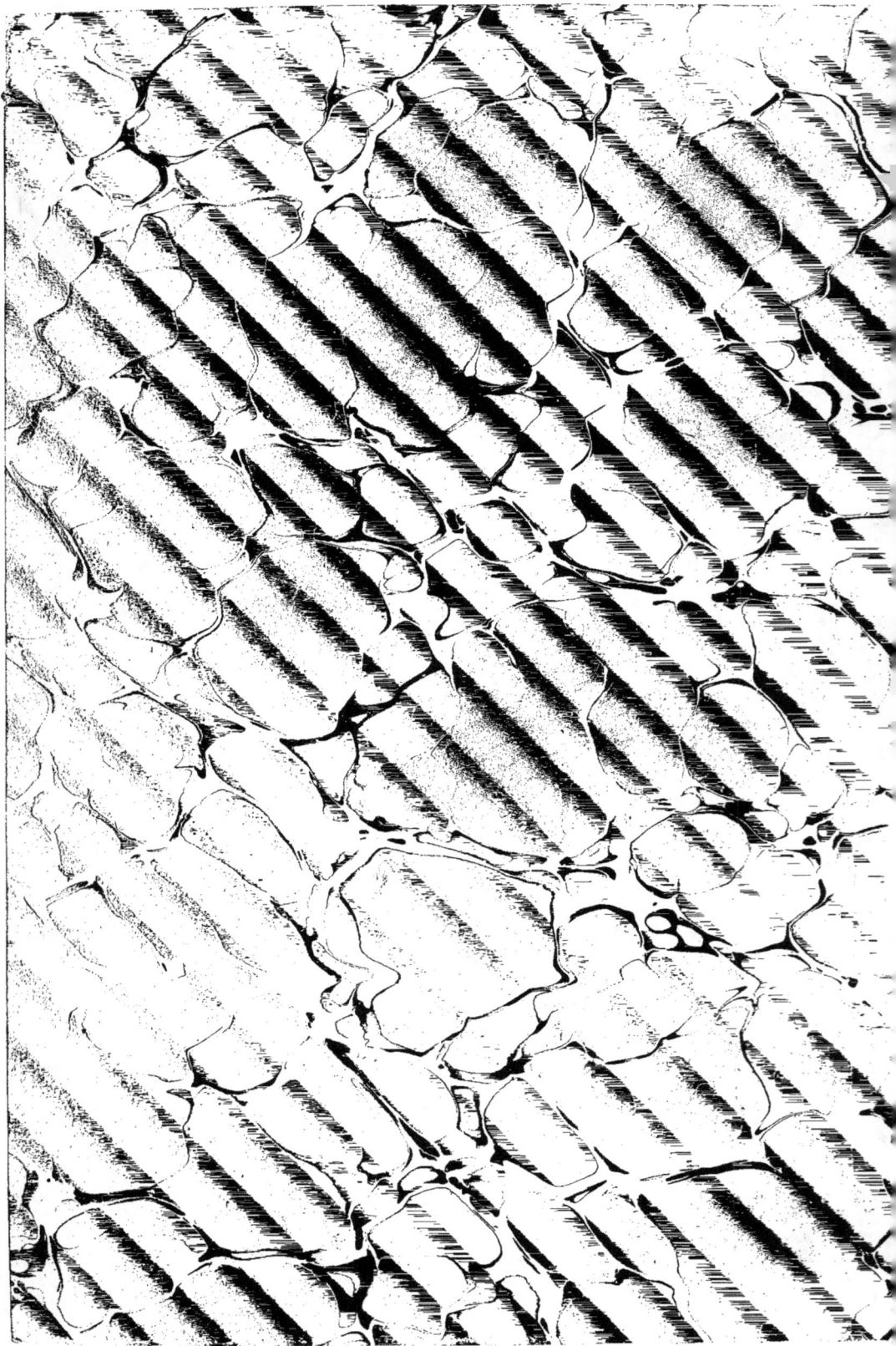

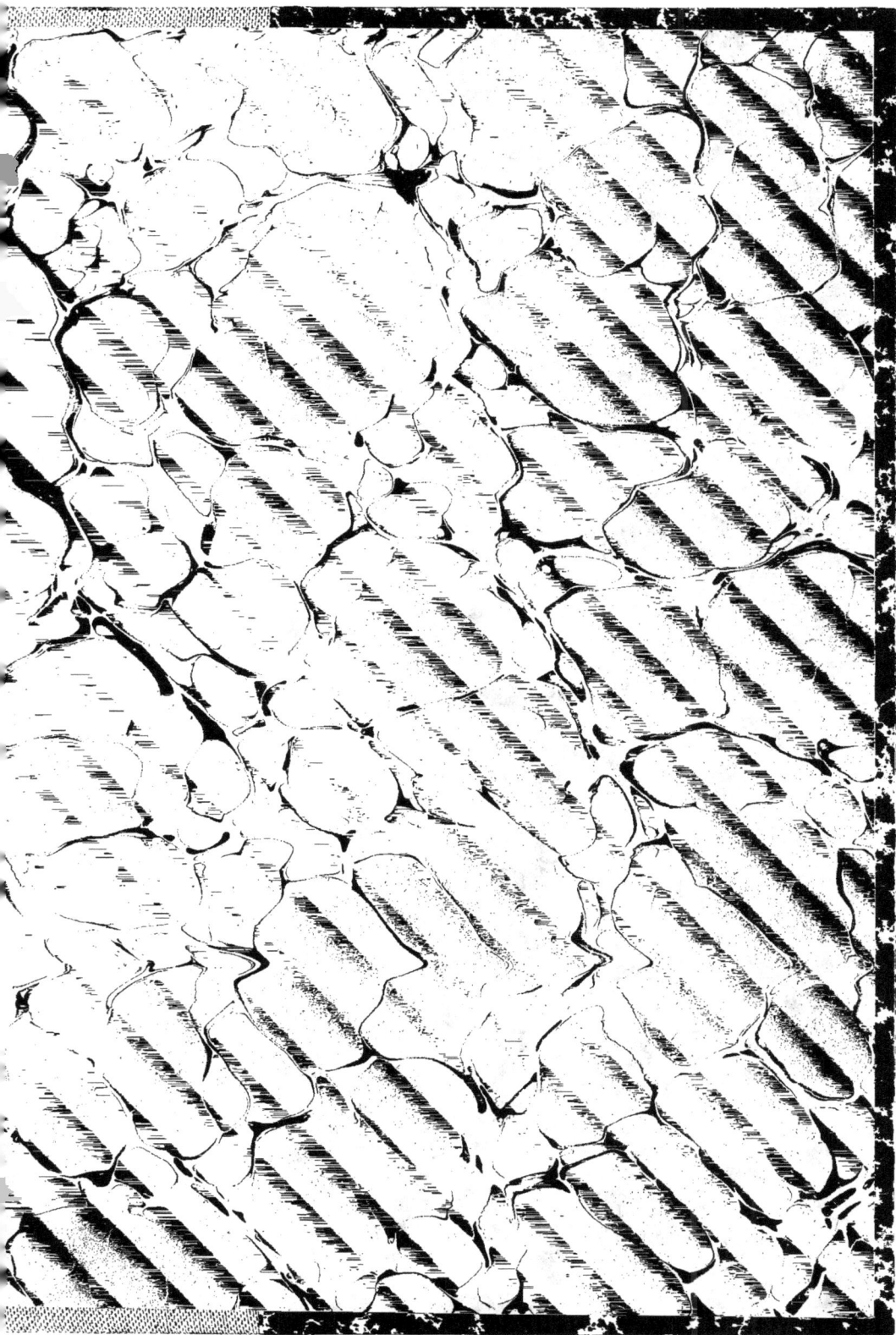

www.ingramcontent.com/pod-product-compliance
Lightning Source LLC
Chambersburg PA
CBHW070759270326
41927CB00010B/2209